Lernen lernen

DAS „PRAKTISCHE LERNEN“ UND DAS PROBLEM DER WISSENSKUMULATION

SCHRIFTENREIHE ZUM
BAYERISCHEN SCHULMUSEUM ICHENHAUSEN

ZWEIGMUSEUM DES
BAYERISCHEN NATIONALMUSEUMS

UND ZUM
SCHULMUSEUM NÜRNBERG

HERAUSGEGEBEN VOM
BAYERISCHEN NATIONALMUSEUM

BAND 20

Dieser Band enthält die Vorträge des Symposions,
das die Erziehungswissenschaftliche Fakultät der Universität Erlangen-Nürnberg,
das Bayerische Nationalmuseum München und
die Akademie für Lehrerfortbildung und Personalführung, Dillingen,
in Ichenhausen vom 14. Oktober bis 17. Oktober 1999
unter der Leitung von Professorin Dr. Johanna Forster durchführten.

DAS „PRAKTISCHE LERNEN“
UND DAS PROBLEM DER WISSENSKUMULATION

Von der Notwendigkeit der Entwicklung neuer Niveaus der Anschaulichkeit

herausgegeben von
Johanna Forster und Uwe Krebs

KLINKHARDT

2001

VERLAG JULIUS KLINKHARDT • BAD HEILBRUNN / OBB.

Redaktion:
Ute Riedl und Elisabeth Diezinger

Satz:
Elisabeth Nowak

Das Bayerische Schulmuseum Ichenhausen
wird gefördert von den bayerischen Sparkassen.

Die Deutsche Bibliothek – Cip-Einheitsaufnahme

Das „Praktische Lernen" und das Problem der Wissenskumulation :
von der Notwendigkeit der Entwicklung neuer Niveaus der Anschaulichkeit /
hrsg. von Johanna Forster und Uwe Krebs
Bad Heilbrunn / Obb. : Klinkhardt, 2001.
(Schriftenreihe zum Bayerischen Schulmuseum Ichenhausen,
Zweigmuseum des Bayerischen Nationalmuseums
und zum Schulmuseum Nürnberg ; 20)
ISBN 3-7815-1143-X

Gesamtherstellung:
WB-Druck GmbH & Co. Buchproduktions-KG, Rieden
Printed in Germany 2001
Gedruckt auf chlorfrei gebleichtem alterungsbeständigem Papier
ISBN 3-7815-1143-X

Inhalt

I. Allgemeine Grundlagen

II. Geschichtliche Beispiele der Entwicklung neuer Niveaus der Anschaulichkeit

III. Möglichkeiten der Gewinnung neuer Niveaus der Anschaulichkeit

IV. Unterrichtliche Beispiele der Entwicklung neuer Niveaus der Anschaulichkeit

V. Aus der Podiumsdiskussion: Praktisches Lernen: Sackgasse oder Königsweg?

Vorwort

Dieser Tagungsband dokumentiert ein nicht alltägliches Vorhaben. Er handelt von zwei deutlich auseinanderliegenden Themenfeldern zwischen denen hier eine Brücke errichtet werden soll.

Zum einen geht es um das „Praktische Lernen". Ein unscharfer und missverständlicher Begriff zwar, der aber für eine neue Initiative steht, die sich zum Ziel setzt, die „Welt" in das Klassenzimmer zu holen und das Klassenzimmer für Bildungszwecke in Richtung „Welt" zu verlassen. Eine Initiative, die nachweislich viele Schulkinder geradezu mitreißt; dies auch, weil ihre Lehrkräfte begeistert sind und in der Folge begeistern können. Eine Initiative, der es auch gelingt, zusätzliche finanzielle Mittel und Sachzuwendungen für ein lohnenswertes Ziel – nämlich spannenden und lehrreichen Unterricht – zu gewinnen. Zum anderen geht es um ein abstrakteres und grundsätzliches Problem, um die Zunahme der überindividuellen Wissensbestände in modernen Gesellschaften.

Dass dieser Tatsache der Wissenskumulation im allgemeinbildenden Schulwesen Rechnung zu tragen ist, wird kaum strittig sein. Es bleibt aber zu diskutieren, auf welchen Wegen und mit welchen Mitteln dies geschehen könnte. Eine schlichte Zunahme des Lernstoffes bei sonst gleichbleibenden Umgebungsparametern wie „Verfahrensweisen" und „Schulzeiten" ist erkennbar kein geeigneter Weg.

Ein Besinnen auf lebensnahes, praktisches Lernen löst zwar Probleme im motivationalen Bereich – und das ist sicher nicht wenig. Es lässt aber das abstraktere Grundproblem der Wissenskumulation und der schulischen Antwort darauf noch weitgehend unberücksichtigt. Was also liegt näher, als zu versuchen, diese beiden Gesichtspunkte zusammenzuführen?

Dieser Versuch steht unter einem übergreifenden, gemeinsamen Ziel: Dem methodologischen Leitgedanken nämlich, durch intelligenteres Vorgehen, durch beispielsweise neue „Niveaus der Anschauung" einer Lösung näher zu kommen, zumindest partiell Lösungen zu finden.

Das schulgeschichtliche Symposion, das vom 14. bis 17. Oktober 1999 im „Unteren Schloss", dem Sitz des Bayerischen Schulmuseums Ichenhausen, bei Günzburg, stattfand, konnte – so zeigt dieser Band – wichtige Anstöße geben, die nun einer breiteren Fachöffentlichkeit zugänglich werden.

Diese Anstöße entspringen ganz unterschiedlichen Zugängen zum Leitgedanken:

1. Auf welchen Grundlagen bewegen wir uns?
2. Gibt es in der Kulturgeschichte Beispiele der Entwicklung neuer Niveaus der Anschauung? Es gibt sie, wie Ägyptologen, Historiker und Pädagogen verdeutlichten.
3. Gibt es aktuell wenig beachtete Möglichkeiten, das qualitative Niveau zu heben? Hier wird zum einen auf die Psychophysiologie des Lernens und zum anderen auf den Nutzen von Analogien abgehoben.
4. Konkrete Beispiele schulischen Unterrichts vom „Lernen mit allen Sinnen" in der Hauptschule bis zu „Formen der Veranschaulichung im Fach Deutsch" zeigen ein breites Spektrum von attraktiven Möglichkeiten.

Das Podium – unter Leitung von Herrn Dr. E. Emminger, Akademie für Lehrerfortbildung und Personalführung Dillingen – diskutierte abschließend die Frage „Praktisches Lernen: Sackgasse oder Königsweg?".

Das Symposion wurde von einer Wechselausstellung begleitet, die von M. Schneider, Leiter des Schulmuseums Nürnberg, konzipiert wurde. Zu dieser Ausstellung liegt ein bebildertes Kataloghеft vor.

An der Finanzierung des Symposions, der Ausstellung und der Publikationen haben sich dankenswerterweise die Städte Ichenhausen und Nürnberg, das Bayerische Nationalmuseum, die Bezirke Mittelfranken und Schwaben, die Hermann Guthmann Stiftung, Nürnberg, und der Verein der Freunde und Förderer des Schulmuseums Nürnberg sowie die Universität Erlangen-Nürnberg beteiligt. Für die großzügige finanzielle Unterstützung danken wir dem Domino Verlag, München.

Das Symposion, an dessen Konzipierung sich auch Prof. Dr. Max Liedtke beteiligt hat, wurde gemeinsam von der Universität Erlangen-Nürnberg, dem Bayerischen Nationalmuseum München und der Akademie für Lehrerfortbildung und Personalführung Dillingen veranstaltet. Wir danken den Kooperationspartnern für die gute und erfolgreiche Zusammenarbeit.

Die Organisation des Symposions vor Ort übernahm in bewährter Weise Herr Rektor K. Fendt, Ichenhausen.

Schließlich gilt unser Dank Frau U. Riedl, Frau E. Nowak, Frau E. Diezinger und Frau E. Hunte für die redaktionelle Betreuung des Sammelbandes.

Johanna Forster Uwe Krebs

Johanna Forster

„Praktisches Lernen" und „Wissenskumulation". Einführung zum Thema

Der vorliegende Band verbindet das Thema des „Praktischen Lernens" mit dem Begriff der „Wissenskumulation". Für einige mag diese Zusammenstellung ein Spannungsfeld andeuten, denn die Wissenskumulation – und dies bestätigt auch die alltägliche Erfahrung – hat nicht nur eine quantitative, sondern ganz wesentlich auch eine qualitative Dimension: Wachsende Wissensmengen müssen organisiert werden, um handhabbar und brauchbar zu werden, und dies führt zur Bildung abstrakter begrifflicher Systeme auf immer höheren Ebenen, damit die Fülle des Einzelnen, von dem man weiß und über das man etwas weiß, gebändigt werden kann. Das praktische Tun und Lernen aber ist immer an Konkretes und Einzelnes gebunden. So beantwortete das moderne Schulsystem, das nicht erst heute, sondern bereits bei seiner flächendeckenden Institutionalisierung – die nicht zufällig ungefähr zeitgleich zur Konstitution der modernen Wissenschaftspraxis erfolgte – mit dem Phänomen der Akkumulation von gesellschaftlichem Wissen zu kämpfen hatte, mit der klaren Bevorzugung des begrifflich-abstrakten, systematisch geordneten und kognitiv zu verarbeitendem Wissen. So entstand das spezielle Schulwissen. Doch angesichts der begrenzten Zeit, die diese Institution für ihr Werk zur Verfügung hat, mag man sich die Frage stellen, welchen Platz das „praktische Lernen" darin haben könne. Denn dieses bedeutet doch immer, dass man Lernprozessen die „Echtheit" der Erfahrung gewährt, die die traditionelle „Wortschule" verkürzt oder überspringt.

Diese Differenz sprach Nietzsche (1881, Aphorismus 195) mit der Frage an, ob es nicht eine „Vergeudung unserer Jugend" gewesen sei, als man ihm als Heranwachsenden

> „Mathematik und Physik auf eine gewaltsame Weise aufzwang, anstatt uns erst in die Verzweiflung der Unwissenheit zu führen und unser kleines tägliches Leben, unsere Hantierungen und alles, was sich zwischen Morgen und Abend im Hause, in der Werkstatt, am Himmel, in der Landschaft begibt, in Tausende von Problemen aufzulösen, um unserer Begierde *dann* zu zeigen, daß wir ein mathematisches und mechanisches Wissen zu allernächst *nötig* haben."

Hier ist cum grano salis das Programm der Reformpädagogik und des praktischen Lernens formuliert, und wir kennen auch die Antwort der Institution, die sie nahezu unverändert seit über 100 Jahren gibt: Solche Lernprozesse seien gerade nicht „schul-spezifisch“, nämlich umständlich, wenig systematisch, kaum überprüfbar und vor allem zu zeitraubend. Daher ist es sehr begrüßenswert, dass sich, mit der großen Unterstützung von tatkräftigen Vereinen, derzeit viele Pädagogen und Pädagoginnen mit sehr großem Engagement *praktisch* handelnd dafür einsetzen, dass die Schule andere Antworten findet, und zwar bessere.

Wenn wir einen anderen Blickwinkel einnehmen, so steht nicht die Machbarkeit praktischen Lernens im Vordergrund, sondern die Konzeption. Nicht jeder verbindet mit dem Kompositum „praktisch“ im Kontext von Lernen und Bildung uneingeschränkt positive Assoziationen. Dies könnte möglicherweise für Frauen gelten, denen der Diskurs der Aufklärung über die „Bestimmung des Weibes“ im Ohr klingt. Nicht nur Kant identifizierte die Frau als nicht-theoriefähige Variante des Menschengeschlechts, *natur*gemäß bestimmt ausschließlich für ein reiches Gefühlsleben und emsige praktische Tätigkeit. Die entsprechenden Bildungsprogramme für Frauen richteten sich darauf ein, und die Beschränkung auf das praktische Tun war für viele Frauen, auch wenn man die Komponente „spezifisch weiblicher“ Tätigkeiten fort genommen hätte, gleichbedeutend mit Ausschluss von Bildung im umfassenden Sinne.

Aber auch die Begabungstheorie der Weimarer Republik sowie deren sozial- und bildungspolitische Implikationen können verunsichern. Ein großer Anteil der wissenschaftlichen Pädagogen sowie der Schulpolitiker und -administratoren und vermutlich auch der Lehrerschaft hing der Überzeugung an, dass neunzig Prozent der Bevölkerung, dies kann man auch bei Blankertz (1981, 234–239) nachlesen, eine Begabungsrichtung aufweise, die über das anschaulich-konkrete Denken, das praktische Tun und einen „gemüthaften“ Zugang zur Welt kaum hinausreiche und sie nur zu „einfachen Berufen“ befähige. Dies entsprach übrigens ziemlich genau den Strukturen des Arbeitsmarktes. Entsprechend konzipierte Eduard Spranger die Volksschuloberstufe (= die Hauptschule) als „Standesschule der einfachen Berufe“. Für Kinder aus den damaligen Unterschichten galt ebenso wie für die erwähnten Frauen: Das Lob des praktischen Lernens korrelierte vielfach mit schmerzlich empfundenen Bildungsbarrieren. Doch diese Hinweise müssen niemanden verunsichern; vielmehr sind sie wertvolle Indikatoren für das Ausmaß des Wandels in unserer Lebenswelt, der sich in der zweiten Hälfte dieses Jahrhunderts vollzogen hat und auf den die Schule reagieren muss.

Es ist schon sehr lange her, dass Heranwachsende ihr Wissen und ihre Fähigkeiten allein oder vornehmlich durch die Beobachtung und Nachahmung von älteren, kundigen und vertrauten Menschen im Alltagszusammenhang des Arbeits- und Familienlebens erwerben konnten. Einschneidende Veränderungen in der kulturellen Evolution des Menschen brachten die Erfindung von überdauernden Darstellungsformen, mit deren Hilfe Wissen ohne Anwesenheit des Experten, aber auch unabhängig von einem konkreten Anwendungszusammenhang weitergegeben werden kann. Die symbolische Repräsentation von Wissen in der verbalen oder schriftlichen Lehre und Unterweisung bedeutet eine Entkontextualisierung der Rede über die Welt im Unterschied zum praktisch gebundenen Vorgehen. *Sie* macht die Thematisierung von Gegenständen von konkreten räumlichen, zeitlichen, materiellen und teilweise auch personellen Zusammenhängen und Bedingungen unabhängig; auch kann sie beliebig unterbrochen und fortgesetzt werden. Das System des Fachunterrichts gibt davon Zeugnis.

Diese Befreiung des Diskurses von einer „Praxis" – hier verstanden als mühevolles Sich-Einlassen und Abarbeiten an einer widerständigen, fordernden und oft auch zwingenden Realität – stellt bekanntlich eine der grundlegenden Voraussetzungen der Wissenskumulation dar, die die menschliche Geschichte begleitet. Und sie ist auch Bedingung für die notwendige Systematisierung und Fortentwicklung des Wissens.

Auf ihrer Kehrseite waren und sind diese Prozesse von Verlusten begleitet. Die einseitige Betonung des abstrakt-systematischen Erwerbs von Wissen und des Aufbaus eines möglichst wohlgeordneten, differenzierten, logisch verknüpften und abrufbereiten Begriffsnetzes verdrängt die ganzheitliche Erfahrung, aus der Wissen einmal entstanden ist: Dies betrifft die Dimension der Motivation, wenn Wissen vor allem in Interesse weiteren Wissens und um des Wissens willen oder formaler Qualifikationen wegen erworben wird. Es berührt die Dimension der Person, wenn Wissen von der existentiellen Situation mit ihren konkreten Erfahrungen und Herausforderungen, Problemen und Fragen abgetrennt erscheint. Es berührt die Dimension der individuellen Entfaltung, wenn Wissen vom konkreten und immer auch sinnlichen Erfahrungsbereich abgetrennt und einseitig an kognitive Leistungen gekoppelt ist. Viele unglückliche schulische Lernkarrieren verdanken sich dem Umstand, dass die Schule, die jenem Modell verpflichtet ist, nur sehr spezielle Leistungen fordert und belohnt, so dass Kinder mit vielfältigen und breit gestreuten Fähigkeiten und Motivlagen sich in der Tat kaum als „ganze Person" geschätzt oder auch nur wahrgenommen fühlen.

Schließlich sollte man auch nicht vergessen, dass mit der Entstehung von neuem Wissen häufig auch althergebrachtes verschwindet, die Kumulation also nicht linear additiv verläuft. Ein Vergleich unserer Lebenspraxis mit dem Kompetenzprofil, das nötig war, um in vorindustriellen Gesellschaften das tägliche Leben zu gestalten, zeigt, dass sehr viel Wissen verloren geht, weil es nicht mehr benutzt wird oder weil sich die Interessen und Perspektiven der Wissenskommunität verändert haben. Geradezu zwangsläufig sind davon überwiegend praktisch-alltägliche Wissensmengen und darauf gegründete Praktiken betroffen. Dies führt zu der Zeitdiagnose, die man zu Recht sehr häufig mit dem Erfordernis „praktischen Lernens" in der Schule verbindet: In hochindustrialisierten Gesellschaften wie der unsrigen wächst die Abstraktheit der Alltagsvollzüge im häuslichen Bereich ebenso wie in der Arbeitswelt und in der Freizeit zusehends (viele Kinder können sich unter der Berufstätigkeit der Väter und Mütter nichts mehr vorstellen). Besonders bedeutsam sind dabei die medial vermittelten Sekundärerfahrungen, die auch zukünftig eine zunehmend einflussreiche und schwierige Rolle in der Welterfahrung der Kinder und Jugendlichen spielen werden. Sie treten vielfach an die Stelle der unmittelbaren und praktischen Auseinandersetzung mit den Dingen, und so muss man sich nicht wundern, wenn es der jungen und sehr jungen Generation schwerfallen mag, realistische Konzepte von ihrer eigenen Person, von zwischenmenschlichen Normen, aber auch von der Welt um sie her zu entwickeln.

Hier wachsen der Schule zweifellos eminent wichtige Aufgaben zu. Denn: Niemand erfährt vermutlich jene Ambivalenzen des abstrakt-begrifflichen Wissenserwerbs stärker „am eigenen Leib" (im wörtlichen Sinne) als Kinder und Jugendliche, die auf das herkömmliche schulische Lernen verpflichtet sind. Dies ist nicht nur deshalb so, weil die Einseitigkeit des abstrakt-begrifflichen Lernens nach wie vor – trotz aller Lockerungen – ein Absehen von körperlichen Empfindungen und eine Entfernung von persönlichen Erfahrungen und dem praktisch-sinnlichen Umgang mit den Dingen selbst erfordert. Kinder haben auch Schwierigkeiten, das neu hinzugelernte, fortwährend akkumulierende „Wissen" (wenn es nicht nur Worte und Sätze sind) in ihr Leben und Handeln zu integrieren, ihm reale Bedeutung und Problemlösefähigkeit zuzuordnen und es im „wirklichen Leben", das immer ein praktisches ist, als Bereicherung, Impuls, Befriedigung zu erfahren. Der Schwund an Erfahrungsmöglichkeiten, die aus dem sinnvollen praktischen Tun resultieren, lässt die Koordinaten unentwickelt, in denen Begriffe an Bedeutung „andocken" können.

Die Psychologie hat inzwischen differenzierte Konzepte entwickelt, um diesen Zusammenhang zu beschreiben. Grundlegend ist der Begriff der Kontextgebundenheit des Wissenserwerbs. Der Begriff als solcher steht nur im Kontext von anderen Begriffen, erworben wird er in enger Verknüpfung mit den sozialen und praktischen Merkmalen der Erwerbssituation. Damit kann man beispielsweise erklären, warum Schülerinnen und Schüler empirischen Untersuchungen zufolge mitunter so schwache Leistungen erbringen, wenn ihnen Sachverhalte, die sie im Fachunterricht und in der korrekten Sequenz der Inhalte „eigentlich wissen", dann in unvertrauten und fachübergreifenden Kontexten begegnen. Die Aktivierung des Wissens gelingt nicht, weil es nicht hinreichend entwickelt und erprobt ist, um vom „framing" der Erwerbssituation unabhängig zu werden. Hier zeigt sich, dass das rein „theoretische" Lernen, das einer streng didaktifizierten Strategie folgt, die alle Irrwege, Schwierigkeiten und Widerstände zu eliminieren sucht, in der Komplexität der Anforderungen, aber auch hinsichtlich der Lernmöglichkeiten hinter dem Potential einer Situation praktischen Handelns oft zurückbleibt. Man kann damit des weiteren erklären, warum das „Schulwissen" für viele Heranwachsenden so eigentümlich bedeutungsleer und geradezu beliebig erscheint und warum die Schule sich so schwer tut, ihr eigentliches Ziel zu erreichen, nämlich dass das Wissen in Einsichten münde und diese im Alltagswissen und besonders in den Handlungen relevant werden. Wenn das Wissen ausschließlich entkontextualisiert erworben wird, verbindet es sich mit rein formalen Kontexten, der Person der Lehrkraft, den Noten oder dem Fach, und dieses sind für die potentielle Bedeutung des Wissen in der Tat beliebige Faktoren. Anders verhält es sich mit dem Lernen im Kontext praktischen Tuns, wo Situation, Kommunikation, Denken und Handeln inhaltlich miteinander verknüpft sind und ein Mehr oder Weniger an Wissen tatsächlich Folgen haben kann.

Moderne Wissenspsychologen postulieren, dass das Schulwissen und das lebensweltliche Wissen unterschiedliche Wissensformen darstellen und dass es naiv sei, wenn Pädagogen annehmen, Lernende würden gleichsam „umstandslos" ihre alltagsweltlichen Vorstellungen durch das „bessere" Wissen der Schule ersetzen, sofern sie es sich nur aneignen. Vielmehr würden sie im Allgemeinen in der Schule recht erfolgreich lernen, entsprechende Schubladen zu bilden, um Schul- und alltagsrelevantes Wissen sorgsam auseinander zu sortieren und damit sicherzustellen, dass sich keine unbequem-verwirrenden Kontakte ereignen.

Das mag übertrieben sein, doch man stellt sich die Frage, ob Schul- und lebensrelevantes Wissen sich auch dann zu zwei gegeneinander offenbar recht gut immunisierten Wissensformen entwickeln würden, wenn das praktische Lernen einen angemessenen Platz im schulischen Lernen hätte. Denn im Prozess zielorientierten praktischen Tuns kann niemand an den eigenen alltagsweltlichen Schemata vorbei, er arbeitet mit ihnen und erfährt unmittelbar ihre Defizite. Bei der Suche nach der Lösung der Probleme, kann dann ein Lernen beginnen, in dem das praktische Tun seine Funktion für die Differenzierung der Begriffe und das Theoretische seine Bedeutung für das praktische Gelingen unmittelbar sichtbar werden lässt.

Um noch einmal zum Beginn zurückzukehren: Praxis, so definiert Benner (1991, 26), bedeutet stets zweierlei:

> „einmal die Möglichkeit, tätig und handelnd, also willentlich etwas hervorzubringen; dann aber auch die ‚Notwendigkeit', auf welche die Praxis immer schon antwortet, indem sie eine vom Menschen erfahrene Not zu wenden sucht."

Wir können heute die Idee einer Bildung, die sich vom praktischen Lernen distanziert, auch vor dem Hintergrund verstehen, dass das praktische Alltagsleben den Großteil der Menschen in einem heute nicht mehr gegebenen Maße „nötigte": Die Praxis verschlang ihre Kraft, legte sie fest, Allgemeine Bildung als Idee einer allseitigen, zweckfreien und vor allem geistigen Entfaltung war vielen verwehrt. Und umgekehrt: Diejenigen, denen sie verwehrt wurde, wurden auf das „praktische Tun" beschränkt. Der immense kulturelle Wandel, den wir auf dem Weg in die postindustrielle Gesellschaft erleben, zeigt sich nun gerade darin, dass nicht mehr das „Sich-Erheben-Können" über die Notwendigkeit der Praxis im Koordinatenkreuz steht, sondern die Rekonstruktion des fast beliebig für jeden verfügbaren Wissens aus der zugleich sinnhaften und sinnvollen praktischen Erfahrung.

Dies ist notwendig, um eine Aufgabe zu bewältigen, die sich früher möglicherweise nicht so gestellt hat: Es handelt sich in einer von virtuellen Wirklichkeiten belagerten Lebenswelt primär um die Gewinnung angemessener, flexibler und lebbarer Realitätskonzepte. Diese entstehen im konkreten und zugleich reflektierten Umgang mit der „wirklichen", körperlich erfahrbaren und widerständigen Wirklichkeit und im Entwerfen und Erleben der Folgen des eigenen Denkens und Handelns, wie John Dewey es formulierte. Daher brauchen wir heute die Ideen und Projekte der Bewegung „Praktisches Lernen" und eine rege Diskussion solcher Themen, für die der vorliegende Band eine Plattform anbietet.

Literatur

Benner, D. (1991): Allgemeine Pädagogik. Weinheim.
Blankertz, H. (1981): Geschichte der Pädagogik. Von der Aufklärung bis zum 1. Weltkrieg. Hagen.
Nietzsche, F.: Morgenröte. Gedanken über die moralischen Vorurteile, 1881. Frankfurt/ M. 1983.

Summaries

I. General aspects and their foundations

Max Liedtke

School between practical learning and the accumulation of knowledge

Practical learning can be described as the attempt to illustrate ways of learning to pupils via personal experiences and methods of discovery, the aim being to make learning more fun. One of the most striking features of human culture is no doubt the accumulation of knowledge and humans have the ability, not only to learn by doing, but also by relating to impersonal experience, that is to say those that have been made by others. In the strictest sense, impersonal experience is abstract, it is not as concrete, as reliable or able to be trusted as personal, first-hand experience. Nonetheless, this reality has rarely been discussed in work on the theoretical or practical work on the subject. The requirements of learning via experience necessitate a new level of vividness and this is as much the case today as it ever has been throughout human history

Gabriele Strobel-Eisele

Schools and learning in advanced industrialised societies

This article deals with how the capability to learn is best developed by tuition and schools amongst children within advanced industrialised societies. The debate on the two dominant concepts of learning, namely out of school, self-organised learning and teacher-directed, instruction-based learning has lead to the conclusion that methods and ways of learning should be regarded within the area of didactic communication. Secondly, emphasis is placed on the distinction between school and lessons: school enables lessons to take place and responds to educational problems, which cannot be solved solely through lessons. It is argued that schools would have a bright future if they would come to be regarded as parent organisations in which various professions are represented, their aim being to work together to solve the problems that pupils face when they enter school.

II. The development of a new level of concreteness: Historical examples

Hans-Werner Fischer-Elfert

Old Egyptian hieroglyphs as a system of portraying language and the world

Due to their pictographic character, ancient Egyptian hieroglyphs have always presented a high degree of extra-linguistic reality. That which was concrete was only retained in its non-cursive form, for example in inscriptions carved in stone. In this paper, the basic constituents of hieroglyphic writing are explained. Special attention will be given to its ability to visualise abstract notions by means of special signs. Where there is a lack of precise linguistic designation, analogies have been made. Thus maladies, for which there exists no technical term, have been described by comparison to well-known non-medical phenomena. Another subject dealt with is that of to which extent the 'inventors' and users of Egyptian script were influenced by non-Egyptian sources, such as early Sumerian script, which dates from around 3000 B.C.

Although the order of sounds or phenomena that were part of their language were able to be put in alphabetic order in the latter half of the First Millennium B.C., this principle never fully replaced the indigenous system until its abolishment in the 5th Century B.C.

Paul Schrömbges

God's Picture: Visualising the invisible? Problems of portraying the Trinity in the Middle Ages

During the papacy of Gregory the Great in medieval times, cult figures had a clear didactic function: they served to illustrate the Christianity's beliefs to a largely illiterate population. As far as the complex doctrine of the Holy Trinity is concerned, there is a marked evolution from something which is highly abstract and grounded in theology to something that is figurative and anthropomorphic. The so-called 'Gnadenstuhl' of the middle ages illustrates this development. Thus, during this period, there was no tendency to depart from the abstract as such, but rather one to simplify through a concentrated reduction of the subject at hand. Moreover, amongst the common people, religious depictions acquired a quality of their own in that they became objects of veneration in themselves.

Hubert Buchinger

J. A. Comenius: Teaching everybody everything – forms of illustration between success and failure

Comenius's concept of illustration, which considers various aspects of the term, has little in common with some of the interpretations of those that have put a claim on him until today. According to him, the term is regulated by transcendence and not by a one-sided, naive usurpation of the world. Thus, his concept of illustration is not intended to make things understandable to Man. His high regard for conscious illustration results from his belief that it is the safest epistemological source in the search for God, whose traces can be found in the whole of Creation. On this basis, nothing can be in the mind which has not yet been in the senses. Hence, Comenius develops a method of illustration that is eternally valid but whose usage has mostly been restricted to the 'Mutterschule'.

III. Achieving a new level of vividness: Some suggestions

Uwe Krebs

Psychophysiological aspects of achieving or failing a significant degree of learning

This paper deals with the achievement or the failure of learning processes with respect to its psycho-physiological base. First, the concept and the subject of psychophysiology was briefly introduced. Secondly, the functions of the formatia reticularis and of the limbic system were mentioned in order to demonstrate its importance for a sufficient arousal of the neocortex with its importance for learning and cognition. The main consequence is to make sure, that on the beginning an emotional pathway to any given learning subject should be preferred, to reach the needs of the formatia reticularis and the limbic system. Additively further aspects and some of its consequences are mentioned shortly: the large variety of individually human lerning types, the need to tie up school and society in order to establish transfer processes, and some consequences of the cumulation of knowledge with respect to the curriculum.

Marcus Hasselhorn

Ways of constructing and using analogy: Considerations on the difficulty of accumulating knowledge upon reaching school entry age

The use of analogy is a basic, yet extremely powerful tool that can be used to comprehend new facts. The noticeable, yet recent explosion of knowledge in nearly all school-related subject areas provides ample opportunity for this tool to be useful. However, it is not the invention of more vivid analogies or new levels of vividness that are needed to overcome the difficulties presented by the expanding base of knowledge. Rather, it is argued in this paper that even the youngest school children are prone to reason by use of analogy. Further, encouraging pupils' existing capability to learn, comprehend and think through the use of analogy is seen an adequate way in which to prepare them for what can be seen as a knowledge explosion. Examples are given of how to use analogy to build new areas of understanding and of how to integrate children's intuitive pre-existing knowledge into concepts being taught. Finally, the idea of Cognitive Training for Children recently designed by Klauer is outlined as an effective technique which can enhance children's competency in the area of reasoning through analogy.

IV. Developing a new level: Examples from the classroom

Gisela Krause

Learning by doing via the senses in elementary schools

Learning by heart, with hands and with ones head is not a new concept in our education yet it has been neglected for far too long. Work and school are seen as opposites and this makes learning by doing more difficult. The most important considerations when investigating learning by doing are as follows: to activate body and mind, to initiate dimensions of doing, to train for everyday life, to educate on ones environment, to see the teacher as a role model. Two examples of learning by doing whilst employing the senses are "Sinn-Salabin and the energy garden of Essenbach".

Walter Klinger

Elucidating concepts and visualisation in physics: Their meanings and possibilities in the field of physics

Physics is considered to be a rather abstract science. Nevertheless, in all fields of physics the understanding of physics is highly dependent on immediate visualisation and elucidating conceptions. Before one can attempt an abstract mathematically formulated description of a natural phenomenon, it is indispensible, first to clarify qualitatively the relevant structural elements of the phenomenon as well as their mutual relationships in the framework of an elucidating model conception.

This paper points out the central significance of conceptualization for acquiring knowledge in physics, and it also shows the large scale of possible methods of demonstration and visualization in order to make physics comprehensible.

Hans Joachim Bader

Applying new concepts to teaching. The Frankfurt Models and the improvement of chemistry lessons in primary schools

The level of knowledge within the field of chemistry is growing at an incredible pace. This poses a challenge to the area of education, namely that of how to develop methods of instruction, which can then be applied to teaching chemistry. It is important that these methods take account of everyday life and of the environment that surrounds students and that they make topics, which are of important and of concern to the contemporary world both comprehensive and easy to grasp. One example of this may be the creation of various concepts that deal with renewable resources. Unfortunately, only a fraction of the numerous proposals that are made with the aim of modernising the tuition of chemistry, reach the classroom. On one hand, this failure can be attributed to the problem with providing ongoing education for the teachers in question and on the other hand, it is due to limited response to opportunities of further education and to didactic-methodological literature.

Walther Leonhard Fischer

Levels of explanation, vividness and comprehensiveness in maths lessons

The objects and the objectives of mathematics are conceptual structures. Thus mathematics education is settled in the tension field between concrete reality and abstract ideality. The process of cognition ascends a stepladder – starting from "Anschauung" by the means of abstraction it reaches at different levels of concepts, finally arriving at hierarchies and nets of concepts. To gain a certain degree of understanding ("Anschaulichkeit") the process as well turns back again by visualisation and vividness ("Veranschaulichung") of the abstract structures. Homomorphic or isomorphic structures of the lower steps already known or already familiar structures in a different field of the same conceptual level are used as "Anschauungsform" of a higher degree. – The paper discusses and exemplifies the cognitive process in ascending from "concrete" to "abstract ideas and theories" in mathematics and in mathematics education.

Otto Schober

Language and visualisation in German lessons – language and vividness

German language and literature classes often aim to illustrate very different kinds of subjects. At the same time, teachers may discover that language is a highly illustrative medium in itself. They may keep this fact in mind when teaching and reflect on the development of language and the nature of thinking from the following point of view: language and processes of human thought are largely metaphorical (see Lakoff and Johnson; Baldauf). When being taught grammar, it is useful for pupils to experiment the use of linguistic material via the practical procedures that are also used by scientists, such as the grammar workshop as defined by Eisenberg and Menzel. When teaching literature, teachers have an excellent opportunity to support their pupils' imaginative powers. Finally, teachers should aim to provide their pupils with methods of visualisation, which can then be used to learn, read and write (clustering, mindmapping).

Eckhard M. Spannraft

Experience and political concepts in modern social studies

Children and youths do not yet have access to direct political participation. When it comes to political education the lack of participation, approach poses a problem. Whilst social studies are still dominated by civics, they show political systems, structures and processes as an abstract, which is ready-made and scientifically constructed. Modern social studies enable students to form their own opinions and to resolve current political issues, conflicts and issues by analysing them. One way of achieving this is learning by doing. This method forces pupils to explore society and politics on their own. Units which are employed in current political cases make it possible for students to correlate the systematic knowledge passed on to them by teachers to their own findings and experiences. By reflecting on their experiences, pupils will become familiar with general political concepts and categories that are based on their personal approaches and experiences. These approaches and concepts can later be applied to other new tasks.

I. Allgemeine Grundlagen

Max Liedtke

Schule zwischen „Praktischem Lernen" und „Wissenskumulation"

1 „Praktisches Lernen" als Antwort auf schulstrukturelle Spannungen

„Praktisches Lernen" ist ein schillernder und deswegen auch sehr unterschiedlich ausgelegter Begriff. Der Begriff steht seit einigen Jahren für eine schulpädagogische Bewegung, in der, wie Andreas Flitner sagt, „eine Reihe von Impulsen" aufgenommen sind, „die in der Geschichte der Schulentwicklung und der Schulreformen eine sehr wichtige Rolle" (Flitner 1999a, 7) gespielt haben. Diesen Impulsen ist gemeinsam, dass sie auf Spannungen beruhen, die in der Struktur der Schule liegen.

1.1 Die erste Spannung

Es ist offenkundig und historisch wie aktuell unbestritten, dass jedes Lernen mit einer anschaulichen Basis beginnen muss:

> „Was also der Jugend zur Kenntnisnahme vorgeführt werden soll, das müssen Dinge sein, nicht Schatten von Dingen; ich sage Dinge, und zwar feste, wirkliche, nützliche Dinge, welche auf die Sinne und auf das Vorstellungsvermögen einwirken. Sie werden aber einwirken, wenn man sie so nahebringt, dass sie an die Sinne anschlagen. Hieraus folgt die goldene Regel für die Lehrer: Alles, was sie nur können, vor die Sinne stellen ..." (Comenius 1632).

Andererseits ist die Schule historisch aber die gesellschaftliche Antwort auf die Wissenskumulation, unterrichtlich wie erzieherisch. Die Wissenskumulation, durch die sich beständig die Anforderungen an unser Wissen und an unser Verhalten verändern, ist das auffallendste Merkmal der menschlichen Kultur (vgl. Liedtke 1991a, 23). Weil der Mensch in der Lage ist, nicht nur durch eigene Erfahrungen zu lernen, sondern in großem Umfang auch Erfahrungen anderer zu übernehmen, konnte das Wissen von Generation zu Generation kumulieren. Mit der Erfindung der Schrift vor ca. 5000 Jahren war bereits ein Kumulationsniveau erreicht, das sich ohne institutionalisierte Unterweisung nicht halten ließ. Unterweisung heißt aber, dass zwar in optimaler Weise Informationen, die andere gesammelt haben, weitergegeben werden. Aber das Erfahrungswissen, das hier übernommen wird, beruht eben nicht auf eigenen Erfahrungen. Es ist notwendig abstrakter als die persönliche Erfahrung, es hat nicht die gleiche Überzeugungskraft (vgl. a. a. O.). Man kann dies, wie J. Piaget es getan hat, noch pointieren: Wer belehrt, nimmt den Kindern die Chance, den betreffenden Sachverhalt eigenständig zu entdecken (vgl. Flitner 1999a, 9).

Diese Spannung ist nicht aufhebbar: Schule muss belehren, wenn sie ihrer hoch sinnvollen gesellschaftlichen Funktion gerecht werden soll. Es kann niemand allein über entdeckendes Lernen das Erfahrungsgut erwerben, dass die Menschheit durch Jahrtausende zusammengetragen hat. Der Vorteil der Übernahme von Fremderfahrung ist auch zu groß, um ernsthaft auf Belehrung verzichten zu wollen (vgl. Liedtke 1991a, 22–31). Zwar mag es ärgerlich und auch nachteilig sein, manche Entdeckungen und manche Erfahrungen nicht selbst gemacht zu haben. Aber auf andere würden wir gerne verzichten. Es ist schon von großem Vorteil, darüber unterrichtet worden zu sein, dass Knollenblätterpilze, Kreuzotter und Blei giftig sind, dass die vom Uran ausgehende Strahlung höchst gefährlich, dass die Berührung von unisolierten Starkstromleitungen Tod bringend ist. Die Wissenskumulation bringt ein höheres Maß an Sicherheit, an Bequemlichkeit, hat zu höherer Lebenserwartung beigetragen und zur Reduzierung von Schmerzerfahrung. Der Verlust an Eigenerfahrungen und an unmittelbar nachvollziehbarer Anschaulichkeit ist der Preis, der für die Wissenskumulation zu zahlen ist. Aber dieser Preis und die geschilderte Spannung verringern sich zudem dadurch, dass der Mensch, insbesondere Kinder, in der Regel sehr darauf aus sind, Informationen anderer zu übernehmen.

1.2 Die zweite Spannung

Schon um Zeit für die mit der Wissenskumulation wachsenden Lernanforderungen zu haben, muss Schule auch Schonraum bieten und ihre Schüler vor einer zu frühen Einbindung in wirtschaftliche Prozesse schützen (vgl. Kinderarbeit: Hauptgrund der Einführung von Schulpflicht, vgl. Liedtke 1991b, 25f.). Aber eben damit sind die Kinder auch den konkreten Anforderungen und Erfahrungen der gesellschaftlichen Umwelt entzogen. Stattdessen wird eine artifizielle Schulwelt geboten, deren Relevanz für die Schülerschaft allenfalls kognitiv erfasst, aber, weil vielfach außerhalb des gegenwärtigen Interessenfeldes der Kinder gelegen, emotional nicht nachvollzogen werden kann. Die Kinder werden durch die Schule immer auch ein Stück ihrer eigenen konkreten Welt entfremdet. Auch diese Spannung ist nicht aufhebbar: Die Schule würde wiederum eine wesentliche Funktion verlieren, würde sie 1. nicht Schonräume schaffen und würde sie 2. nicht auch Inhalte vermitteln, deren Bedeutung den Kindern erst später einsehbar werden. Ein breites Angebot an Inhalten ist für die nachfolgende Generation von größter Wichtigkeit. Auch der Begabteste weiß nicht angeborenermaßen, wo seine Begabungen und seine Entwicklungsmöglichkeiten liegen. Es hat in der Geschichte des Homo sapiens sapiens vermutlich schon Tausende „Johannes Gutenbergs", „Leonardi da Vincis", „Johann Sebastian Bachs", „Charles Darwins", „Max Plancks" und „Albert Einsteins" gegeben. Aber da sie in den jeweils vorausgegangenen Epochen niemals das ihren Begabungen entsprechende Angebot erhalten haben, konnten sie sich auch nicht in dem Maße und in den Bereichen entwickeln, wie es in den Einzelfällen dann schließlich geschehen ist.

2 Lösungsversuch

Durch „Praktisches Lernen", das wie A. Flitner formuliert, „solchen Lernvorgängen vorbehalten" ist, „in denen über die üblichen Aktivitäten der Schule – des Hörens, Lesens, Schreibens, Übens – hinaus eine Praxis stattfindet" (1999b, 93), das die Kinder eben näher an konkrete Erfahrungen heranführt und sich stärker an der konkreten Motivationslage der Kinder orientiert, sollen die skizzierten Spannungen gemindert werden. Es gibt Anlass, die Bewegung des Praktischen Lernens, die durch die Akademie für Bildungsreform/ Robert-Bosch-Stiftung in den 80er Jahren des 20. Jhs. angestoßen worden ist und die „Praktisches Lernen" nicht von oben verordnen, sondern, soweit Initiativen an Schulen vorhanden sind, fördern möchte (Flitner 1999b, 93f.), nachhaltig zu begrüßen. Schule – als Schulung verstanden – ist das wichtigste Instrument, die Kultur des Menschen zu sichern. Aber die Schule ist zugleich eine der ungeliebtesten kulturellen Institutionen. Es ist Alltagserfahrung, dass Kinder und Jugendliche – abgesehen von den frühen Phasen im ersten Schuljahr – in der Regel nicht gerne die Schule besuchen. Die Einstellung der Schülerschaft zur Schule ist eher ablehnend, mindestens ambivalent. Die mangelnde positive schulische Motivation ist daher auch das pädagogische Hauptproblem der Schule. Schon deswegen sind alle Bemühungen, die Schule attraktiver und menschlicher zu machen sowie Eltern- und Lehrerschaft für neue Anstrengungen zur Bildung ihrer Kinder zu motivieren, zu begrüßen. Die Bewegung „Praktisches Lernen" ist, wenn man die breiten Aktivitäten des Vereins „Praktisches Lernen e.V." zum Maßstab nimmt, zudem offensichtlich erfolgreich.

3 Überakzentuierungen in der faktischen Umsetzung des „Praktischen Lernens“

Schaut man sich allerdings die konkreten Projekte an, die als „Praktisches Lernen“ firmieren, so gewinnt man den Eindruck, dass die Projekte – wie das bei allen Reformprojekten, die zu einer größeren Bewegung heranwachsen, der Fall ist –, sich aber auch aus einem Gemenge an Aktionismus, an mangelnder Frustrationstoleranz und an romantisierender Kulturkritik speisen. Daher kommt es, dass die Aktionen dieses „Praktischen Lernens“, das sich weitgehend verselbständigt hat und sich wohl auch der – allerdings auch nicht sehr präzisen – theoretischen Vorgaben der Akademie für Bildungsreform/ Robert Bosch Stiftung nicht mehr bewusst ist, häufig an theoretischer Dürftigkeit leiden und naiv, aber auch geschichtlich ungerecht erscheinen.

3.1 Als „neu“ deklarierte traditionelle Impulse

Da tauchen dann Projekte als „Novitäten“ auf, die an anderen Schulen, oft gar derselben Region, bereits eine Jahrzehnte alte Tradition haben bzw. die ein traditionsreiches Kulturgut der Schule sind. Hier gilt oft, dass es nicht Kreativität war, die „erfinderisch“ gemacht hat, sondern geschichtliche Unkenntnis. H. Glöckel hat deswegen auch das „Praktische Lernen“ als eine spezifische Form des historisch älteren „Handlungsorientierten Lernens“ eingestuft (1996, 145). Durch die geschichtliche Unkenntnis einiger ihrer Vertreter wird die Idee des „Praktischen Lernens“ pädagogisch nicht entwertet, sie erscheint aber häufig geschichtlich naiv.

Die meisten der heute als „Praktisches Lernen“ angepriesenen oder prämierten Projekte (Liedtke/ Schneider 1999; Der goldene Floh 1999) sind historisch längst etablierte Bestandteile der Schulgeschichte (vgl. Karg 1998). Das gemeinsame schulische Theater-Projekt (vgl. PLUS 1999, H. 4), dessen Vorläufer bis in die Antike zurückreichen, hatte bereits in den Jesuitenschulen seit dem 16. Jh. einen festen Platz im schulischen Jahresablauf (vgl. „Jesuitendramen“: Oblinger, 1991, 482f.), war aber mindestens seit der Reformpädagogik des beginnenden 20. Jhs. ein anerkannter, verbreiteter Ausschnitt des Schullebens wie auch des Kindergartens und hat diese Funktion auch zwischenzeitlich kaum eingebüßt, desgleichen der Schulchor, der wohl, wenn auch in sehr unterschiedlichen Ausprägungen, die längste Tradition als schulische Einrichtung hat (Antike, insbesondere christliche Schule des Mittelalters: Frenz 1991, 91). Die Tradition des Schulorchesters reicht mindestens in den Beginn des 20. Jhs. zurück (vgl. Liedtke/ Schneider 1998, 21), ebenso die Schülerzeitung (vgl. Liedtke/ Schneider 1999, 10f.), die – von den Schülern selbst verantwortet – der Schülerschaft Anlass zu eigener literarischer Arbeit geben sollte (vgl. Liedtke 1997a). Gemeinsame, das Schulleben auflockernde und konkrete Erlebnisse vermittelnde Klassenfahrten hatten in der Schullandheimbewegung der 20er Jahre des 20. Jhs. schon eine breite Institutionalisierung erfahren (vgl. Petek 1997). Schulfeste und Schülerbräuche, die allesamt das praktische Mittun der Schülerschaft voraussetzte und ermöglichte, lassen sich ebenfalls bis ins Mittelalter zurückverfolgen (vgl. Heller 1997; Freyer 1997). Die Landerziehungsheimbewegung wiederum des beginnenden 20. Jhs. lebte von der Idee, Unterricht und Erziehung an konkrete Erfahrungen und an selbstverantwortete Tätigkeit zu knüpfen (vgl. Hierdeis 1997). Der Arbeitsschulgedanke G. Kerschensteiners überschneidet sich in wesentlichen Stücken mit der Idee des „Praktischen Lernens“ (vgl. Bock 1993, 405; Liedtke/ Schneider 1999, 33; Flitner, A. 199b, 77ff.), auch die Idee des Gesamtunterrichts, wie sie etwa von Wilhelm Albert praktiziert worden ist (Bleckwenn 1997), schließlich aber der polytechnische Unterricht, der eine zentrale Einrichtung in den Schulen der ehemaligen DDR war und auf Ideen von K. Marx zurückgeht (Krapp 1960).

Die Einrichtung der „Schülermitverantwortung“ (Kneissel/ Hennersdorf, 1999, 42–46) nach dem 2. Weltkrieg verfolgte ebenso zentrale Ziele des „Praktischen Lernens“ (Müller 1997; Demmel 1997).

Es darf schließlich auch nicht übersehen werden, dass die Schule und die außerschulische Jugendarbeit des Nationalsozialismus in großem Umfang Ideen, die im Grundsatz mit Ansätzen des „Praktischen Lernens“ vergleichbar sind, aus der Reformpädagogik übernommen und – eng auf die Ziele des eigenen Systems bezogen – umgesetzt haben: die Einbindung der Schule in das Winterhilfswerk, in unterschiedliche Sammelaktionen (Altmaterial usw.), in die Erntehilfe, die regelmäßige Durchführung von Schulfesten (Theater, Chor, Orchester), von Sportwettkämpfen, die Übernahme der Idee der Kinderlandverschickung, schließlich in der Form der „Erweiterten Kinderlandverschickung“ (Schulverlegungslager) mit dem Grundsatz möglichst umfassender Selbstversorgung sowie mit dem aus der Jugendbewegung übernommenen Erziehungsprinzip, dass möglichst Jugend die Jugend führen solle (vgl. Schneider 1997; Liedtke 1999).

3.2 Überakzentuierung eines praktischen, anschaulichen, manuellen Unterrichts

Wenn alles Lernen immer an der Basis realer Erfahrungen oder gar realer Handlungen beginnen müsste, wäre eine Wissenskumulation, wie wir sie ja geschichtlich ablesen können, niemals zustande gekommen. Zwar ist der aus der aristotelischen Tradition stammende Satz richtig, dass nichts im Verstande ist, was nicht zuvor in den Sinnen war (Nihil est in intellectu, quod non prius fuerit in sensu; vgl. Kant 1781 B1). Deswegen muss es pädagogischer Grundsatz bleiben, dass alle Erkenntnis mit anschaulicher Erfahrung beginnt und dass das Vertrauen, das man seinem eigenen Wissen entgegenbringt, davon abhängt, inwieweit diese Kenntnisse auf anschauliche, persönliche Erfahrungen rückgeführt werden können.

Ein aber auch die Tatsache der Wissenskumulation einschließendes „Praktisches Lernen" muss ebenso Wege zu finden versuchen, die Kluft zwischen anschaulicher individueller Erfahrung und der übernommenen Fremderfahrung zu überbrücken.

4 Die Entstehung von Erfahrungserkenntnis und das Problem der Erweiterung dieser Erkenntnis

4.1 Wie kommt Erkenntnis zustande?

In der frühkindlichen Entwicklung kann man sich dies an dem Prozess, wie der Säugling „Mutter" erkennt, verdeutlichen. Wer „Mutter" ist, ist dem Kind nicht angeboren, sondern muss gelernt werden (Hassenstein 1987, 52f.; 530). Als „Mutter" kommt aber nicht jedes beliebige Objekt aus der Fülle an Umweltreizen in Betracht. In den verschiedenen Sinneskanälen sind jeweils Filter („Angeborene auslösende Mechanismen") eingebaut, durch die bestimmte Reizkonstellationen ausgewählt und gedeutet werden. Der Schlüsselreiz, der über den optischen Kanal den Zugang zu einer Person, die als „Mutter" in Betracht kommt, eröffnet, sind zwei auf einer etwa kopfgroßen beweglichen Fläche wie Augenattrappen angebrachte Punkte (Liedtke 1997b, 212). Diese Reize, die in „natürlicher" Umwelt des Säuglings normaler Weise nur durch das Gesicht eines Mitmenschen dargeboten werden, sind aber nicht die unmittelbaren Zeichen für „Mutter", sondern zunächst nur für „Sozialpartner". Auf der Basis dieses Schlüsselreizes „Sozialpartner" muss der Säugling über assoziative Prozesse lernen, durch welche konkreten optischen, akustischen, olfaktorischen, taktilen, motorischen usw. Merkmale die Person gekennzeichnet ist, die sich gehäuft und ausdauernd um ihn kümmert. So lernt der

Säugling, wer „Mutter" ist. Der „Lehrmeister" für die konkreten Lernprozesse ist, wie K. Lorenz sagt, der „Angeborene auslösende Mechanismus" (AAM), in den dann assoziativ „hineingelernt" wird. Ohne die Vorgabe eines AAMs oder einer anderen bewertenden Instanz (z. B. eines Bedürfnisses) wären Lernprozesse völlig desorientiert und sinnlos. Die dann jeweils zu erlernenden Merkmale sind als konkrete Erfahrungen für den Säugling völlig „neu".

Selbstverständlich kann es sich nur um Reize handeln, die dem Säugling auf Grund seiner Sinnesausstattung grundsätzlich zugänglich sind. Aber eben diese Reize sind nicht bereits über genetische Dispositionen (wie im Falle der Interpretation von bestimmten Punkten als „Augen") „vorinterpretiert". Sie werden im konkreten Fall lediglich über assoziative Prozesse mit den AAMs verknüpft und bilden dann die „Erkenntnis": „Mutter". Die lediglich assoziativ in den AAM hinein gelernten Merkmale erzeugen, da ja beliebige Merkmale aus den über die Sinne zugänglichen Reizen gewonnen werden können, eine große Varianz. Über Assoziationen sind beliebige Kombinationen von Vorstellungen möglich. Das jeweilige Erkenntnisobjekt wird durch das Bündel an begleitenden und assoziativ erworbenen Merkmalen differenziert und spezifiziert. Der zentrale Erkenntnisprozess „Mutter", so variantenreich die konkreten Merkmale der spezifischen „Mutter" sein mögen, basiert auf dem basalen „Verstehen" der zwei horizontalen „Augen-Punkte" auf kopfgroßer bewegter Fläche. Im taktilen Kanal ist das spezifische und unmittelbar verstandene Signal das „Streicheln" bzw. das „Getragen-werden", im akustischen Bereich der stimmliche Reiz in bestimmter Frequenz und Lautstärke. Das basale „Verstehen" einer Reizkonstellation – das „Erkennen" – läuft nicht über das assoziative Lernen, sondern über das genetisch disponierte Erfassen der Bedeutung dieser Reizkonstellation. Dass schließlich aber die „individuelle Mutter" unter verschiedenen Personen „erkannt" wird, ist allerdings die Leistung des assoziativen Lernens.

Auch der Erwerb von Sprache läuft in großem Umfang über die Kombination elementarer, unmittelbar verständlicher – weil genetisch disponierter – Gestik (z. B. Hinweisgestik) und über die Assoziation des jeweils im Zusammenhang des Gestus genutzten Lautes für das gestisch angezeigte Objekt („Das ist ein Hund, eine Katze, ein Dynamo, ein Tageslichtprojektor" usw.). Ohne solche vor allen Lernprozessen bereits unmittelbar verständliche Reizkonstellationen wäre Lernen nicht erklärbar, auch nicht das Erlernen von Sprache. Diese unmittelbar verständlichen basalen Reizkonstellationen sind zugleich die Faktoren, durch die ein Reiz „anschaulich" wird.

4.2 Wie lassen sich Erkenntnisse und Fähigkeiten erweitern?

4.2.1 Phylogenetische und geschichtliche Hinweise

Der hohe Anpassungswert von „Erkenntnis" besteht darin, dass Ziele über Lernprozesse mit geringerem energetischen Aufwand erreichbar werden. Es lässt sich so die Zahl der Versuche, ein Ziel zu erreichen minimieren. Die Ersparnis von Energien war die Prämie, die die Evolution auf die Verbesserung von Lernprozessen gesetzt hat. Phylogenetisch verlief die Optimierung der Lernprozesse über die Verbesserung der Behaltensleistungen, des Lerntempos, der Erfassung komplizierterer Signale, insbesondere abstrakterer Merkmale (Relationen usw.: Liedtke 1997b, 110–132).

Dabei spielt sicher auch die Verbesserung der manipulatorischen Fähigkeiten eine wichtige Rolle, aber doch auch wieder in enger Verbindung mit dem Aufbau der besseren Erfassbarkeit „abstrakter" Zusammenhänge (vgl. Werkzeugintelligenz: a. a. O., 127–132). Pointiert: die Prämie lag nicht auf der Verbesserung des „Praktischen" und „Anschaulichen", vielmehr auf der Ebene der „Abstraktion" bzw. des vorgängigen Durchspielens von Abläufen in der Vorstellung des Lebewesens.

Der Vorteil der „Abstraktheit" zeigt sich auch in der menschlichen Sprache. Abgesehen von onomatopoetischen Wörtern (lautmalende Wörter: zischen usw.), ist die Wahl des Lautzeichens für ein Objekt, eine Handlung oder einen Prozess weitgehend Sache des Zufalls. Der im Lautzeichen gemeinte Gegenstand lässt sich aus dem Lautzeichen zumeist nicht rekonstruieren. Insofern ist Sprache unanschaulich. Das wird noch deutlicher in der Digitaltechnik, die ohne jeden anschaulichen Bezug in binärer Kodierung ihre Begriffe kennzeichnet (Nagel 1998, 85f.).

Neben der offenbar bloß assoziativen Verknüpfung findet sich in der Geschichte der Sprachen verbreitet aber auch das Konstruktionsprinzip der Analogie. Die Analogie, die auch in der Ontogenese eine zentrale Rolle spielt, leistet für den Verständnisprozess wesentlich mehr, als die bloße Assoziation. Weil die Analogie vergleicht, veranschaulicht sie das Neue an dem schon Bekannten und vermittelt so nachvollziehbare Zusammenhänge. Die Analogie verbindet, macht tatsächliche oder angenommene Zusammenhänge deutlich. Wenn man verstanden hat, was „Mund" bedeutet, kann man relativ leicht nachvollziehen, was „Mündung", „münden", „Ofenmund", „Mundart", „halt den Mund" usw. bedeutet (Grimm 1885: Stichwort Mund). Die Analogie erlaubt es auch, das jeweils neu gewonnene „Anschauungsniveau" selbst wieder als Ausgangspunkt weiterer Analogiebildung zu nutzen: Wenn ich am Beispiel des Flusses „münden" verstanden habe, kann ich auch Straßen in Straßen oder Plätze „einmünden" lassen, kann Reden und Ideen usw. „einmünden“ lassen. Man nutzt Analogien, um Phänomene, zu denen uns spezielle Wörter fehlen, zu beschrieben, so wenn im ARD-Film „Korallen: mit feinen Härchen an ihren Fangarmen ... das Plankton in sich hinein fingern.“ (3.6.1999). Allerdings zeigt die Geschichte, dass dem Menschen vielfach auch „neue Niveaus der Anschaulichkeit“ zugemutet worden sind. Der Umsprung vom ptolemäischen zum kopernikanischen Weltbild war eine solche Zumutung. Durch Newtons kognitive Informationen zur Gravitation war dann ein „neues Niveau“ der Anschaulichkeit erzeugt, als nun „verständlich“ wurde, warum trotz der Kugelgestalt der Erde auch die „Antipoden“ nicht von der Erde herunterfallen. Die kopernikanische Wende ist zugleich ein Beispiel dafür, in welchem Maße unreflektierte („naive“) Anschauung „falsche“ Weltbilder (z. B. das ptolemäische) erzeugen kann.

Eine ähnliche „Zumutung“ war der Umsprung vom statischen zum evolutionären Weltbild im 19. Jahrhundert, das Abrücken vom Grundsatz der „Stetigkeit der Arten“, desgleichen der Umsprung vom Weltbild der klassischen Mechanik zum Weltbild der Quantenmechanik und damit das Abrücken von der tradierten und scheinbar auch zutreffenden Erfahrung, dass die Natur keine Sprünge mache (Natura non facit saltum).

Die Erkenntniserweiterung, mindestens aber ein technischer Fortschritt, hat sich geschichtlich dann auch noch in der Weise vollzogen, dass dem Menschen zugemutet wurde, auch unverstandene oder kaum verstandene Techniken bzw. Werkzeuge zu übernehmen und damit zu hantieren. Solche Prozesse hat es häufig gegeben. In der Regel verliefen diese Prozesse völlig problemlos. Hunderte Generationen haben die abstrahierte Bildzeichenschrift der mesopotamischen bzw. ägyptischen Hochkulturen übernommen, ohne die präzise Herkunft dieser Schrift zu kennen. Es tut der Effektivität von Schrift auch keinen Abbruch, wenn wir nicht wissen, dass sich noch in unserem an erster Stelle des Alphabets rangierenden „a“ noch das (stilisierte) Bildzeichen des Stieres verbirgt, das im Hebräischen Alphabet auch am Anfang der Buchstabenreihe steht und dort als „Aleph“ auch noch den Namen für „Rind“ bzw. „Stier“ führt (vgl. Waetzold 1986, 46; Cassel 1891, 21f.). Zu diesem Beispiel zählt ebenso der Übergang von der Mengendarstellung zum Ziffernsystem in der griechisch-römischen Antike (vgl. Fischer 1988). Spätere Generationen übernehmen problemlos abstrakte Ziffern, ohne ihre „anschauliche“ historische Basis zu kennen.

Unverstanden und hoch abstrakt war auch das christliche Gottesbild, das trotz der im religiösen Ritus und im Unterricht genutzten vermittelnden bildlichen Darstellungen, die nur Versuche der Veranschaulichung des – per definitionem – Unanschaulichen waren, unanschaulich bleiben musste (Anselm von Canterbury, Nikolaus von Cues: Gott als die „coincidentia oppositorum“, der Zusammenfall der – sich ausschließenden – Gegensätze).

4.2.2 Ontogenetische Aspekte

a) Spracherwerb

Es war bereits zugestanden, dass in der frühen Ontogenese des Kindes das in die „Angeborenen auslösenden Mechanismen“ eingebrachte assoziative Lernen u.a. zu deutlichen Erkenntniszuwächsen im Sinne von Differenzierungs- und Spezifizierungsprozessen geführt hat. Am Spracherwerb des Kindes lässt sich aber zeigen, dass das Hauptmittel der Erkenntniserweiterung die Analogiebildung ist. Zwar übernimmt das Kind den Großteil seiner Wörter durch bloße Assoziation und Imitation. Aber sofern das Kind seine Sprache eigenständig erweitert oder auch die assoziativ übernommenen Wörter zu „verstehen“ sucht, bedient es sich – vermutlich ausschließlich – des Hilfsmittels der Analogie. Belegt wird dies durch die „Überdehnung“ oder „Übergeneralisierung“ von Begriffen (Wauwau: für alle Vierbeiner; Muh: für alle Weidetiere; *Bau*Kran: auch für Hochspannungsmasten; Rutschbahn: alle Schrägen; Lampe: auch für Sterne; Kirmes: sich drehender Windmesser, Kochtopfmotor: kochender, rumorender Kochtopf: Liedtke 1998, 118–120). Bei jedem neuen, als Begriff noch nicht geläufigen Phänomen wird die Analogie herangezogen (z. B. Kurze Strümpfe: Strümpfe mit kurzem Stiel: a. a. O.). Dies bezieht sich auch auf Abläufe (z. B.: tropfende Wärmeflasche: Tasche weint: a. a. O., 119; Hubschrauber: „Der schnabt immer so laut“; Ein Mann harkt (mit Laubbesen): „Er best“: a. a. O., 120), desgleichen auf die Bildung grammatikalischer Formen (z. B.: „Grabs“ statt Gräber; Wenn man die Schraube so herumdreht, geht die dann „reiner oder raußer“; Das erste mal geschwommen: „Mein erster Schwomm“: a. a. O., 121). Die Analogiebildung ist kein Mittel der puren Verlegenheit. Es ist immer auch ein Mittel der Veranschaulichung und zugleich ein kreatives Mittel der Pointierung (Vorsintflutliches Flugzeug aus Lego: „Legosaurus“: a. a. O., 119; der Arm ermüdet beim Geigespielen: jetzt geht nur noch ein „Berg-ab-Lied“: a. a. O., 120). Es ist sicher auch ein lyrisches Mittel. Die Dichtung lebt geradezu von der Analogie.

b) Übernahme unverstandener Techniken

Wie in der Geschichte des Menschen spielt in der ontogenetischen „Erkenntniserweiterung“ auch die schlichte Übernahme von Werkzeugen und Techniken, deren funktionale Zusammenhänge überhaupt nicht verstanden sind, eine sehr große Rolle. Zumeist völlig problemlos übernimmt das heranwachsende Kind die Techniken, die zu der jeweiligen Zeit seines Aufwachsens greifbar sind, an. Hier sind das Anwendungswissen und die Anwendungsfertigkeit das Primäre. Das „Verstehen“ der Gerätschaften ist sekundär: Der Säugling trinkt aus der Flasche, ohne die Funktion des Saugers oder die chemische Zusammensetzung von Glas oder Kunststoff zu kennen; der Schüler oder die Schülerin spielt Geige oder Orgel: ohne Bauplan und die geschichtliche Entwicklung der Instrumente zu kennen; man lernt Fahrrad fahren, ohne die Funktion des Ventils zu kennen, ohne zu wissen, wie die Kettenschaltung oder die Nabenschaltung funktioniert; man schreibt mit dem Bleistift, dem Filzstift und dem Füllfederhalter, wiederum ohne die geschichtliche Entwicklung und die technische Funktion des Werkzeuges genau zu kennen. Wir benutzen den PC, ohne dessen Funktionsweise zu kennen. Es gibt wohl auch keinen Wissenschaftler, der sich nicht wenigstens in Teilbereichen seines Arbeitsfeldes Methoden und Instrumente bedient, deren Begründung oder deren genaue Funktionsweise er nicht detailliert kennt.

5 Bedarf es des „Praktischen Lernens“?

Schaut man sich die phylogenetische Basis unserer Erkenntnismöglichkeiten und die geschichtliche und ontogenetische Entwicklung von Erkenntnissen an, wird man sagen müssen, dass es erstens nicht richtig wäre, überwiegend auf „Anschauung“ und „Praxisorientierung“ zu setzen. Durch die phylogenetische Entwicklung ist gerade ein relativ abstraktes Denken prämiert worden, insbesondere die Fähigkeit, äußere Abläufe durch mentale Vorstellungen durchzuspielen und dadurch Energien zu sparen. Die geschichtliche und ontogenetische Entwicklung belegt, dass Erkenntniserweiterung über unterschiedliche Wege verläuft. Keineswegs trifft es zu, dass Erkenntniserweiterung immer von dem eigenen anschaulichen Nachvollzug abhängt und dass alle einzelnen Voraussetzungen unserer derzeitigen Erkenntnis von uns gekannt werden müssen. So könnte es erscheinen, dass „Praktisches Lernen“ so bedeutsam nicht ist. Es ist gleichwohl bedeutsam, aber es müssten die Akzente so gesetzt werden, dass „Praktisches Lernen“ erstens sich auch der anthropologischen Voraussetzungen des Lernens vergewissert. Zweitens aber muss „Praktisches Lernen“ so gefasst werden, dass dadurch Wissenskumulation nicht ausgeschlossen oder behindert wird. Letzteres wäre insbesondere dadurch zu erreichen, dass das „Praktische Lernen“ Anstrengungen machte, Lernen zwar immer mit einer anschaulichen Basis beginnen zu lassen, schließlich aber nach „neuen Niveaus der Anschaulichkeit“ zu suchen. Ein neues Niveau von Anschaulichkeit wäre dann erreicht, wenn man zur Erläuterung einer neuen Frage nicht vollends wieder zu einer elementaren Basis von Anschaulichkeit zurückkehren muss, sondern lediglich zu einem Anschauungsniveau höherer Stufe.

5.1 Stufen zu „neuen Niveaus der Anschauung"

5.1.1 Nutzung von Beispielen (Analogiebildung)

„Neue Niveaus der Anschauung" können über Beispiele, die I. Kant „Gängelwagen der Urteilskraft" nennt (Kant, B 174), vermittelt werden. „Das ist so wie ...", „Das riecht so wie", „Das funktioniert so wie" sind sprachliche Kurzformeln dieses Verfahrens. Durch das Beispiel erschließt man sich ein neues Objekt, macht es sich zu eigen, erfasst es, versteht es. Durch den verständigen Umgang mit dem neuen Objekt gewinnt das Objekt an „Anschaulichkeit" und kann selbst wiederum als Beispiel für weitere, noch unverstandene Objekte dienen. Man nutzt den „Gängelwagen der Urteilskraft", wenn man z. B. die neue Erfahrung des nicht unmittelbar beobachtbaren elektrischen 'Stromes'" sich durch ein „Wassermodell" („Strom") verständlich zu machen versucht (Liedtke/ Schneider 1999, 28: nach W. Klinger). So wenig „Wasser" und „elektrischer Strom" identisch oder in ihrer Struktur vergleichbar sind, lassen sich am „Wassermodell" doch elementare „Erscheinungsformen" des Stroms veranschaulichen, z. B. das Phänomen der „Spannung" und des „Widerstandes" (a. a. O.). Nach längerem Umgang mit dem durch das Beispiel (Wassermodell) neu erschlossenen Bereich „Strom" wird dieser neue Bereich zu einem eigenständigen „anschaulichen" Objekt, dessen Ableitung aus dem „Wassermodell" dann kaum noch bewusst ist.

Die Zusammenhänge lassen sich wissenschaftlich präzisieren. Wenn „Erkenntnis" heißt, sich eine möglichst präzise Modellvorstellung des jeweiligen Erkenntnisobjektes zu machen, dann eröffnen Beispiele die Möglichkeit, mit Hilfe der Strukturen eines bereits bekannten Modellbereichs, d.h. hier des Beispiels des fließenden Wassers), ähnliche oder gleiche Strukturelemente in einem anderen Modellbereich, hier des elektrischen Stromes, wieder zu erkennen und zu erläutern (vgl. Klinger 1994, 153). In der wissenschaftlichen Tradition wird dieses Verfahren auch „Analogiebildung" genannt (vgl. Liedtke 1990, 219). Durch Analogien kann der Kreis dessen, was „anschaulich", was „verstanden" ist, erweitert werden. W. Klinger hat sehr eindrücklich gezeigt, wie J. B. J. Fourier sich bei der Entwicklung seiner Theorie der Wärmeleitung an der Idee des „Wärmeflusses" orientiert hat (Klinger 1994, 156). G. S. Ohm hat dann die Wärmeleitungstheorie analog auf die Elektrizitätsleitung angewandt (a. a. O., 159). Schließlich hat auch A. Fick analog zur Wärmeleitung und zur Elektrizitätsleitung die Diffusion „eines gelösten Körpers im Lösungsmittel" erklärt (a. a. O., 162f.). In mehreren Schritten waren hier Analogien Wegbereiter neuer Entdeckungen. Die Idee des Wärmeflusses war Grundlage für die Entwicklung der mathematisch exakt formulierten Wärmeleitungstheorie, die Wärmeleitungstheorie war schließlich ein „anschauliches“ Modell höherer Stufe und wurde die „anschauliche“ Grundlage für das Verständnis der Elektrizitätsleitung. Wärmeleitungstheorie und die Theorie der Elektrizitätsleitung waren sodann die „anschauliche“ Grundlage für die Entwicklung des Diffusionsgesetzes.

Über die Analogiebildung wird es auch möglich, dass sich unterschiedlich erscheinende Modellbereiche schließlich als in der Struktur identisch erweisen bzw. „dass sich daraus ein übergeordnetes, umfassenderes Modell herausbildet“ (a. a. O., 153f.). Es ist frappierend, dass die Wärmeleitung, die Elektrizitätsleitung und die Diffusion schließlich mit einer in der Struktur identischen mathematischen Gleichung beschrieben werden können (a. a. O., 156, 161, 163).

Auch die allgemeine Evolutionstheorie, insbesondere soweit sie auch kulturelle Phänomene mit einschließt, ist über eine Kette von Analogien entstanden. Es ist ein „neues Niveau der Anschauung“, wenn offenkundig wird, dass Wandlungsprozesse nicht nur innerhalb der Arten zu beobachten sind, wie es in der Geschichte selbstverständlich seit langem bekannt war, sondern – entgegen der tradierten Erfahrung – die Art- und Gattungsgrenzen überschreiten, ja alle vom Menschen beobachtbaren Phänomene betreffen. Wiederum sind es auch „neue Niveaus der Anschauung“, wenn sich zeigt, dass die Verlaufsformen und die Gesetzmäßigkeiten, die diesen Wandlungsprozessen zu Grunde liegen bzw. sie beschreiben, in der Struktur identisch sind, ob es sich um anorganische, um organische oder um kulturelle Objekte handelt (Liedtke 1997b, 32f.). Selektionsprozesse, die durch „Wettbewerb“ bedingt sind, gibt es auf allen Ebenen, Differenzierungsprozesse, Tendenzen zur Reliktbildung, zur Luxurierung usw. finden sich in der kulturellen Evolution genau so wie in der biologischen Evolution (vgl. Liedtke 1994).

5.1.2 Nutzung rationaler Erklärung

Neue Niveaus der Anschaulichkeit können auch durch rationale Erklärungen „erzeugt“ werden. Kenntnisse über die Wirkungen der Gravitation machen es zu einer „anschaulich“ nachvollziehbaren Vorstellung, dass die Antipoden nicht von der Erdkugel fallen. Kenntnisse über die Trägheit der Masse machen es „anschaulich“, dass Körper, auf die keine Kraft einwirkt, ihren Bewegungszustand beibehalten.

Hier liegen selbstverständlich keine genetisch disponierten und unmittelbar verständlichen „Anschauungen“ vor, aber doch Modellvorstellungen, die über Lernprozesse „quasi-anschaulich“ werden.

5.1.3 Nutzung stufenweisen Vorgehens

Stufenweises Vorgehen bedeutet, in kleinen Schritten, ohne die Fassungskraft des Hörers, des Lesers, des Schülers zu überfordern, neue Bereiche zu erschließen. Das gilt für alle Erkenntnisfelder, besonders in den stark abstrahierenden Formalwissenschaften wie in der Mathematik (vgl. Weth 1993, 113–116: Beispiel „Kurvenbegriff"). „Anschaulichkeit", „Verstehen" heißt hier, dass die Vorstellungen, Operationen bzw. Konstruktionen im Grundsatz rückführbar sind auf „einfachere" Vorstellungen, Operationen bzw. Grundkonstruktionen. Wenn man in der Arithmetik die Multiplikation natürlicher Zahlen nicht rein mechanisch lernt, sondern sie als fortgesetzte Wiederholung der Addition kennen gelernt hat, dann ist die Operation des Multiplizierens „verstanden". Es bedarf dann aber gleichwohl beim Multiplizieren nicht beständig der Rückführung auf die Addition. Multiplikation „verselbstständigt" sich und ist „verstanden", ohne die grundsätzlich mögliche Rückführung zu realisieren.. Das gilt in ähnlicher Weise bei der Nutzung von „Lösungsformeln" (vgl. Weth 1992, 148), im Grundsatz bei der Verwendung von Algorithmen überhaupt. Natürlich besteht allerdings immer die Gefahr, schließlich in bloßes mechanisches, blindes Tun zu verfallen. Stufung gilt auch für die Entwicklung und die Erläuterung der binomischen Formeln wie $(a + b)^2 = a^2 + 2ab + b^2$. Auch die binomische Formel lässt sich rein „mechanisch" nutzen, ohne den Zusammenhang verstanden zu haben. Geht man aber von der ikonischen Darstellung eines Quadrates aus, dessen Seite in die Strecken a und b unterteilt ist, die wiederum genutzt werden, das Quadrat in zwei Quadrate mit den Seitenlängen a bzw. b und in zwei Rechtecke mit den Seitenlängen a und b zu unterteilen, dann wird durch diese Stufenschritte die Bedeutung der binomischen Formel „anschaulich" ablesbar.

5.1.4 Nutzung strukturellen Wissens

Es ist „veranschaulichend", weil Zusammenhänge aufschließend, wenn man sich im Unterricht darum bemüht, in möglichst großem Umfang Detailwissen durch strukturelles Wissen leichter verfügbar zu machen. Beispiele solcher Versuche waren die Bemühungen der Aufklärungspädagogik, das Detailwissen durch kausales Denken (Zweck-Mittel-Relation) besser zu ordnen und dadurch leichter auffindbar und rekonstruierbar zu machen oder das in der Schule Wilhelm Diltheys entwickelte geschichtliche Denken, das bei allen auftauchenden geisteswissenschaftlichen Problemen zunächst einmal nach den historischen Zusammenhängen des betreffenden Phänomens fragte und auf diese Weise die Einzeldaten ebenfalls ordnete und sie leichter auffindbar machte. Der wesentlich umfassendere evolutionstheoretische Ansatz tut dies, indem er nach der stammesgeschichtlichen bzw. schließlich nach der naturgeschichtlichen Herkunft aller vom Menschen zu beobachtenden Phänomene fragt (Liedtke 1997b, 11f.). Durch die Sensibilisierung für mögliche korrelative Zusammenhänge wird ebenfalls strukturelles, ordnendes Wissen bereit gestellt (Miller-Kipp 1992, 164). Dies alles geht selbstverständlich nicht ohne Detailwissen. Aber über das strukturelle Wissen gewinnen die Details eben an Ordnung und an Rekonstruierbarkeit, zugleich eröffnet das strukturelle Wissen die Möglichkeit, vergleichbare Strukturen auch in neuen Zusammenhängen zu finden.

5.1.5 Die Notwendigkeit von Übung und Gewöhnung

Auch das „Praktische Lernen" ist kein Weg, der ohne Mühen gangbar wäre. Bestimmte Lernniveaus sind nicht allein über Anschauung, gefällige Erklärung, Einsicht und Verstehen erreichbar, sondern bedürfen zeitaufwendiger Übungen und zeitaufwendigen Umgangs mit dem Gegenstand. Die Psychologie spricht hier von dem Übergang vom „Novizenwissen" zum „Expertenwissen". Die Schätzungen über den Zeitaufwand für diesen Übergang lagen 1988 noch bei acht bis zehn Jahren (Hejj/ Strube 1988, 77). Selbst wenn hier noch keine exakten Daten vorliegen, der Weg vom „Novizen" zum „Experten" ist weit. Das gilt für den Erwerb von qualitativ hohen Fertigkeiten wie für den Erwerb von Kenntnissen entsprechenden Niveaus.

Man kann jemandem erklären, welches Tonintervall eine Quinte ist, man kann auch relativ leicht lernen, den Quintensprung oder die entsprechende Abfolge von Tönen auf der Tonleiter zu singen. Um aber das Fertigkeitsniveau zu erreichen, eine Geige, deren Saiten in Quintenabständen stehen, sauber zu stimmen, bedarf es langwieriger Hörübung, die Quinte synchron exakt zu bestimmen. Der Übungsaufwand ist noch deutlich größer, wenn es darum geht ein Klavier oder eine große Orgel „nach Gehör" zu stimmen. Die Fertigkeit, eine synchron gehörte Quinte exakt bestimmen zu können, ist wie jedes phänotypische Merkmal, ein Ergebnis des Produkts aus Anlage und Umwelt, hier speziell der Übung. Der Faktor „Übung", der hier das „neue Niveau" der Anschauung, nämlich das synchrone Bestimmen einer Quinte vermittelt, ist in diesem Fall aber eben groß und keineswegs über eine kurzzeitige Anstrengung zu erreichen. In ähnlicher Weise bedarf es eines großen Übungsaufwandes, um den Tastsinn so zu entwickeln, dass etwa im Lesetempo die Blindenschrift (Breille-Schrift) beherrscht wird. Auch hier gibt es keinen Weg gefälliger Anschauung oder Erklärung. „Praktisches Lernen" kann hier in erster Linie bedeuten, dass man motivierende Übungsanlässe bietet. Aber ohne intensives Üben ist das Niveau einer flüssigen Beherrschung der Schrift nicht zu erreichen.

Ein weiteres, in erster Linie von großem, über Tausende von Stunden sich erstreckenden Übungsaufwand abhängiges Fertigkeitsniveau ist die Entwicklung eines Sprachgefühls bei dem Erwerb von Fremdsprachen. Das Sprachgefühl, das z. B. auch ohne präzise Kenntnis spezieller grammatikalischer Regeln die richtige Form finden lässt, ist auch nicht durch Anschauung und Erklärung zu erreichen, sondern durch Übung und sprachlichen Umgang. Auch das sichere und schnelle Erfassen von Funktionsschaltbildern, etwa eines Fernsehgerätes oder eines Rechners, setzt zeitaufwendigen Umgang mit solchen Schaltbildern voraus.

Ähnlich zeitaufwendig ist der Prozess des Übergangs vom „Novizen-“ zum „Expertenwissen“. Das Expertenwissen, das sich nicht durch „bloß oberflächlich anwendbare Regeln und mehr Faktenwissen“ vom Novizenwissen unterscheidet, sondern durch „grundlegend andere, verständigere oder ‚tiefere‘ Modelle von den Objekten und Problemen“ (Hejj/ Strube 1988, 104) des jeweiligen Spezialgebietes, kann auch nur in langwierigen Prozessen erworben werden, wie Hejj/ Strube 1988 am Beispiel der Bestimmung des Wortfeldes „Säugetiere“ gezeigt haben. In diesen Bereich fällt auch die Beobachtung, dass sich z. B. für den Mathematiker bzw. für den Physiker durch den gehäuften Umgang mit abstrakten Modellen und Formeln die Grenzen der „Anschaulichkeit“ (z. B. die Vorstellbarkeit von mehr als dreidimensionalen Räumen) „verschieben“. Sicher wird dabei unsere dreidimensional strukturierte und wohl genetisch disponierte Anschauungsform des Raumes (vgl. Liedtke 1997b, 206–209) nicht verändert, aber es bilden sich Modelle, mit denen man quasi-anschaulich umgehen kann (mdl. Mitteilung W. L. Fischer, W. Klinger).

5.2 Hauptaufgabe der Didaktik

Fragt man nach den besonderen Aufgaben, die sich angesichts der Forderungen des „Praktischen Lernens“ der Didaktik stellen, wird man nach den hier vorgetragenen Überlegungen auf mindestens drei Themenbereiche verweisen müssen.

a) Es geht nicht nur darum zu fragen, wie Inhalte auf eine elementare Weise veranschaulicht werden können. Angesichts der Wissenskumulation ist noch nachdrücklicher danach zu fragen, wie neue Niveaus an „Anschaulichkeit“ gewonnen werden können.
b) Die Didaktik muss vermehrte Anstrengungen machen, motivierende, für Kinder einsehbare Ernstsituationen zu finden, durch die Lernen angeregt wird und Lernfreude möglichst erhalten bleibt.
c) Da es offenkundig nicht den „Königsweg“ gibt, der uns weitgehend mühelos und spielerisch alle uns möglichen höheren Niveaus der Fertigkei-

ten und der Kenntnisse erreichen lässt (vgl. Expertenwissen), bleibt es eine grundlegende Aufgabe der Didaktik wie allerdings der Pädagogik überhaupt, stets auch nach Möglichkeiten zu suchen, wie die trotz aller pädagogischen Bemühungen, auch der des Praktischen Lernens, verbleibenden Frustrationen von der Schülerschaft leichter ertragen werden können. Hier wird das „Praktische Lernen“ auch durch eine „Tugend der Anstrengung“ ergänzt werden müssen.

Literatur

Bleckwenn, H. (1997): Wilhelm Alberts reformpädagogische Vorschläge zum Gesamtunterricht. In: Liedtke, M. (Hg.): Handbuch der Geschichte des Bayerischen Bildungswesens. Bd. III. Bad Heilbrunn, 120–126.

Bock, I. (1993): Das Schulwesen von 1871–1918. Gesamtdarstellung. In: Liedtke, M. (Hg.): Handbuch der Geschichte des Bayerischen Bildungswesens. Bd. II. Bad Heilbrunn, 395–463.

Cassel, D. ((1891): Hebräisch-deutsches Wörterbuch. Breslau.

Comenius, J. A. (1632): Didactica magna.

Demmel, W. G. (1997): Das außerschulische Jugenderziehungsprogramm der amerikanischen Besatzungsmacht in Bayern. In: Liedtke, M. (Hg.): Handbuch der Geschichte des Bayerischen Bildungswesens. Bd. III. Bad Heilbrunn, 679–690.

Der goldene Floh. Projektbörse und Preisverleihung. 1999. Kultur + Kongress Zentrum Rosenheim (Programm).

Fischer, W. L. (1988): Zur Entwicklung der Sprache in der Mathematik. In: Hohenzollern, J. G. Prinz von/ Liedtke, M. (Hg.): Naturwissenschaftlicher Unterricht und Wissenskumulation. Bad Heilbrunn, 142–170.

Flitner, A. (1999a): „Praktisches Lernen". In: Praktisches Lernen und Schule. Die Zeitschrift für Praktisches Lernen. Nr.1/ 1999, 7–12.

Flitner, A. (1999b): Reform der Erziehung. Impulse des 20. Jahrhunderts. München, Zürich. Erweiterte Neuausgabe. 1. Aufl. 1992.

Frenz, T. (1991): Das Schulwesen des Mittelalters bis ca. 1200. Gesamtdarstellung. In: Liedtke, M. (Hg.): Handbuch der Geschichte des Bayerischen Bildungswesens. Bd. I. Bad Heilbrunn, 81–133.

Freyer, M. (1997): Schülerverbindungen und –vereine in Bayern. In: Liedtke, M. (Hg.): Handbuch der Geschichte des Bayerischen Bildungswesens. Bd. IV. Bad Heilbrunn, 318–347.

Glöckel, H. (1996): Vom Unterricht. Lehrbuch der Allgemeinen Didaktik. Bad Heilbrunn. 3. Aufl.; 1. Aufl. 1990.

Grimm, J. u. W. (1885): Deutsches Wörterbuch. Bd. 6. Sp. 2669–2683.

Hassenstein, B. (1987): Verhaltensbiologie des Kindes. München, Zürich. 4. Auflage.

Hejj, A./ Strube, G. (1988): Wortfeld im Wandel: Entwicklung und Expertise als strukturierende Faktoren des semantischen Bereichs „Säugetiere". In: Marx, W. (Hg.): Verbales Gedächtnis und Informationsverarbeitung. Forschungsberichte aus der allgemeinen Psychologie. Göttingen, 72–109.

Heller, H. (1997): Schulfeste und Schülerbräuche. In: Liedtke, M. (Hg.): Handbuch der Geschichte des Bayerischen Bildungswesens. Bd. IV. Bad Heilbrunn, 244–272.

Hierdeis, H. (1997): Landerziehungsheimbewegung. In: Liedtke, M. (Hg.): Handbuch der Geschichte des Bayerischen Bildungswesens. Bd. IV. Bad Heilbrunn, 125–138.

Kant, I. (1781): Kritik der reinen Vernunft.

Karg, H. H. (1998): Praktisches Lernen: Unterrichtsfelder und Unterrichtsformen in der Demokratischen Schule. Ein Einführungskompendium. Hamburg.

Klinger, W. (1994): Die wissenschaftstheoretische Bedeutung des Analogiedenkens, dargestellt am Beispiel der Physik. In: Liedtke, M. (Hg.): Kulturethologie.– Über die Grundlagen kultureller Entwicklungen. München, 155–165.

Kneissel, T. /Hennersdorf, S. (1999): Schülersprechertraining an der Vierten Regelschule in Gera. In: Praktisches Lernen und Schule. Die Zeitschrift für Praktisches Lernen. Nr. 2, 42–46.

Krapp, G. (1960): Marx und Engels über die Verbindung des Unterrichts mit produktiver Arbeit und die polytechnische Bildung.

Liedtke, M. (1990): Analogiedenken und Pestalozzis Unterrichtsprinzip der Anschauung. Erkenntnistheoretische und stammesgeschichtliche Anmerkungen zu den Voraussetzungen von Lernen und Erkenntnis. In: Pestalozzianum Zürich (Hg.): Pestalozzi im internationalen Gespräch. Zürich, 197–226.
Liedtke, M. (1991a): Die anthropologische Bedeutung von Erziehung und Unterricht sowie die geschichtlichen Wurzeln des Bildungswesens. In: Liedtke, M. (Hg.): Handbuch der Geschichte des Bayerischen Bildungswesens. Bd. I. Bad Heilbrunn, 19–42.
Liedtke, M. (1991b): Ist das Zeugnis das Armutszeugnis der Schule? In: Hohenzollern, J. G. Prinz von/ Liedtke, M. (Hg.): Schülerbeurteilungen und Schulzeugnisse. Bad Heilbrunn, 25–36.
Liedtke, M. (1994): Verlaufsformen der Kulturentwicklung – dargestellt am Beispiel der Form- und Funktionsveränderungen bei liturgischen Gewändern. In: Liedtke, M. (Hg.): Kulturethologie. Über die Grundlagen kultureller Entwicklungen. München, 26–79.
Liedtke, M. (1997a): Schülerzeitungen. In: Liedtke, M. (Hg.): Handbuch der Geschichte des Bayerischen Bildungswesens. Bd. IV. Bad Heilbrunn, 300–317.
Liedtke, M. (1997b): Evolution und Erziehung. Göttingen. 4. Auflage. (1. Auflage 1972).
Liedtke, M. (1999) Für Hitler erzogen?– Briefe und Notizen des Edgar Winzen aus dem Schulverlegungslager Leutenberg/ Thüringen 1944/ 1945. Münster.
Liedtke, M./ Schneider, M. (1998): Medium Musik. Bayerisches Schulmuseum Ichenhausen. Themen und Kataloghefte. Heft 11.
Miller-Kipp, G. (1992): Wie ist Bildung möglich? – die Bildung des Geistes unter pädagogischem Aspekt. Weinheim.
Müller, W. (1997): Schülermitverantwortung. In: Liedtke, M. (Hg.): Handbuch der Geschichte des Bayerischen Bildungswesens. Bd. IV. Bad Heilbrunn, 395–406.
Nagel, K. (1998): Sprache, Information, Verschlüsselung. In: Liedtke, M. (Hg.): Zur Evolution von Kommunikation und Sprache – Ausdruck, Mitteilung, Darstellung. Graz, 83–96.
Oblinger, H. (1991): Unterricht am Jesuitengymnasium zu Dillingen a. d. Donau: Humanitas catholica (16./ 17. Jh.): In: Liedtke, M. (Hg.): Handbuch der Geschichte des Bayerischen Bildungswesens. Bd. I. Bad Heilbrunn, 478– 485.
Petek, E. (1997): Schullandheimbewegung. In: Liedtke, M. (Hg.): Handbuch der Geschichte des Bayerischen Bildungswesens. Bd. IV. Bad Heilbrunn, 109–124.
Praktisches Lernen und Schule. Die Zeitschrift für Praktisches Lernen. 1999, Nr. 1ff. Domino-Verlag, München.
Schneider, M. (1997): Kinderlandverschickung. In: Liedtke, M. (Hg.): Handbuch der Geschichte des Bayerischen Bildungswesens. Bd. III. Bad Heilbrunn, 388–400.
Waetzold, H. (1986): Keilschrift und Schulen in Mesopotamien und Ebla. In: Kriss-Rettenbeck, Lenz/ Liedtke, M. (Hg.): Erziehungs- und Unterrichtsmethoden im historischen Wandel. Bad Heilbrunn, 36–50.
Weth, T. (1992): Computerunterstütztes modulares Konstruieren im Geometrieunterricht. In: Zentralblatt für Didaktik der Mathematik. H. 4, 148–153.
Weth, T. (1993): Zum Verständnis des Kurvenbegriffs im Mathematikunterricht. Hildesheim.

Gabriele Strobel-Eisele

Schule und Lernen in fortgeschrittenen industrialisierten Gesellschaften

Einleitung

Das Thema 'Schule' hat mit dem Thema 'Wetter' eine Gemeinsamkeit: Jeder kann etwas dazu sagen, weil jeder in die Schule gegangen ist und über einen langjährigen Erfahrungsschatz verfügt. Entsprechend ist Schule wenn nicht gar als persönliches Drama so doch als enorm verbesserungs- und reformbedürftige Institution in Erinnerung geblieben. Um begeisterte Aussagen von Schülern über ihre Schule zu hören, wie „Mein Wilhelmsgymnasium" oder Sätze wie „Unsere Gymnasien waren damals Orte, wo man noch ungestört Mensch sein konnte", muss man schon bis in die Schulliteratur des 19. Jahrhunderts zurückgehen.[1] Heute gilt Humanität vielen als „Re-import", der von engagierten Reformbewegungen erst wieder in die Schule zurückbefördert werden muss. Menschsein gelingt offenbar besser außerhalb der Schulmauern, im unverschulten Leben. Ähnlich verhält es sich mit dem Lernen. Wir haben alle Gehen, Sprechen, Spielen, Denken gelernt ohne Schule. Zu den glücklichsten Erinnerungen gehören vielleicht der Bau eines Lagers oder Baumhauses mit Gleichaltrigen, wo mit großer Mühe der Widerstand des Materials überwunden werden musste oder wo nach vielen Stürzen und blauen Flecken der Widerstand des Fahrrads gebrochen war. Wenn wir an Lernen denken, wünschen wir uns, Schule und schulisches Lernen mögen so sein wie jener glückliche Lernmodus, wo das Leben selbst uns in einer freundlichen Art und Weise belehrt. Die Pädagogen kennen diese Sehnsucht nach unmittelbaren, direkten Lernerfahrungen und waren stets bemüht, die Schule mit dem Leben zu versöhnen. Das Verhältnis von Schule und schulischem Lernen zum Leben und dem Lernen im Leben ist jedoch komplizierter als die Sehnsuchts- und Klagesemantik unterlegt. Es ist ein Verhältnis, das sich mit dem von Kunst und Welt vergleichen lässt und von Goethe in den Wahlverwandtschaften in Ottiliens Tagebuch folgendermaßen charakterisiert wird:

„Man weicht der Welt nicht sicherer aus als durch die Kunst, man verknüpft sich nicht sicherer mit ihr als durch die Kunst"[2]. Was Goethe von der Kunst sagt, gilt auch für die Schule und das Lernen.

Im ersten Teil meiner Ausführungen begründe ich, weshalb Lernen gerade in der fortgeschrittenen Weltgesellschaft seine Potentiale nicht ohne Koppelung mit Lehre und Unterricht entfalten kann und durch sie angeleitet und optimiert werden muss. Zudem nenne ich Merkmale eines effizienten Unterrichts. Im zweiten Teil diskutiere ich die beiden alternativen Schulorganisationsmodelle, das Markt- und das Autonomiemodell, die beide beanspruchen, Schulen den Weg in die Zukunft weisen zu können. Mit der Unterscheidung zwischen Schule und Unterricht kann die gegenwärtig umstrittene Frage präziser beschrieben werden, welche weiteren Aufgaben neben der strukturellen Sicherstellung von Unterricht die Schule noch übernehmen kann, ohne sich zu überfordern und ihre exklusive Leistungsfähigkeit als System zu verlieren.

1 Lernen ohne oder mit Unterricht – und wenn ja, mit welcher Form von Unterricht?

Das der modernen Welt angemessene Lernen beschreiben ihre Vertreter in Programmschriften wie dem bekannten Gutachten von NRW und den Schriften des Arbeitskreises Grundschule[3] sehr einheitlich als selbstbestimmtes, selbstorganisiertes, selbstmotiviertes, konstruktives, aktives, kontextbezogenes, kooperatives Lernen, ein Lernen, das weniger auf inhaltliche als auf formale Kompetenzen ausgerichtet sein soll.

Nach dem Gutachten von NRW sollen die Schulen den Schülern einen „hohen Anteil an selbstreguliertem Lernen" ermöglichen, worunter „Selbstwahl und Selbstdefinition von Aufgaben sowie die Selbstkontrolle der Zielerreichung" verstanden wird (Bildungskommission NRW 1995). Lernen in komplexen Lehr- und Lernarrangements oder direkt im Leben sei dem 'alten', verschulten Lernen durch Lehren und lehrergesteuerten Unterricht vorzuziehen. Den Inhalten soll kein sehr hoher Stellenwert mehr zukommen, weil das Wissen gerade in dynamischen Gesellschaften schnell veralte, so das Argument der Schulreformer. Sinnvoller sei es, gleich das „Lernen lernen" anzustreben und formale Kompetenzen zu erwerben, d. h. Schlüsselqualifikationen. Modern gilt das Lernen in offenen Unterrichtsformen, in Projekten und in der Freiarbeit, in Lebensnähe und am natürlichen Objekt, d. h. vor Ort in Museen, Fabriken, Parks und Wäldern.

Von diesen Lernverfahren erwarten sich viele Reformbefürworter, dass Wissens- und Könnensziele, formale Persönlichkeitsziele wie Kreativität, Entscheidungsfähigkeit, Kooperationsfähigkeit und Problemlösekompetenz, prosoziale Verhaltensbereitschaft besser erreicht werden können (vgl. Wallrabenstein 1991, 73).

Gefordert wird das entschulte, entsymbolisierte und entsystematisierte Lernen, also geradezu der Gegensatz zu jenem Lernen, wie es üblicherweise mit dem schulischen Lernen assoziiert wird. Die neuen Reformpositionen untermauern ihre Behauptungen zudem mit schillernden Metaphern wie „Selbstorganisation" oder gar „Autopoiesis", die sie sehr unbedacht gegen ein vom Lehrer gesteuertes Lernen und einen eher instruktiven Unterricht ins Feld führen. Helmke und Weinert[4] bringen die zwei gegensätzlichen Lernverständnisse auf den Begriff: „Learning from wise mother nature or big brother instructor?".

Die Zuspitzung des 'neuen' Lernens geschah nicht in der Absicht, zwei Lernverständnisse gegeneinander auszuspielen. In den Beschreibungen des neuen Lernens finden sich durchaus gehaltvolle Tropfen pädagogischer Wahrheit, aber sie werden durchwegs von einer Welle illusionärer Wirkungserwartungen überspült. Schwierige Situationen im Bildungswesen sind auch stets die großen Stunden extremer Vereinfacher und ideologieanfälliger Reformer.

Weil der Pädagogik oft vorgeworfen wird, sie sei noch zu einseitig geisteswissenschaftlich ausgerichtet und diskutiere eher philosophische Bildungsfragen als dass sie sie empirisch überprüfe, nehme ich auch empirische und biologische Forschungsergebnisse in die folgende Darstellung von vier Argumenten mit auf, die vor einseitigen Überschätzungen der einen gegenüber der anderen Lernform warnen:

1. Seit Biologie und Hirnphysiologie von der Selbstorganisiertheit oder der Autopoiesis des Bewusstseins sprechen5, folgern manche Lerntheoretiker und Pädagogen daraus, dass auch die traditionelle Sicht von Lernen durch Unterricht aufgegeben werden müsse. Vor lauter Euphorie scheinen einfache Einsichten vergessen zu werden, denn jedes Lernen, gleichgültig ob bloß rezeptiv fremdbestimmt oder aktiv selbstbestimmt, hat selbstregulative Komponenten und ist nie völlig fremdbestimmbar.

Hirnphysiologisch betrachtet arbeitet das menschliche Bewusstsein von je her 'autopoietisch', daher stützt und erhärtet der Hinweis darauf lediglich eine bereits bekannte Tatsache. Darauf wies bereits Piaget (1976) hin. Daher ist das Plädoyer für selbstorganisiertes Lernen in diesem fundamentalen Sinne paradox: es ist sinnlos oder trivial, etwas zu fordern, was unvermeidbar ist. Der Annahme, Lehre sei durch selbstgesteuertes Lernen zu ersetzen und zu glauben, Energie- und Informationspotentiale würden dann ungehindert fließen und bessere Lernergebnisse bewirken, widersprechen empirische Erkenntnisse der Bildungs- und Unterrichtsforschung – und natürlich der didaktischen Theorietradition. Lernen als selbstregulativer individueller Akt ist durchaus über Außeneinwirkungen steuerbar und optimierbar und es gibt genügend Hinweise dafür, wie diese Intervention aussehen sollte, wenn sie erfolgreich sein will.

Wer von Autopoiesis spricht und den Komplementärbegriff der „strukturellen Koppelung" nicht in Rechnung stellt, verfälscht außerdem das theoretische Konzept. Die internationale und die nationale Schulforschung haben herausgearbeitet, auf welcher Bandbreite strukturelle Koppelung von Lernen und Unterricht laufen kann. Nach Weinert (u. a. 1996a) sind es fünf Faktoren, die die Koppelung von Lernen durch Unterricht möglich machen und Lernen optimieren können:

- Klarheit und Strukturiertheit des Lehrstoffes,
- diagnostisches Wissen und individuelle Unterstützung,
- unterrichtsmethodisches Wissen,
- effiziente Klassenführung (störungsarmer Unterricht),
- situiertes, anwendungsbezogenes Lernen, ausreichende Übungsphasen.

Da auch internationale Studien[6] die Effektivität und die Bedeutung der lehrergesteuerten, gut strukturierten und kontrollierten Instruktion für die Lernleistung herausstellen, ist es nicht akzeptabel, dass manche Vertreter der neuen Lerntheorien das unterrichtlich angeleitete Lernen als dysfunktional für das Lernen in komplexen Gesellschaften bezeichnen. Gardner (1993), ihr bekanntester Protagonist, plädiert für die Generalisierung der vorschulischen Lernform als Lernen schlechthin und für ein Lernen ohne Lehrer, da er in ihm den Totengräber kindlicher Neugier und Spontaneität sieht. Dabei ist inzwischen unbestreitbar, dass gerade bei komplexen, schwierigen Lernaufgaben aber auf eine kompetente Lehre nicht verzichtet werden kann, so der Bildungsforscher Weinert, weil es sonst „zu Defiziten im systematischen Aufbau des Wissens, im Abstraktionsniveau der gelernten Information, in der Korrektur der erworbenen Kenntnisse und im Erwerb effektiver Lernstrategien" (Weinert 1996b, 7f.) kommt.

2. Die offenen Unterrichtsformen bereiten vor allem jüngeren, schwächeren und weniger motivierten Kindern Probleme. Sie profitieren von einem gut strukturierten Unterricht mehr, der ihr Vorwissen berücksichtigt, auf Wiederholung und Übung wert legt, ihre Fehler diagnostiziert und ihren Lernprozess beobachtet. Günther (1996) und Uhl (1997) weisen darauf hin, dass ein Drittel der Schüler bei offenen Unterrichtsformen Zeit vertrödelt und sich lieber mit altbekannten Aufgaben befasst; 70% meinen, sie hätten kaum etwas gelernt, bei gut der Hälfte sind Spannungs- und Unlustzustände aufgetreten. Da die aktive Nutzung der Unterrichtszeit durch den Schüler einer der wesentli-

chen Faktoren für den Lernerfolg ist, hat der offene Unterricht in diesem Punkt ein deutliches Defizit. Die Vertreter des Offenen Unterrichts sind daher bemüht, die Lehrer mit „Klassenführungstechniken" vertraut zu machen und in die offenen Phasen klar strukturierte, gelenkte Phasen einzubauen (vgl. u. a. Jürgens 1999). In Vergleichsstudien erwiesen sich die offenen Verfahren nämlich nur dann als ähnlich gut und erfolgreich wie ein instruktionsbasierter Unterricht, wenn Lehrer den Unterricht fachmännisch vorbereitet und durchgeführt hatten, den Schülern klare Arbeitsaufträge und gut strukturiertes Material vorlegten, das ihrem Leistungsniveau entsprach und genügend Zeit für Systematisierung, Übung und Wiederholung war (vgl. Uhl 1999). Derartige Forschungsergebnisse fördern eine Paradoxie zutage, weil gerade die neuen Lernverfahren, die den Lehrer als Moderator im Hintergrund halten wollen, ohne geschlossene, lehrergesteuerte Phasen gar nicht effizient sein können.

3. Der dritte Einwand zielt gegen die Tendenz, inhaltliches fachliches Wissen gegen formale Kompetenzen auszuspielen. Die Lerntransferforschung belegt den begrenzten Nutzen unspezifischer, inhaltsneutraler Lernstrategien (vgl. Weinert 1994, 202).

Je allgemeiner und ubiquitär einsetzbar eine Strategie oder Kompetenz ist, desto geringer ist ihr Beitrag zur Lösung eines anspruchsvollen inhaltlichen Problems.[7] Mayer gab schon 1989 den Hinweis, Metakompetenzen und Lernstrategien eng an die Bearbeitung *wichtiger Inhaltsbereiche* und *spezieller* Kenntnisse und Fertigkeiten zu binden (vgl. Mayer 1989, 44f.). Formale Kompetenzen wie z. B. Kritikfähigkeit bleiben ohne inhaltliches, problemspezifisches Wissen nur Palaver und Geschwätz. Mit Kreativität verhält es sich ähnlich. In der Langzeitstudie von R. Lehmann[8] über Lernausgangslagen, Lernentwicklung und Lernerfolg wurde belegt, dass im Bereich „Bildgestaltung und freies Schreiben" ein enger Zusammenhang besteht zwischen der Beherrschung formaler Aspekte der Sprache und dem „kreativen" Verfassen von eigenen Texten. Kreativ und originell sind Kinder um so mehr, je größer ihr strukturelles, sprachliches Wissen und ihr Wortschatz ist. Innovative Leistungen hängen in jedem Falle von fachlichem Grundlagenwissen ab. Geistige Funktionen lassen sich nicht im allgemeinen und für beliebige Zwecke schulen in der Hoffnung, das Denken würde dadurch an sich intelligenter. Der moderne Slogan: „Statt Wissen zu vermitteln, sollte man besser die Intelligenz fördern" ist daher irreführend.

4. Der letzte Einwand betrifft die Beziehung des Lernens zur gesellschaftlichen Situation. Die neuen Lernformen nennen sich modern, obwohl sie mehr oder weniger deutlich einen Erfahrungsmodus favorisieren, den wir üblicherweise Primärerfahrung nennen und der sich durch Attribute wie Unmit-

telbarkeit, Authentizität, intrinsisches Interesse auszeichnet. Im Leben vom Leben lernen und belehrt werden ist der Modus des mitgängigen Lernens, der ja typisch für die vormoderne Zeit war. Je mehr der Mensch in eine Zeit hineingeboren ist, die bereits auf komplexen, hochentwickelten Beziehungen basiert, desto mehr bedarf er einer gezielten Förderung, der „Vermittlung der Vermittlung", d. h. des Unterrichts, damit er jenen Erfahrungsmodus ausbilden kann, der ihn befähigt, Anschluss an die geschichtliche Entwickeltheit seiner Zeit zu finden. Anderenfalls mutet man ihm einen sich auf seine Lebensqualität negativ auswirkenden Erfahrungsrückstand zu, der soziale Benachteiligung bedeutet.

Außerdem liegt ein Selbstwiderspruch in der Forderung, die Schule dem Leben zu öffnen: Einerseits bezeichnen Reformer die gegenwärtige Lage als anregungsarm, mediatisiert, ein Ort, wo jede Erfahrung nur „second hand" sei – und genau dieses Leben soll die Schule dann wieder hereinlassen, wie der Slogan „Macht die Schule auf, laßt das Leben rein" in den 80er Jahren hieß. Was zuvor als wertlos kritisiert wurde, soll nun doch Fülle und Reichhaltigkeit besitzen.

Wie kann Unterricht Lernen optimieren?

Angesichts der Fülle von Wissenspotentialen und der Beobachtung, dass die „Klugheit der Kultur" gegen unendlich strebt, während die individuelle überspitzt formuliert, 'gegen Null' tendiert, bräuchten wir einen immer raffinierteren Unterricht. Denn Lernen beginnt in jedem Falle prämodern: Kinder werden auch heute noch nicht „postmodern" geboren, sondern – grob gesprochen – wie zur Zeit des Cro-Magnonmenschen, also steinzeitlich. Wir sind, wie Erich Kästner uns erinnert, „bei Lichte besehen immer noch die alten Affen" und benötigen eine immer raffiniertere Lehre und Erziehung, um schneller und besser – und auch noch in unserem kurzen Leben – modern zu werden. Der Unterricht in unseren Schulen tendiert noch dazu, zu inhaltszentriert zu sein – jenseits der Frage, ob nun die richtigen Inhalte und Fächer gelehrt werden – und zu wenig lernorientiert, d.h. an den Lernvoraussetzungen, den Lernvermögen, Lernfortschritt und Verständnis des einzelnen Schülers ausgerichtet. Da Lernen nicht direkt zu beobachten ist, sondern nur nachgängig an seinem Fortschreiten oder Stocken, ist der Lehrer in dreifacher Hinsicht gefordert, wenn er Lernen über Unterricht effizient anleiten möchte:

1. Er muss den Sachverhalt oder Gegenstand in ein Thema transformieren, d. h. anschaulich artikulieren und das Vorwissen, Auffassen und Verstehen des Schülers berücksichtigen. Dass wir den Kindern „gute Anschauungen schulden", ist seit Herbart ein Prinzip des Unterrichts. Im folgenden hebe ich

nur jene neue Möglichkeit des Darstellens hervor, die mit den *neuen elektronischen Medien* gegeben sind. Sie können durchaus 'praktisch' im Sinne eines verbesserten Anschauen-Machen (Willmann) sein und auxiliare Dienste für jene Inhalte erbringen, die nicht *in natura*, und auch nicht hinreichend *in figura* dargestellt werden können, sondern Gegenstände des Geistes sind, wo das Lernobjekt sozusagen didaktisch geschaffen werden muss. In naturwissenschaftlichen und mathematischen Fächern können diese Hilfen zur Veranschaulichung besonders nützlich sein, weil ein mangelhaftes räumliches Vorstellungsvermögen durch die dynamische Visualisierung verbessert werden kann. Schüler können die Bewegungsformen rotierender Körper räumlich sehen oder Grenzwertberechnungen schrittweise nachvollziehen. Bilder können ohne großen Aufwand beliebig variiert werden, Details können vergrößert, Perspektiven hervorgehoben und farbig untermalt werden und auch die Kombination mit Textelementen ist einfach zu bewerkstelligen.

> „In elektronischen Medien dagegen (kann man) komplizierte Sachverhalte mit Hilfe von Animationen und Video-Einblendungen auf wesentliche funktionale Zusammenhänge verdichten und so besser veranschaulichen" (Glowalla 1996, 38).

Ebenso können die multimedialen Darstellungsmöglichkeiten z. B. im Fach Geschichte genutzt werden, um historische Zeiträume zu vergegenwärtigen oder in zeitraffender Weise Zusammenhänge zu illustrieren und dem Schüler einen Überblick zu geben oder auch Details hervorzuheben.

Die elektronischen Medien simulieren in diesem Falle die Wirklichkeit und schaffen virtuelle Wirklichkeiten. Sie erfüllen didaktische Zwecke, indem sie komplexe Zusammenhängen aufzeigen, die sonst nicht in derartiger Form erfahrbar wären. Gerade letztere Möglichkeit wird von vielen Reformpädagogen mit dem Argument abgelehnt, Schüler machten dann keine realen Erfahrungen mehr, nur noch virtuelle. Dieser Einwand wöge nur dann schwer, wenn diese Lernform die dominante würde. Solange der Einsatz der elektronischen Programme gerechtfertigt und begrenzt ist durch die *didaktische Kommunikation*, bleibt sowohl genügend Zeit für die Berührung mit der Realität als auch für die face-to-face-Beziehungen des Lernens und vor allem für jene zentralen Lernbereiche, in denen sinnerschließendes Lesen, Verfassen von systematischen Texten und Diskussionen über Wert-, Norm- und Sinnfragen im Mittelpunkt stehen. Die Grenzen des Mediums und die Zweifel an seinen Segnungen diskutiert Clifford Stoll (1996) in seinem Buch „Die Wüste Internet"[9]. Fähigkeiten wie abstrakt zu denken, eine sachlich fundierte, verständliche schriftliche oder mündliche Argumentation aufzubauen oder komplizierte Texte zu erschließen, gehören zu den Voraussetzungen für eine erfolgreiche Nutzung des Mediums. Beim Surfen selbst verbessern sie sich nicht automatisch mit, denn sich Informationen zu verschaffen ist etwas anderes als sie zu verstehen. Nicht jeder Internetanschluss einer Schule ist als Bildungsfortschritt[10] zu werten. Der „Einsatz" der neuen Medien muss von der didaktisch pädagogischen Kommunikation gesteuert werden.

2. Der Lehrer ist bemüht, dem Lernen eine anwendungsreiche, situierte Basis zu geben und für ausreichende Übungsmöglichkeit und Lernzeit zu sorgen. Sobald Inhalte gelehrt werden, die (noch) keinen direkten Bezug zum Alltagswissen der Kinder haben, dessen Sinn sie nicht unmittelbar erkennen können, muss der Unterricht auch die Anwendungsbereiche dieses Wissens aufnehmen und in situierten Kontexten vermitteln.

Die TIMSS-Studien (Baumert u. a. 1997) machen – bei allen Einwänden gegen sie – eines deutlich: Deutsche Schüler haben in Mathematik weniger Probleme bei Routineaufgaben und der Technik des Lesens. Jedoch bei sinnerschließendem Lesen und bei ungewohnten Problemstellungen, in denen mathematische Operationen in einem ungewohnten Kontext erkannt werden müssen, schneiden deutsche Schüler unerwartet schlecht ab.[11] Es ist daher wichtig, auch die situativen Kontexte der möglichen Anwendung des Wissens stets mitzulernen. Flexibles Wissen ergibt sich nicht einfach. Die Kluft zwischen theoretischem Wissen und seiner „Veralltäglichung", d. h. seiner praktischen Bedeutung für konkrete Probleme, lässt sich offenbar nur beheben, indem in entsprechenden situierten Kontexten gelernt wird. Hier wären Formen des Offenen Unterrichts angebracht, z. B. der angeleitete Projektunterricht, Gruppenunterricht, Teamarbeit und Phasen eigenständigen Arbeitens. Geht es um die Nutzung des Gelernten in verschiedenen Situationen können Schüler gestaltend mitarbeiten, indem sie bestimmte Ziele und Wege ihrer Erreichung selbst festlegen. Hier könnte der Lehrer die Funktion des Ratgebers und Moderators einnehmen und Schüler gewännen mehr Freiheit, ihr Lernen selbst zu bestimmen.

Die eher rationellen, auf Zeitgewinn und Geschwindigkeit ausgerichteten Unterrichtsformen wären dann durch offene ergänzt, die sicherstellen, dass Kinder auch im Rahmen des Unterrichts leiblich-sinnliche Erfahrungen von sich und der Welt machen können.

3. Der dritte Aufgabenbereich bezieht sich auf die Lernschwierigkeiten und Fehler der Schüler, die diagnostiziert und mit entsprechenden Maßnahmen behoben werden müssen. Die diagnostische Ebene professionellen Lehrerhandelns gewinnt zur Zeit große Bedeutung. Fehler und Lernschwierigkeiten zu erkennen gilt als wichtige Kompetenz des Lehrers. Amerikanische Lehrerverbände sind gegenwärtig sehr bemüht, Kompetenzen zu entwickeln, die Lehrern helfen, die fehlerhaften oder fehlenden kognitiven „skripts" ihrer Schüler schneller zu erkennen und die Defizite zu beheben. Eine Didaktik des

Fehlers steht noch aus. In den USA treffen sich Lehrer auf didaktischen Kongressen, um methodisches und fehlerdiagnostisches Wissen auszutauschen, das bei der Vermittlung von curricularen Bausteinen wie das Bruchrechnen oder die Bildung von Aktiv- Passivstrukturen relevant ist (vgl. Slavin/ Fashola 1998). Das aus den Fehlern der Kinder gewonnene diagnostische Wissen hilft Lernschwierigkeiten schneller zu überwinden. Diagnostische Kompetenz und das Wissen um entsprechende Maßnahmen machen Unterricht „raffinierter" und tragen zu seiner Optimierung bei.
Im zweiten Teil wird nun die Frage erörtert, welche organisatorische Form Schule haben sollte, um Unterricht zu stützen und möglichst vielen Problemen begegnen zu können, die die Kinder mit in die Schule bringen.

2 Wie kann Schule Unterricht stützen?

Zwei verschiedene Modelle dominieren die Diskussion: Das Marktmodell und das Autonomiemodell. Soll man die Steuerung des Bildungssystems dem Markt übertragen oder die Einzelschule als pädagogische Handlungseinheit frei flottieren lassen? So kann man die Alternativen kurz charakterisieren. Beide Ansätze beanspruchen, die Probleme, die auf die Schule zukommen, angemessen zu lösen und der Schule das Überleben in der komplexen Weltgesellschaft zu sichern.

Wer für den Markt als Steuerungsmechanismus[12] votiert, will erstens die Verstaatlichung umkehren, die ganz ohne Zweifel für die Erfolgsgeschichte des Schulsystems verantwortlich war: Der Staat sicherte die einheitliche Lehrerausbildung, sorgte für curriculare Vereinheitlichung und finanzielle Absicherung. Wenn nun demgegenüber *Qualität über den Wettbewerb* gesichert werden soll, entfällt die Prämisse der gleichmäßigen Ausstattung des Angebots und des Personals vor Ort. Aus Schottland und USA sind die Nöte der Schulen in sozialen Brennpunkten bekannt, die allmählich ausbluten, keine Sponsoren mehr finden und ihre Leistungsfähigkeit allmählich einbüßen (vgl. Weiss 1993).

Unter derartigen Bedingungen setzt sehr schnell eine Art „Schulvolk-Wanderung" ein, d. h. Eltern wandern ab in bildungsfreundliche Umwelten. Dieser soziale Mechanismus wird in der Theoriediskussion über strukturelle Bedingungen der Globalisierung als allgemeines emergentes Entwicklungsmuster beschrieben. David Cohen (1998) spricht in seinem Buch „Fehldiagnose Globalisierung" von „selektiver Gruppenbildung", die unter den strukturellen Bedingungen der Globalisierung entsteht. Zu selektiver Gruppenbildung kommt es paradoxerweise gerade aufgrund der stetigen Höherqualifizierung der Arbeitskräfte in fortgeschrittenen Gesellschaften. Globalisierungstheorien, so sein Einwand, dürften jedoch nicht davon ausgehen, dass Höherqualifikation vor allem der unteren Schichten vor Arbeitslosigkeit und Niedrigentlohnung schütze und der Arbeiter, der sich nicht qualifiziere, indirekt von der Umschulung seines Kollegen profitiere. Bildungsanstrengungen sind kein Allheilmittel gegen Arbeitslosigkeit und Lohnunterschiede. Werden die qualifizierteren Arbeitskräfte zahlreicher, ohne dass die Anzahl der qualifizierteren Jobs zunimmt, setzt sich diese neue 'Logik' der Gruppenbildung durch. Die qualifizierten Arbeitskräfte schließen sich zu homogeneren Gruppen zusammen und rekrutieren sich nach immer höherer Leistungsfähigkeit. Die besten Diplomphysiker suchen sich wiederum ihresgleichen. Die Folgen für die Gesellschaft sind *inegalitäre Produktionssysteme*, in denen jene Arbeiter, die sich an den Weiterbildungsanstrengungen der übrigen Gesellschaft nicht beteiligen, von der Gesellschaft fallengelassen werden (vgl. Cohen 1998, 100f.). Besser oder gleich verdienen wird in Zukunft nicht im wesentlichen von der Qualifikation abhängen. Entscheidend ist, wo der Diplombetriebswirt oder -ingenieur arbeitet. Bei IBM wird er ungleich mehr verdienen als bei einer Lebensmittelkette wie Aldi. Das Ausbildungsniveau ist nach wie vor eine unverzichtbare Basis, aber nicht mehr hinreichend. Daher wird der evolutive Mechanismus wirksam: Die Besten der Besten schließen sich zu homogenen Gruppen zusammen, verdienen mehr und produzieren einen Rest an Arbeitslosen und Schlechtverdienern.

Im öffentlichen Schulwesen sind durchaus schon Marktbewegungen zu beobachten: Eltern praktizieren „selektive Gruppenbildung", indem sie ihre Kinder auf die besseren Schulen schicken, die wiederum aufgrund ihres Zulaufs die besseren Lehrer rekrutieren können. Die „guten" Gymnasien werden damit wiederum besser. Grundschüler wohnen plötzlich hauptamtlich bei Großeltern, um in die angesehenere Grundschule des Nachbarviertels oder -dorfes gehen zu können. Bei „Ranking", „Privatisierung" und „Märkten" gibt es Gewinner: jene Individuen, die die Segnungen des Marktmodells ausschöpfen können und jene Schulen, die ein flexibleres, vielfältigeres Angebot bereitstellen, sich anstrengen, daher entsprechend unterstützt werden und entsprechend besser ausgestattet sind. Die Schule selbst gewinnt an Qualität. Das Matthäus-Prinzip setzt sich durch: Wer schon viel hat, dem wird viel mehr gegeben.

Aber es gibt auch Verlierer: die schwächeren, bereits benachteiligten Bevölkerungsanteile. Daher wiegen die sozialpolitischen und pädagogischen Gegenargumente schwer. Tatsächlich ist nur eine selektive Verbesserung des Schulwesens zu erwarten, keine allgemeine. Das Wertvolle konzentriert sich auf wenige Schulen, wenn die Steuerungsimperative der Marktwirtschaft auch für das Bildungssystem gelten sollen. Offensichtlich muss das, was gut für General Motors ist, nicht unbedingt gut sein für Unterricht und Schule.

Das Autonomiemodell[13] – bekannt durch die Begriffe „Autonome Schule/ Schulkultur/ Qualität der Einzelschule“ – will die Schulqualität über die deutliche Erhöhung schulischer Handlungs- und Entscheidungsräume sichern. Die Schulentwicklungsforschung der 80er und 90er Jahre machte die Qualität der Schule an Merkmalen wie pädagogischem Ethos, anregender Gestaltung der Schule sowie der Wertschätzung der an Schule Beteiligten und dem demokratischen Umgang fest, ebenso an Strukturen wie Selbstevaluation, Globalbudgetierung, Selbstrekrutierung des Personals, Entwicklung regional- und schulbezogener Profile. Die seit kurzem vehement aufgebrochene Diskussion um allgemeine Leistungsstandards von Schulen, insbesondere motiviert von der TIMSS-Studie, aber auch von empirischen Schulforschungsergebnissen wie der SCHOLASTIK -Studie von Weinert/ Helmke (1997), scheint jedoch das Autonomiemodell gerade kalt zu erwischen und im Steilflug zum Absturz zu bringen, weil sie auf seine Einseitigkeiten und Mängel hinweist.

Die Nachteile der autonomen Schule lassen sich benennen: Der Wegfall externer Kontrollen und Standardisierungsvorgaben führt mit hoher Wahrscheinlichkeit zur Absenkung des Qualitätsniveaus. Ihre Anfälligkeit für Selbsttäuschung hinsichtlich ihrer Wirksamkeit und Effektivität verstärkt diese Tendenz. Bei lokaler Machtbildung ist mit der Gefahr der Provinzialisierung des Angebots zu rechnen, denn die Entscheidungen sind von der begrenzten, lokal vorfindbaren Rationalität abhängig. Ebenso bringen konsensuelle Entscheidungen Konfliktpotentiale mit sich. Je mehr Selbststeuerung und Kooperation gefordert wird, desto mehr steigt auch das Konfliktpotential oder nimmt subversive Formen an. Was in Betrieben längst als Nachteil sog. postbürokratischer, dezentraler Organisationsformen bekannt ist, verschleiert in Schulen noch die pädagogische Aspiration.

Angesichts der Gemengelage von Vor- und Nachteilen der angesprochenen Konzepte, lassen sich einige vorsichtige Schlussfolgerungen hinsichtlich der Frage ziehen, wie Schule doch noch ‘Zukunft’ gewinnen kann.

Wie sichert sich Schule Zukunft?

Zukunftsfähige Systeme überzeugen durch die spezifische Leistung, die sie erbringen und rechtfertigen das Vertrauen, das die Umwelt ihnen entgegenbringt. Sie überfordern sich daher nicht mit Problemen, die sie mit ihren operativen Möglichkeiten nicht bearbeiten oder lösen können und sie reflektieren ihre Leistungsbeziehungen zu anderen Systemen sorgfältig. Wenn sie einmal ausdifferenziert sind, – so wissen wir inzwischen von systemtheoretischen Überlegungen[14], – neigen sie dazu, auf neue Ansprüche und Herausforderungen, die aus ihrer Umwelt kommen, mit Expansion zu reagieren in unserem

Falle also mit dem Versprechen, 'mehr' Erziehung, Erziehung für alle Lebenslagen zu gewähren.

Aus diesem Grund kommt es zu Überbürdungen, wie am Schulsystem längst abzulesen sind, weil offensichtlich in fortgeschrittenen Gesellschaften die Nachfrage nach Erziehung immer mehr steigt und diese hauptsächlich an das professionalisierte Erziehungssystem adressiert werden. Weil die neuen Ansprüche eben alle mit 'Erziehung' zu tun haben, kann das System – eben weil es ein *Erziehungs*system ist – diese nur schwer abweisen oder auf ein rational bearbeitbares Maß zurückschneiden. Welche Gesichtspunkte für eine erfolgreiche Systementwicklung die allgemeinbildende Schule beachten müsste, um zukunftsfähig zu bleiben, soll nun abschließend in vier Punkten erläutert werden.

1. In jedem Falle können die professionellen Kompetenzen, die nötig sind, um auf die vielfältigen erzieherischen Probleme wirksam zu antworten, die die Kinder heute in die Schule mitbringen, wenn sie „Schüler" werden, *nicht mehr in einer Person verwirklicht werden.* Das dargestellte Unterrichtsmodell verlangt vom Lehrer bereits vielfältige Kompetenzen, so dass er angesichts der Tatsache, dass immer mehr Schüler beim Eintritt in die Schule nicht „unterrichtsfähig" sind, unbedingt Hilfen braucht. Soll ein effektiver, lehrergesteuerter, aber schülerbezogener Unterricht Kern der Schule sein, muss Schule ihn stützen und entlasten von zu vielen anderen Problemen, die nicht unmittelbar mit Unterricht zusammenhängen.

Für jene Schüler, die nicht „unterrichtsfähig" sind, d. h. nicht die psychosozialen Voraussetzungen mitbringen, um an dieser Form von Unterricht teilzunehmen, wären z. B. sozialemotionale Umwelten hilfreich, in denen Pädagogen in 'professionalisierten Elternrollen' vorkommen, wo fundamentale familiale Muster aktualisiert werden und mit Kindern elementare Situationen gelebt werden, wie z. B. gemeinsam Essen, Einkaufen oder die Gestaltung der Freizeit. Erlebnisorientierte Projekte (Klettertouren, gemeinsame Altenbetreuung) oder sozialpädagogisch betreute, beziehungsintensive Praktika eignen sich dafür sehr gut.

Gleichzeitig dürfen die Grenzen der Professionalisierbarkeit von Elternrollen nicht aus dem Blick geraten. Was auf dem unbestellten Acker Familie nicht gedeiht, blüht nicht ohne weiteres auf dem pädagogischen Feld Schule. Die Beziehung zwischen Eltern und Kind ist einmalig, nicht substituierbar, wogegen es unter professionellen Verhältnissen immer nur eine „Erziehung unter Vertragsverhältnissen" (Prange 1991, 33f.) geben kann. Schule müsste einerseits weiterhin ihr Exklusivangebot Unterricht stützen und andererseits je nach sozialem Bedarf ein Angebot entwickeln, das geeignet ist, die Probleme jener Kinder zu bearbeiten, die noch nicht am Unterricht teilnehmen können. Für jene Kinder, die nur Lernangebote annehmen können, die sich sehr eng entlang ihrer Interessen bewegen und unter psychischen Lernblockaden leiden, wäre die Kooperation mit Psychologen und Therapeuten notwendig.

Sobald die Ausdifferenzierung auf der Rollenebene – hier der Lehrerrolle – an ihre Grenzen gelangt ist, kann *die weitere Differenzierung nur auf der Systemebene weiterlaufen.* Unter der Dachorganisation „Schule" wären daher mehrere Professionen vertreten, die sich mit den individuell sehr unterschiedlichen Ausgangslagen und Problemen befassen, die die Schüler mitbringen. Aus pädagogischen Gründen darf keinem Kind der Zugang zum System (Inklusion) verwehrt werden, aber gleichzeitig hat das System die Aufgabe, auch die unterrichtsfähigen und motivierten Kinder entsprechend ihren Möglichkeiten zu fördern. Gegenwärtig scheint die Entwicklung zu Lasten des Unterrichts zu laufen, worauf einzelne Pädagogen wie Giesecke (1995) verweisen. Die erste und wichtigste Konsequenz für die zukünftige Schule aus dieser Theoriediskussion wäre *die Unterscheidung von Unterricht und Schule.* Schule wäre mehr als Unterricht, aber Unterricht ihr exklusives Angebot.

2. Zwei weitere Konsequenzen sind in Zusammenhang mit dem Markt- bzw. Autonomiemodell zu ziehen. Unterricht müsste ein sehr differenziertes und standardisiertes Angebot entwickeln, das nicht primär markttechnischem Nachfrageverhalten entspringt.

Berücksichtigt man die lerntheoretisch hohe Bedeutung der inhaltlichen Seite des Lernens, so ist es gerade für die Zukunft der Bildung falsch, so einseitig auf „Weg", „Methoden" und „formale Kompetenzen" zu setzen, wie dies gegenwärtig der Mainstream der Reform empfiehlt. Die Bereitstellung beliebiger Angebote durch die Schulen, sog. Shopping Mall Schools (vgl. Powell/ Ferrar/ Cohen 1985), kann nicht als grundsätzliche Alternative angesehen werden. Was im Kern an öffentlichen Schulen gelehrt und gelernt werden soll, muss das Ergebnis eines bildungspolitischen Diskurses sein. Hier wäre z. B. auch die Allgemeine Pädagogik in ihrer Systembetreuungsfunktion für die Schule aufgefordert, an dieser Entscheidung mitzuwirken. Je älter die Schüler werden, desto stärker könnten sie an derartigen Entscheidungen beteiligt werden. Tatsächlich bietet das bestehende Schulsystem den Schülern bereits Mitentscheidungsmöglichkeiten. Unterricht müsste sein Fächerangebot überdenken und auch bereit sein, neue Fächer anzubieten. Denkbar wäre beispielsweise, „Recht" als Schulfach zu konzipieren oder Anthropologie oder medizinische Prophylaxe bzw. Gesundheitskunde. Die pragmatische Norm der 'Dringlichkeit' könnte in einem begrenzten Rahmen durchaus Letztbegründungsversuche von Fächern ersetzen.

3. Zudem sind starke Rahmenbedingungen nötig, um die personale und sachliche Gleichversorgung aller Schulen zentral zu sichern und zuzuweisen. Nur dadurch kann sich auch das Vertrauen der ganzen Bevölkerung in die Schulen stärken und nur dadurch kann vielleicht die Privatisierung oder die selektive Gruppenbildung gemindert werden.

Bisher zeichnet sich keine Alternative zu Staat als Veranstalter und Unterhalter öffentlicher Bildung ab. Ein Kind aus einem Arbeiterviertel soll die gleichen Chancen haben, das zu lernen, was ein Kind auf einer Privatschule oder in einem Nobelviertel lernt. Das Standardprogramm muss exklusiv und für alle zugänglich sein und die Lernpotentiale eines jeden Kindes so gut wie möglich ausschöpfen, es fördern, indem auf seine Lernprobleme und –hemmungen eingegangen wird. Die Schule könnte Unterricht stützen, indem sie für zusätzliche Übungsmöglichkeiten für langsam lernende Schüler sorgt, indem beispielsweise Tutoriate eingerichtet werden, wo kompetente Schüler anderen helfen oder computergestützte Lernmöglichkeiten organisieren, die ein breites Übungspotential bieten. Zudem kann Schule außerunterrichtliche Angebote im Bereich von Sport und Kunst unterbreiten, in denen durchaus „Externe“ Anbieter erwünscht wären und wo Schüler sich in Ernst- und Bewährungssituationen bewegen könnten, die außerhalb von unterrichtlichen Leistungssituationen liegen (vgl. u. a. Fend 1998, bes. 260–266).

Was Humboldt über das Verhältnis von Universität und Akademie sagte, kann auch Gültigkeit für Schule und Unterricht gewinnen: Beide sind am besten dadurch „miteinander zu verbinden, daß ... ihre Tätigkeit abgesondert bleibt“ (Humboldt 1957, 132). Ob diese neue Möglichkeit künftige Wirklichkeit wird, hängt von der Erziehungswissenschaft ab, denn sie wäre die Betreuungswissenschaft, die sie auf den Weg bringen kann.

4. Und schließlich müssten Unterricht und Schule auch einer externen Evaluation zustimmen. Öffentliches Vertrauen ist über Transparenz des eigenen Tuns und Offenlegung dessen zu erreichen, was man kann und was nicht. Modernität jedenfalls gewinnt die Schule nicht durch Herabsetzung ihrer Grenzen zum Leben, sondern über deren Akzentuierung und über die kooperative Beziehung zwischen professionellen Handlungsfeldern.

Anmerkungen

[1] So identifizierten sich Riel und Uhde-Bernays in ihren Erinnerungen an ihre Schulzeit sehr stark mit ihren Gymnasien, vgl.: M. Gregor-Dellin (1979): Deutsche Schulzeit. Stuttgart, 123–127; 190–200.

[2] Goethe, J. W.: Die Wahlverwandtschaften. Zit. nach der Reklamausgabe Stuttgart 1999, 165.

[3] Vgl. u. a. das Gutachten der Bildungskommission von NRW von 1995; auf die Gutachten von Hamburg und Bremen; die Publikationen des AK Grundschule, bes.: „Die Zukunft beginnt in der Grundschule“, hrsg. v. Faust-Siehl u. a. 1996.

[4] Der vollständige Titel des Aufsatzes von Weinert, F. F./ Helmke, A. von 1995 lautet: Learning from wise mother nature or big brother instructor?: The wrong choice as seen from an educational perspective.

[5] Als erste wiesen H. Maturana und F. J. Varela (1987) auf die biologischen Wurzeln des menschlichen Erkennens und Lernens hin und bündelten ihre Erkenntnisse in Konzepten wie „Autopoiese“, strukturelle Kopplung und operationale Geschlossenheit, vgl. dies.: Der Baum der Erkenntnis – Wie wir die Welt durch unsere Wahrnehmung schaffen – die biologischen Wurzeln des menschlichen Erkennens.

[6] Siehe u. a. Shulman, L. S. (1987): Knowledge and teaching. Foundations of the new reform. Brophy, J./ Good, Th. L. (1986): Teacher Behavior and Student Achievement.

[7] Lernende müssen Strategien gezeigt bekommen, die die Grobstruktur der Lösung zu planen und geeignet darzustellen erlaubt. Diese klassische Einsicht verdanken wir u.a. Kognitionspsychologen wie Aebli, Ruthemann und Staub (1986).

[8] Vgl. die Untersuchung von R. Lehmann und R. Peek (1997): Aspekte der Lernausgangslage von Schülerinnen und Schüler der fünften Klassen an Hamburger Schulen. Bes. 49.

[9] Net-Surfing befriedigt den Spieltrieb, Informationssuche dauert lange, bleibt oft erfolglos und hilft nicht, sich an das Denken komplizierter Gedankengänge zu gewöhnen – manche haben nicht gelernt, die Inhalte auch nur einfacher Texte aufzunehmen und zu verarbeiten. Viele sprechen schon von ‘Textlastigkeit’, wenn ein Text mehr als 20 Zeilen umfasst.

[10] Der Allgemeinen Pädagogik steht die Aufgabe ins Haus, sich mit der Behauptung auseinandersetzen, inwiefern die elektronischen Medien „interaktive“, „kommunikative“ und „bildende“ Medien sind.

[11] Siehe Lehmann in einem Interview mit der „Zeit“ vom 7.10.99, Nr.14, 38.

[12] Zum Marktmodell zusammenfassend und kritisch: Osterwalder, F. (1993): Markt, Staat, Öffentlichkeit und Bildung. In: Gonon/ Oelkers, 55–76; Powell, A. G./ Ferrar, E./ Cohen, D. K. (1985): The Shopping Mall High School. Boston 19; Weiss (1989): Zum Konzept der Magnet-Schule in den USA. Und Weiss (1993): Der Markt als Steuerungsinstrument im Schulwesen? In: Zeitschrift für Pädagogik (1993), 39, 71–84.

[13] Vgl. dazu u. a. H. Hensel (1995): Die Autonomie der Öffentlichen Schule. Das Modell eines neuen Schulsystems. Einen Überblick gibt H. Wollenweber: „Autonomie“ der Schule? In: Aurin, K./ Wollenweber, H. (1997).

[14] Auf die Vor -und Nachteile expansiver Weiterentwicklung von Systemen weist Luhmann hin. Für die Stabilität des Systems droht Gefahr, wenn es Aufgaben zugeschrieben bekommt, für die sein bisheriger professioneller Bearbeitungsrahmen nicht mehr ausreicht und die mit der Geschichte des Systems nicht kompatibel sind. „Das System kann in Richtung ‘Adhocratie’ ... degenerieren“ (Luhmann 1989, 175).

Literatur

Aebli, H./ Ruthemann, U./ Staub, F. (1986): Sind Regeln des Problemlösens lehrbar? In: Zeitschrift für Pädagogik 5, 617–638.

American Federation of Teachers (AFT) (1996): Setting Strong Standards. Washington.

Baumert, J. u.a. (1997): TIMSS – Mathematisch-naturwissenschaftlicher Unterricht im internationalen Vergleich: Deskriptive Befunde. Opladen.

Bildungskommission NRW (1995): „Zukunft der Bildung – Schule der Zukunft". Neuwied.

Brophy, J./ Good, Th. L. (1986): Teacher Behavior and Student Achievement. Handbook of Research on Teaching. Ed. by M. Wittrock. New York, 3rd, 328–375.

Cohen, D. (1998): Fehldiagnose Globalisierung. Stuttgart.

Faust-Siehl, G./ Garlichs, A./ Ramseger, J./ Schwarz, H./ Warm, U. (1996): Die Zukunft beginnt in der Grundschule. Empfehlungen zur Neugestaltung der Primarstufe. Frankfurt.

Fend, H. (1998): Qualität im Bildungswesen. Schulforschung zu Systembildungen, Schulprofilen und Lehrerleistung. Weinheim, München.

Gardner, H. (1993): Der ungeschulte Kopf. Stuttgart.

Giesecke, H. (1995): Wozu ist die Schule da? Die neue Rolle von Eltern und Lehrern. Stuttgart.

Glowalla, U. (1996): „Es fehlt an Informations-Grundbildung". In: Psychologie heute 8, 38–41.

Goethe, J. W.: Die Wahlverwandtschaften. Zit. nach der Reklamausgabe Stuttgart 1999, 165.

Gonon, Ph./ Oelkers, J. (Hg.) (1993): Die Zukunft der öffentlichen Bildung. Bern u. a.

Gregor-Dellin, M. (1979): Deutsche Schulzeit. Stuttgart.

Günther, H. (1996): Kritik des offenen Unterrichts. Bielefeld.

Hensel, H. (1995): Die Autonomie der Öffentlichen Schule. Das Modell eines neuen Schulsystems. Lichtenau.

Jürgens, E. (1999): Offener Unterricht im Spiegel der empirischen Forschung und auf dem Hintergrund der Klassenführungstechniken von Kounin. In: Lehren und Lernen 10, 3–8 und 41–44.

Lehmann, R./ Peek, R. (1997): Aspekte der Lernausgangslage von Schülerinnen und Schüler der fünften Klassen an Hamburger Schulen. 49.

Lehmann, R. (1999): Wider die Notenwillkür. Interview in der „Zeit" vom 7.10.99, Nr.14, 38.

Luhmann, N. (1989): Organisationen. In: Küppers, W./ Ortmann, G. (Hg.): Mikropolitik. Rationalität, Macht und Spiele in Organisationen. Opladen, 165–186.

Maturana, H./ Varela, F. J. (1987): Der Baum der Erkenntnis – Wie wir die Welt durch unsere Wahrnehmung schaffen – die biologischen Wurzeln des menschlichen Erkennens. Bern, München, Wien.

Mayer, R. E. (1989): Teaching for thinking. Research on the teachability of thinking skills. In: I. S. Cohen (Ed.): The G. Stanley Hall Lecture Series, Vol. 9, 137–164. Washington.

Osterwalder, F. (1993): Markt, Staat, Öffentlichkeit und Bildung. In: Gonon/ Oelkers, 55–76.

Powell, A. G./ Ferrar, E./ Cohen D. K. (1985): The Shopping Mall High School. Boston.

Shulman, L. S. (1987): Knowledge and teaching. Foundations of the new reform. Harvard Educational Review 75, 1–22.

Prange, K. (1991): Pädagogik im Leviathan. Ein Versuch über die Lehrbarkeit der Erziehung. Bad Heilbrunn.

Slavin, R. E./ Fashola, O. S. (1998): Show me the evidence. Proven and promising programs for America's schools. Thousand Oaks.

Uhl, S. (1997): Zur Wirksamkeit neuer Lehr- und Lernverfahren. In: Lehren und Lernen 12, 1–12.

Uhl, S. (1999): Die ‚neuen Lernverfahren': Inhalt, Erfolgsaussichten, Problematik. Unveröffentl. Manuskript, 1–22.

Wallrabenstein, W. (1991): Offene Schule – Offener Unterricht. Ratgeber für Eltern und Lehrer. Reinbek/ Hamburg.
Weinert, F. E. (1994): Lernen lernen und das eigene Lernen verstehen. In: Reusser, K./ Reusser-Weyeneth, M. (Hg.): Verstehen – Psychologischer Prozess und didaktische Aufgabe. München, 183–205
Weinert, F. E. (1996a): Lerntheorien und Instruktionsmodelle. In: ders. (Hg.): Psychologie des Lernens und der Instruktion. Enzyklopädie der Psychologie. Serie Pädagogische Psychologie, Bd. 2. Göttingen, 1–48.
Weinert, F. E. (1996b): Für und Wider die „neuen Lerntheorien“ als Grundlagen pädagogisch-psychologischer Forschung. In: Zeitschrift für Pädagogische Psychologie 10 (1), 1–12.
Weinert, F. E./ Helmke, A. (1995): Learning from wise mother nature or big brother instructor: The wrong choice as seen from an educational perspective. In: Educational Psychologist, 30, 3, 135–142.
Weinert, F. E./ Helmke A. (1997): Die Münchner Grundschulstudie SCHOLASTIK: Wissenschaftliche Grundlage, Zielsetzungen, Realisierungsbedingungen und Ergebnisperspektiven. In: dies. (Hg.): Entwicklung im Grundschulalter. Weinheim, bes. 3–12 und 457–474.
Weiss, M. (1989): Zum Konzept der Magnet-Schule in den USA. In: Zeitschrift für internationale erziehungs- und sozialwissenschaftliche Forschung 6, 3–28.
Weiss, M. (1993): Der Markt als Steuerungsinstrument im Schulwesen? In: Zeitschrift für Pädagogik 39, 71–84.
Wollenweber, H. (1997): „Autonomie“ der Schule? In: Aurin, K./ Wolleneber, H. (Hg.): Schulpolitik im Widerstreit. Brauchen wir eine ‘andere Schule’? Bad Heilbrunn, 113–128.

II. Geschichtliche Beispiele der Entwicklung neuer Niveaus der Anschaulichkeit

Hans-Werner Fischer-Elfert

Die altägyptische Hieroglyphenschrift – Ein System der Veranschaulichung von Sprache und Welt

1 Einführung: Möglichkeiten der Verräumlichung von Welt durch Schrift

Wollen wir mit unserer lateinischen Alphabetschrift mehr als nur gesprochene oder geschriebene Sprache zum Ausdruck, oder besser, zur Abbildung bringen, müssen die Buchstaben und/ oder Wörter in einer entsprechenden Weise angeordnet werden. Die Abstrahierung von Phonemen in Gestalt von Graphemen als lineare Anordnung geschriebener Sprache vermag zwar z. B. räumliche Vorstellungen auf seiten des Textrezipienten zu evozieren, die sich während der Lektüre einstellen werden können bzw. sollen. Der bar jeder äußeren Gestaltung linear geschriebene Text ist aber außerstande, *per se* diese Vorstellung kognitiv zu vermitteln. Es mangelt ihm schlicht an Anschaulichkeit oder der Fähigkeit zur Veranschaulichung. Um nun also beim Rezipienten mehr als nur die reine Information (im allerweitesten Sinne) ankommen zu lassen, bedarf es zusätzlicher visueller Mittel, diese Wahrnehmung zu ermöglichen. Um aus einem zunächst oberflächlich rein *graphematischen Ausdruck* einen *visuellen Eindruck* entstehen zu lassen, braucht der Text ein diesen Eindruck ermöglichendes *Layout.*

Dieses Anliegen ist im Kern das der sog. *Konkreten Poesie,* wie sie seit den 50er Jahren unseres Jahrhunderts praktiziert wird. Um etwa das im Grunde visuell nicht wahrnehmbare Naturphänomen „Wind" vermittels lateinischer Buchstaben zu *veranschaulichen,* hat sich der Dichter E. Gomringer folgenden Verfahrens bedient. Sein Gedicht besteht aus nur einem Wort, nämlich „Wind", aber er ordnet es graphematisch in dieser Weise an:

```
      w w
      d i
     n n n
    i d i d
   w       w
```

Durch die hin- und herspringende Lektüre dieser Grapheme, von oben nach unten und vice versa sowie in diagonaler Richtung, (re-)kreiert der Leser seinerseits das Hin und Her des Windes, das bereits in dem einen Graphem „w" seinen visuellen Ausdruck zu finden scheint. Man kann es mit R. Riese Hubert auch so beschreiben, dass Gomringer

> „nous fait redécouvrir l'essence du vent par la forme du lettre 'W' apparaissant deux fois en haut, deux fois en bas, mais plus espacée dans la partie inférieure, réitérant non seulement le va-et-vient, mais l'écart, le déplacement, qui lie d'une facon inéluctable les éléments du poème".[1]

Eine „konkrete Poesie" dieser Art haben die Ägypter zur pharaonischen Zeit zwar nicht gehabt, sie waren aber in der Lage und haben dies auch weidlich ausgenutzt, mit Hilfe ihrer völlig anders strukturierten Schrift kognitive Prozesse auf seiten der Leser ihrer Texte freizusetzen. Und da dieses Potential ihres Schriftsystems, der sog. „Hieroglyphen"[2], frühzeitig von ihren Verwendern erkannt wurde, verwundert es nicht, wenn wir auf Schritt und Tritt in der ägyptischen Schriftgeschichte auf Beispiele treffen, die aus dem a priori rein informatorisch interessierten und agierenden Leser regelrecht einen Betrachter seiner Texte machen bzw. ihn dazu auffordern. Dabei können Texte für sich genommen als auch – und dies besonders – im direkten Verbund mit begleitenden Darstellungen des „Geschriebenen" über ihre primäre graphematische Leistung hinaus eine regelrecht *abbildende* oder *veranschaulichende* Funktion übernehmen. Die Grenzen zwischen Text und Bild sind nicht selten fließende, ein Text kann als Bild, ein Bild als Text gelesen werden. Diese Möglichkeit wird nun aber nicht bei der Niederschrift jedes x-beliebigen Textes ausgeschöpft, sondern resultiert aus einer im Einzelfall zugrundeliegenden Intention auf seiten des Textproduzenten. Dabei ist dieser Akt hinsichtlich seiner Konkretisierung von Sprache als Schrift aber von mehreren Faktoren abhängig, die zusammengenommen einem – historisch bedingten Veränderungen unterworfenen – Regelsystem unterliegen. Es scheint Grenzen gegeben zu haben, die einerseits nicht alles Denk- oder Sprechbare zur Verschriftlichung oder zur Verbildlichung zu bringen erlaubten. Mit J. R. Baines[3] sprechen wir – in Übernahme eines von E. Gombrich geprägten Terminus – hier von dem Prinzip des *decorum*. Das decorum schreibt vor, *was wann wie von wem und für wen* genannt und/ oder abgebildet werden darf und was nicht. Der Anwendungsbereich dessen, was basierend auf der Interaktion von Schrift und Bild zur Ausführung gelangt, ist immens. Sog. Alltagstexte wie Briefe oder administrative Urkunden jedweder Art, mithin „profane" Texte, sind davon in aller Regel ausgeklammert. Damit ist schon angedeutet, dass es feine Abstufungen im Grad der „Profanität" auf der einen und „Sakralität" von Texten auf der anderen Seite gibt, die es einzuhalten galt, die aber hier nicht zur Debatte stehen.[4]

2 Grundprinzipien der altägyptischen Hieroglyphenschrift

Aber zurück zur doppelten Bild- und Schriftqualität der ägyptischen Hieroglyphen. Hier müssen zunächst die Grundprinzipien und Elemente dieser Schrift erläutert werden. Wir klassifizieren das gesamte Inventar von ca. 700 Standardzeichen in drei funktionale Gruppen:

2.1 Ideogramme

Die graphemische Darstellung des sprachlich Bezeichneten steht für das Bezeichnete selbst. Die Schreibung des auf seine wesentlichen Bestandteile reduzierten Hausgrundrisses bedeutet „Haus“:

äg. *pr* (Gardiner 1957, sign-list O1),
keilschriftlich *paru.*

Dies geschieht unter Absehung aller möglichen Akzidentien. Es wird also nicht nach Art einer Kinderzeichnung ein mehr oder minder vollständiges Haus incl. Tür, Fenster und Dach gezeichnet resp. geschrieben, sondern in einer Art Vogelperspektive die von Menschenhand künstlich oder architektonisch, eben durch Mauern, gezogene räumliche Begrenzung auf ein echtes, nämlich einen Phonemwert besitzendes, Schriftzeichen abstrahiert. Um jetzt aber die Bedeutung „Haus“ annehmen zu können, braucht es noch die Hinzufügung eines simplen vertikalen Striches | (Gardiner 1957, sign-list Z1), der endgültig signalisiert: „Das hier Dargestellte ist das Gemeinte“. Dieser Strich findet ausschließlich Verwendung zur Notation von als Einheit zählbaren Konkreta der außersprachlichen Realität. Grammatisch impliziert er darüber hinaus die Wortklasse „Nomen“, genauer: Substantive, denn „Verben“ werden niemals auf diese Weise als solche gekennzeichnet (dazu unter 2. Determinative). Dabei ist der Begriff „Einheit“ auch in numerischem Sinne zu verstehen insofern, als seine Einfachsetzung zugleich das einmalig Vorhandene des Dargestellten impliziert. Das obige Beispiel bedeutet also nicht nur „Haus“, sondern das – im jeweiligen Kontext – gemeinte „eine“ oder „das Haus“ im Unterschied zu allen denkbaren oder tatsächlich vorhandenen weiteren Häusern.

Dieses Wort *pr* ĩ „Haus“ kann nun als Beischrift zu einer z. B. flachbildlichen Darstellung eines in Vorderansicht gezeichneten architektonischen Komplexes wie dem eines Tempels verwendet werden. In einem solchen Falle sollte aber die Schreibung des Wortes für „Haus“ um einen spezifizierenden Zusatz erweitert werden wie etwa um einen Gottesnamen. Wir hätten dann etwa eine Beischrift nach dem Muster

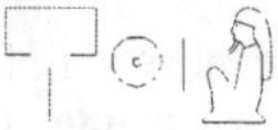

pr-R'w – „Haus = Tempel des (Sonnengottes) Re“.

Das in Vorderansicht dargestellte „Bild“ des Tempels wird so durch das standardisierte Zeichen 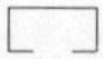 im Medium Schrift quasi auf seinen Grundriss reduziert, unter Ausblendung aller im Einzelfall vorhandenen Spezifika dieses einen Grundrisses und des damit verbundenen Tempels. Durch die Hinzufügung des Gottesnamens wird der generische Charakter dieser Hieroglyphe abgelegt und diesem einen Hause zudem die Qualität „göttliches Haus“ = „Tempel“ zugewiesen. Damit übernimmt ein einfacher Strich auch eine unterscheidende, wenn auch nicht immer, markierende und determinierende Funktion. Seine unterscheidende Funktion wird hinfällig in der Notation des Gottesnamens *R'w* – „(Sonnengott) Re“[5] in obigem Beispiel, geschrieben mittels eines im Zentrum punktierten Kreises:

(Gardiner 1957, sign-list N5)

Der Strich differenziert in diesem Fall nicht zwischen diesem einen Sonnengott und den anderen im ägyptischen Pantheon vorhandenen Sonnengöttern, als da wären Atum, Harachte oder Amun. Was er hier leistet, ist den Himmelskörper „Sonne“ per Schrift zu visualisieren, d. h. zunächst auch wieder: „das Dargestellte ist das Gemeinte“. Aber durch Hinzufügung des Zeichens „sitzender Gott“ (Gardiner 1957, sign-list A40) wird die kosmische Größe „der sich in der Sonnenscheibe manifestierende Gott Re“ bezeichnet bzw. geschrieben. Dabei lauten das Wort für „Sonne(nscheibe)“ und das für den sich in dieser zeigenden Gott gleich, nämlich *r'w* (= ra'u).

Das Zeichen des „sitzenden Gottes“ determiniert seinerseits die semantische Zuordnung des geschriebenen Wortes zur Klasse „Gott; numinoses Wesen“. In diesem konkreten Fall geschieht dadurch aber noch mehr. Da es auch ein Wort *r'w* – „Tag“ im ägyptischen Lexikon gibt, dieses aber in unserem Beispiel nicht intendiert ist, muss das „Gotteszeichen“ als differenzierendes Komplement graphisch hinzutreten. Es darf aber nicht verschwiegen werden, dass beide Lexeme *r'w* – „Tag“ resp. *R'w* – „(Sonnengott) Re“ letztlich nur eine einzige – nicht etymologisierbare – Wortwurzel repräsentieren, da nach ägyptischer Theologie ein untrennbarer oder genuiner Konnex zwischen dem – insbesondere – durch die Sonnenstrahlen erleuchteten „Tag“ und dessen Verursacher und Garanten in Gestalt des Sonnengottes existiert. Damit sind wir bereits mitten in der zweiten Klasse von Schriftzeichen, den sog. Determinativen.

2.2 Determinative oder Semogramme

Bleiben wir noch etwas bei dem Schriftzeichen *pr* – „Haus“. Ein möglicherweise von dieser Wortwurzel abgeleitetes Verbum lautet *prj* (= peri) – „herausgehen; hinaufsteigen“.[6] Geschrieben wird die reine Wortwurzel standardmäßig so: 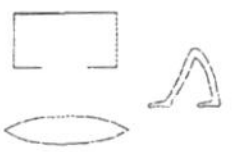

Dabei wird das Schriftzeichen *pr* zum einen mit dem auf seinen rein phonographischen oder Lautwert reduzierten  = *r* (Gardiner 1957, sign-list D 21) komplementiert (s. dazu u. 3. Phonogramme), zum anderen aber abschließend mittels des Zeichens „laufende Beine“ (Gardiner 1957, sign-list D 54) semantisch determiniert. Damit ist zweierlei gemeint. Einmal markiert es eine primär und originär von „menschlichen Beinen vollzogene Fortbewegung“; dies ist der rein semantische Aspekt. Auf der andern Seite klassifiziert dieses Zeichen grammatisch das durch es determinierte Lexem als zur Wortart „Verbum“ gehörig. Eine Verwechslung mit der Bedeutung „Haus“ ist somit ausgeschlossen. Was den Abstraktions- und Reduktionsgrad des Zeichens betrifft, kann hier notiert werden, dass zur Schreibung aller sich mittels der Beine fortbewegenden Handlungen die für eben diese Fortbewegung notwendigen Körperteile gewählt werden.[7] Aus Gründen der reinen Ökonomie wird aber nicht in jedem Falle die vollständige Figur eines laufenden Menschen bzw. Mannes geschrieben, sondern ihrerseits diese Figur auf das genannte, in Bewegung befindliche, Beinpaar reduziert.

Dass es neben *prj* – „herausgehen, hinaufsteigen“ noch diverse andere Verben der Fortbewegung in der ägyptischen Sprache gibt, versteht sich wohl von selbst. Aber alle diese Verben erhalten als Semogramm oder semantisch determinerendes Graphem dieses eine Schriftzeichen.[8] Und im Unterschied zum „Strich“ werden die „laufenden Beine“ auch zur Determinierung von Nomina herangezogen, aber mit einer entscheidenden Einschränkung hinsichtlich ihrer Frequenz. Ausschließlich solche von Verben der Bewegung abgeleiteten Nomina bzw. mit diesen wurzelverwandte sind davon betroffen.

2.3 Phonogramme oder Lautzeichen

Mittels des akrophonischen Prinzips werden reine Lautzeichen gewonnen. Dabei wird das erste (lit. „an der Spitze") eines mehrere Phoneme repräsentierenden Zeichens zur Notation eben dieses einen Phonems verwendet. Das zugrundeliegende Prinzip ist das der rein sprachlichen, eben phonematischen Reduktion eines ursprünglich polyphonen – aber daneben auch weiterhin als solches fungierenden – Zeichens. Dabei kommt dem dadurch gewonnenen Zeichen ein quasi alphabetischer Lautwert zu insofern, als es nun für nur ein einziges Phonem, *vulgo* „Buchstabe" genannt, steht.

Um bei unseren Beispielen *pr* – „Haus" und *prj* – „herauskommen" zu verweilen, bemerken wir in der Schreibung des Verbums ein zusätzliches Zeichen, das rein ideographisch die menschlichen Lippen in Frontalansicht abbildet. Die beiden Lippen (Gardiner 1957, sign-list D 21) bezeichnen im Ägyptischen als Ideogramm das Wort für „Mund" (*rꜣ*; vokalisiert **raꜣ*).

Theoretisch hätte zur Schreibung des Verbums für „herausgehen" auch ein Bestand von zwei Zeichen ausgereicht, nämlich das „Haus" + „laufende Beine". Dass in der Standardorthographie des Wortes *prj* – „herausgehen" der „Mund" noch hinzutritt, hat überwiegend phonetische Gründe, weniger unterscheidende Funktion. Das 3. Phonem von *prj*, das /*j*/, wird nur in bestimmten Verbalformen geschrieben, aber eben nicht in allen. Dieses Phonem ist zudem ein sog. „schwaches" oder weniger expressiv geäußertes wie ein /*p*/, weshalb es in der Schrift eben nach mehr oder minder festen Regeln unter den Tisch fällt. Aber um anzudeuten, dass auf das Phonem /*r*/ noch eine Silbe folgt, diese in vielen grammatisch bedingten Fällen mit dem /*r*/ anlautet, wird das /*r*/ der Verdeutlichung halber geschrieben.

Diese bis zum Zeitpunkt der Entzifferung der Hieroglyphen durch J. F. Champollion (1822) meist bestrittene bzw. nie ernsthaft in Betracht gezogene Tatsache der Existenz von reinen Phonogrammen hätte es nun theoretisch den Schriftbenutzern ermöglicht, sich auf ein Repertoire von sage und schreibe 24 oder 26 „alphabetischen" Zeichen zu beschränken. Und, wieder rein theoretisch, damit hätte jeder ägyptische Text geschrieben werden können, nur verstanden hätte ihn keiner. Dieses Problem müssen auch die ägyptischen Schreiber irgendwann realisiert haben, nimmt doch die Zahl der Determinative im Laufe ihrer Schriftgeschichte beständig zu. Nicht nur werden immer mehr Wörter auf diese Weise an ihrem Ende solcherart als zu bestimmten semantischen Klassen gehörig determiniert, sie werden nicht zuletzt durch diese stummen Zeichen(gruppen) buchstäblich terminiert und ermöglichen so an vielen Stellen eine Zäsur im Lesefluss.

3 Visualisierung von Abstrakta und Nichtsichtbarem in der Hieroglyphenschrift

Nach unserem derzeitigen Kenntnisstand der altägyptischen Schrift und Sprache[9] dürfen wir von der Prämisse ausgehen, dass ihre Verwender theoretisch alles im Rahmen ihrer kulturspezifischen Wahrnehmung Denkbare sowohl (bild-)schriftlich haben visualisieren als auch sprachlich benennen können. Ihnen a priori dagegen nur beschränkte Ausdrucksmöglichkeiten zu attestieren, wie es in der Ägyptologie tatsächlich geschehen ist,[10] spricht einem evolutionistisch geprägten Wahrnehmungs- und Verbalisierungsdefizit das Wort, das sein Abhebungsideal in einer modern und eurozentristisch verankerten Sprach- und Weltsicht des 19. und frühen 20. Jahrhunderts findet.

Semantische Nuancen sind sowohl der Nominal- wie Verbalmorphologie inhärent, sie sind in dem Bedeutungsspektrum der jeweiligen Lexeme, also auf der Wortebene, angelegt. Darüber hinaus finden sie ihre Verbalisierung in einem erklecklichen Inventar sog. Partikeln, das seinen Mitgliedern einen festen Platz innerhalb eines Satzes oder Verses anweist. Wir sprechen dabei von freien oder gebundenen, im Fachjargon nicht-enklitischen und enklitischen Partikeln. Ihre Etymologie entgeht uns noch in vielen Fällen und damit ihre exakte Bedeutung und Funktion. Ihre Leistung ist aber durchweg eine bedeutungsmodifizierende und -differenzierende, und dies auf syntaktischem wie semantischem Sektor. Einige korrelieren z. B. Sätze zueinander, machen aus ihnen etwa Nebensätze oder Parenthesen, andere tragen aber auch zum Tenor einer Aussage Entscheidendes bei. Andere unter ihnen dürften etwa unseren Modalwörtern nahestehen usw.

Auf dem Gebiet der Nominal- und Verbalsemantik derjenigen Lexeme, die nach unserem Klassifikationssystem Wahrnehmungen und Vorstellungen wiedergeben, lässt sich ein interessantes Herleitungsverfahren in der ägyptischen Sprache beobachten, dem die Schrift ein ihr spezifisches Abbildungsverfahren an die Seite stellt. Untersuchungen in größerem Umfang stecken inter-linguistisch gesehen noch in den Anfängen, erste Ansätze sind aber bereits gemacht. Ganz allgemein kann schon jetzt notiert werden, dass semantisch abstrakte Lexeme von ihnen zugrundeliegenden Konkreta der außersprachlichen Realität abgeleitet werden. Einige Beispiele sollen dies veranschaulichen.[11]

Es gibt im ägyptischen Lexikon einen regelrechten Pool handwerklicher, also „konkreter“ Termini, der zur Bildung abstrakter Bedeutungen ausgeschöpft wird. Ich liste diese nachstehend auf:

qd (= qed) – „töpfern; auf der Töpferscheibe formen" > „Geformtes = Form; Gestalt; Wesen; Art".

ḥmj (= hemi) – „Steingefässe ausbohren und somit herstellen", eine extrem schwierige und langwierige Tätigkeit > „Handwerk; Kunstfertigkeit", als nomen agentis auch „Handwerker; Künstler".

nḏ (= nedj) – „reiben; mahlen; zerquetschen (bes. von Getreidekörnern)" > „fragen". Hier liegt eine dem Deutschen sehr ähnliche Bedeutungsentwicklung vor, wie wir sie im übertragenen „jmd. ausquetschen" vorfinden.

ꜣb (= ab) – „brennen; mit einem Brandstempel versehen" > „(brennend) begehren; wünschen". Wieder bietet das Deutsche mit seinem „sich verzehren nach; brennen nach" eine enge semasiologische Parallele.

sṯp (= setjep) – „(Fleischstücke beim Schlachten) auslösen; (mit der Zimmermannsaxt) abschälen" > „(jmd./ etw.) auslesen; auswählen".

mnḫ (= menech) – „Meißel" > *mnḫ.t* – „Geschicklichkeit; Technik (i. S. von griech. *techne*), des weiteren > *mnḫ* – „trefflich". Die Grundbedeutung des Wortes für den Meißel scheint dabei „Treffer" gewesen zu sein, ein Instrument mithin, mit dem es exakt zu „treffen" galt. Als Verbum begegnet *mnḫ* „staunen über etw.", lit. „betroffen sein".

ḥm (= hem) – „Keule" > „Diener; a. Bez. für den König(!)"; beider Grundbedeutung scheint aber „Körper; Leib; Person".

Daneben können sicher noch weitere Lexeme gestellt werden, die aus dem Handwerk im engeren oder weiteren Sinne stammen:

ṯꜣz.w (= tjasu) – „Knoten" > „gebundene Rede; Ausspruch; Vers (im metrischen Sinne)". Es gibt durchaus Belege, die eine noch weitergehende Bedeutung anzunehmen nahelegen, wenn dieses *ṯꜣz.w* nicht mehr nur „Vers", sondern einen „Spruch" bis hin zu einem gesamten „Text" bezeichnet. Und wenn wir hier die Grundbedeutung des lat. *textus* berücksichtigen, nämlich „Gewebe", dann leitet sich das Benennungsmotiv in beiden Fällen aus dem Flechterhandwerk her.

mdw (= medu) – „Stab; Stock" > *mdw/ md.t* – „Wort; Kolon (im metrischen Sinne)/ Rede; Angelegenheit (a. in juristischem Sinne)". Ein „Vorsteher" in der Beamtenhierarchie, dessen Titel eigentlich bedeutet „der, in dem sich der befehligende Ausspruch manifestiert", verfügt als Insignie seiner Machtbefugnis stets über einen *mdw* – „Stab". Sein Titel lautet im Ägyptischen *jmy-rꜣ* (= imi-ra), sein *mdw* Stab heißt aber auch nicht selten *jmy.t-rꜣ* (= imit-ra), d.h., es ist derjenige Gegenstand, der die materielle Manifestation des „Befehlswortes" darstellt.[12]

Um nur das letzte Beispiel hier auch unter dem Aspekt der differenzierenden Graphematik zu illustrieren, sei das Wort *mdw* in seinen beiden Bedeutungen „Stab“ resp. „Wort; Kolon“ in seinen hieroglyphischen Wiedergaben geboten:

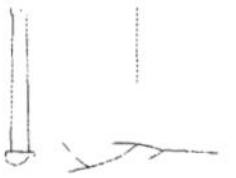

„Stab“, kenntlich an seinem Determinativ  eines unbehauenen Holzzweiges mit Aststümpfen (Gardiner 1957, sign-list M 3).

„Wort; Kolon“, kenntlich an seinem Determinativ des „sitzenden-Mannes-mit-Hand-am-Mund“ (Gardiner 1957, sign-list A 2).

Das Holzzeichen determiniert semantisch und materiell alles aus Holz Bestehende oder Gefertigte, der „Mann-mit-Hand-am-Mund“ determiniert alle Verben und Nomina, die eine Tätigkeit oder Zustand des Mundes ausdrücken, daneben aber auch solche, die sich des Mundes als Sprechorgan bedienen bzw. seiner als Manifestations„ort“ bedürfen. Verba und Nomina sentiendi werden so determiniert, d. h. auch z. B. Verben des Denkens, das sich nach Vorstellung (und Wissen) der Ägypter nicht mittels des Gehirns vollzog, sondern im Herzen. Aber Vorstellungen und Gedanken, Wünsche wie verbale Äußerungen finden ihren Weg ausschließlich über den Mund, daher dieses multipel verwendete Determinativ.

Selbst die ein derart hohes Abbildungspotential umfassende Hieroglyphenschrift ägyptischer Ausprägung war überfordert, wenn sie z. B. eo ipso nichtsichtbaren Naturphänomenen einen schriftlichen und damit sprachlichen Ausdruck verleihen wollte. Das generische Wort für „Wind; Lufthauch“ hätte niemals in der oder ähnlicher Weise mittels Hieroglyphen angeordnet werden können wie unser deutsches Wort „Wind“ in dem Gedicht von E. Gomringer. Das ägyptische Wort lautet *ṯꜣw* (= tschau) und wird standardmäßig so geschrieben:

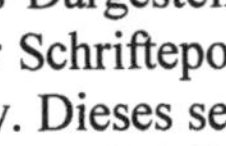

Eine der gewöhnlichen Graphien ist eine ideographische, arbeitet also nach dem Prinzip „das Dargestellte ist das Gemeinte“. Daneben existieren, auch abhängig von der Schriftepoche, phonetische Schreibungen mit entsprechendem Determinativ. Dieses selbst, das auch den Lautwert *ṯꜣw* besitzt und damit das Ideogramm „Segel“ bildet, stellt ein voll aufgeblähtes Schiffssegel dar. Der „Mastbaum-mit-Segel“ wird als situations- und objektspezifisches Konkretum der außersprachlichen Realität gewählt, in dem bzw. an dem Wind sich besonders deutlich „ablesen“ lässt.

Ein ganz ähnliches Problem stellte sich den Schreibern, wollten sie nicht nur das von der Sonne ausgestrahlte „Licht“ sondern dazu noch die „Luft“ hieroglyphisch abbilden, also eine Art Mittel“ding“, nämlich die „lichterfüllte Luft“[13]. Das ägyptische Wort hierfür lautet *šw* (= schu), die Hieroglyphe hierfür ist eine Vogelfeder 𓆄 (Gardiner 1957, sign-list H 6). Nun steht aber diese Feder nicht gleichbedeutend für das genannte Wort und damit die kosmische Größe. Vielmehr ist die Feder ein reines Graphem mit dem phonematischen Wert *š+w*, sie steht mithin für diese zwei Phoneme in dieser Kombination. Die „lichterfüllte Luft“ wird in aller Regel in Gestalt einer Personifikation, genauer gesagt, als anthropomorphes göttliches Wesen männlichen Geschlechts gezeichnet und geschrieben.[14] Diese Gottheit hat die Aufgabe, Himmel und Erde voneinander fernzuhalten, weshalb sie in Darstellungen als knieende oder stehende Figur mit erhobenen Armen z. B. zwischen eine bogenförmig über die Erde gespannte Frau = Himmel (grammatisch feminin) und eine darniederliegende weitere männliche Gestalt = Erde (grammatisch maskulin) plaziert wird:

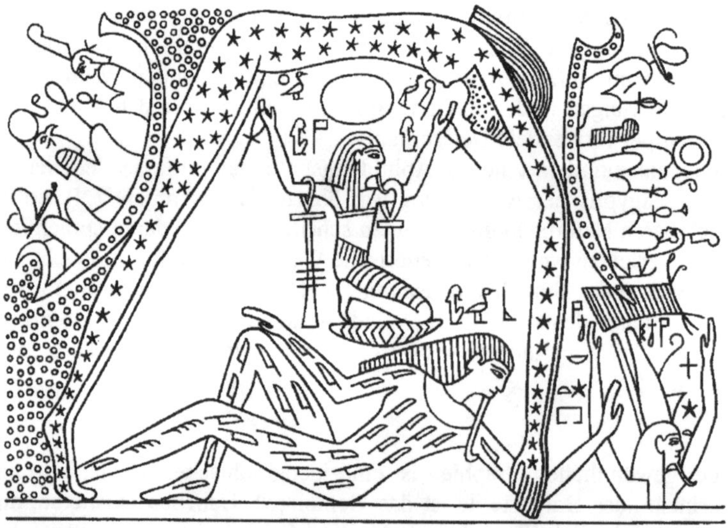

Aus: Morenz 1965, Abb. 40.

Verglichen mit der des ätherischen Elements war die Veranschaulichung von Himmel und Erde in Gestalt eines menschlichen Aktanten, neben der durchaus andere Repräsentationen existieren, geradezu einfach.

4 Merkmals-Analogie als systemischer Lückenbüßer

Nur ganz knapp sei hier die Rolle von sprachlichen Analogien gestreift, wie sie in medizinisch-didaktischen Quellen zur Anwendung gelangt.

Ein medizinischer Text besteht im Idealfall aus drei aufeinanderfolgenden Abschnitten:

1. Befund
2. Diagnose
3. Rezeptur

Im Verlaufe der Befundbeschreibung stellen sich bisweilen terminologische Lücken in der medizinischen Nomenklatur ein. Um dieses Defizit auszugleichen, bedient sich der beschreibende Arzt, der ja sein Hand- bzw. Lehrbuch als Referenzwerk für die übrigen und nachfolgenden Zunftmitglieder verfasst, des Prinzips der Analogie oder des Vergleichs. Einige Beispiele sollen dieses Verfahren verdeutlichen:

a) in einer durch Abtasten vollzogenen Magendiagnose wird die Wirkung der palpierenden Finger wie folgt beschrieben: „(der Magen) er geht und kommt unter deinen Fingern wie Öl in einem Schlauch" (Pap. Ebers Nr. 199).

b) die Erhöhung eines Geschwürs sieht aus wie wenn „sein Kopf spitz und erhöht wäre, wie eine weibliche Brust" (Pap. Ebers Nr. 859). Hier wird eine Eiterspitze umschrieben.

c) laut Wundenbuch des mit Pap. Ebers ungefähr zeitgleichen Pap. Edwin Smith (ca. 16. Jh. v. Chr.) kann die verletzte Schädeldecke und das bloßliegende Hirn des Patienten „zittern und flattern wie unter seinen (= des Arztes) Fingern wie die Schwäche des Schädels eines kleinen Kindes, der noch nicht fest geworden ist" (Pap. Smith Fall 8).

In sämtlichen Fällen handelt es sich um Merkmals-Analogien, wobei hier konkret ein Symptom mittels eines u. a. außermedizinisch anzutreffenden Phänomens nicht benannt, aber umschrieben, quasi „eingekreist" wird.[15] Aber nicht nur Symptome und die aus ihnen abgeleiteten Diagnosen verfahren im Bedarfsfall in dieser Weise, auch die textbeschließend erfolgenden Behandlungsmethoden können analogisch völlig anders gearteten Handlungen charakterisiert werden:

a) die Behandlung einer „kieselsteinartigen“ Geschwulst mittels offenen Feuers ist gleich der mit einem Brennbolzen vollzogenen (Pap. Ebers Nr. 863c).

Es sei hier nochmals betont, dass all diese Vergleiche bzw. auf Merkmale abhebenden Vergleiche oder Analogieschlüsse einen dezidiert pädagogischen Zweck verfolgen. Sie dienen der präzisen Identifizierung und Veranschaulichung der jeweiligen Verletzung oder Krankheit seitens des das entsprechende Handbuch zu Rate ziehenden Arztes.

5 Zur Frage der Fremderfahrungen bei der Entstehung der Hieroglyphenschrift und ihrer „Alphabetisierung“

5.1 Übernahme der Idee des Schreibens von den Sumerern?

Die lehrhafte Literatur der Ägypter predigt zu allen Zeiten, die von den Vorfahren gemachten Erfahrungen nicht als überholt oder gar wertlos beiseite zu schieben, sie sollen vielmehr nachgeahmt und, wenn möglich, noch übertroffen werden. Früher gemachten Erfahrungen und gewonnenen Erkenntnissen eignet in aller Regel das Gütesiegel des Bewährten. Nicht wenige medizinische Diagnosen und Rezepte preisen im Nachspann ihre bereits vor oder seit Jahrhunderten erwiesene Tauglichkeit allen potentiellen Benutzern an. Mit anderen Worten, von den Alten soll/ kann man nur lernen.

Kann man aber auch von Nicht-Ägyptern lernen? Um wieder auf die Hieroglyphen als Kommunikationsmedium zurückzukommen: Ist diese kulturelle Errungenschaft ersten Ranges das Verdienst eines oder mehrerer autochthoner Niltalbewohner ägyptischer Zunge oder ist sie „nur“ die kulturspezifisch determinierte Adaption des *Prinzips Schrift*, welches als solches außerhalb des ägyptischen Kernlandes entwickelt worden ist? Haben die Ägypter des späten 4. vorchristlichen Jahrtausends durch ihren – nicht zu bestreitenden – Kontakt mit den Sumerern der mesopotamischen Tiefebene überhaupt erst die *Idee zum Schreiben* erhalten?

In diesem Punkte ist die aktuelle Forschung in einer buchstäblich heißen Phase. Bis vor wenigen Jahren noch ging die *oppinio communis* dahin, dass den Sumerern das Vorrecht vor den Ägyptern gebührte, als erste geschrieben und damit gelesen zu haben. Inzwischen häufen sich aber auf ägyptischem Boden (besonders in der uralten Königsstadt Abydos in Mittelägypten) die Funde, die der einheimischen Schrift ein um mehrere Jahrhunderte höheres Alter attestieren als bislang angenommen. Ob und, falls ja, um wie vieles älter sie als die sumerische Schrift, die anfangs auch eine reine Bilderschrift war, tatsächlich ist, kann gegenwärtig noch nicht abgeschätzt werden. Deshalb muss auch die so entscheidende Frage, ob die ägyptischen Hieroglyphen ihre Entstehung der Übernahme der Idee eines andernorts entwickelten Kommunikationsmittels verdanken oder gar unabhängig davon zustande gekommen sind, einstweilen offenbleiben.

5.2 „Syllabisierung" eines begrenzten Zeicheninventars zur Notation von Fremdwörtern

Es gab aber zu späteren Zeiten durchaus Entwicklungen im Gebrauch der Hieroglyphen, die deutlich die Sprache der Fremdbeeinflussung sprechen. Deren sind zwei, von denen die erste Erscheinung der Einsicht in eine kommunikationspraktische Notwendigkeit entspringt, die zweite der systematischen Ausnutzung einer für den eigenen Erklärungsbedarf existenten Möglichkeit. Was ist damit gemeint?

In der Zeit des Neuen Reiches (ca. 1550–1100 v. Chr.) kommt Ägypten als imperiale Macht immer stärker in Kontakt mit der vorderasiatischen Welt und deren diversen Sprachen, als da wären z. B. das Akkadische, Ugaritische und Kanaanäische. Aus diesen semitischen Idiomen dringen Hunderte von sog. *Kulturwörtern* in das zeitgenössische Ägyptisch ein und wollen auch geschrieben werden. Da es dafür innerhalb des eigenen Schriftsystems keine Vorbilder oder Vorläufer gibt, werden die vorhandenen Zeichen so verwendet, dass ihre Phonemwerte nach bestimmten Regeln denen entsprechender semitischer Laute zugeordnet werden. Die Phoneminventare des Ägyptischen und der genannten semitischen Sprachen waren alles andere als deckungsgleich, aber doch recht nahe verwandt. Des weiteren werden die Fremdwörter in der Hieroglyphenschrift in syllabisch-„buchstabierende" zerlegt. Ganze Gruppen von Hieroglyphen erhalten in festen Konstellationen einen Lautwert, der sie als geschlossene oder offene Silbe ausweist. Dieses Prinzip impliziert auch die Andeutung, wenn nicht gar weitgehend mit dem „Original" übereinstimmende Vokalisation der Wörter, auf die ja bei der Notation genuin ägyptischer Lexeme verzichtet wird.

In diesem speziellen Falle wird ein gesamtes Prinzip im Sinne einer adaptierten Fremderfahrung übernommen, aber nicht zum Zwecke der Vereinfachung oder Veränderung des eigenen Systems, was theoretisch möglich gewesen wäre, zumindest nicht in systematischem Sinne. Es gibt nämlich durchaus eine Anzahl genuin ägyptischer, also nicht-semitischer Wörter, die gleichfalls syllabisch notiert werden (können). Die Gründe hierfür liegen aber eher im Bereich einer obskur gewordenen Etymologie, weil das betreffende Wort obsolet oder sonst irgendwie unklar, eben erklärungsbedürftig geworden ist. Aber das ist überwiegend eine Frage der Einzelwort-Orthographie, weniger des Schriftsystems als ganzem. Mit Schwinden der gegenseitigen kulturellen und sprachlichen Beeinflussung zwischen Vorderasien und Ägypten um 1000 v. Chr. verlagert sich dieses Prinzip der syllabischen Notation von Fremdwörtern allmählich auf eine neue sprachliche Domäne, das Libysche. Auch diese Entwicklung ist historisch bedingt. Schon lange vorher in Ägypten eingefallene, danach systematisch angesiedelte Libyer übernehmen in der 21. Dynastie faktisch die Herrschaft und mit ihnen wandert naturgemäß ein großes sprachliches Potential in den ägyptischen Wortschatz, angefangen mit Personennamen. Leider ist dieses Material sprachgeschichtlich mangels einer zeitgenössischen und eigenständigen libyschen Schrifttradition kaum aufzuarbeiten.

5.3 „Alphabetisierung" durch Ordnung des Phoneminventars in kanonisierter Reihenfolge

Die syllabische Orthographie, einmal eingeführt, setzt sich bis weit ins 1. Jahrtausend fort. Spätestens in hellenistischer Zeit lassen sich dann aber die ersten Quellen greifen, die unzweideutig die Existenz eines mittels bestimmter Hieroglyphen kanonisierten Alphabets bezeugen. Das Interessante daran ist nun aber, dass nicht die in der Ägyptologie behelfsmäßig „alphabetische", weil einkonsonantige, genannten Zeichen zur Gewinnung des ägyptischen Alphabets herangezogen werden, sondern überwiegend mehrkonsonantige und zudem graphematisch nicht selten extrem komplizierte Zeichen. Aus diesen mehrkonsonantigen Zeichen werden mittels Akrophonie alphabetische Lautwerte abstrahiert, also das „an der Spitze" stehende Phonem der gesamten Phonemkette des jeweiligen Zeichens wird hierdurch auf einen alphabetischen Wert reduziert. Es muss aber einschränkend hinzugefügt werden, dass dieses Verfahren der phonematischen Reduktion nicht erst mit der Alphabetisierung ägyptischer Hieroglyphen einsetzt, also in der 2. Hälfte des letzten vorchristlichen Jahrtausends. Vielmehr ist es in Ansätzen bereits in sog. enigmatischen oder kryptographischen Inschriften zur Anwendung gekommen, die infolge ihrer von der Standard-Orthographie nicht selten abweichenden Lesung und Lautung einer regelrechten Dechiffrierung unterzogen werden müssen, bevor man den Text lesen und verstehen kann. Wider Erwarten sind aber mit dem alphabetischen Prinzip keine vollständigen ägyptischen Texte geschrieben worden, sondern dieses Alphabet diente in erster Linie zur Erstellung von Listen. Wir haben solche Listen in Gestalt von Onomastica, in ihrem ursprünglichen Zustand wohl sämtlich sehr umfängliche Traktate all dessen, was zwischen Himmel und Erde existiert.[16] In einer aus dem 4.–3. Jahrh. v. Chr. datierenden Quelle in demotischer Schrift werden Vogelnamen in eine Beziehung zu Pflanzen- bzw. Ortsnamen gestellt. Die in Beziehung zueinander stehenden Namen beginnen je mit dem gleichen Phonem, der Vogel namens *hb* – „Ibis“ hockt auf einer *hbyn* heißenden Pflanze usw. Die Reihenfolge der Anfangskonsonanten der nachfolgenden Einträge stimmt nun zumindest partiell mit ähnlichen Auflistungen in anderen Texten überein, so dass wir von einer mehr oder minder kanonisierten Phonem-Sequenz werden ausgehen dürfen.

Aus der Zusammenschau aller Quellen resultiert vorläufiges Bild:

Reihenfolge des ägyptischen Alphabets um die Zeitenwende:[17]

h	*r*	*ḥ*	Ø	*k*	*(w)*	*(s)*	*r*	*b*	*(ẖ/ š)*	Ø	Ø	Ø	*ẖ*	*ṯ*	*p*	ʿ	*g*	*ḫ*	*t*	*j*	*q*
h	*r*	Ø	Ø	Ø	*w*	*s*	Ø	Ø	*ẖ*	*n*	*k*	Ø	Ø	*ṯ*	*p*	Ø	Ø	*ẖ*	*d*	Ø	*q*
Ø	Ø	Ø	*m*	Ø	Ø	Ø	*r*	*b*	Ø	Ø	Ø	*n*	Ø	Ø	*p*	ʿ	Ø	Ø	*d*	Ø	Ø

Von dieser Tabelle entspricht Zeile 1 einer Zeichenliste aus dem 2. nachchr. Jahrh. aus dem Ort Tanis im Nildelta, dem sog. „Sign-papyrus“. Die Zeilen 2 und 3 geben die „Alphabet“folge des schon genannten und ca. 400 Jahre älteren demotischen Papyrus wieder.

Es ist unschwer zu erkennen, dass eine derartige Phonemfolge nicht von dem seinerzeitigen griechischen (< phönizischen) Alphabet hergeleitet werden kann. Zum einen ist die Position einander weitgehend oder total entsprechender Phoneme alles andere als identisch, zum zweiten weist das ägyptische Phoneminventar eine erheblich andere Struktur als jede indoeuropäische Sprache auf. Von daher ist es nicht verwunderlich, wenn diese Sequentialisierung der Phoneme sich an eine den späten Ägyptern (1. vorchr. Jahrt.) anderweitig bekannt gewordene Reihung anlehnt, die zudem den Vorteil bietet, eben identische und partiell übereinstimmende Phoneme aufzuweisen. Hier hat denn das Altsüdarabische in seiner speziell minäischen Ausprägung Pate gestanden bei der „Alphabetisierung“ der ägyptischen Phoneme.[18] Denn nur um diese handelt es sich ja, weshalb wir den Terminus Alphabet auch nur in Anführungsstrichen verwenden können. Um es zu wiederholen:

Das Prinzip Hieroglyhenschrift wird n i c h t alphabetisiert,
nur ihr Lautbestand.[19]

Daraus folgt auch, dass es keine ausschließlich alphabetisch geschriebenen Texte nach dieser – wieder einmal interkulturell begründeten – Übernahme[20] gibt und diese vermutlich auch nie auftauchen werden. Diesen Schritt sind die Ägypter nie gegangen.[21]

Bereits die Herausgeber der demotischen Onomastica, in denen sich die „alphabetische“ Reihenfolge der Lemmata beobachten lässt, haben die Vermutung geäußert, dass dieses Notationssystem didaktisch bedingt war und primär schulischen und damit mnemotechnischen Bedürfnissen entgegenkommen sollte.[22]

Es entbehrt nicht einer gewissen Ironie der Geschichte, wenn dann einige Jahrhunderte nach der Zeitenwende die komplizierte – und in gewissen Verwendungskontexten wie Tempelinschriften immer komplizierter werdende – Hieroglyphenschrift letztlich aufgegeben wird und die ägyptische Sprache in ihrer jüngsten Ausprägung des Koptischen mit Hilfe des griechischen Alphabets geschrieben wird. Allerdings funktionierte dies nur unter Investition von sieben aus der demotischen Kursive übernommenen „Zusatzzeichen“. Diese „Sonderzeichen“ repräsentieren aber eben Phoneme, über die das Griechische nicht verfügt. In diesem hybriden Griechisch-Demotisch-Alphabet werden noch heutzutage die koptischen liturgischen Texte gelesen und rezitiert.

Anmerkungen

1 1985, 272.

2 Es geht im folgenden ausschließlich um die ihren bildlichen Charakter stets bewahrenden hieroglyphischen Schriftzeichen, nicht um die davon abgeleiteten und rein graphemisch abgekürzten Kursiven des Hieratischen und die, ab dem 7. Jh. v. Chr. verwendete weitere Verkürzung, des Demotischen.

3 1985, 277ff.

4 Dazu gesellt sich auch die materielle Grundlage des Textes im wahrsten Sinne des Wortes, d. h. die Frage nach der physischen Beschaffenheit des Schriftträgers. Ein religiöser Text auf einer Tempelwand hat beinahe naturgemäß einen höheren Grad an Sakralität als ein Brief auf einer Kalksteinscherbe. Und so wie ein auf einer Tempelwand zu applizierender Text nicht im „Endstadium“ seiner Verwendung auf einem Ostrakon seine ihm zugeschriebene Sakralität erhalten und seine „Wirksamkeit“ entfalten kann, genausowenig gehört ein Alltagstext wie ein Brief unter pragmatischem Aspekt auf eine Tempelwand, also an einen sakralen Ort. – Hierzu ausführlich Vernus (1989).

5 In ägyptologischer Aussprache Re oder Ra, auch Ra'u, wobei die keilschriftliche Wiedergabe als Riʿa der tatsächlichen Aussprache z. Zt. des Neuen Reiches (ca. 1550–1100 v. Chr.) noch am nächsten kommen dürfte.

6 J. Osing 1976, 836, Anm. 1122: „Grundbedeutung von prw „Haus“ offenbar: ‘das, von wo man herauskommt‘“. Onomasiologisch mindestens ebenso plausibel wäre aber ein von dem zu prj – „herauskommen“ semantischen Antonym deverbal abgeleitetes Derivat, das da lautet ʿq – „hineingehen; eintreten“. Aber ein ägyptisches Wort ʿq für „Haus“ exisitiert nicht.

7 Dabei ist es weniger von Belang, dass in diesem Falle menschliche Beine diese Funktion übernehmen und nicht tierische. Wenn über sich fortbewegende Tiere eine entsprechende Aussage getroffen wird, wird das jeweils verwendete Verbum der Fortbewegung in unveränderter Gestalt determiniert. Das ideographische Prinzip „das Dargestellte ist das Gemeinte“ greift hier also nicht.

8 unter gelegentlicher Hinzufügung eines einzelnen, in toto geschriebenen und laufenden menschlichen Beines.

9 in all ihren spezifischen Schriftarten wie den eigentlichen Hieroglyphen als auch den davon abgeleiteteten Kursiven (s.o. Anm. 2), als auch in allen fünf unterschiedenen Sprachstufen (Altägyptisch – Mitteläg. – Neuäg. – Demotisch – Koptisch).

[10] Brunner-Traut 1974; Helck 1969, 50. Dagegen z. B. Vernus, einer der profiliertesten Kenner des Ägyptischen insgesamt: „I would be fully satisfied if this book could make it clear that Middle Egyptian, the language of Sinuhe and of the Heqanakhte Papers, far from being a ghostly and immature subpidgin, was a language exhibiting the same richness and complexity as other languages, spoken and written by men of flesh and bone" (1990, VII). Das Mittelägyptische, exakt das der sog. „Schönen Literatur" des Mittleren Reiches (ca. 2050–1800 v. Chr.), hat nach seinem Aussterben als gesprochener Sprache den Rang einer klassischen Sprachstufe von den Späteren erhalten und ist noch 2000 Jahre danach unter gewissen Modifikationen zur Komposition religiöser Texte bemüht worden.

[11] Westendorf 1973.

[12] Fischer-Elfert 1992.

[13] Assmann 1984, 245.

[14] Das ägyptische Wort ist grammatisch ein Maskulinum.

[15] Zu den sprachlichen Vergleichen in den medizinischen Texten andeutungsweise, aber nicht systematisch ausgewertet, Grapow 1959, 40ff.

[16] Hierzu Kahl (1991) mit Auswertung aller derzeit verfügbaren Quellen.

[17] ∅ steht für Lücke im jeweiligen Manuskript.

[18] Der Entdecker dieser Herleitung ist Quack (1993), mit Korrekturen id. (1994). Solche minäischen Inschriften sind tatsächlich in Ägypten selbst gefunden worden und können deshalb den hieroglyphisch schreibenden Ägyptern nicht entgangen sein.

[19] Ein Grundprinzip nebenbei, das bei der touristisch motivierten „Schreibung" moderner europäischer Vornamen „in Hieroglyphen" (+ Kartusche) konsequent verletzt wird!

[20] Quack (1993) setzt diese etwa in das 4. Jh. v. Chr.

[21] Wo sie doch schon spätestens im 15.–14. Jh. v. Chr. mit der ugaritischen Keil-Alphabetschrift zumindest indirekt in Kontakt gekommen sein müssen, wie der intensive gegenseitige Kultur- und Geistesaustausch in dieser Epoche des international geprägten Neuen Reiches nahelegen würde anzunehmen. Im Gegenteil, während der griechisch-römischen Epoche explodiert der Zeichensatz von bis dato ca. 700 auf das Zehnfache. Jedoch findet dieses riesige Inventar ausschließlich bei der Niederschrift von in Stein gemeißelten oder reliefierten Texten an Tempelwänden Anwendung.

[22] Smith/ Tait 1983, 212.

Literatur

Assmann, J. (1984): Ägypten. Theologie und Frömmigkeit einer frühen Hochkultur. Stuttgart.

Baines, J. R. (1985): Fecundity Figures. Egyptian Personification and the Iconology of a Genre. Warminster.

Brunner-Traut, E. (1974): Altägyptische Sprache und Kindersprache – eine linguistische Anregung. In: Studien zur Altägyptischen Kultur 1, 61–81.

Fischer-Elfert, H.-W. (1992): Der Vorsteher und sein Stab. In: id. Vermischtes (I). In: Göttinger Miszellen. Beiträge zur ägyptologischen Diskussion 127, 40–43.

Gardiner, A. H. (1957^3): Egyptian Grammar. Being an Introduction to the Study of Hieroglyphs. Oxford.

Grapow, H. (1959): Von den medizinischen Texten (Grundriß der Medizin der Alten Ägypter II). Berlin.

Helck, W. (1969): Ägyptologie an deutschen Universitäten. Wiesbaden.

Kahl, J. (1991): Von h bis k. Indizien für eine „alphabetische“ Reihenfolge einkonsonantiger Lautwerte in spätzeitlichen Papyri. In: Göttinger Miszellen. Beiträge zur ägyptologischen Diskussion 122, 33–47.

Morenz, S. (1965): Gott und Mensch im Alten Ägypten. Heidelberg.

Osing, J. (1976): Die Nominalbildung des Ägyptischen. Mainz.

Quack, J. F. (1993): Ägyptisches und Altsüdarabisches Alphabet. In: Revue d'Égyptologie 44, 141–51.

Quack, J. F. (1994): Notwendige Korrekturen. In: Revue d'Égyptologie 45, 197.

Riese Hubert R. (1985): Du tableau-poème à la poésie concrète. In: A.-M. Christin (Hg.): Écritures II. Paris, 271–9.

Smith, H. S./ Tait, W. J. (1983): Saqqara Demotic Papyri I. London.

Vernus, P. (1989): Supports d'écriture et fonction sacralisante dans l'Égypte pharaonique. In: R. Laufer (Hg.): Le texte et son inscription. Paris, 23–34.

Vernus, P. (1990): Future at Issue. Tense, Mood and Aspect in Middle Egyptian: Studies in Syntax and Semantics. New Haven Ct.

Westendorf, W. (1973): Zur Entstehung übertragener und abstrakter Begriffe. In: Göttinger Miszellen. Beiträge zur ägyptologischen Diskussion 6, 135–44.

Paul Schrömbges

Gottes Bild: Die Veranschaulichung des Unanschaulichen? Zum Problem der Trinitätsdarstellung im Mittelalter

1 Glaubenswissen und Glaubensweitergabe

Religionspädagogisches Handeln zielt auf Erlernen religiösen Sachwissens und dessen Umsetzung in Handeln; als Disziplin wird die Religionspädagogik heute üblicherweise differenziert nach verschiedenen Handlungsformen, nämlich Verkündigung, Erziehung und Unterricht, die in jeweils wechselnden Praxisfeldern und an verschiedenen didaktischen Orten realisiert werden (Bartholomäus 1983, XIf.).

Das war nicht immer so. Kannte das frühe Christentum noch – und nur – eine inhaltlich und zeitlich differenzierte Vorbereitung des erwachsenen Taufbewerbers, so entfiel dieses Katechumenat nach der Christianisierung des Römischen Reiches gleichsam aus Gründen der inneren Logik: seither wurden recht ausschließlich Kinder und nicht länger Erwachsene getauft. Das Katechumenat hatte zu Beginn des 3. Jahrhunderts aus einer dreijährigen Vorbereitungszeit bestanden, wie Hippolyt von Rom darlegt: Die Katechumenen mussten sich der ethischen Unterweisung vornehmlich anhand des Alten Testamentes, der Erschließung des Neuen Testamentes und des Credo durch Belehrung und Teilnahme am Wortgottesdienst der Gemeinde unterziehen, sodann erfolgte die Aufnahme in die Kirche durch Spendung der Sakramente Taufe, Firmung und Eucharistie (Läpple 1981, 47; Schrofner 1994, 123ff.). Auch Augustinus redete in seiner Schrift de catechizandis rudibus im 5. Jahrhundert einer intensiven Ausgestaltung der Vorbereitungszeit des Taufbewerbers das Wort (Arnold 1948, 17f.). Mit der Christianisierung Europas verschoben sich dann die Probleme: das Christliche konnte einerseits vorausgesetzt werden, andererseits musste die Weitergabe des Glaubens völlig neu konzipiert und gesichert werden. Das Ende des Katechumenats jedenfalls, in Eins fallend mit dem Wegbrechen der antiken Schultradition und dem Entstehen einer weitgehend nonliteralen Gesellschaft, stellte neue Anforderungen an Inhalte und Vermittlungsweisen, an Verkündigung und Weitergabe des Glaubens.

Schon früh hat man das unabdingbare Glaubenswissen einer im wesentlichen schriftlosen, über lange Jahrhunderte hinweg auch wesentlich unbildlichen Gesellschaft zu definieren versucht. „Credo" und „Pater noster" verlangte Caesarius von Arles zu Beginn des 6. Jahrhunderts (sermo 135, 1) als unabdingbares Glaubenswissen eines jeden Christen – und dabei blieb es im wesentlichen. In der „admonitio generalis" Karls des Großen wurde dies 789 wiederholt (Ewig 1973, 90), ebenso urteilte Rhabanus Maurus in seinen Homilia (44, PL 110, 82). Gleichlautende Ermahnungen ergingen an die Paten von den Synoden Calchut 787 und Arles 813. Zugleich werden die Seelsorger angewiesen, die Gläubigen die Glaubensformeln immer wieder hersagen zu lassen, auch in der jährlichen Beichte (Jungmann 1973, 355). Lehren und Lernen werden gefördert durch Ablässe (1493 durch Berthold von Henneberg, Erzb. v. Mainz) und Androhung von Strafen (813 durch das Konzil von Mainz). Im hohen Mittelalter werden auf Drängen der scholastischen Theologie diese Kernsätze dann erweitert: durch den Dekalog, das Ave Maria und die Sakramente, Versuche insgesamt, die katechetischen Formeln dem Verständnis zu erschließen.

Es ging hier freilich nicht um Religionsunterricht, schon gar nicht um schulischen Unterricht, sondern um Glaubensweitergabe im Rahmen kirchlicher Pastoral. Wichtigstes Medium war in Anbetracht der Rahmenbedingungen ohne Zweifel die Hauskatechese. Noch 1555 bezeichnete der Reformationsprediger Georg von Anhalt die Mütter als „die vornehmsten Hauspfarrer und Bischöfe" (Jungmann 1973, 18). Es finden sich zahlreiche Belege, dass man dies im ganzen Mittelalter so gesehen hat, von der Synode von Arles (813, Mansi XIV, 62) über Hildebert von Lavadin (1067–1133, sermo 130 ad populum PL 171, 923), der den Eltern und Paten gleichsam einen kirchlichen Lehr- und Verkündigungsauftrag zuwies, bis hin zu den Predigten Bertholds von Regensburg (1210–1272): ein Kind oder einen Erwachsenen darf nur der aus der Taufe heben, der „dem Priester das Symbolum und das Paternoster hersagen" kann (Browe 1934, 428). Gelegenheitskatechese wird man sich so vorstellen müssen: Einführung in christliches Alltagsleben durch Teilhabe am religiös-kirchlichen Leben, begleitet durch gelegentliche Erklärungen, sicher theologisch von ausgesprochener Dürftigkeit. Schulischer Unterricht war und blieb die Ausnahme, und auch dort gab es das Fach Katholische Religion bis in die Zeit der Trennung der Konfessionen hinein nicht.

Über die ergänzende Unterweisungspraxis der Seelsorger sind wir nur indirekt unterrichtet. Eine gute Quelle stellen die im 13. Jahrhundert aufkommenden Beichtbücher dar (Thalhofer 1904, 85ff.). Das Beichtbüchlein des

Frankfurter Kaplans Johannes Wolff aus dem Jahre 1478 unterscheidet schließlich einen Beichtspiegel für Erstbeichtende von dem für fortgeschrittene Sünder. Beichtspiegel, also Fragen an die Beichtwilligen, sind nicht nur Hilfsmittel bei der Beichtvorbereitung, sondern implizit auch Traktate über die katechetischen Hauptstücke. Johannes Wolff verrät uns auch den pastoralen Einsatz seines Beichtbüchleins: Er rät den Pfarrern, nach dem vorgeschriebenen Abbeten des apostolischen Glaubensbekenntnisses häufig die Zehn Gebote zu erklären. Vermutlich hat auch die „offne peicht", ein sich im Beichtspiegel findendes und im Gottesdienst gebetetes Sündenbekenntnis, den gleichen katechetischen Sinn.[1] Und natürlich hat der große Thomas von Aquin dies alles in ein System gebracht (Sth III qu. 71 art 4 ad 3): den zum Glauben führenden Unterricht könne jeder Gläubige leisten; die zweite Stufe, die Einführung in die rudimenta fidei einschließlich der Sakramentsvorbereitung, falle dem Priester zu, die dritte Stufe, die Einführung in das christliche Leben, obliege den Paten. Und die Praxis in einer nonliteralen, aber durchgängig christlichen Welt? Bilder, Plastiken und Kirchbauten, Riten und Festzeiten im Jahreskreislauf, alles war schließlich im umfassendsten Sinne katechetische Anschauungsmethode. Mysterienspiele, Kreuzwege und Pilgerfahrten, Medaillen und Reliquienschreine, Gottesdienste und Prozessionen, Totentänze und Katechismustafeln, die Kirchenfeste im Jahreskreis: die katechetischen Hauptstücke waren überall präsent, wenngleich kaum auf reflektiertem Niveau (Schmid 1906, pass.). Wortverkündigung und Belehrung waren darin nur ein Element, ein sicher wenig gesuchtes zudem, und ein zugleich schlecht gepflegtes mit unzulänglich ausgebildeten Priestern. Das Glaubenswissen dürfte gering gewesen sein – was aber konnte denn dann veranschaulicht werden von dem Unanschaulichen?

2 Grundformen mittelalterlichen Textverständnisses

2.1 Rückgriff auf die Spätantike

Religiöse Bildwerke sind Interpretationen, nicht selten von erheblicher theologischer Sprengkraft. Zunächst ist der Frage nachzugehen, welche Deutungsmuster die mittelalterliche Exegese entwickelt hat, um einer bildlichen Darstellung von theologischen Sachverhalten den Weg zu bereiten.

Nach dem Abschluss der Kanonbildung der Bibel in der 2. Hälfte des 2. Jahrhunderts setzte sich im Abendland unter und nach Alkuin Ende des 8. Jahrhunderts die 'Vulgata', „die allgemein Verbreitete", lateinische Bibelfassung des Hieronymus durch. Nur: wie konnte und sollte die Bibel, nur von wenigen Mönchen und Priestern lesbar, als Grundlage des Glaubens in einer weitgehendst unschriftlichen Gesellschaft verbreitet und im Glaubensbewusstsein der Bevölkerung verankert werden? Hier hatte die Antike erhebliche Vorleistungen erbracht, an die das Mittelalter auf dem Wege der Patristenrezeption nahtlos anknüpfte. Im Überblick lassen sich folgende Ansatzpunkte darlegen (dazu Angenendt 1997, 167ff.).

– Metaphorik: Aristoteles und alle Vertreter der antiken Rhetorik hatten bereits über die Übertragung auf eine höhere Ebene, die Treffsicherheit des Übertragenen und das dadurch berichtete schlagartige Erleuchten nachgedacht. Es lässt sich zusammenfassend feststellen, dass Abstrakta in Form eines Nomen „von der Stelle, wo seine eigentliche Bedeutung liegt, auf die, wo eine eigentliche Bedeutung fehlt oder die übertragene besser ist als die eigentliche" (Quintilian, inst. oratoria VIII,6,5), übertragen werden. Geht es indes wie bei Gottesvorstellungen um theoretische Aussagen, ist die Metapher – nur – eine schlichte Versinnbildlichung und rhetorische Wendung, kein Mittel zum Erkenntnisfortschritt mehr.

– Allegorese: Sie wurde schon von der griechischen Philosophie bei der Homerdeutung angewandt und hatte vor allem über Philo von Alexandrien (1. Jh. n. Chr.) auch Eingang in die spätjüdische Theologie gefunden. Auch die Allegorese geht von zwei Bedeutungsebenen aus: im Unterschied zur Metaphorik sah man indes den Erkenntnisbezug nicht als primär vom Menschen herstellbar an, es war vielmehr Aufgabe des Exegeten, dem Text göttlicherseits eingegebene Gehalte zu entschlüsseln (Blumenberg 1983, 285ff.), dies insbesondere dann, wenn der Text zu neuen Deutungsentwicklungen in Widerspruch geriet. Die Allegorese ist über die Ausführungen des Origines, des Cassian und vor allem des Augustinus die bedeutendste Interpretationsmethode des Mittelalters geworden. Origines (Reventlow 1990, 170ff.) entwickelte ein dreischrittiges Allegorese-Schema auf neuplatonischer Grundlage: der Unterscheidung des Menschen in Körper, Seele und Geist entsprach eine somatische, psychische und pneumatische Textaussage, die in der Auslegung buchstäblich-historische, moralische und mystisch-erhobene (anagogische) Sinngehalte unterschied, geeignet jeweils für den einfachen Gläubigen, den fortgeschrittenen und vollkommenen. Johannes Cassian (collatio-nes, XIV, 8, SC 54, 189, Anfang 5. Jh.) hat daraus eine Vierheit entwickelt. Er unterschied die 'historica interpretatio' und die 'intelligentia spiritalis', die sich wiederum in drei Stufen gliederte: die Tropologie als moralische Stufe, die Allegorie als die eigentlich wahre und die Anagogie als der höhere Sinn. Das späte Mittelalter hat dafür den Merkvers entwickelt: littera gesta docet, quid credas allegoria/ moralis quid agas, quo tendas anagogia (Ohly 1977, 17).

– Typologie: Sie ist ein spezifisch christliches Allegorese-Schema. Die Grundlage der Typologie bot das Matthäus-Wort, Jesus sei nicht gekommen, „aufzuheben, sondern zu erfüllen“ (Mt 5,17). Dieses Erfüllen wurde nach Ohly (1977, 363) zur „Grundurkunde (...) der typologischen Geschichtsanschauung“: Das noch unerfüllte Alte Testament erfahre ähnlich wie ein erst halbgefülltes Gefäß in Jesus Christus die erwartete Vollgießung und damit seine Auffüllung zur Vollgestalt des Neuen Testamentes. Wollte man auf diese Weise das Alte Testament verstehen, musste man es vom Neuen her deuten. Umgekehrt wurde das Neue Testament erst richtig verstehbar, wenn es als die Erfüllung des Alten erschien. Im Hin und Her von Typus und Antitypus, von Andeutung und Realisierung, von Erfüllung und Vorgeschichte waren so Personen wie Geschehnisse, Dinge und Naturvorgänge auszudeuten: Dies ist die bedeutendste und selbstverständlichste Interpretationsweise des Mittelalters gewesen,[2] fußend auch hier auf Augustinus: seine beiden Interpretationsschemata 'signum – res' und 'umbra – veritas' nahmen die allegorische wie die typologische Deutungsweise auf; wichtig aber war Augustinus vor allem, dass der Kern von Jesu Botschaft offen zutage lag und keiner besonderen Auslegungsmethode mehr bedurfte (de doctrina christiana III,2, 1f.; CChr. SL 4,1, 78; III,10, 14, CChr. SL 4,1, 86).

Für unseren Zusammenhang ist festzuhalten, dass das Christentum die sich theologisch verdichtende Transzendenzhaftigkeit des Gottesbildes zugleich interpretatorisch einzubinden und popular zugänglich zu machen versuchte: mit der 'Übertragung' konnte man hinter gebräuchlichen Worten neue Sachverhalte entdecken, sie mit neuem Sinn erfüllen; eine eigentümliche Vergeistlichung der Sprache war und ist so zu konstatieren, eine Allegorisierung des Alltags.

2.2 Mittelalterliche Deutungsmuster

Methodologische Interpretationsmuster sind der eine, die Deuter selbst der andere bedeutsame Teil der Verstehensprozesse. Bedeutsam ist, dass bis weit ins 12. Jahrhundert hinein die Exegeten zum überwiegendsten Teil Mönche waren; erst mit dem scholastischen Schub und dem Ausbau der Universitäten verschob sich das Schwergewicht auf die Kathedralkirchen und Hochschulen. Ziel monastischer Beschäftigung mit der Bibel zwischen lectio und meditatio war nicht das Wissen, sondern die Anschauung, gleichsam die Inkorporation göttlicher Weisheit, eine schon auf Erden erhoffte und mögliche Gottesschau als Vorwegnahme der himmlischen (Leclercq 1963, 24ff.). Natürlich musste man sich des Textes versichern: das Erlernen der lateinischen Sprache bedurfte auch der Absicherung durch die septem artes liberales, zumindest des Triviums von Grammatik, Rhetorik und Dialektik. Grammatiker aber waren die Mönche nur notgedrungen, theologische Grundlage des Gesamtverständnisses – bezüglich der Verfasser wie der Deuter der Bibel – war die Inspiration: der Mensch war ein von Gott bewegtes Werkzeug (Angenendt 1997, 167ff.). Hier begegnet uns eine ungeheure Privatheit und Individualität der Gottesbeziehung und -anschauung, die ihre höchste Ausgestaltung in der mittelalterlichen Mystik gefunden hat. Grundsätzlich stand jedem, jedem Mann und jeder Frau, der Zugang zur Gottesanschauung offen.

Der 'Umgang' mit der Bibel auf theologischer Ebene änderte sich grundsätzlich mit Beginn des 12. Jahrhunderts. Die Genese der 'glossa ordinaria', kurze Exzerpte im Wesentlichen aus den patristischen Bibelkommentaren, waren als Predigthilfen der Priester angelegt und entstanden an den Kathedralkirchen.

Die scholastische Exegese, bemüht um begriffliche Erfassung und begründete Definition, legte betonten Wert auf ein methodisch gesichertes Verstehen des Wortsinns der Bibel. Immer wieder wird hier zu Recht Thomas von Aquin angeführt; für ihn als Aristoteliker erschloss nur eine genaue Analyse das Verständnis der Bibel: im Literalsinn ist die Bedeutung und die Ermöglichung von Verständnis eingeschlossen. Damit änderte sich auch das Bild vom inspirierten Schreiber, der in göttlicher Assistenz sehr wohl eigene Worte verfasste.[3] Es ging jedenfalls um eine analytische Kommentierung, nicht mehr um Anschauung. So bezogen die Kommentare des Franziskaners Nikolaus von Lyra († 1347) auch jüdische Bibelkommentare ein und waren im Mittelalter weit verbreitet (Ruh 1987).

Prägend für den Umgang des 'gemeinen', des Lesens unkundigen Volkes mit der Bibel waren jedoch weder Anschauung noch Exegese, sondern wiederholendes Sprechen und die Anschauung von Bildern. Alles soeben Ausgeführte traf schließlich nur einen kleinen Teil von Schriftkundigen. Und doch: die Bibel war in einem uns Heutigen schier unvorstellbarem Maße präsent. Den Laien begegnete die Bibel in Liturgie und Predigt, in Gesang und Spiel, in Bildwerken und in der Architektur. Die Bibel war alltäglich bei Gebeten und Wallfahrten, an Sonn- und Feiertagen, an Heiligenfesten und Patrozinien, bei Ritualien und Prozessionen auf den Feldern und in den Häusern, bei Heirat und Stiftungen, bei Beruf und Krankheit, bei Geburt und Tod, beim Empfang der Sakramente. Nirgends fehlte ein Bibelzitat, eine Lesung, eine Auslegung. Das Wort des Herrn wirkte tröstend und belehrend, gestaltend oder legitimierend, wenngleich nur in Bruchstücken zitiert, nicht ins Ganze eingeordnet: es war präsent, als Wort Gottes. Auch Franziskus, kein Theologe, hat seine erste (verlorene) Ordensregel ausschließlich aus Bibelzitaten zusammengefügt, er, 'man' konnte zitieren, ohne je gelesen zu haben. Die Bibel war sprichwörtlich.

Für unsere heutige (Vor-)Urteilsstruktur am Bezeichnendsten für mittelalterlichen Umgang mit der Bibel ist jedoch die magische und mantische 'Volksfrömmigkeit' in allen Schichten, sicher unabhängig vom Bildungsgrad praktiziert. Bibeln oder Bibelzitate dienten als Codices wie als Pergamentstücke als Amulette oder Apotropaia, trotz aller Rügen und Verbote (Schreiner 1990). Selbst Thomas von Aquin mahnte zwar zur Vorsicht vor magischem Aberglauben, bejahte aber für den Fall ehrfürchtiger Anrufung des Namens Gottes den Umstand, das Wort Gottes am Halse tragen zu dürfen (Sth II–II, qu. 96, art. 4, ed. Marietti 3, 496).[4] Ebenso selbstverständlich war die Bibelmantik. Schon Augustinus berichtete von sich, auf Anrufen einer Kinderstimme hin die Bibel geöffnet und ein Bekehrungswort gefunden zu haben (Conf. VIII,12, CSEL 33, 94).

Ein Zwischenergebnis: Als unabdingbares Glaubenswissen hat das Mittelalter das Apostolische Glaubensbekenntnis und das Pater-Noster vorausgesetzt, deren Vermittlung wir uns als schlichtes wiederholendes Auswendig-Lernen und Wiederholen vorzustellen haben. Bibelwissen wurde anhand dieser beiden Grundgebete entwickelt und war in einer reichen Bilder- und Alltagssprache präsent, nicht zuletzt auch über die bisweilen apokryphe Ausdeutung in Heiligenlegenden. Dieses 'praktische Lernen' anhand visueller Anschauung und geistlicher Deutung bleibt jedoch seltsam unspezifisch: im Kern ging es nicht um Akkumulation religiösen Sachwissens, sondern um geistliche Betrachtung und fromme Anschauung, um eine Veralltäglichung des Heiligen. Die Theologie des Mittelalters hat dies über Allegorese und Typologie methodologisch legitimiert.

3 Das Beispiel der Trinität

Einer der alltäglichsten, zugleich theologisch und glaubensmäßig kompliziertesten Glaubensinhalte war und ist der Glaube an die Dreifaltigkeit Gottes. Das Kreuzzeichen, verbunden mit dem Gestus der Bekreuzigung und der Gebetsformel ist sicher eine der häufigsten und kürzesten Bekenntnisformeln des Christentums. Es wurde im Apostolischen Glaubensbekenntnis entfaltet und an jedem Festtag im Gottesdienst gebetet. Neben der Umschreibung des Christusglaubens und der Sakramente ist die Trinität das Hauptthema mittelalterlicher Theologie. Ansatzpunkt für die Weiterentwicklung des jüdischen Monotheismus in der Frühkirche war die Gottessohnschaft Jesu Christi und die Fortexistenz seiner geistbeseelten Kirche. Grundlegend dafür war wiederum die apostolisch tradierte Selbstoffenbarung des Gottessohnes, die in den frühen Konzilien bis hin zu dem von Konstantinopel 381 trinitarisch entfaltet und abschließend definiert wurde. Ausgangspunkt für das spezifisch mittelalterliche Verständnis sind die Schriften des Augustinus: er setzte bei der Einheit des göttlichen Wesens an und entwickelte von dort aus die Dreiheit der Personen. Rezipiert wurde im Mittelalter vor allem seine Lehre vom Vater als principium trinitatis, vom Sohn als Abbild und Urbild der Schöpfung und vom Hl. Geist als donum et vinculum trinitatis (Courth 1997, 1011ff.).

3.1 Die Darstellung der drei Personen

Es geht hier aber nicht um die Nachzeichnung der intensiv und anhaltend geführten theologischen Diskussion, sondern um die Frage: was wurde dem Volk trinitarisch vorgestellt? Wenden wir uns zunächst der Darstellung der drei Personen zu:

– Das Bild des 'Gott Vaters' ist geprägt durch das Jesu-Wort vom 'Vater im Himmel': ein Gott der Güte, der – zunächst jedenfalls – die archetypische Auffassung vom 'do ut des', vom Tun und Ergehen außer Kraft setzte. Die ikonographisch stilbildende Männlichkeit dieses Vater-Gottes bezog sich nicht auf eine maskuline Geschlechtlichkeit, sondern ist als eine juristisch-soziologische Metapher seiner Funktion zu verstehen, und zwar in Absetzung von der Rolle der Frau. Die mittelalterliche Theologie hat diesen Vater-Gott und seine 'Charakterologie' in vielfältiger, sich z. T. widersprechender Deutung diskutiert: der verzeihende Gott der Barmherzigkeit und der strafende Gott der Gerechtigkeit, der zürnende katastrophensendende Gott der Sünder, der strafende Gott des Eidbruchs, usw. – stets aber blieb seine Personalität unbestritten, stets war er der Schöpfer-Gott, der Ursprung allen Seins (Angenendt 1997, 89ff.).

– Ausgesprochen weit differenziert ist die Christus-Deutung. Die frühen Konzilien hatten sich nach erheblichen Auseinandersetzungen auf die Zwei-Naturen-Lehre festgelegt: Christus war wahrer Gott und wahrer Mensch zugleich (Konzil von Chalcedon 451). Indes wäre es verfehlt, die Gestalt Jesu Christi primär dogmatisch zu sehen; vielmehr ist eine Fülle von Gestalten und Bildern anzuführen, unter denen seine Person verstanden und verehrt wurde. Nach M. Eliade sind diese Bilder „Mythen, die Jesus von Nazareth in eine Welt von Archetypen und transzendenten Gestalten projiziert haben, (sie) sind ebenso 'wahr' wie seine Taten und Worte“ (Eliade 1979). So begegnet uns Christus als Gottesmensch und Mittler, als Wundermann und Exorzist, als Lehrer, Prophet und Logos, als Hirt, Arzt und Retter, als Priester und König, als Richter, als Bräutigam und Braut, Mutter und Kind und – vor allem – als Gekreuzigter. Zuverlässiger noch als in der Dogmatik hat sich in der Kunst diese Vielgestaltigkeit des Jesus-Bildes niedergeschlagen: sie gibt Auskunft in 'praktischer Christologie'. Die Bilder sind bekannt: der Kyrios mit den vier Wesen, der imperiale Christus am Kreuz, die apokalyptischen Herrscher-Bilder, der Schmerzensmann am Kreuz usw. Angenendt hat einen eindrucksvollen Überblick gegeben (1997, 121 ff.).

– Ebenso komplex entwickelt sich das Verständnis des Hl. Geistes. Zu einem Abschluss brachte das Konzil von Konstantinopel 381 das trinitarische Verständnis, als es den Hl. Geist als aus dem Vater und dem Sohn hervorgehend definierte. Zurückgreifend auf Augustinus hat die scholastische Theologie von dort her verschiedene Ausdeutungen vorgenommen, die an der wechselseitigen und ausströmenden Liebe des Gottes in drei Personen festhielt und darauf hin weitere Analogien vornahm. Wichtiges Zeugnis dafür sind die theologischen Ausdeutungen der sieben Gnadengaben des Hl. Geistes, die im Anschluss an Hieronymus im Mittelalter weite Verbreitung und große Aufmerksamkeit fanden (vgl. HDG II/ Ia, Ib, 1985–88). Ikonographisch ist die Darstellung des Hl. Geistes überschaubar. In Anlehnung an die Schrifttradition wird der Hl. Geist durchgehend als Taube gezeigt (Mt 3,16): in Trinitätsdarstellungen ebenso wie bei Heiligenbildern, stets als göttliche Wirkmacht, die Gottes unmittelbares Handeln oder Inspirieren anzeigt. Allein in Darstellungen der Dreifaltigkeit wird der Hl. Geist bisweilen in Menschengestalt vorgestellt (LCI II, 228f.). Die Darstellung als Zunge (Apg 2,3) ist Pfingstbildern vorbehalten.

3.2 Darstellungen der Trinität

Von diesen Darstellungen der einzelnen Gottespersonen abzugrenzen ist die Darstellung der Trinität selbst. Das ikonographische Problem bestand zunächst darin, dass es bis auf wenige Zeugnisse im Alten und Neuen Testament eine typologische Ausdeutung nicht geben konnte. Das Mittelalter war auf die Entwicklung einer eigenen Interpretation in Wort und Bild angewiesen. Man kann bei den Trinitätsdarstellungen grundsätzlich zwei Typen unterscheiden. Auf der einen Seite figürliche Darstellungen auf narrativer Grundlage, z. B. der Taufszene Jesu; zu diesem ikonographischen Komplex wird man trinitarische Bezüge bei der Darstellung der Verkündigung, der Geburt und der Kreuzigung sowie bei zahlreichen Mariendarstellungen (insbesondere Krönungsdarstellungen) hinzurechnen können. Auf der anderen Seite stehen abstrahierende Darstellungen, die das zeitlose Sein der drei Personen der Gottheit, die Trinität als Glaubenssatz, veranschaulichen wollten: hier konnte der Künstler rasch den dogmatischen Boden unter den Füßen verlieren oder die Grenze des Darstellbaren erreichen (Hödl 1986, 1374ff.; Braunfels 1968, 25ff.).

– Aus der Antike sind anthropomorphe Trinitätsdarstellungen nicht überliefert, sehr wohl aber typologische, zahlensymbolische und figürlich-symbolische. Typologisch angelegt ist die Szene des Besuches der drei Männer bei Abraham an der Eiche von Mamre (Gen 8, 1–6, dazu u. a. Augustinus MPL 42, 809); die Einheit der Trinität konnte dabei als Ähnlichkeit der Männer betont werden (vgl.: Mosaik 'Abraham und die drei Männer, Kirche Santa Maria Maggiore Rom, vor 340. In: Braunfels 1954, Abb. 1). Andere Hinweise des Alten Testamentes wie die Andeutungen der Genesis im Plural des Schöpfergottes sind im Mittelalter theologisch umstritten. Oft dargestellt dagegen ist der Psalm 109,1: hieraus entwickelt sich die Darstellung zweier Figuren auf dem Thron mit der Taube dazwischen (vgl.: Titelblatt einer Bibel des frühen 13. Jhs., Morgan Library M. 791. In: Braunfels 1954, Abb. 13) – eine der weit verbreitetsten Trinitätsdarstellungen des Mittelalters, die in Psaltern, Stundenbüchern, Missalen etc. häufig zu finden ist; hieraus entwickeln sich typologisch die sog. Gloria-Darstellungen (vgl.: Tizian, La Gloria, 1551-54, Kirche St.-Juste Madrid. In: Braunfels 1954, Abb. 29; Und: Matthäus Günther, Glorie des Hl. Benedikt, 1763, Abteikirche Rott am Inn. In: Braunfels 1954, Abb. 20). Ausgesprochen reichhaltig ist die Andeutung oder Darstellung der Trinität durch Zahlensymbolik. Die Dreizahl begegnet häufig als Grundformel des Kirchenbaus (3 Fenster, 3 Schiffe, 3 Hauptaltäre etc. oder als dreifache Wiederholung von Zeichen oder Gegenständen z. B. Christusmonogramme, Alpha & Omega usw.). In diese Reihe gehören auch die zahlreichen Variationen des Tricephalus: ein Oberleib mit drei gleichgesichtigen Köpfen, eine Gestalt mit einem Leib und drei Köpfen, ein Gebilde, in dem aus einem Unterleib drei Oberleiber erwachsen, schließlich der Kopf mit den drei Gesichtern. Auch der Teufel des Endgerichts konnte als Dreikopf mit Schlangen vorgestellt werden (vgl.: Andrea del Sarto, Trinitas, 1519, Refektorium von S. Salvi Florenz. In: Braunfels 1954, Abb. 23; Und: 'Dreikopf', Fassadenrelief, nach 1207, Kirche S. Pietro Tuscania. In: LCI 1, 1968, Art. Drei Gesichter, 538.). In figürlich-symbolischen Darstellungen schließlich begegnen uns oft eine Hand als Präsentation Gott-Vaters und eine Taube als Hl. Geist (vgl.: Apsismosaik, Felixbasilika in Nola, um 400. In: Braunfels 1954, Abb. 25).

– Diese frühchristlichen Darstellungen wirkten im Mittelalter weiter. Oft benutzt – trotz der Ablehnung durch Augustinus, der es wegen der Benutzung durch die Manichäer ablehnte – ist das Dreieck, häufig verbunden – als Zeichen göttlich-kosmischer Harmonie – mit dem Kreis, eingegangen als architektonisches Gestaltungsprinzip auch in die Gotik. Oftmals anzutreffen ist auch, wie schon erwähnt, die Verdreifachung von Symbolen, die auch auf Tiergestalten (3 Hasen, Fische, Vögel, Löwen) ausgedehnt wird. Überliefert sind zudem sog. Mysterienbilder, in denen Christus als Lamm oder als Kreuzsymbol, die Hand oder die Stimme vom Himmel als Gott-Vater und die Taube als Hl. Geist erscheinen (vgl.: Nachfolger des Konrad Wirtz, um 1450, Ratschluss der Erlösung, Dt. Museum Berlin. In: Braunfels 1954, Abb. 19).

– Eine wirklich eigenständige und bis in die Gegenwart hinein tradierte mittelalterliche Schöpfung ist der sogenannte 'Gnadenstuhl', der 'thronus gratiae' (Hebr. 9,5): Er ist seit dem 11. Jahrhundert anzutreffen. Gott Vater sitzt auf dem Thron (der 'Alte der Tage', Dan. 7,9) und hält das Kreuz, seit dem 13. Jahrhundert auch den 'Schmerzensmann', zwischen beiden schwebt die Taube. Vorausgegangen sind Darstellungen wie z. B. auf dem Lotharkreuz in Aachen (um 1000), welche die gleichen Elemente einander symbolisch zuordnen: die Hand, das Kreuz, die Taube. Der 'Gnadenstuhl' diente vor allem der Veranschaulichung des „Te igitur", des Beginns des alten römischen Kanons zur Wandlung der Gaben in der Messfeier, er ist deshalb häufig im Rahmen großer Sakramentar- und Altarkompositionen zu finden (vgl.: Gnadenstuhl, Miniatur aus einem Missale des frühen 12. Jhs., Bibliotheque municipale Cambrai, 234 fol. 2. In: Braunfels 1954, Abb. 38; Und als Altarkomposition: Gnadenstuhl, 1735/ 40, St. Johann Nepomuk Kirche München. In: Braunfels 1954, Abb. 47).

3.3 Von der Anschauung zum Wissen?

Das Bildverbot (Ex 20,4; 33,20) und die Zerstörung von heidnischen Götterbildern im Alten Testament, die vielen innerchristlichen Bilderstreite seit der Zeitenwende machen deutlich, dass die Veranschaulichung Gottes im Bild oder der Statue theologisch wie religiös hoch problematisch war und ist. War das Bild kultisch doch stets mehr als ein Bild: potentiell jedenfalls. In der Veranschaulichung lag ja nicht nur die latente Gefahr des Synkretismus, sondern auch die mögliche fromme Annahme, das Bild für eine Inkarnation der Gottheit selbst zu halten und ihm magische Fähigkeiten zuzuschreiben, sie in gewisser Weise dem Beter verfügbar zu machen. Das Bildverbot des Jahwekultes war so als Korrelat der ungeheuer dynamischen Transzendenz und absoluten Souveränität zu verstehen, das in diesem Gebot theologisch wie religiös transportiert wurde.

Alle Fragen, die mit der Veranschaulichung des Gottesbildes einhergehen, sind im Bilderstreit des Byzantinismus zwischen 730 und 843 ausführlich erörtert und abgewogen worden. Moralisch ging es dabei zunächst um das alttestamentliche Bilderverbot, dem Patriarch Germanos I. v.a. die Menschwerdung Christi selbst entgegenhielt, dem veron icon, dem wahren Abbild Gottes. In der theologisch sich vertiefenden Auseinandersetzung stand dann die Grundsatzfrage der Möglichkeit einer bildlichen Darstellung Christi im Vordergrund: verwies die eine Seite darauf, dass bei einer bildlichen Darstellung auch die Göttlichkeit dargestellt werden müsse, was nicht möglich sei und letztlich zur ausschließlichen Darstellung Christi in seiner Menschennatur führe (Nestorianismus), so verwies die andere Seite darauf, dass Christus die wahre Ikone des Vaters, deshalb die Darstellung im Bild möglich und nötig sei, da durch sie die Materie mit in die Verklärung emporgehoben werde. Die Verehrung des Bildes gelte seinem Urbild, es sei nicht wesensgleich mit dem Urbild, zwischen ihnen bestehe eine Art „hypo-statische Union" (vgl. Beschlüsse der Synode von Nikaia 784, LThK II, 461 ff.). Im Westen wurde diese Diskussion in den vier libri Carolini aufgegriffen, die um ca. 790 in der karolinischen Hofkapelle (Alkuin bzw. Theodulph v. Orlean) entstanden. Sieht man von dem gesamten politischen Kontext der Auseinandersetzung mit dem byzantinischen Kaisertum und der Ostkirche einmal ab, ist die Feststellung der libri Carolini für unseren Zusammenhang wichtig, dass jede Bildanbetung zurückzuweisen sei: da das Bild materiell sei, könne es das Geistige und das Mysterium nicht ausdrücken, es diene lediglich als Schmuck oder verdeutliche historische Ereignisse. Weihrauch oder Kerzen vor ihm anzuzünden, sei Aberglaube, nur dem Kreuz gebühre Verehrung, weil das Kreuz die Tatsache der Erlösung offenbar mache (vgl. LThK VI 1020f.). Thomas von Aquin hat diese Betrachtungsweise vier Jahrhunderte später dann etwas relativiert: man erweise im Bild dem Urbild seine Verehrung; folglich bete man im Christus- und Gottes-Bild das Urbild an (latria), dem Bild selbst erweise man nur eine relative Anbetung (latria relativa), entsprechend den Bildern der Engel und Heiligen nur eine relative Verehrung (dulia) (Sth III q. 25a. 3; vgl. LThK II, 464ff.).

Damit war die Bebilderung der Kirchen und die Veranschaulichung auch von Gottesvorstellungen begründet und 'genehmigt', sie waren Theologie auf anderem Weg. Sicher wird man annehmen dürfen, dass die genannten Bilder und Symbole damit auch ausdrücklich eine theologische Idee konkretisieren und den Betrachtern nahebringen sollten: sie waren der Veranschaulichung, wenn man so will, der Belehrung der Priester und Gläubigen, der Unterstützung oder Konstituierung religiösen Wissens gewidmet. Deutlich ist dabei eine Entwicklung zu beobachten, die nicht nur bei der Darstellung der Trinität neben die im Mittelalter übliche und jederzeit verstehbare Verwendung von Symbolen schrittweise die bildhafte und anthropomorphe Darstellung theologischer Aussagen setzte: jedes der vorgestellten Bildelemente war theologisch gerechtfertigt, dabei Ausformung und Komposition dem ästhetischen Können des Künstlers überlassen. Häretische Bildwerke wurden deshalb unterbunden: so ist beispielsweise bekannt, dass die Darstellung des Hl. Geistes als Jüngling (von 1515) 1745 aus dem Stephansdom in Wien entfernt wurde, weil diese Darstellung Benedikt XIV. theologisch nicht haltbar schien. Urban VIII. hat 1628 die trinitarischen Tricephalus-Darstellungen aus dem gleichen Grund untersagt (Braunfels 1968, 28). Insofern sind die Bilder und Kunstwerke Verbildlichungen von hoher und aktueller Theologie und stehen in einer lebendigen Wechselwirkung zum Gläubigen, der in Anschauung dieser Bildkompositionen die katechetischen Hauptstücke im allsonntäglichen Gebet wiederholte. Von dieser Wechselwirkung wird man ausgehen können. Zugleich fällt auf, dass die Entwicklung der Trinitätsdarstellung die von der Allegorese bzw. der Typologie her vorgegebene Deutungsmuster aufzeigt: die figürlichen Darstellungen der Trinität, vornehmlich im Gnadenstuhl, aber auch in den vielen Marien- und Christusdarstellungen versuchen deutlich, einen Ansatzpunkt im Alten oder Neuen Testament zu finden und sie dann kompositorisch zusammenzufügen: Gott-Vater als den 'Alten der Tage' nach dem Buch Daniel, der Gekreuzigte als der Erlöser und Gottessohn im Zeugnis des Neuen Testamentes, der Heilige Geist als Taube nach Math 3,16, alle drei zusammen als Veranschaulichung der Trinität.

Indes: die Versinnbildlichungen waren wirklich nicht mehr als eine Veranschaulichung des trinitarischen Gottwesens. Seine Unendlichkeit, seine dreifache Personalität in einem Wesen, seine Transzendenz, seine Allmächtigkeit, aber auch seine Seinsweise als kommunizierender Gott usw. – all dies vermochten die Abbildungen nicht einzufangen. Es waren schlichte Kompositionen, die entweder im Symbol Andeutungen über Dreiheit, Unendlichkeit und Vollendung boten oder aber die bisweilen ausgesprochen narrative Bildsprache der Bibel aufnahmen. Eine erhebliche Verkürzung des Gottesbildes und der Theologie, eine Steuerung der Glaubensvorstellungen über das Versinnbildlichte, darf man konstatieren.

4 Wort und Bild

Intention und Wirkung differieren. Die künstlerischen Darstellungen von Gott, den Engeln und Heiligen sind nach allem, was wir wissen, nicht nur als Verbildlichungen theologischer Konstrukte oder katechetischer Lehrsätze verstanden worden. Bildern wurde im Mittelalter vielmehr durchaus eine eigene Wirkkraft zugesprochen, sie waren als gleichsam beseelte Kultbilder eigenständig und eigenmächtig – und nahmen damit genau jene Qualität an, die im byzantinischen Bilderstreit wie in den libri Carolini als verwerflich diskutiert worden war. Schon die Übersetzung der Bibel ins Althochdeutsche hatte erhebliche Probleme bereitet: einen Gott-Vater kannten die Germanen weder inhaltlich noch sprachlich, ebenso war es mit dem 'Himmel' bzw. dem 'Himmelreich' und anderen Grundbegriffen des Christentums (Angenendt 1997, 367ff.); erst die hochmittelalterliche Frauenmystik hat dann die deutsche Sprache so erweitert, dass sie Geistliches adaequat auszudrücken vermochte: „mit der 'Frauenmystik' (schlägt ...) die Stunde der eigenen Denk- und Bildformen verpflichteten Volkssprache“ (Ruh 1990, I, 17). So war für lange Zeit die Grenze zwischen Theologie und gemeiner Glaubenssprache kaum überbrückbar gewesen. Die Volkssprache war bildhafter und deckte andere Sprachfelder ab: „Während das Lateinische die eigentliche Sprache der Theorie ist ..., erscheint die Muttersprache für die bildliche Anschauung besonders prädestiniert: pictura laicorum litteatura“ (Wenzel 1995, 459f.).

Eine der Volkssprache durchaus vergleichbare Funktion übernimmt das Bild. Schon in der Antike hatte es sich nach dem Ende der Verfolgungszeit rasch durchgesetzt; eine intensive Bilderverehrung entwickelte sich seit dem 5. Jahrhundert rasch: so haben angeblich die drei Weisen aus dem Morgenlande das Kind Jesus gemalt (Kollwitz 1954, 322), ebenso habe der Evangelist Lukas nicht nur die Kindheitsgeschichte Jesu verfasst, sondern auch ein authentisches Bild des Knaben (Belting 1990, 44ff., 70ff.). Zwar hielt man sich mit Plastiken zunächst noch zurück, die Bilder freilich vermochten offenbar tiefere Schichten im religiösen Menschen zu berühren, weswegen Belting „von der Macht der Bilder und der Ohnmacht der Theologen“ gesprochen hat (a. a. O., 11). So fielen auch Christus-, Marien- und Heiligenbilder, himmlischen Ursprungs, direkt vom Himmel (a. a. O., 66ff.), ihnen war – ähnlich Reliquien – eine besondere überirdische Kraft (virtus, dynamis) eigen (a.a O., 16). Caesarius von Heisterbach beispielsweise lässt einen Maler, der die Mutter Gottes immer sehr schön gemalt hatte, durch sein Marienbild vom Teufel gerettet werden (Schreiner 1994, 273). Bilder wurden folglich auch kultisch verehrt, in Prozessionen herumgeführt, beräuchert, gesalbt, geküsst, bekleidet; man betete vor ihnen, legte vor ihnen Eide ab; sie schufen Kindersegen, heilten Kranke, vertrieben Teufel und führten Siege herbei (Beck 1980, 68f.). Hier waren Ost- und West-Kirche sich einig: Bilder waren mehr als nur die Bibel des Laien und Schriftunkundigen. Die didaktische Absicht Papst Gregors d. Gr. deckte nur eine Seite der Wirklichkeit ab:

> „Was denen, die lesen können, die Bibel ist, das gewährt den Laien das Bild beim Anschauen, die als Unwissende in ihm sehen, was sie befolgen sollen, die in ihm lesen, obwohl sie den Buchstaben nicht kennen, weshalb denn vorzüglich das Bild für das Volk als Lektüre dient." (registrum epistolarum XI, 10, CChrSL 140 A, 874)

Dem Bild kam vielmehr auch eine andere Qualität zu: „Das Bild war das Sakrament des Frommen." (Lentes 1996, 348). Das Hoch- und Spätmittelalter integrierte dann das gemalte Bild und die Skulptur in den Kult und in die Frömmigkeit; sie folgte damit der Grundtendenz, private Frömmigkeit liturgisch im Kirchenraum zu beheimaten. Die Bilder erhielten Platz auf dem Altar und empfingen Devotionsbezeugungen wie vorher nur das Evangeliar, die Eucharistie und die Reliquien: Kerzen, Prozessionsgeleit, Kuss, Beweihräucherung (Lentes 1996, 274ff.). Voraussetzung war eine im Bild vorbefindliche 'sanctitas', so der Dominikargeneral Humbertus von Romans (expositio, ed. Berthier 1889, 83).

Bekanntlich hielt die Bildverehrung dann auch Einzug in private Frömmigkeitsübungen: zum Betschemel und zum Stundenbuch gesellte sich nun das Andachtsbüchlein: „Denn die Mysterien werden mehr erlebt als erkannt." (Belting 1990, 94). Das Bild vermittelte Direktheit, Anschauung, Aug-zu-Aug-Kontakt: die Bilderwelt wurde immer mehr darauf ausgelegt, auch von der Komposition her auf den Betrachter zuzugehen, die Mehrdimensionalität erhöhte die Wirkmacht, Szenenbilder z. B. der Heilsgeschichte wurden bildnerisch auf den Marktplatz der eigenen Stadt und die Zeitgeschichte verlegt: Das Geschehen wurde präsentisch, realpräsentisch. Die Parallelität der Wirkmächtigkeiten zwischen Heiliger Schrift, ihren apokryphen Rändern und dem 'Heiligen Bild' muss als grundlegend angesehen werden: den Bildern kam gleichermaßen und eigenständig Offenbarungs- und Heiligungscharakter zu.

5 Resümee

Es war zunächst der Frage nachzugehen, ob den Bildern im Mittelalter eine besondere 'praktische' Qualität im religiösen Lernen zugekommen ist. Dazu kann resümiert werden, dass der Zulassung des Bildes in die Katechese und von dort in die Alltagsfrömmigkeit und den kirchlichen Kult eine deutliche didaktische Funktion seitens der Kirchenleitung zugekommen war; dies war seit Papst Gregor d. Gr., dem Bilderstreit und der daran ansetzenden Theologie einhellige Meinung. Anhand des Beispiels der Trinität konnte zugleich konstatiert werden, dass die Übersetzung der Wort- in die Bildsprache unter erheblichen Schwierigkeiten litt: Nicht nur die deutsche Sprache hatte Probleme, die Glaubens- und Theologiesprache des mediterranen Raumes zu adaptieren, auch in der Bildsprache war es, sieht man von den narrativen Grundstrukturen der Bibel- und Legendendarstellungen einmal ab, nur schwer möglich, die Dimensionen des Heiligen, des Göttlichen, der Transzendenz zu vermitteln: Es blieb entweder bei Andeutungen oder es kam zu erheblichen Übersetzungsproblemen.

Deutlich wurde daneben im Blick über die Jahrhunderte die Entwicklung von einer abstrakt-theologischen Vorstellungsweise der Spätantike hin zu figürlich-anthropomorphen Bildern und Plastiken, wie sie im 'Gnadenstuhl' schließlich den für das Mittelalter typischen Ausdruck fand. Der Trinitätsglaube wurde damit auf das dreifache Person-Sein Gottes konzentriert, die komplexe Theologie des trinitarischen Gottesbegriffes weitgehend vernachlässigt. Daran änderten auch didaktisierende Darstellungen nur wenig, die in der Kombination von Wort und Bild weitergehende Ausdrucksformen zu erreichen versuchten (vgl.: Trinitas, Holzschnitt 1524, Paris. In: LCI 1, 1968, Art. Dreifaltigkeit, 526). Die trinitarische Bildwelt des Mittelalters hat so in didaktischer Hinsicht keinen Abstraktionssprung vollzogen, sondern eine Vereinfachung vorgenommen.

Offenkundig wurde jedoch auch eine andere Qualität des religiösen Bildverständnisses. Die spezifisch mittelalterliche Methodologie, insbesondere die Allegorese, gestattete Deduktionen, das Heilige zunächst im Text, dann auch im Bild als gegeben vorauszusetzen. Dem Bild wurde – wie dem Wort im übrigen auch – in gleichsam magischer Grundannahme die Präsenz des Abgebildeten (bzw. des Besprochenen) selbst zugeschrieben. So kamen Text und Bild schließlich gleiche Funktion bezüglich des Erkennens der Offenbarung, gleiche Funktion auch in der Frömmigkeitsübung zu. Deshalb erläuterten und versinnbildlichten Bilder nicht nur die Personen der Gottheit, die Hl. Schrift, die Engel und Heiligen, sondern hatten auch direkten Anteil an ihnen: die Bilder wurden das Heilige selbst und Gegenstand von Frömmigkeit.

Was die Versinnbildlichung durch die ihr zugrunde liegende didaktische Reduktion an theologischem Gewicht verlor, gewann sie durch den 'Sitz im Leben des Gläubigen' an religiöser Bedeutung hinzu. Sie wurde in einem archetypischen Vollzug substantieller Teil der Beziehung zwischen Mensch und Gott. Bild und Schrift wurden erlebt, nicht erlesen.

Anmerkungen

1 Vgl. Thalhofer 1904, 87; dazu Läpple 1981, 82, zu Johannes Gerson (1363-1429). Der Volksprediger J. Geiler von Kayserberg (1445-1510) gebot, die Lehre dieses Büchleins auf Tafeln zu schreiben und an öffentlichen Orten aufzuhängen.

2 Die Typologie deutete die Schrift im Grund in einem historischen Ansatz, während die Allegorese eher dazu neigte, Altes und Neues Testament in einem höheren Sinn zu deuten und den literalen und historischen Gehalt zu entwerten.

3 Dazu Pesch (1988) pass., ders., Kommentar zu Thomas von Aquins Summa Theologica, DThA 13, 693ff.; Angenendt 1997, 184ff.

4 Bibeltexte dienten auch zum 'Wetterzauber', insbesondere der Eingang des Johannesevangeliums; dazu Schreiner 1990, 347f.; Franz ND 1976, Bd. 2, 57.

Literatur

Angenendt, A. (1997): Geschichte der Religiosität im Mittelalter. Darmstadt.

Arnold, F. (1948): Dienst am Glauben. Freiburg.

Bartholomäus, W. (1983): Einführung als Altarkomposition in die Religionspädagogik. München.

Beck, H. G. (1980): Geschichte der orthodoxen Kirche im byzantinischen Reich, KIG 1, D1. Göttingen.

Belting, H. (1990): Bild und Kult. Eine Geschichte des Bildes vor dem Zeitalter der Kunst. München.

Blumenberg, H. (1983): Paradigmen zu einer Metaphorologie. In: Haverkamp, A. (Hg.): Theorie der Metapher. WdF 389. Darmstadt, 285ff.

Braunfels, W. (1954): Die Heilige Dreifaltigkeit. Düsseldorf.

Braunfels, W. (1968): Art. Dreifaltigkeit. In: Lexikon Christl. Ikonographie I, 525ff.

Browe, P. (1934): Der Beichtunterricht im Mittelalter. In: Theologie und Glaube 26, 427ff.

Courth, F./ Plank, P. (1997): Art. Trinität. In: Lexikon d. Mittelalters VIII, 1011ff.

Eliade, M. (1979): Geschichte der religiösen Ideen. Bd. 2. Freiburg.

Ewig, E. (1973): Das Zeitalter Karls des Großen. In: Handbuch der Kirchengeschichte III, 1. Freiburg, 62ff.

Franz, A. (ND 1976): Die kirchlichen Benediktionen im Mittelalter, 2 Bde. Graz.

Hödl, L. u. a. (1986): Art. Dreifaltigkeit. In: Lexikon d. Mittelalters III, 1374ff.

Jungmann, J. A. (1973): Klerus und Seelsorge. In: Handbuch der Kirchengeschichte III, 1. Freiburg, 350ff.

Kollwitz, J. (1954): Art. Bild III (christlich). In: RAC 2, 318ff.

Läpple, A. (1981): Kleine Geschichte der Katechese. München.

Leclercq, J. (1963): Wissenschaft und Gottverlangen. Zur Mönchstheologie im Mittelalter. Düsseldorf.

Lentes, Th. (1996): Gebet und Gebärde. Religiöses Ausdrucksverhalten in Gebetbüchern aus dem Dominikanerinnen-Kloster St. Nikolaus in Undis zu Straßburg (Diss.). Münster.
Ohly, F. (1977): Vom geistigen Sinn des Wortes im Mittelalter. In: ders.: Schriften zur mittelalterlichen Bedeutungsforschung. Darmstadt, 1ff.
Ohly, F. (1977): Außerbiblisch Theologisches zwischen Cicero, Ambrosius und Aelred von Rievaulx. In: ders.: Schriften, 338ff.
Pesch, O. H. (1968): Thomas von Aquin. Grenzen und Größe eines Theologen. Mainz.
Reventlow, H. (1990/ 94): Epochen der Bibelauslegung, 2 Bde. München.
Schmid, A. (1906): Zur katechetischen Anschauungsmethode. In: Katechetische Blätter 32, 141ff.
Schreiner, K. (1990): „Er küsse mich mit dem Kuß seines Mundes" (Osculetur meo oscolo ouscus, Cant. 1,1). In: Ragotzki, H./ Wenzel, H. (Hg.): Höfische Repräsentation. Tübingen, 89ff.
Schreiner, K. (1994): Maria. Jungfrau, Mutter, Herrscherin. München–Wien.
Schrofner, E. (1994): Katechumenat und Katechetenschulen im frühen Christentum. In: Liedtke, M. (Hg.): Religiöse Erziehung und Religionsunterricht. Bad Heilbrunn, 123ff.
Thalhofer, F. X. (1903–1904): Aus mittelalterlichen Beichtbüchern. In: Katechetische Blätter 29 (1903) 141ff.; 30 (1904) 85ff.
Ruh, K. (1987): Art. Nikolaus von Lyra. In: VerLex. 6, 1117ff.
Wenzel, H. (1995): Hören und Sehen, Schrift und Bild. Kultur und Gedächtnis im Mittelalter. München.

Hubert Buchinger

J. A. Comenius: Alle alles lehren – Gelungene und misslungene Formen der Veranschaulichung

1 Zum Kernanliegen comenianischen Denkens

Die Wiederinstandsetzung des in Sünde gefallenen Menschen und die Rückführung der Schöpfung zu ihrem Ursprung, nämlich zu Gott, ist das zentrale Anliegen des Theologen, Pansophen, Didaktikers und seit der Auffindung der '*Consultatio catholica*' durch Dimitrij Tschiżewskij im Jahre 1935 wohl auch des Pädagogen Johann Amos Comenius (1592–1670). Enthält doch die Consultatio

> „die Summe pädagogischer Weisheit, nicht nur des 17. Jahrhunderts, in dem sie entstand, sondern der Geschichte pädagogischen Denkens seit Platon,und überragt bei weitem an Universalität und Reichtum der Gedanken auch das, was später hervorgebracht wurde" (Schurr 1981, 7).

Bei dieser Restitution der im „*Labyrinth der Welt*" (Comenius 1970 a, Titel) orientierungslos gewordenen Menschheit geht es primär jedoch nicht um den Menschen selbst, sondern um die Ordnung alles Seienden, das im Sinne einer '*Via lucis*' in Gott beständig seinen Ausgang nimmt.
Der Mensch ist hier nur Medium in dessen Geist – einem Spiegel gleich – sich die Strahlen jenes göttlichen Lichts bündeln und von wo sie wieder auf ihre Quelle rückgewendet werden sollen.

> „Sofern der Mensch auf dem ihm bestimmten Stande steht, hat er zufolge seines Spiegelwesens selbst die Welt in sich. Auf diesem Stand ist er Mikrokosmos, dem Makrokosmos gegenüber, ist er Ebenbild Gottes, Abbild des Urbildes. Auf den rechten Stand gestellt, spiegelt sich das Ganze im Menschen ab, weiß er um das Ganze" (Schaller 1967 a, 10 f.).

Für dieses Wissen um das Ganze bedarf es nicht nur der Einsicht in das Wesen einer Sache, sondern auch des Wissens um deren Ursachen und Zwecke (vgl. Comenius 1970 b, 139). Damit aber ist die Verbindung hergestellt zur Pansophia, dem „wahre(n) Wissen um das Ganze" (Comenius 1965, 61), das

– wie Comenius nicht müde wird zu betonen – neben der die Sache benennenden '*theoria*' und der ihr Herkommen aus Gott bezeichnenden '*praxis*' vor allem deren Nutzung, die '*chresis*' beinhaltet. In der die '*res humanae*', nämlich Wissenschaft, Religion und Politik umfassenden „chresis stellt der Mensch das Seiende zurück in das ihm von Gott zugemessene Verhältnis im Ganzen. Die chresis ist die eigentliche Aufgabe des Menschen, in ihr vollendet er die Schöpfung" (Schaller 1967 a, 11).

Damit dies geschehen kann, muss dem „irrenden, leidenden, verzweifelt sich selbst verwüstenden und zerstörenden Menschen" (Patočka 1981, 447), der längst „aufgehört (hat), Gottes Paradies zu sein" (a.a.O., 431) geholfen werden. Die Heimkehr des Menschen als Ebenbild Gottes zu seinem Urbild setzt dessen Wiedereinfügung in die Ordnung des Ganzen voraus, wozu es nach comenianischer Auffassung einer auf das Weltganze bezogenen Pansophia und einer den Menschen im wahren Wissen vom Ganzen unterweisenden Pampaedia bedarf. Letztere ist nach Comenius

> „ein geebneter Weg zur Ausbreitung des Lichtes der Pansophia in die Gedanken, die Reden und Taten der Menschen. Sie ist eine kunstvolle Anweisung, mit deren Hilfe allein dem Geiste, der Sprache, dem Herzen und den Händen aller Menschen die wahre Weisheit einzupflanzen ist" (Comenius 1965, 21).

Um also die dem Menschen zur Aufgabe gemachte Vollendung der von Gott begonnenen Schöpfung „erfüllen zu können, muß er erst in die Grundmöglichkeit seiner Existenz hineingestellt werden – durch educatio, durch Erziehung" (Schaller 1977, 481).

Erziehung wird hier verstanden als Weg des Einzelnen zur Menschlichkeit und als Verbildlichung Gottes im Menschen. Comenius, der das gesamte Leben „sub specie educationis" (Patočka 1956, 349) und die ganze Welt als eine Schule betrachtet, für deren erfolgreichen Durchlauf Schulen im herkömmlichen Sinn vonnöten sind, empfiehlt in seiner Panorthosia, „die Verbesserung der Dinge mit der Verbesserung der *Schulen* beginnen zu lassen" (Comenius 1967, 19). Gleichzeitig geißelt er die bestehenden Schulen als „*Stampfmühlen* ..., Werkstätten des Schweißes, der Schläge und der Schwielen" (a. a. O., 33) und bezeichnet die Unterrichtsmethode als „unnatürlich, gezwungen, und gewaltsam, eher ein Schreckmittel den Gemütern als ein Anreiz" (a.a.O., 33).

Ausgehend „von dem Wissen um die Notwendigkeit einer instandsetzenden Vervollkommnung des Menschengeschlechts" (Comenius 1965, 115) fasst nun Comenius Subjekt, Objekt und Methode seiner Pädagogik in die Begriffe – omnes, omnia, omnino – und fordert, dass „die *ganze Menschheit, jeder einzelne*, zu vervollkommnen" sei, „nur *durch das Ganze* ... dem Menschen zu sich selbst verholfen werden" könne und „die Menschen ... *gründlich* zu unterweisen" seien. Diese Forderung, wonach „alle Menschen ... zur Vervollkommnung ihrer Menschennatur (humanitas) geführt werden" (a. a. O., 23) sollen, findet bei Comenius ihre Begründung darin, dass „alle, die da auf der Welt leben ..., Menschen sind" (Comenius 1970 c, 59) und „Gott ... keinen Unterschied zwischen den Menschen gemacht (habe), wenigstens nicht in der Anordnung dessen, was das Wesen des Menschen betrifft" (Comenius 1965, 31). Wenn Comenius davon spricht, dass der Mensch nur „durch das Ganze ... zur Vervollkommenheit geführt wird" (a. a. O., 49) so meint er damit das Ganze der Schöpfung, das „im dreifachen Buch Gottes" (a. a. O., 71), nämlich in der Welt der sichtbaren Dinge, im menschlichen Geist und in der Hl. Schrift, niedergelegt ist. Damit der Mensch das Ganze erfasst, muss man

> „seine Sinne auf alles Sinnhafte, seinen Verstand auf alles dem Vermögen der Einsicht Eröffnete, seinen Glauben auf alles Offenbarte hinwenden, und das Ganze wird in ihn einströmen" (a. a. O., 175).

Dies impliziert jedoch kein Vielwissen. Da alle Bereiche des Seienden *einer* Idee entstammen und daher alles allem ähnlich ist, sind aufgrund der Harmonie innerhalb der drei Welten, „die sich gegenseitig bis ins letzte Tüpfelchen, Teilchen und Stäubchen erklären" (a. a. O., 357), alle erkannt, sofern eine erkannt wurde. Hierzu bedarf es aber einer gründlichen Unterweisung, d. h. einer der isomorphen Struktur der drei Welten gemäßen und „auf die *menschliche Natur*" (Comenius 1959, 107) gegründeten *„natürlichen Methode*" (a. a. O., 181), die sich laut Comenius „durch die Verbindung von Analysis, Synthesis und Synkrisis" (Comenius 1965, 179) ergibt. *„Analysis* bedeutet ein Zerlegen des Ganzen in seine Teile, sie ist die erste wahrhaft fundamentale Grundlage einer wirklichen Kenntnis" (a. a. O., 181). Hinsichtlich der neben der Analysis zur rechten Einsicht in den Aufbau der Sachwelt und zur Erkenntnis des Ganzen im Einzelnen unerlässlichen Synthesis und Synkrisis bemerkt Comenius:

> *„Synthesis* ist die Wiederzusammensetzung der Teile zu dem ihnen entsprechenden Ganzen ... (und) *Synkrisis* ist der nötige Vergleich der Teile mit den Teilen und des Ganzen mit dem Ganzen" (a. a. O., 181 f.).

Aus diesem Postulat der naturgemäßen Methode und der Festlegung des für jeglichen Unterricht gültigen und zeitlos modernen Dreischritts „sehen, benennen, handeln" (a. a. O., 53) folgt für Comenius zwangsnotwendig die *Anschauung* als fundierendes Prinzip seiner Didaktik.

2 Zum Verständnis des comenianischen Anschauungsbegriffs

Der Ursprung der comenianischen Didaktik und mit ihr derjenige der Anschauung beruht somit auf einer Auffassung von Natur, die in der göttlichen Kunst, in der ars divina, ihren Grund hat, diese nachahmt und ausdrückt. Sie a priori aus den Grundlagen der Natur abgeleitet zu haben, ist nach Jan Patočka „dasjenige Verfahren, worauf Comenius bei keinem seiner Vorgänger gestoßen ist" (Patočka 1981, 434). So erklärt sich auch die hohe Wertschätzung, die er der sinnlichen Anschauung beimisst, aus ihrer Funktion, die sicherste und wichtigste Erkenntnisquelle zu sein, denn „wir suchen Gott, indem wir auf die Spuren der Gottheit in der ganzen Schöpfung merken" (Comenius 1970 b, 158). Wenn er also fordert, dass „alles ... wo immer möglich den Sinnen vorgeführt werden (soll), was sichtbar dem Gesicht, was hörbar dem Gehör, was riechbar dem Geruch, was schmeckbar dem Geschmack, was fühlbar dem Tastsinn" (a.a. O., 135), so geht es ihm nicht um ein bloßes Sehen, Hören, Riechen, Schmecken und Fühlen, sondern um eine sinnliche Anschauung, die um ihre Letztverwiesenheit und ihre kausalen Abhängigkeitsverhältnisse weiß.

Diese Abhängigkeiten, die Comenius durch die sinnliche Anschauung einsichtig machen möchte, sind die Naturgesetze, die ihrerseits jener Ordnung unterliegen, „in welcher die Dinge von Gott erzeugt worden sind" (Comenius 1970 c, 114). Der Ordnung, die er „als die Seele der Dinge bezeichnet" (Comenius 1970 b, 75), wohnt jedoch ein göttliches Licht, eine Idee inne, die sich erst durch die Kontaktnahmen mit dem Anschauungsobjekt erschließt. Comenius schreibt hierzu:

> „Die Dinge werden so wie sie sind, erkannt, wenn sie so erkannt werden, wie sie geworden sind. Ein jegliches Ding ist geworden nach seiner Idee, d.h. nach einer gewissen bestimmten Möglichkeit, wodurch es das sein konnte, was es ist" (Comenius 1957, I, 483).

Daraus folgt, und hierin liegt die erkenntnistheoretische Bedeutung der Idee für die comenianische Anschauungsbildung, dass

> „die Gegenstände der Natur, bzw. ihre Abbildungen wohl Anlass der Anschauungsbildung (sind), aber gesehen, d.h. erkannt ist der Gegenstand erst, wenn der Geist die Idee schaut, nach der der Gegenstand geworden ist" (Hoffmann 1931, 12).

Weil ein zutreffendes Urteil über die Dinge nur mittels sinnlicher Anschauung gewonnen werden kann, wird sie für Comenius sogar zur Grundlage von Sittlichkeit und Frömmigkeit. Denn, so schreibt er in der *'Didactica magna'*, „mit den Augen sehen taugt als Beweis" (Comenius 1970 b, 136) und „ein richtiges Urteil ist die Grundlage aller Tugend“ (a. a. O., 154). Gleiches gilt für die Frömmigkeit, „der Krone alles Wissens“ (Schaller 1967 b, 32), wenn er die Natur als deren Quelle benennt. Comenius weiß dabei genau, dass weder der Sittlichkeit noch der Frömmigkeit ein Sinneseindruck entspricht, beide letztlich nur durch Tun und Beispiel verdeutlicht werden können. Mit seiner Feststellung „Tugend wird durch Taten ... gepflegt“ (Comenius 1970 b, 155) dehnt er sein Verständnis von Anschauung auch auf unanschauliche Begriffe aus. Eine weitere Facette des comenianischen Anschauungsprinzips betrifft dessen

> „Funktion, Sache und Wort in eindeutige Beziehung zu bringen und so zu einer wirklichen Erkenntnis der Natur hinzuleiten, ihre Funktion kann sich dann nicht im bloßen Sehen, im Schauen der Dinge erschöpfen. Sie steht vielmehr im Dienste der Begründung der Erkenntnis und empfängt von dieser Seite ihren Inhalt, ihre Funktion und damit ihre systematische Bedeutung“ (Hoffmann 1931, 21).

Da uns ohne Sinnlichkeit kein Gegenstand gegeben ist und ohne Verstand keiner gedacht werden kann, gilt zwar die sinnliche Wahrnehmung als erster Schritt zur Erkenntnis, die aber der begrifflichen Bestimmtheit bedarf, damit einer Sache ein Erkenntniswert zukommt. Comenius formuliert dies so:

> „Was einer versteht, das soll er auch aussprechen, und umgekehrt: was er ausspricht, soll er verstehen lernen .... Denn wer seines Geistes Empfindung nicht ausdrückt, ist eine Statue, wer Unverstandenes daherplappert, ein Papagei. Wir aber bilden Menschen und wollen sie ohne Umwege bilden. Das ist möglich, wenn überall die Sprache mit den Dingen und die Dinge mit der Sprache gleichen Schritt halten“ (Comenius 1970 b, 130 f.).

Da die Sachen abgesondert von den Wörtern weder existieren noch verstanden werden können, versucht Comenius bereits in der *‘Janua linguarum reserata’* von 1631 das unmittelbar Anschauliche und Nächstliegende durch die Grundbedeutungen der Wörter zu erfassen und hierdurch sinnlich Erlebtes mit Hilfe der Begriffe wissbar zu machen.

Damit kommt ein weiteres, den Begriff der Anschauung bei Comenius konstituierendes Element hinzu, nämlich der Erlebniswert des sinnlich Wahrgenommenen, das er, wie wir wissen, zur sichersten Quelle der Gewissheit erhebt. In der *‘Analytischen Didaktik’* führt er hierzu aus:

> „Und weil die Sinneswahrnehmung die Dinge selbst unmittelbar erfaßt, der Verstand aber nur die Spuren oder Schatten der Dinge ..., so geschieht es, daß man am ehesten von dem, der ein Ding durch Sinneswahrnehmung erkannt hat, sagt, er ‘wisse’“ (Comenius 1959, 58).

Wissen, verstanden als „Versichtbarung Gottes“ (Schaller 1967 b, 56) heißt bei Comenius immer, „etwas nachbilden können, sei es mit dem Geist, mit der Hand oder mit der Sprache“ (Comenius 1657, II, 94). Damit es zu diesem Wissen kommt, bedarf es neben der Sache des Erlebnisses auch der persönlichen Betroffenheit. Der Erlebniswert gewinnt dabei an Tiefe und mit ihm das erstrebte Wissen um die jeweilige Sache, je vielsinniger das sinnlich Wahrnehmbare erfasst wird. Bloße Wahrnehmung der sinnlichen Gegebenheit und begriffliche Bestimmtheit ohne Erlebniswert bzw. apperzeptive Seelentätigkeit führen nach Comenius zu reinem Wortwissen, das er infolge seiner Substanzlosigkeit als Scheinwissen ablehnt.

Wenn Comenius im Zusammenhang mit der Anschauung von Dingen bzw. Sachen, also von *'realia'* redet, so meint er damit aber nicht die dem Menschen für seine Zwecke nutzbaren, seiner uneingeschränkten Disponibilität anheimgegebenen und aus der Verantwortung gegenüber Gott gelösten Dinge, sondern *'realia'*, die aufgrund ihrer Teilhabe an der von Gott geschaffenen Ordnung des Ganzen auch über den Menschen verfügen. Unsere Realien, so Klaus Schaller, antworten auf die Frage, *'was'*; über das *'durch was'* und das *'zu was'* dagegen treffen wir auf die *'realia'* des Comenius: *„Unverfügbarkeit zeichnet diese aus; Verfügbarkeit kennzeichnet jene"* (Schaller 1967 b, 343).

War bisher von der sinnlichen Anschauung die Rede, so subsumiert er unter diesen Begriff auch „das innerliche Schauen der Dinge" (Comenius 1970 b, 134). Gemeint sind die im Menschen als Erinnerungsbilder vorhandenen Anschauungen und deren Reevokation. Bilder also von dem, was „er einst gesehen, gehört oder gelesen hat, von denen tausend und abertausend vorhanden sind" (a.a.O., 40). Denn, so argumentiert Comenius,

> „alles, was mein Gesicht oder Gehör, meinen Geruchs-, Geschmacks- oder Tastsinn berührt, gleicht einem Petschaft, mit dessen Hilfe Abbilder der Dinge dem Gehirn eingedrückt werden; und das so deutlich, daß das Abbild auch dann noch bestehen bleibt, wenn der Gegenstand von den Augen, den Ohren, der Nase oder der Hand wieder entfernt wird" (a.a.O., 40).

Da diese vom innerlichen Schauen abhängig gemachte Erkenntnis einen Denkakt darstellt und der Geist diesen nicht anders ausführt als durch eine Art innerer Empfindungen, nämlich durch Betrachtung der von den Dingen abgezogenen Bilder ist für Comenius die Anschauung auch eine Funktion des Denkens.

Fassen wir zusammen: Der vielseitig aspektierende Begriff der Anschauung bei Comenius hat mit den Auffassungen der vielen, die ihn bis heute in Anspruch genommen haben, zumeist nur wenig zu tun, denn bei ihm findet er sein Maß in der Transzendenz und nicht in einer einseitig naivrealistischen Bemächtigung der Welt. Comenius geht es mit der Anschauung also nicht darum, die Sachen den Menschen nahezubringen, bei ihm *„ermöglicht Anschauung den Vollzug des Ganzen"* (Schaller 1967 b, 343). Dies unterscheidet ihn auch von Pestalozzi, für den nach eigenem Bekunden der

Mensch selbst Mittelpunkt aller Anschauung ist (vgl. Pestalozzi 1932, 254 f.). Anschließend sei noch auf ein Faktum verwiesen, das zumeist übersehen wird. Anschauung ist bei Comenius „nichts Selbständiges" (Patočka 1981, 436), wie Patočka unter Hinweis auf Kapitel 17 der *'Didactica magna'* bemerkt, sondern nur einer von vier Grundsätzen, nämlich „Gradualität, Spontaneität, Anschaulichkeit und Anwendung" (a. a. O., 436), die das übergeordnete Prinzip der Leichtigkeit im Lehr- und Lernprozess bestimmen.

3 Formen der Veranschaulichung

Nach Comenius hat der „Lehrgang unserer Weisheit" gemäß der in der Schöpfung vorgegebenen Ordnung „beim Buche der Natur zu beginnen, ist durch das Buch des Geistes fortzusetzen und schließt mit dem Buch der Heiligen Schrift ab" (Comenius 1959, 115).

Doch nicht allein wegen ihrer das Ganze veranschaulichenden Funktion kommt der sinnlich wahrnehmbaren Welt unter den Gegenständen des Wissens Priorität zu, sondern auch deshalb, weil „nichts ... im Verstande (ist), was nicht vorher in den Sinnen war" (a. a. O., 45). Da der Anfang jeglicher Kenntnis immer von den Dingen auszugehen hat, müssen sie und nicht deren Schatten den Schülern möglichst vielsinnig nahegebracht werden. „Dinge sage ich", so Comenius, „dauerhafte, wahre, nützliche Dinge, die auf Sinne und Vorstellungsvermögen stark einwirken" (Comenius 1970 b, 135). Für ihn ist dies eine Conditio sine qua non, „denn die Dinge prägen sich zuerst und unmittelbar den Sinnen ein, dann erst, durch Vermittlung der Sinne, dem Verstande" (a.a.O., 136).

Die fundamentale Bedeutung der unmittelbaren Anschauung für den Erwerb von Wissen findet bei Comenius ihre zusätzliche Begründung in dem Bemerken wonach „die Wahrheit und Sicherheit der Wissenschaft ... von nichts so abhängig (sei) wie vom Zeugnis der Sinne" (a. a. O., 135 f.). Vor diesem verblasst selbst die Autorität des Lehrenden. „Nichts soll auf bloße Autorität hin gelehrt werden, alles vielmehr durch eine den Sinnen und der Vernunft zugängliche Darlegung" (a.a.O., 113).

Da entsprechend der Devise „mit den Augen sehen taugt als Beweis" (a.a. O., 136) für Comenius letztlich nur die Eigenerfahrung als Maßstab zur Beurteilung von Wahrheit Gültigkeit besitzt, stellt er hierzu fest:

> „Wenn wir also den Schülern wahres und zuverlässiges Wissen von den Dingen einpflanzen wollen, so müssen wir wirklich alles durch eigene Anschauung (autopsia) und sinnliche Demonstration lehren" (a. a. O., 136).

Daraus folgt:

„1. Bringe die sinnhaften Dinge den Sinnen durch unmittelbare Betrachtung nahe, jedes dem ihm entsprechenden Sinnesvermögen,
2. führe das Verstandesmäßige (intellectuale) durch Gleichnisse und Sinnbilder auf Sinnhaftes zurück und beweise
3. durch unmittelbare Untersuchung der Sache, daß die Aussage wirklich mit der Sache übereinstimmt. Dadurch wird erreicht, daß die Sinne ihren Gegenstand aufnehmen, der Verstand ihn erfaßt und der Glaube in seinem Lichte Ruhe findet" (Comenius 1965, 79).

Da die Qualität der Sinneseindrücke und damit das erworbene Wissen stets der Qualität des sinnlich Wahrgenommenen entspricht, hat Comenius hinsichtlich der Beschaffenheit der Anschauungsobjekte einen Kriterienkatalog entworfen, demzufolge unter Weglassung des Unnötigen, Fremdartigen und allzu Speziellen (vgl. Comenius 1970 b, 133) nur jene Gegenstände in der Schule behandelt werden sollen, die „von dauerhaftem Nutzen für dieses und das künftige Leben" (a. a. O., 108) sind. Das obenan stehende Merkmal der „praktische(n) Zweckmäßigkeit" (Kühnel 1911, 43) wird ergänzt durch Kriterien wie „Deutlichkeit, Ordnung und Begleitumstände" (Comenius 1959, 68). Die „Deutlichkeit des Dinges ist notwendig", so argumentiert Comenius, „damit das, was in Wirklichkeit deutlich besteht, auch den Sinn klar treffe und so klar eingeprägt, verstanden, beurteilt und dem Gedächtnis übergeben werden kann" (a.a. O., 68).

Was nun die „Ordnung des Dinges" anlangt, so ist sie „notwendig, damit wahrgenommen werden kann, daß die Teile eines Dinges untereinander wohl zusammenhängen, und damit diese in dieser Einteilung eingeprägt werden können, wie sie aufeinanderfolgen" (a.a. O., 68).

Dieses Kriterium betrifft also die Struktur des Anschauungsobjekts, den Zusammenhang des Ganzen mit seinen Teilen und deren Funktion für das Ganze sowie die Ursachen seines Entstehens, denn „jedes Ding ist ... so, wie es entstanden ist" (Comenius 1970 b, 139). Weitere Prüfsteine für die Auswahl des anschaulichen Gegenstandes sind ferner jene ihn kennzeichnenden Begleitumstände bzw. Bezugsreize, zu denen Comenius „Ursache, Wirkung, Ort (und) Zeit des Dinges" (Comenius 1959, 69) zählt und ohne deren möglichst zahlreiches Vorhandensein Erkenntnisprozesse nicht optimal verlaufen.

Neben der den Erfolg der Veranschaulichung bedingenden Qualität der auszuwählenden Objekte kommt vor allem der Methode, „wie die Gegenstände den Sinnen vorzuführen sind, daß ein kräftiger Eindruck entsteht" (Comenius 1970 b, 137), hohe Bedeutung zu. Die an der Struktur der Gegenstände sich orientierende Methode bezeichnet Comenius als naturgemäß, weil er sie einerseits aus Beispielen der organischen Natur und andererseits aus „der Gesetzlichkeit der Sache" (Stenzel 1960, 246) herleitet. Er begründet dies mit der „unumstößliche(n) Wahrheit ..., daß die Kunst allein durch Nachahmung der Natur etwas vermag" (Comenius 1970 b, 78), weswegen „die Methode des Lehrens der Methode der Dinge selbst folgen" (a. a. O., 139) muss. Aus diesem Verständnis heraus, wonach die Methode „nach dem Vorbild der Natur zu gestalten" (Stenzel 1960, 243) sei, formuliert er auch seine Grundsätze wie etwa:

Es gibt „nichts in der Welt, das der Mensch, der mit Sinnen und Vernunft begabt ist, nicht zu fassen vermöchte" (Comenius 1970 b, 38) oder alles lässt sich veranschaulichen, „das Hohe durch das Niedere, Abwesendes durch Gegenwärtiges, Unsichtbares durch Sichtbares" (a. a. O., 137). Mit Nachdruck fordert Comenius „alles durch die entsprechenden Sinne, ständig und auf mannigfache Art" (Comenius 1959, 100) zu lehren. Um die Vorstellungskraft anzuregen, muss „alles aus den unwandelbaren Anfängen (principia) der Dinge abgeleitet werden" (Comenius 1970 b, 113) wobei stets „die Dinge das Wesentliche (substantia), die Worte das Zufällige (accidens)" (a.a. O., 89) sind. Die entsprechenden „Beispiele sollen so ausgewählt sein, daß sie die Sache deutlich vor Augen stellen, sodaß jeder ihrer Teile klar durchschaut wird" (Comenius 1959, 97).

Darüber hinaus sei „alles Erste ... vorzüglich" (a.a. O., 98), weil „der unmittelbar von den Dingen selbst ausgehende Eindruck ... der beste" (a.a. O., 70) ist. Da alle diese Grundsätze ebenso wie die Maßgabe „mit Wenigem, Kurzem, Einfachem, Allgemeinem, Nahem, Geregeltem anzufangen und allmählich zu Mehrerem, Ausgedehnterem, Zusammengesetzterem, Besonderem, Entfernterem, Unregelmäßigerem fortzuschreiten" (a. a. O., 54) ihren erkenntnisleitenden Ausgang beim anschaulichen Objekt nehmen, beziehen sich letztlich „alle von Comenius genannten Lehr- und Lernhandlungen ... auf den veranschaulichten Gegenstand" (Fischer 1983, 165).

Hierauf fußt schließlich auch sein so genanntes „höchstes Gesetz ... für die vernünftige Übermittlung des Lehrstoffes" (Comenius 1959, 43), das er in der *'Analytischen Didaktik'* wie folgt formuliert:

> „Man lehre alles durch Beispiele, durch Vorschriften und durch Anwendungen oder Nachahmung; mit anderen Worten, dass die Sache, die gelernt werden soll, dem Lernenden vor Augen gestellt und das Dargestellte erläutert werde; nachdem es aber erläutert und verstanden wurde, soll der Lernende versuchen, es durch Abbildung neu darzustellen, bis er es versteht" (a. a. O., 43).

Angesichts der fundamentalen Bedeutung der Anschauung des sinnlich Wahrnehmbaren für jeden Erkenntnisprozess ist nach Comenius „aufs sorgfältigste ... zu beachten, daß die Teile eines jeden Dinges auf dreifache Weise gezeigt, betrachtet und erkannt werden können ...: 1. durch Zerlegen,

2. durch Zusammensetzen, 3. durch Vergleichen mit anderen“ (a. a. O., 62) oder, wie bereits erwähnt durch Analysis, Synthesis und Synkrisis.

Bringen die allseitige Autopsie eines Gegenstands und die das Ganze in seine Teile zergliedernde Analysis dem Schüler exemplarisch das Urbild einer Sache nahe, so lernt er durch Erläuterungen, Synthesis, Regeln und Autopraxie „ein Ding vermittelst seines Ursprungs kennen“ (Comenius 1970 b, 114 f.). Soll ein Anschauungsobjekt nach Comenius in das Einsichtsvermögen des Lernenden eindringen, dann „zeige ihm, wie es zustande kommt, gehe von den kleinsten Teilen aus, füge sie zu größeren zusammen und lasse daraus das Ganze hervorgehen“ (Comenius 1959, 122), denn „die Synthesis (fängt) mit dem Kleinsten an und hört beim Größten, nämlich beim Ganzen auf“ (a.a.O., 122).

Des weiteren empfiehlt er: „Laß ihn auch selbst bald alles nachahmen ... und gib auf ihn acht, daß er bei der Nachahmung nicht Fehler begehe. Das nennen wir Autopraxie oder eigene Übung“ (a.a.O., 122 f.).

Nachahmung oder Imitation von anschaulich Vorgegebenem ist für Comenius ein zentrales Prinzip des Lernens, das er als Bemühen „etwas mit dem Geist nachzubilden“ (a.a.O., 35) definiert. Damit dies gelingt, fordert er neben der Imitation von sinnlich Wahrgenommenem auch die Autopraxie, wenn er erklärt: „Wer etwas tun soll, dem zeige ein Muster, reiche ihm die Werkzeuge dar und lehre ihn die Nachahmung“ (a.a.O., 77). Als Muster gilt dabei „eine schon fertige Sache oder eine, die erst getan wird“ (a.a.O., 46). Vorschriften und Synkrisis leiten schließlich über zur Autochresie, der Krönung des Wissens.

Obschon Vorschriften oder Regeln, die erläutern wozu die Sache dient, diese nicht nur mit der Nachahmung verknüpfen, sondern letztere auch „ergänzen, verbessern und kräftigen“ (Comenius 1970 b, 156) misst ihnen Comenius nur eine nachrangige Bedeutung zu, wenn er schreibt: „Weit und schwierig ist der Weg durch Vorschriften, kurz und wirksam durch Beispiele“ (Comenius 1959, 46). Da aber niemand eine Sache wissen und verstehen wird, solange er nur diese Sache allein weiß, ohne sie gegen andere zu halten und die „Teile mit den Teilen und das Ganze mit dem Ganzen“ (Comenius 1965, 183) verglichen zu haben, erhellt erst die wertende Vergleiche ermöglichende Synkrisis die Kenntnis der Dinge. Höhepunkt und Schlussstein der naturgemäßen Methode ist schließlich die Autochresie, also „die Nutzung aller Dinge gemäß der ihnen von Gott bestimmten Ordnung“ (Schaller 1967 b, 56).

„Wenn die Dinge selbst nicht zur Hand sind," so schreibt Comenius, „kann man Stellvertreter verwenden" (Comenius 1970 b, 136), von denen sich in seinen Schriften eine Vielzahl finden lässt. Mehrfach fordert er, dass

> „für alles, was in der Schule ... getrieben werden soll, wahre, zuverlässige, einfache und leicht nachzuahmende Vorbilder vorhanden sind, seien es Abbildungen, Gemälde, Zeichnungen der Dinge" (a. a. O., 145) bzw. „Darstellungen, Skizzen, Modelle oder Musterarbeiten" (a. a. O., 142). Insbesondere „Anschauungsmittel (d. h. Nachbildungen von Dingen, die man selbst nicht haben kann) müßten für alles Wissenswerte angefertigt werden und in allen Schulen zur Hand sein" (a.a.O., 137).

Wie er sich das konkret vorstellt, erläutert er an einem Beispiel.

> „Der menschliche Organismus z.B. würde nach diesem Vorschlag höchst anschaulich gelehrt, wenn man die Knochen des menschlichen Skeletts ... umgeben würde mit aus Leder gefertigten, mit Wolle ausgestopften Muskeln, Sehnen, Nerven, Venen und Arterien samt den Eingeweiden, Lunge, Herz, Zwerchsfell, Leber, Magen und Gedärm: alles an seinem Ort und in richtigen Proportionen, jeweils mit Aufschriften von Benennungen und Funktion. Führt man im naturkundlichen Unterricht einen Schüler vor dieses Schaustück und erklärt und zeigt ihm alles einzeln, so wird er alles spielend begreifen ..." (a.a.O., 136 f.).

Um das bildhafte Vorstellungsvermögen seiner Schüler zu schulen, tritt er dafür ein, „den gewöhnlichen Lehrstoff jeder Klasse an den Wänden der Schulzimmer abzubilden, seien es nun Lehrsätze und Regeln oder Abbildungen oder Embleme des jeweiligen Unterrichtsfaches" (a. a. O., 106).

Neben gemalten oder plastischen Abbildungen, anschaulichen Demonstrationen und Versuchen, Gesten und Gebärden als Mittel der Veranschaulichung plädiert er für die Verlagerung des Unterrichts in Handwerksbetriebe, Geschäfte und Bauernhöfe, vor Baudenkmäler und in den Schulgarten, in den man die Schüler „ab und zu schicken soll, daß sie sich am Anblick der Bäume, Blumen und Gräser freuen können" (a. a. O., 100).

Ein bevorzugtes Mittel stellvertretender Veranschaulichung sind Spiele aller Art und das Schultheater, verstanden als eine Einführung des Menschen in „das Ganze, damit der Mensch von dorther erfahre, was er im Ganzen für das Ganze zu tun habe" (Schaller 1967 b, 308), wie dies die *'Schola ludus'*, die dramatisierte *'Janua linguarum'* offenbart. Comenius rühmt ausdrücklich die Vorteile,

> „wenn man Scherz und Spiele ... so gestaltet, daß ... von den Handwerkern mit Hilfe ihres Werkzeugs eine Vorstellung vermittelt werden (kann), desgleichen von landwirtschaftlicher Arbeit, von den politischen Geschäften, vom Heeresdienst, von der Baukunst und anderen" (Comenius 1970 b, 132).

Ferner lassen sich „alphabetische Spiele, Lese-, Schreib-, Zeichen-, Rechenspiele, geometrische, musikalische, geschichtliche, metaphysische, physikalische, technische, moralische und religiöse Spiele veranstalten. Vor allem aber empfehlen sich Spiele aus der biblischen Geschichte“ (Comenius 1965, 205), wobei es ihm vor allem um die Darstellung der gesamten Zeitenfolge und die Weltgeschichte in neun szenischen Folgen von der Schöpfung bis zum Ende der Welt geht. Um die Einsicht in das Ganze zu gewinnen, wünscht er sich „zunächst eine *spielende Weisheit*, d.h. eine schauspielerische Darstellung der Janua rerum, der Sachentür“ (a. a. O., 353), zu der die „schauspielerische Darstellung der Janua linguarum“ (a. a. O., 353) parallel läuft, und zwar so, dass sie sowohl die Pansophia, also die universale Weisheit, als auch die Panorthosia, also die das Ganze betreffende Verbesserung enthält.

Stehen weder Anschauungsobjekte noch deren Stellvertreter zur Verfügung, muss man sich laut Comenius „mit dem Hinweis auf geeignete Bücher begnügen“ (a.a. O., 139), zu denen er nur solche zählt, die „als Anmerkungen und Erklärungen zum Text Gottes“ (a. a. O., 359) der „vom Ganzen her bestimmten Vervollkommnung des Menschen (universalis cultura ingeniorum) dienen“ (a.a. O., 139). Schulbücher im Besonderen „sollen alles so vollständig, gründlich und genau enthalten, daß sie ein wahres Bild des ... ganzen Weltalls geben“ (Comenius 1970 b, 127), wie dies etwa in der *'Janua'* geschieht. In der *'Didactica magna'* spricht er sich daher neben „Bücher(n) in Dialogform“ (a. a. O., 127) auch für ein alles Wissenswerte enthaltendes „Bilderbuch“ (a.a. O., 133) aus, das er schließlich in Form der *'Orbis sensualium pictus'* realisiert und in dessen Praefatio es heißt: „Es ist/ wie ihr sehet/ ein kleines Büchlein: aber gleichwol ein kurzer Begriff der ganzen Welt“ (Comenius 1910, Vorwort). Obschon Comenius hier die Welt in 150 Bildern darstellt, bleibt er sich ihrer Ersatzfunktion für reale Gegenstände stets bewusst, wenn er mit Blick auf die Benutzer des *'Orbis pictus'* schreibt:

> „Es sollen ihnen aber die benennten Sachen/ nit allein in der Figur, sondern auch an ihnen selber gezeiget werden“ (a. a. O., Vorwort). Das Bild, von Comenius hier bewusst als Anschauungsmittel verwendet, hat dabei eine von seinem heutigen verzweckten Gebrauch sich deutlich unterscheidende Verweisungsfunktion, da es dort nicht den „Bezug zwischen den Dingen und den Menschen ..., sondern ... den Bezug der Dinge zu Gott (enthüllt)“ (Schaller 1961, 76).

Davon zeugt die Anordnung und Gestaltung der Bilderfolge, die das Ganze umschließend, von ‘Gott’ ausgeht und mit dem ‘Jüngsten Gericht’ (s. u. Abb. 1 und 2) endet.

Zusammenfassend und das beeindruckende Werk des Comenius überschauend befremdet bei aller Wertschätzung die partielle Inkonsequenz in seinen Aussagen. So bleibt u. a. das von ihm vehement vertretene Prinzip der Anschauung und die Übung der „äußeren Sinne“ (Comenius 1970 b, 187) vorzugsweise der Mutterschule vorbehalten, während in den Schulen die Schüler „zuhören, vorlesen ... wiederholen ..., auswendig aufsagen ... (und) ihre gedruckten Bücher so säuberlich wie möglich abschreiben sollen“ (a. a. O., 198). Der Einsicht, „daß beim Lehren nicht der Lehrende, sondern der Lernende das Maß zu bestimmen“ (Comenius 1959, 80) habe und „alles, was zu lernen ist, ... durch eigene Praxis gelernt“ (a. a. O., 145) werde, steht seine weithin mechanisierte, den Lehrer „mit fertigen, an die Hand gegebenen Mitteln“ (Comenius 1970 b, 210) versorgende Methode gegenüber, die den Schülern zwar Autopraxie gestattet, die aber der comenianischen Methode entsprechend nie den vom Lehrer vorgegebenen Rahmen überschreiten und zur Eigeninitiative oder Selbsttätigkeit ausarten darf.

Auch die Bilder, die nach eigenem Bekunden als Stellvertreter nur für „bei uns unbekannte Dinge“ (Comenius 1888, 11) verwendet werden sollen, dehnt er auf Alltäglichkeiten aus, die „viel einfacher und vor allem eindrücklicher in natura gezeigt werden können“ (Detzel 1893, 19) (vgl. Abb. 3 und 4). Dies gilt für den *'Orbis pictus'*, der zudem Bilder enthält, denen jeder Bezug zu den die Dinge charakterisierenden Eigenschaften fehlt (vgl. Abb. 5). Wer heute das Prinzip der Anschauung mit Comenius in Verbindung bringt, der muss bedenken, dass die Zielsetzung, in der sein Motiv der Anschauung wurzelt, die Suche nach Gott und den Spuren seiner Gottheit in allem Geschaffenen war. Auch wenn es ihm aufgrund der theozentrischen Geschlossenheit seines Weltbildes nicht gelang „das sinngebende pansophische Wissen klar ... gegen das objektive Bildungs- und Sachwissen“ (Patočka 1981, 444) abzuheben, so bleibt dasjenige, woran ihm am meisten gelegen war, nämlich den Menschen so zu erziehen, dass er auf echte Weise Mensch wird, für heute genauso ein Problem wie zu seiner Zeit (vgl. a.a.O., 450).

Abb. 1: Johann Amos Commenius. Stich eines Unbekannten.
(Aus: Hilker 1956, 513)

(6)

I.

DEUS.	GOTT.

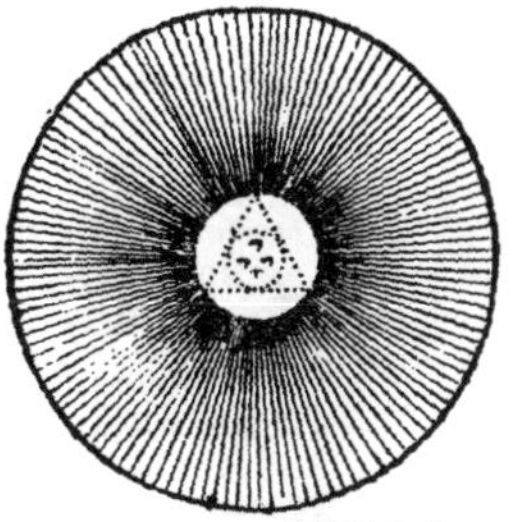

DEUS est	GOTT ist
ex seipso,	aus sich selber/
ab æterno	von Ewigkeit
in æternum.	zu Ewigkeit.
Ens	Das allervollkommenste
perfectissimum	und allerseeligste
& beatissimum.	Seyn (Ding.)
Essentiâ,	Im Wesen/
Spiritualis	Geistlich
& Unus.	und Einig.
Hypostasi,	In der Persönlichkeit/
Trinus.	Dreyfältig.
Voluntate,	Im Willen/

Sanctus,

Z 5—7 Perfectissimum & beatissimum esse (ens)

(7)

Sanctus,	Heilig/
Justus,	Gerecht/
Clemens,	Gütig/
Verax.	Warhafftig.
Potentiâ,	An Macht/
Maximus.	der Gröste.
Bonitate,	An Güte/
Optimus.	der Bäste.
Sapientiâ,	An Weißheit/
Immensus.	Unermäßlich.
Lux	Ein unbegreiffliches
inaccessa:	Liecht:
& tamen	und doch
Omnia in omnibus.	Alles in Allem.
Ubiq; ,	Uberall/
& Nullibi.	und Nirgend.
Summum Bonum,	Das höchste Gut/
& Bonorum omnium	und alleine
Fons	der unerschöpfliche
solus	Brunn
& inexhaustus.	alles Guten.
Omnium Rerum,	Aller Dinge/
quas vocamus	die wir nennen
Mundum,	die Welt/
ut Creator,	gleichwie ein Erschaffer/
ita Gubernator	also ein Regirer
& Conservator.	und Erhalter.

A 4 *II.* Mun-

Z 11. 12 Ein Liecht, zu dem man nicht kommen kan: Z 18—20 & solus inexhaustus fons omnis boni *III* siehe hinten.

Abb. 2: Aus: Kühnel 1910, 6/ 7

(306)

CL.

Judicium Extremum.

Das Jüngste Gericht.

Nam

(307)

Nam adveniet	Dann es wird kommen
Dies novissima,	der Jüngste (letzte) Tag/
quæ	welcher (1
Voce *Tubæ* 1	mit der Posaunen Stim̃e
Mortuos 2	die Todten 2
resuscitabit,	wieder erwecken/
& cum illis	und mit ihnen
Vivos	die Lebendigen
citabit	beruffen wird
ad Tribunal	vor den Richterstul
Jesu Christi, 3	Jesu Christi/ 3
(apparentis	(erscheinend
in Nubibus)	in den Wolken)
ad reddendã rationem	Rechenschafft zu geben
omnium actorum.	von allem/ was sie gethan.
Ubi pii (justi)	Da die From̃en (Gerechtẽ)
& *Electi* 4	und Auserwehlten 4
in Vitam æternam,	in das ewige Leben/
in locum Beatitudinis	in den Ort der Seeligkeit
& *novam Hierosolymã* 5	uñ in dz neue Jerusalem 5
introibunt:	eingehen:
Impii verò	Die Gottlosen aber
& *Damnati* 6	und die Verdam̃ten 6
cum *Cacodæmonibus* 7	mit den Teuffeln 7
in *Gehennam* 8	in das höllische Feuer 8
detrudentur,	werden verstossen werden/
ibi æternùm	allda ewige
cruciandi.	Plage zu leiden.

V 2 Clausula.

Z 8 u. d. Z 11—18 a. J. C. i. n des erscheinenden J. Ch. i. d. W. Z 14 ad ra. re. Z 15 o. actionum aller Handlungen Z 18 III i. ae. v. Z 21 werden eingehen Z 2. 1 v u a. ewiglich gemartert z. w.

Abb. 3: Aus: Kühnel 1910, 306/ 7

❧:✿:(136):✿:☙

LXVI.

Domus. **Das Haus.**

Ante Januam Domûs	Vor d' Thür des Hauſes/
eſt *Veſtibulum*. 1	iſt der Eingang. 1
Janua habet	Die Thür hat
Limen 2	eine Oberſchwelle 2
& *Superliminare*, 3	und Unterſchwelle/ 3
& utrinq;	und beyderſeits
Poſtes. 4	die Pfoſten. 4
A dextris	Zur Rechten/
ſunt *Cardines*, 5	ſind/die Thürangel/ 5
à quibus pendent	an welchen hänget
Fores; 6	die Thür; 6
à ſiniſtris *Clauſtrum*, 7	zur Linken/das Schloß 7
aut *Peſſulus*. 8	und der Rigel. 8
Sub ædibus	Unter dem Haus
eſt *Cavædium* 9	iſt der offne Saal/ 9

pavimento

❧:✿:(137):✿:☙

pavimento teſſellato, 10	mit einem gewürffelten (Eſtrich/ 10
fulcitum *columnis*, 11	geſtützet mit Saulen 11
in quibus	an welchen
Periſtylium 12	das Captel 12
& *Baſis*. 13	uñ Poſtement. 13 (ge]14
Per *Scalas* 14	Uber die Treppe[Stie-
& *Cochlidia* 15	und Wendeltreppe 15
aſcenditur in ſuperio-	ſteiget man auf die obern
contignationes. (res	Stockwerke.
Extrinſecus	Auſſen
apparent, *Feneſtra*, 16	erſcheinen/die Fenſter 16
& *Cancelli* (clathrá) 17	und Gegitter/ 17
Pergula, 18	die Gallereyen/ 18
Suggrundia, 19	Wetterdächlein/ 19
& *Fulcra* 20	und Pfeiler 20
fulciendis muris.	das Gemäur zuſtützen.
In ſummo eſt	Zu öberſt iſt
Tectum, 21 ([tegulis]22	das Dach/ 21
contectum *Imbricibus*	gedecket mit Ziegeln 22
vel *Scandulis*, 23	oder Schindeln/ 23
quæ incumbunt	welche ligen
Tigillis, 24	auf den Latten/ 24
hæc *Tignis*. 25	dieſe auf den Sparren. 25
Tecto adhæret	Am Dach hänget
Stillicidium. 26	die Rinne (Träuffe) 26
Locus ſine tecto	Der Ort ohne Dach/
dicitur *Subdiale*. 27	wird genennt die Altan. 27
In tecto ſunt	Auf dem Dach ſind
Meniana 28	die Aerker/ 28
& *Coronides*. 29	Knöpf und Fahnen. 29

I 5 Metalli-

Z 5 d. C. (Saal, Creutzgang) Z 16 m. t.

Abb. 4: Aus: Kühnel 1910, 136/ 7

(196)

XCVI.

Liber.

Das Buch.

Liber,

(197)

Liber, (orem,	Das Buch /
quoad formam exteri-	nach der äuserlichẽ Gestalt/
est vel in *Folio*, 1	ist entweder ein Foliant/ 1
vel in *Quarto*, 2	oder ein Quartbuch / 2
in *Octavo*, 3	in Octav / 3
in *Duodecimo*, 4	in Duodetz / 4
vel *Columnatus*, 5	oder in Registerform/ 5
aut *Linguatus*; 6	oder in lang Format; 6
cum *Clausuris aneis*, 7	mit Clausuren / 7
vel *Ligulis*, 8	oder Bändern/ 8
& *Bullis angularibus*. 9	und Buckeln. 9
Intus	Inwendig
sunt *Folia* 10	sind die Blätter 10
duabus *Paginis*;	mit zweyen Seiten;
aliquando	zuweiln
Columnis divisa, 11	gespalten mit Columnen 11
cumq;	und mit
notis marginalibus. 12	Randschrifften. 12

Z 3 v u d. c. N 3 Schola.

Abb. 5: Aus: Kühnel 1910, 196/ 7

(24)

X.

Metalla.

Die Metalle.

Plum

(25)

Plumbum 1	Das Bley 1
est molle & grave.	ist weich und schwer.
Ferrum 2	Das Eysen 2
est durum,	ist hart/
& durior	und noch härter
Chalybs. 3	das Stahl. 3
E *Stanno,*	Aus Zinn/
faciunt	macht man
Cantharos; 4	die Kannen; 4
è *Cupro,*	aus Kupfer/
Ahena; 5	die Kessel; 5
ex *Orichalco,*	aus Messing/
Candelabra; 6	die Leuchter; 6
ex *Argento,*	aus Silber/
Thaleros; 7	die Thaler; 7
ex *Auro,*	aus Gold/
Scutatos, (Ducatos)	die Ducaten
& *Coronatos.* 8.	und Goldgulden. 8
Argentum vivum,	Das Quecksilber/
semper liquet,	fliest immerzu/
& metalla corrodit.	und durchfrist die Metalle.

B 5 Lapi-

nach Z 15 eingefügt Philippeos Philipsthaler & aureos imperiales und Güldenthaler Z 4 v u & solidos aureos Z 1 v u & c. m.

Abb. 6: Aus: Kühnel 1910, 24/ 5

Literatur

Comenius, J. A. (1657): Opera didactica omnia. Variis hucucque occasionibus scripta, diversisque locis edita: nunc autem non tantùm in unum, ut simul sint, collecta, sed & ultimô conatu in Systema unum mechanicè constructum, redacta. Amsterdami, Impensis D. Laurentii de Geer, Excuderunt Christophorus Cunradus & Gabriel à Rov. Anno M.DC.LVII. Tom. I–IV. 4.

Comenius, J. A. (1910): Orbis sensualium pictus. Hrsg. von Johannes Kühnel. Leipzig.

Comenius, J. A. (1959): Analytische Didaktik und andere pädagogische Schriften ausgewählt und eingeleitet von Franz Hofmann. Erziehung und Gesellschaft. Materialien zur Geschichte der Erziehung. Hrsg. von Robert Alt. Berlin.

Comenius, J. A. (1959): Der Ausweg aus den Schullabyrinten ins Freie oder eine nach mechanischen Gesetzen konstruierte didaktische Maschine, welche so eingerichtet ist, daß man (beim Lehren und Lernen) nicht auf der Stelle haften bleibt, sondern vorankommt. In: Comenius, J. A.: Analytische Didaktik und andere pädagogische Schriften ausgewählt und eingeleitet von Franz Hofmann. Erziehung und Gesellschaft. Materialien zur Geschichte der Erziehung. Hrsg. von Robert Alt. Berlin, 105–124.

Comenius, J. A. (1965): Pampaedia. Lateinischer Text und deutsche Übersetzung. Nach der Handschrift hrsg. von Dimitrij Tschižewskij in Gemeinschaft mit Heinrich Geissler und Klaus Schaller. 2. Aufl. Heidelberg.

Comenius, J. A. (1967): Die Erneuerung der Schulen (Panorthosia XXII) lateinisch-deutsch hrsg., eingeleitet und mit erläuternden Anmerkungen versehen von Klaus Schaller. Kamps pädagogische Taschenbücher. Historische Pädagogik. Bd. 34. Bochum.

Comenius, J. A. (1970a): Das Labyrinth der Welt und das Paradies des Herzens. Hrsg. von Zdenko Baudnik. Jena 1907. Mit einem Vorwort von Pavel Kohout. Luzern und Frankfurt/ M.

Comenius, J. A. (1970b): Große Didaktik. Übersetzt und herausgegeben von Andreas Flitner. 4. Aufl. Düsseldorf und München.

Comenius, J. A. (1970c): Böhmische Didaktik zur dreihundertsten Wiederkehr seines Todestages ins Deutsche übersetzt und besorgt von Klaus Schaller. Schöninghs Sammlung pädagogischer Schriften. Paderborn.

Comenius, J. A. (1971): Geschichte und Aktualität 1670–1970. Bd. 1: Abhandlungen. Bd. 2: Eine Bibliographie des Gesamtwerkes. Die Herausgabe der Bände besorgte Heinz–Joachim Heydorn. Glashütten/ Taunus.

Detzel, G. (1893): Der Unterricht in der Didactica magna, mit Beziehung auf seine Naturgemäßheit. Diss. Erlangen.

Fischer, M. (1983): Die Unterrichtsmethode des Comenius. Theoriegeleitete Analyse und Hypothesenbildung für empirische Unterrichtsforschung. Janus-Wissenschaft: Bd. 1. Köln.

Hilker, F. (1956) (Hg.): Pädagogik im Bild. Freiburg. 513

Hoffmann, P. (1931): Der Begriff der Anschauung bei Johann Amos Comenius. In: Geisteskultur. Monatshefte der Comeniusgesellschaft für Geisteskultur und Volksbildung. Bd. 40. Berlin und Leipzig, 1–24 und 49–62.

Kühnel, J. (1911): Comenius und der Anschauungsunterricht. Leipzig.

Michel, G. (1973): Schulbuch und Curriculum. Comenius im 18. Jahrhundert. Veröffentlichung der Comenius-Forschungsstelle im Institut für Pädagogik der Ruhr-Universität Bochum. Hrsg. von Klaus Schaller. Nr. 2. Ratingen, Kastellaun und Düsseldorf.

Patočka, J. (1981): Die Philosophie der Erziehung des J. A. Comenius. In: Patočka, J.: Jan Amos Komenský. Gesammelte Schriften zur Comeniusforschung. Veröffentlichungen der Comeniusforschungsstelle im Institut für Pädagogik der Ruhr-Universität Bochum. Hrsg. von Klaus Schaller. Nr. 12. Bd. 2. Bochum, 422–450.

Pestalozzi, J. H. (1927 ff.): Sämtliche Werke. Kritische Ausgabe. 28 Bände, hrsg. von Artur Buchenau, Eduard Spranger und Hans Stettbacher. Hier Bd. 13: Schriften aus der Zeit von 1799–1801, bearb. von Herbert Schönebaum und Kurt Schreinert (1932), Berlin und Leipzig.

Schaller, K. (1961): Aus der Geschichte des Anschauungsbildes. In: Pädagogische Rundschau 15, 74–85.

Schaller, K. (1967a): Die Pampaedia des Johann Amos Comenius. Eine Einführung in sein pädagogisches Hauptwerk. Veröffentlichungen des Comenius-Instituts. Bd. 4. 4. Aufl. Heidelberg.

Schaller, K. (1967b): Die Pädagogik des Johann Amos Comenius und die Anfänge des pädagogischen Realismus im 17. Jahrhundert. Veröffentlichungen des Comenius-Instituts. Reihe: Editionen und Monographien. Bd. 21. 2. Aufl. Heidelberg.

Schaller, K. (1977): Die Generalreform des J. A. Comenius. In: Pädagogische Rundschau 31, 471–485.

Scheuerl, H. (Hg.) (1979): Klassiker der Pädagogik. Bd. 1. Von Erasmus von Rotterdam bis Herbert Spencer. München.

Schurr, J. (1981): Comenius. Eine Einführung in die Consultatio Catholica. Schriften der Universität Passau. Reihe: Geisteswissenschaften. Bd. 2. Passau.

Stenzel, A. (1960): Zur Frage des „natürlichen Unterrichts" in der „Didactica Magna" des Comenius. In: Pädagogische Arbeitsblätter zur Fortbildung für Lehrer und Erzieher. 12. Jg. Heft 6, 241–250.

III. Möglichkeiten der Gewinnung neuer Niveaus der Anschaulichkeit

Uwe Krebs

Psychophysiologische Aspekte des Erreichens oder Verfehlens von Lernniveaus

1 Zwei einleitende Beispiele

Bezüglich seiner Lernfähigkeit ist ein gleicher Mensch an jedem einzelnen Tag ein wenig besser oder schlechter als an anderen Tagen. Martin Hänze schildert anschaulich, wie Stimmungslagen Leistungen bei Schulkindern beeinflussen:

> „Benjamin hatte heute einfach einen guten Tag. Schon auf dem Weg zur Schule freute er sich über die Verabredung, die er gleich mit seinem Freund für heute Nachmittag treffen wollte. Später im Unterricht ging es um Prozentrechnung. Die Grundidee hatte er prompt verstanden, und die gestellten Aufgaben hatte er schnell gelöst. Da das Rechnen nicht immer seine Stärke war, freute er sich besonders, wie gut ihm heute alles von der Hand ging ... . Er war so richtig gut gelaunt.
>
> Jasmin war es heute indessen nicht ganz so gut ergangen: Erst hatte sie ihr Sportzeug vergessen und musste auf halbem Weg zur Schule noch einmal nach Hause zurück, dann war sie im Matheunterricht so abgelenkt, dass sie den Grundgedanken der Prozentrechnung nicht mitbekommen hatte und infolgedessen keine der gestellten Aufgaben lösen konnte. Das wurmte sie besonders, wo rechnen doch sonst zu ihren Vorlieben gehörte. Noch einmal nachzufragen, traute sie sich auch nicht an einem Tag, an dem aus ihrer Sicht alles schief ging ... . Sie war so richtig schlecht gelaunt. Nun sitzen beide ... im Deutschunterricht. In Kleingruppen sollen die Schüler möglichst viele Ideen, Pro- und Contra-Argumente für die Abfassung einer Erörterung sammeln.
>
> Meinen Sie, dass die unterschiedlichen Erfahrungen der beiden Schüler an diesem Tag, ihre unterschiedlichen Stimmungslagen, einen Einfluss darauf nehmen, wie sie das gestellte Problem lösen?" (Hänze 1998, 7)

Hänze führt dann aus, dass gute Laune Kreativität, Ideenreichtum begünstigt, schlechte Laune hingegen genaues, kritisches Arbeiten (ebd.) Für unser Thema lassen sich mit Hänze zwei Dinge festhalten:

1. Emotion und Kognition sind zwar unterscheidbar, aber trotzdem miteinander eng verbunden.
2. Stimmungen nehmen starken Einfluss auf den Denkstil.

Zweites Beispiel:
Bezüglich der formallogischen Durchdringung des Alltags können Menschen gleicher Intelligenz in Abhängigkeit von ihren dauerhaften persönlichen Lebensumständen – z. B. alphabetisiert oder analphabetisch – verblüffend große Unterschiede aufweisen, wie das folgende Beispiel zeigt.

In Usbekistan baut man wegen des günstigen Klimas seit langer Zeit Baumwolle an. Der später auch international berühmt gewordene russische Psychophysiologe Alexander Lurija untersuchte das Verhältnis von Erfahrung und Abstraktion beim logischen Denken, nachdem er das Vertrauen tüchtiger, seinerzeit noch analphabetischer Einheimischer gewonnen hatte. Es entwickelte sich z. B. folgendes Gespräch:

> Lurija: „Baumwolle kann nur dort wachsen, wo es heiß und trocken ist. In England ist es kalt und feucht. Kann dort Baumwolle wachsen?" (Lurija 1993, 88) Antwort: „Ich kenne nur unsere Gegend von Kaschgarien. Mehr kenne ich nicht." Lurija: „Aber was ergibt sich aus dem, was ich gesagt habe: Kann dort Baumwolle wachsen?" Antwort: „Wenn der Boden gut ist, dann wächst dort Baumwolle. Aber wenn es feucht und schlecht ist, dann nicht. Wenn er dort so gut ist, wie bei uns in der Gegend, dann wächst sie. Natürlich, wenn der Boden dort locker ist, dann wird sie auch dort wachsen." (ebd.) Danach wird der Syllogismus von Lurija wiederholt und er fragt wieder: „Was können Sie aus meinen Worten folgern?" Antwort: „Wenn es dort kalt ist, dann wächst sie nicht. Wenn der Boden gut und locker ist, dann wächst sie." Lurija fasst nach: „Aber was folgt aus meinen Worten?" Die Reaktion: „Ich weiß es nicht." Lurija: „Denken Sie mal darüber nach!" Antwort: „Sehen sie, wir sind Moslems, das ungebildete Volk der Kaschgaren. Wir sind noch nirgends gewesen und wir wissen nicht, ob es dort heiß oder kalt ist." (Lurija 1993, 91)

Lurijas Zusammenfassung:

> „Diese und andere Personen gaben vollkommen richtige Urteile über Tatsachen ab, die sie aus Erfahrung kannten. Sie konnten dann Schlüsse nach den Gesetzen der Logik ziehen und ihre Gedanken in Worte kleiden. Sobald es aber um theoretisches Denken ging, wurden ihre Möglichkeiten durch drei Faktoren scharf begrenzt:
>
> 1. Misstrauen gegenüber Prämissen, die nicht auf persönlicher Erfahrung beruhen.
> 2. Diese Prämissen werden nicht als universell gültig anerkannt, sondern als partielle Behauptungen.
> 3. Der Syllogismus zerfiel für sie in drei isolierte Äußerungen, die durch keine einheitliche Logik verbunden waren. Die Lösung konnte nur erraten oder mit Hilfe persönlicher Erfahrung gefunden werden." (nach Lurija 1993, 92)

Allgemeiner fasst Lurija zusammen:

> „Die analphabetischen Bauern konnten den Syllogismus nicht als Verfahren wahrnehmen, das logische Schlüsse zu ziehen erlaubt. Wie immer änderte sich das Bild völlig bei Personen mit Schulbildung. Aus jedem Syllogismus, zogen sie die richtigen Schlussfolgerungen, unabhängig davon, ob die Prämissen faktisch richtig waren." (ebd.)

Auch die Ergebnisse weiterer Felduntersuchungen führten Lurija und Mitarbeiter immer wieder zu gleichen Grundmustern: „Veränderungen der praktischen Tätigkeitsformen, besonders durch Schulbildung, riefen qualitative Veränderungen in den Denkprozessen der Menschen hervor." (ebd.)

Außerdem stellte er fest, dass diese Änderungen in relativ kurzer Zeit möglich sind, wenn sich die Verhältnisse drastisch ändern. Für die zeitgenössische Psychologie der 20er und 30er Jahre hingegen war die Fähigkeit zum formallogischen Schließen so selbstverständlich, dass man sie fälschlich für eine Grundeigenschaft menschlichen Denkens hielt, die seit frühesten Anfängen die Menschheitsgeschichte begleite. Wenige, u. a. Jean Piaget, der Alexander Lurija auch persönlich kannte und schätzte, hatten an dieser Sichtweise Zweifel geäußert. (Lurija 1993, 87) Es ist das Verdienst Wygotskis und Lurijas, gezeigt zu haben, dass es sich um eine in der Ontogenese erworbene – oder auch nicht erworbene – Fähigkeit handelt.

Obwohl Lurija hier eine Lernleistung entdeckt hatte, wagte er es, die reflektorischen Lernvorgänge der Pawlow'schen Reflexlehre als alleiniges Erklärungsmodell aller Verhaltensweisen abzulehnen. In der stalinistischen Sowjetunion wurde er deswegen mit jahrelangem Forschungs- und Publikationsverbot belegt.

Für unser Thema erscheint mir an diesem Beispiel wichtig, dass Schule nicht allein als Ort der Wissensvermittlung von Bedeutung ist. Schule kann auch das Denken positiv – im Sinne von qualifizierter – verändern. „Denken" ist an eine Reihe von Voraussetzungen gebunden. Es wird durch eine Anzahl von Faktoren gefördert oder behindert. Im Rahmen des Gesamtthemas der Tagung mag es daher nicht nachteilig sein, auch der Frage nachzugehen, was denn bezüglich der psychophysiologischen Grundlagen zu Lernleistungen und Lernniveaus gesagt werden kann.

2 Begriff und Gegenstand der „Psychophysiologie"

Der Begriff „Psychophysiologie" umschreibt jene Teildisziplin der Psychologie, die Prozesse untersucht, die als Ganzes oder in Teilen sowohl physiologischer als auch psychologischer Methodik zugänglich sind. Es geht also um die biologischen und physiologischen Grundlagen des Erlebens und Verhaltens und nicht etwa um die Reduktion des sog. „Leib-Seele-Problems" auf „Leib". Vielmehr versucht man über die gleichzeitige Nutzung beider Ausgangsbereiche – „Psyche" und „Physis" – deren Zusammenwirken in konkreten Fragestellungen zu beantworten. So hat z. B. das Phänomen „Ermüdung" physische Komponenten wie „Muskelübersäuerung", „Sauerstoffdefizit" und psychische Komponenten wie „abnehmende Konzentration" und „gesteigertes Anstrengungsgefühl". Da die Komponenten sich wechselseitig beeinflussen, ist eine gemeinsame Betrachtung sinnvoll und notwendig. Doppelanalysen und systemische Betrachtungen sind also in der Psychophysiologie typisch. Obwohl dies vermutlich überzeugend erscheint, verfügt die Psychophysiologie m. E. bislang nicht über einen einheitlichen und geschlossenen inhaltlichen Kanon. Eher ist typisch, dass sie sich pragmatisch auf jenen teils sehr unterschiedlichen Einzelgebieten betätigt, auf denen aktuell Bedarf besteht. So reicht das Spektrum an Fragestellungen z. B. vom stark anwendungsorientierten „Biofeedback" bis zur deutlich an Grundlagen orientierten Aktivationsforschung am menschlichen Hirn. Verortet man mein Thema im Kontext dieses Symposions, so liegt es einerseits etwas außerhalb der hauptsächlichen Betrachtungsdimensionen, ist aber andererseits unterschwellig immer dabei: Denn das beste didaktische Konzept wäre nutzlos, wenn die psychophysiologischen Voraussetzungen nicht erfüllt sind. In Bezug auf mein Thema – die Lerniveaus – ist folglich zu fragen, welche psychophysiologischen Leistungen hier Einfluss nehmen.

3 Psychophysiologie des Lernens

Es erscheint sinnvoll, im Zusammenhang mit der ‚Psychophysiologie des Lernens' zwei Aspekte besonders herauszugreifen: 1. Hirnfunktionen und 2. die Psychophysiologie des Lernvorganges. Dass unser Großhirn jenes Substrat ist, welches unsere bewussten und präzisen Denk-, Lern- und Erinnerungsleistungen trägt, ist hinreichend bekannt. Dazu meint präzisierend Velden:

> „Alle psychischen Funktionen wie Wahrnehmen, Denken, Wollen, Sprache, aber auch unbewusste psychische Prozesse sind in dieser Struktur neural grundgelegt. Andere Hirnstrukturen können diese psychischen Funktionen beeinflussen, die psychischen Funktionen selbst sind in ihnen aber nicht repräsentiert." (Velden 1994, 157)

Unterrichtlich bedeutsamer erscheint daher der Blick auf die nicht selbstverständlichen Voraussetzungen jeder zufriedenstellenden Großhirnaktivität. Anatomie und Funktionsweise des menschlichen Hirns lassen – bei allen einzuräumenden offenen Fragen im Detail – keinen Zweifel daran, dass unser Großhirn keineswegs etwa eine Art „objektive Bibliothek" ist, die mehr oder weniger umstandslos mit Daten zu beschicken sei; während der Schulzeit etwa. Gleichwohl erweckt manches Oberstufenschulbuch den Eindruck, als ginge es genau von einem solchen Funktionsmodell des Hirns aus. Im Gegenteil jedoch, besteht unter Fachwissenschaftlern kein Zweifel daran, dass der Zugang zum Großhirn – also der modernsten Abteilung unseres Hirns – nur über naturgeschichtlich weit ältere und unpräzise Hirnbereiche erfolgt, die uns ihrerseits aber nicht ins Bewusstsein treten, wenngleich sie extrem einflussreich sind.

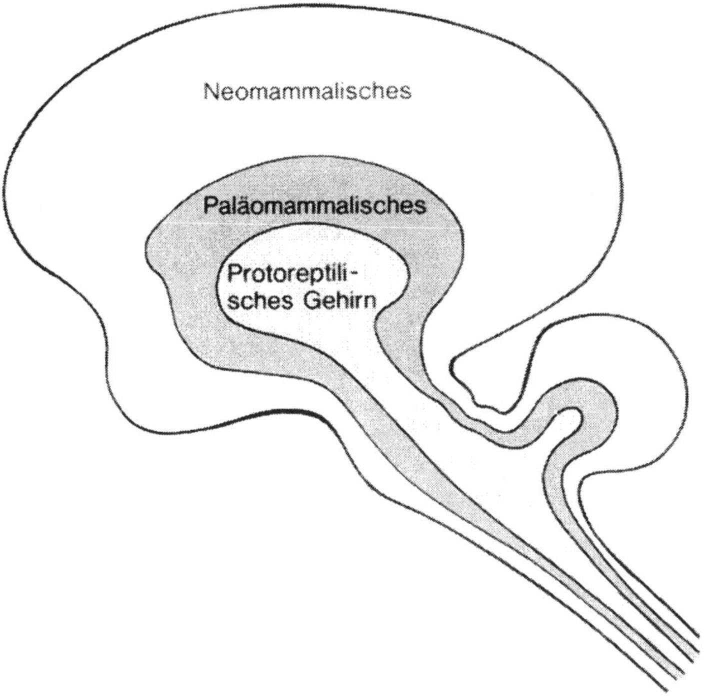

Abb. 1: Hirnaufbau, modellhaft nach stammesgeschichtlichen Gesichtspunkten nach MacLean: Der protoreptilische Gehirnbereich besitzt stereotype, weitgehend angeborene Verhaltensweisen und Instinkte. Hauptmerkmal ist Starre.
Der paläomammalische Bereich umfasst das limbische System, interpretierbar als gewissermaßen erster Versuche der Natur, Bewusstsein zu entwickeln; man spricht vom „visceralen Gehirn", da Informationen aus dem Körper selbst, Gedächtnisbildung und affektive Tönung in diesem Bereich erfolgen.
Der neomammalische Bereich empfängt Signale aus der Umwelt in zeitlich räumlicher Ordnung und entwirft Handlungen und Konzepte (nach Schmidt/ Tews 1980, 148).

Zwei Bereiche sind m. E. im Hinblick auf meine Fragestellung besonders bedeutsam:
1. Ein nicht genau abgrenzbarer Bereich des Hirnstamms: die „Formatia reticularis" und 2. ein älterer Teilbereich des Großhirns, das „Limbische System" (Schneider 1964, 639).

4 Formatia reticularis

Die „Formatia reticularis“ kann man anschaulich vergleichen mit dem Bild, das man hat, wenn man einen Regenschirm aufspannt und von unten heraufschaut auf die Streben und Stangen, die das Aufspannen des Stoffes bewirken.

Wenngleich wesentlich komplizierter im Detail, so doch im Prinzip wie ein Regenschirm liegen die netzartigen Strukturen dieses Hirnstammbereiches unterhalb des Großhirns. Und es gibt neben dieser strukturellen Ähnlichkeit sogar auch noch eine funktionale Ähnlichkeit: So, wie der Stoff des Regenschirms erst durch die darunter liegenden Stangen gestrafft wird, so ist die „Formatia reticularis“ gewissermaßen für das „Aufwecken“ der Großhirnrinde verantwortlich. Sie besitzt zahllose Verbindungen hinüber und herüber zu allen Großhirnbereichen. Dies ist keineswegs die einzige Funktion der „Formatia reticularis“, aber es handelt sich hier um die für unser Thema bedeutendste.

Neuere Ergebnisse zeigen, dass die „Formatia reticularis“ auch für das Gegenteil, eine mehr oder minder diffuse Dämpfung der Großhirnaktivität, verantwortlich ist (Schmidt/ Thews 1980). Was veranlasst nun die „Formatia reticularis“, die Aktivation der Großhirnrinde zu starten, also jene „Bewusstseinshelligkeit“ (Schneider 1964, 573) zu erzeugen, die wir so gern im Unterricht hätten? Die naturgeschichtlich alten Hirnbereiche – und damit auch die „Formatia reticularis“ – sind nur durch emotionsbesetzte Reizmuster hinreichend kräftig zu aktivieren. Und diese Aktivation versetzt ihrerseits die modernen Rindenbereiche in hohe Aufmerksamkeit. Emotionsbesetzte Aspekte eines Themas oder Emotionen auslösende Zugänge zum Unterrichtsstoff sind folglich sachlich kühlen, gar pseudowissenschaftlichen Zugängen zum Thema in ihrer Effizienz bezüglich Motivation und Aufmerksamkeit klar überlegen. Ist nun die Aufmerksamkeit erst einmal geweckt worden, dann – und nur dann – kann es auch zumindest für eine gewisse Zeit sachlicher und präzise zugehen.

5 Limbisches System

Dieser Begriff bezeichnet die phylogenetisch ältere Struktur des Großhirns. Sie liegt bzw. umgibt – vergleichbar dem Belag auf einem Sandwich – den Hirnstamm und stellt mit verschiedenen Strukturen die Verbindung zwischen dem Hirnstamm und dem Neokortex dar. Durch diese „Zwischenlage“ des limbischen Systems ergeben sich zahllose Verbindungen. Einmal erfolgen diese Verbindungen absteigend in ältere Hirnbereiche; zum anderen aufsteigend in jüngere Bereiche des Hirns. Von dem Bündel an bislang nachgewiesenen Leistungen, die das limbische System erbringt, ist m. E. für unser Thema die folgende besonders wichtig: Das limbische System bewirkt die „affektive Färbung des Gesamtverhaltens, für die Äußerungen der Annahme oder Ablehnung, für Sicherheitsgefühl oder Angst, für Stumpfheit oder Wut usw." (Schneider 1964, 640). Desgleichen werden durch das limbische System Sinneseindrücke emotional eingefärbt.

> „Da diese affektive Färbung wesentlich ist für das, was wir behalten und das, was wir vergessen wird dieses Gebiet wichtig für alle Vorgänge, die mit der Merkfähigkeit und dem Gedächtnis zusammenhängen" (Schneider 1964, 640).

Es ist ein Anliegen der Psychophysiologie, daran zu erinnern, dass auch das Hormonsystem auf den Lernerfolg und die Lernbereitschaft Einfluss nimmt. Dies hat seine Ursachen in den physiologischen Verbindungen zwischen Hirn und Hormonsystem (Vossel 1998; Ornstein 1988, 160ff.; Karlson 1970, 311ff.). Die z. B. unter Angst auftretenden physiologischen Begleiterscheinungen reduzieren den Zugang zum Gelernten ebenso, wie umgekehrt ein entspanntes und freundliches Klima die Lernleistung und die Kreativität messbar anregen. Der Wahrnehmungspsychologe Wolfgang Metzger hat dies in seiner Schrift „Stimmung und Leistung. Die affektiven Grundlagen des Lernerfolgs." (1967) bereits früh herausgearbeitet. Wegen der vielen praktischen Bezüge zur Schule ist seine Schrift m. E. auch heute noch sehr lesenswert. Unter dem Gesichtspunkt, einen nachhaltigen Unterricht zu ermöglichen, ist es also jede Mühe wert, zunächst nach emotional besetzten Zugängen zu einem Thema zu suchen. Darüber hinaus ist darauf zu achten, dass dort, wo Stoff und Methoden schon von sich aus affektive Bezüge besitzen, ihnen nicht in pseudo-objektiver Künstlichkeit diese Bezüge zu rauben.

Zusammengefasst lässt sich feststellen, dass zwar viele Detailfragen zur Funktion des menschlichen Hirns ungeklärt sind, doch andererseits unstrittig ist, dass die naturgeschichtlich alten Hirnbereiche nur durch emotionsbesetzte Reizmuster hinreichend kräftig zu aktivieren sind. Hieraus resultiert gewissermaßen ein neurophysiologisch bedingter „Eiertanz": Um hinreichend umfangreiche und intern vielfältig verortete Wissensmengen für vernunftgesteuertes Denken und Handeln in einer komplizierten Welt handhaben zu können, muss über emotionale Zugänge die Schubkraft des limbischen Systems und der „Formatia reticularis" einbezogen werden. Andernfalls blieben nur blasse und schnell verblassende, isolierte Gedächtnisspuren vom Stoff übrig.

Erfolgreiche und erfahrene Lehrkräfte machen nachhaltigen und transferfähigen und daher guten Unterricht, weil sie vermutlich über die beobachtbaren Symptome dieser psychophysiologischen Fakten (z. B. „leuchtende Augen", „gähnende Langeweile") ihren Unterricht optimieren. Man kann dies als symptomgesteuerte Optimierung des Unterrichts bezeichnen. Solche Optimierungen sind strukturell der Erfahrungsmedizin ähnlich, die wusste, das Pfefferminztee gut gegen leichte Magenkrämpfe ist, lange bevor man wusste, warum dies so ist. Dass es sich bei dieser „symptomgesteuerten Optimierung“ nicht um liebedienerische Anpasserei an die vermeintlichen Mängel der Schülerschaft handelt, dies nun vermag die psychophysiologische Kausalanalyse der Lernvoraussetzungen zu belegen. Und damit vermag sie ein wenig auch solchen Lehrkräften den Rücken zu stärken.

6 Psychophysiologie des Lernvorgangs und gesellschaftlicher Lernbedarf

Die im Beispiel zu Beginn genannten analphabetischen Kaschgaren hatten vermutlich keine Probleme, im praktischen Alltag durch die „Formatia Reticularis“ bei Lernbedarf zumeist hinreichend wachsam - und durch die emotionale Einfärbung der für sie wichtigen Ereignisse - hinreichend nachhaltig zu lernen. Denn dies ermöglichte ihnen, all die unterschiedlichen Inhalte zu erinnern, die für ihr Leben bedeutsam sind.

Warum zeigten sie keine formallogischen Schlüsse wie sie ein Syllogismus ermöglichen würde? Ich frage bewusst nicht, warum *konnten* sie nicht formal-logisch mit Syllogismen folgern, denn ihre Unfähigkeit dazu ist eine Gewohnheitssache und Folge ihrer Lebensform. Für sie gab es keinen wirklich zwingenden Bedarf an sehr abstrakten Klassifikationssystemen und deren formallogischer Handhabung, wenngleich diese Fertigkeiten vermutlich auch ihre Existenz verbessert hätte, da zutreffende Klassifikationssysteme Orientierung ermöglichen und dies kein Nachteil sein kann.

Entgegengesetzt erscheint die Situation der Schülerinnen und Schüler bei uns: Sie haben viel zu lernen und es gibt einen zwingenden Bedarf, dies so angemessen wie möglich zu gestalten. Angemessen kann m. E. in diesem Bereich nur heißen, „Lernen“ und „Denken“ gemeinsam zu optimieren.

Man kann nun bezüglich des Lernens von schulischen Unterrichtsstoffen eine Gegenüberstellung versuchen: Die Lebensform „Schüler/Schülerin“ ist wohl durch nichts stärker charakterisiert, als durch Lernen. Aber wodurch ist Lernen charakterisiert? Man kann eine Antwort aus zwei Betrachtungswinkeln versuchen: Einmal aus der Perspektive der Lernprozesse im Schüler; einmal aus der Perspektive des Lernstoffes, gewissermaßen des durch Wissenskumulation noch ständig wachsenden Bergs an Lernstoff. Lernprozesse in Personen sind psychophysiologisch vielfältig untersucht. Hier sollen lediglich einige für das Thema m. E. wichtige zusammengefasst werden.

7 Vielfalt der individuellen Lerner-Typen

Die individuelle Verschiedenheit bezüglich der Lernweise ist auch bei gleicher Intelligenz größer, als typischerweise angenommen. Dieses Übersehen der erheblichen Unterschiede in der Art und Weise des jeweiligen Aneignens von Wissen hat seine Ursache vermutlich auch darin, dass die Ergebnisse dann wieder weit ähnlicher sind, als die Wege, auf denen man individuell zu ihnen gelangte.

Diese Individualisierung der Lernvorgänge beginnt sehr früh. In den ersten drei Monaten wird das Säuglingshirn durch Außenreize individualisiert geprägt. Erste Eindrücke bewirken ein entsprechendes Grundgerüst hirnanatomischer Verfaserungen. Es wird gewissermaßen ein individuelles Nervenbahnen-Grundgerüst fixiert (vgl. Conel 1970, Shapiro/ Kukovich 1969).

Der Biochemiker Frederik Vester konstatiert in plastischer Sprache bezüglich des weiteren Voranschreitens der Entwicklung: „Spätere Informationen werden nicht mehr anatomisch verdrahtet, sondern ... in Form kodifizierter Eiweißmoleküle in das nun kaum noch veränderliche Grundmuster eingespeichert“ (Vester 1975, 121).

Experimente mit Katzen (Blakemore 1972) und Hühnern (Rose 1973) zeigen im übrigen dramatische und irreversible Mängel bei unzulänglichem Angebot an Außenreizen. So war z. B. eine Versuchsgruppe von Katzen in den ersten 6 Wochen ihres Lebens nur von waagerechten Linien umgeben, eine weitere Katzengruppe nur von senkrechten. Danach torkelten unter normalen Bedingungen beide Katzengruppen beim Gehen, während eine normal aufgezogene Kontrollgruppe keine Ausfallerscheinungen zeigte (Blakemore 1972).

Trotz aller gebotenen Vorsicht bei der umstandslosen Übertragung tierexperimenteller Befunde in den Humanbereich, müssen wir uns zwei Aspekte verdeutlichen: Erstens stellen die tierexperimentellen Befunde aus ethischen Gründen den einzigen Erkenntnisweg dar, um zu begründeten Hypothesen im Humanbereich zu gelangen, da Experimente dieses Types an Menschen unzulässig sind. Zweitens betreffen die tierexperimentellen Befunde einen basalen physiologischen und wahrnehmungsspezifischen Bereich. In basalen Bereichen wie Physiologie und Wahrnehmung sind aber die Übereinstimmungen zwischen Abläufen bei Tieren und Abläufen bei Menschen weitaus ähnlicher, als in höheren, komplexeren, z. B. kognitiven Abläufen. Folglich ist eine Übertragung grundsätzlicher Befunde in diesen Bereichen sinnvoll und hilfreich, wie die medizinische Forschung vielfältig unter Beweis stellt. Der Einwand „Menschen sind aber keine Katzen“ wäre folglich verfehlt.

Neben diesen tierexperimentellen Befunden zur Entstehung und individuellen Beeinflußbarkeit der Grundstrukturen der Wahrnehmung in frühen Entwicklungsstadien, gibt es aus späteren Lebensabschnitten des Menschen – vor allem aus der Altersspanne der Schulzeit – Befunde zur individuellen Vielfalt beim Lernvorgang.

So legt eine Reihe von Forschungsergebnissen nahe, dass es auch bei gleichem Lernstoff individuell verschiedene Lerntypen gibt und diese Typen weitgehend festliegen. Zusätzliche Varianz erzeugt die bekannte Tatsache, dass jedes Individuum auch individuellen Schwankungen in seinen Lernleistungen unterliegt, z. B. in Abhängigkeit von der Tageszeit (vgl. Vester 1975; zusammenfassende aktuellere Darstellung durch Hasselhorn 1995). Vester hat etwas pointiert diese unterschiedlichen Lerner-Typen nach dem je dominierendem Sinneskanal oder Arbeitsmodus unterschieden. Der verbal-abstrakt Lernende stützt sich wesentlich auf Begriffe und Formeln und der visuell Lernende fasst durch Beobachtungsmöglichkeiten bevorzugt auf.

Eigenes aktives Handeln und experimentierendes Vorgehen ist für eine weitere Personengruppe der Königsweg zum Lernen, und wieder andere verfestigen durch Gespräch und Rückfragen das Gelernte. Empirische Untersuchungen in Schulklassen und Seminaren belegen weitgehend diese Vielfalt von Lerngewohnheiten und individuellen Königswegen zum Verständnis. Bei aller hilfreichen Griffigkeit dieser Typisierung bleibt aber zu beachten, dass die individuelle Vielfalt weit größer ist. Hasselhorn weist u. a. mit Recht darauf hin, dass Vorgänge des Lernens außerdem mit ebenfalls individuell differierenden Gedächtnisleistungen verknüpft sind (Hasselhorn 1995).

Selbstverständlich kann weder eine Lehrkraft, noch ein Schulbuchautor auf jede einzelne Variante eingehen, aber schon das Wissen um diese Vielfalt relativiert gute und schlechte Leistungen ein wenig in Richtung auf individuelle Lerntypen und die jeweils gewählten Zugänge. Hier findet auch der heute vielfach praktizierte Wechsel in den Methoden des Unterrichtens seine tiefere kausale Begründung. Sind Schülerinnen und Schüler alt genug, kann man sie außerdem ermutigen und anleiten, herauszufinden, wie sie individuell am besten lernen. Eines sollte in diesem Zusammenhang in Erinnerung gerufen werden: Der klassische Typ unserer Unterrichtung von Kindern ist der mittelalterlichen Klosterschule entlehnt und entspricht heute nicht mehr „dem Stand der Technik“.

Wenn es auch seinerzeit ein großer Fortschritt war, überhaupt beschult zu werden, so zeigen u. a. das körperfeindliche übertriebene Stillsitzen, das predigerhafte und nur verbale Belehren der Kinder überdeutlich jene Mängel, die aus einem heute merkwürdig erscheinenden Menschenbild abzuleiten sind, in dem „Körper“ und „Geist“ nicht nur getrennt sind, sondern der Körper auch noch verneint wird.

8 Verknüpfung des schulischen Lernens mit gesellschaftlicher Kompetenz

Es ist nicht strittig, dass die Kernfunktion der allgemeinbildenden Schulen die Vorbereitung und Qualifizierung für eine angemessene Teilhabe an jener Gesellschaft ist, die diese Schule trägt. Wenn dieses Ziel hinreichend erreicht werden soll, ist zentral erforderlich, dass die schulisch erworbenen Kenntnisse und Fähigkeiten über sogenannte Transferschritte auch auf die außerschulische Welt übertragen werden und in ihr angewandt werden können. Dieser Transfer sollte im Idealfall von den physikalischen bis zu den politischen Aspekten reichen. Wie aber verschiedene Untersuchungen im letzten Jahrzehnt zeigen, ist dies vielfach nicht der Fall. Behindert wird dieser Transfer vor allem durch selbstgestrickte Pseudotheorien, die den Erklärungsbedarf von Kindern und Jugendlichen zu einem gegebenen Sachverhalt der außerschulischen Welt bereits scheinbar abdecken.

Howard Gardner (1991) und andere konnten zeigen, dass dieser unverzichtbare Transfer dann besser gelingt, wenn zu einem Themenfeld möglichst viele und möglichst unterschiedliche Zugänge gewählt werden. Die Menge gewählter Zugänge festigt nicht allein den Stoff, sondern – wichtiger noch – sie liefert dem Hirn gewissermaßen Optionen für wichtige Andockstellen zu Wissensbeständen und außerschulischer Realität. Diese Erkenntnis ist m. E. von so grundlegender Bedeutung für jede allgemeinbildende Schulbildung, dass die Stoffmenge zu reduzieren ist, wenn sich die Zugangsvielfalt auf andere Weise nicht sichern lässt.

9 Wissenskumulation

Neben die vorgenannte Perspektive, die vom Schüler, der Schülerin ausgeht und fragt, wie der Transfer des Gelernten gesichert wird, kann man eine andere Perspektive stellen und vom gesellschaftlichen Lernbedarf in einer gegebenen Kultur ausgehen.

Aus dieser Perspektive betrachtet, dürfte kein Zweifel daran bestehen, dass in unserer Kultur zu keinem Zeitpunkt mehr Wissen kumuliert war, wenngleich überwiegend außerhalb der Individuen in Trägersystemen, die von der Bibliothek bis zum elektronischen Medium reichen. Die Konsequenz aus dieser Kumulation für die Bildung und Ausbildung junger Menschen ist ebenfalls nicht strittig und sie ist auch beobachtbar: Es müssen – oder dürfen – mehr Menschen länger lernen, als je zuvor bei uns.

Strittig ist zwischen unterschiedlichen gesellschaftlichen Gruppen wie auch innerhalb dieser Gruppen (z. B. Politik, Wirtschaft, Wissenschaft, Öffentlichkeit), was in ein Curriculum gehören soll, dass diesen Ausgangskriterien gerecht würde. Diese Situation begünstigt nicht gerade eine optimale Auswahl im Sinne eines Konzeptes aus einem Guss. Eher befördert es die Reihung von Partialinteressen einzelner Gruppen und insgesamt ein Verschleppen sinnvoller Reformschritte. Allgemeinbildende Schulen haben im Gegensatz zu Wissenschaften nicht die Möglichkeit, durch Spezialisierung die Wissenskumulation aufzufangen. Stattdessen müssen sie sinnvoll auswählen. Die Frage des hier auszuwählenden Stoffes, die Frage nach der Art seiner Vermittlung können nicht sorgfältig genug reflektiert werden und die Wichtigkeit dieser Vorgänge ist kaum zu überschätzen.

Dies leuchtet unmittelbar ein, wenn man sich klarmacht, welche Fülle von hochspezialisierten Bildungsgängen und welche Vielfalt von Koordinationsleistungen erforderlich ist, um unser Gesellschafts- und Wirtschaftssystem zu betreiben. An der Nahtstelle zwischen den Generationen liegt das schulische Lernen und unser einziger ernstzunehmender „Rohstoff“ sind die potentiellen Fähigkeiten unserer Kinder. Daher geht es beim Erreichen oder Verfehlen von Lernniveaus im Kern um nicht weniger als um unser aller Zukunft.

Literatur

Blakemore, C. et. al. (1972) in: Proceedings Natural Academie of Science 70, 1353. (Zit. nach F. Vester 1975).

Conel, J. L. (1970): Life as revealed by the microscope. New York.

Gardner, H. (1991): The Unschooled Mind. How Children think and how Schools should teach. New York. (deutsch 1996: Der ungeschulte Kopf. Wie Kinder denken. Stuttgart).

Hänze, M. (1998): Denken und Gefühl. Wechselwirkung von Emotion und Kognition im Unterricht. Berlin.

Hasselhorn, M. (1995): Individuelle Differenzen im Bereich des Lernens und des Gedächtnisses. In: Enzyklopädie der Psychologie. Verhaltens- und Leistungsunterschiede. Differentielle Psychologie und Persönlichkeitsforschung. Bd. 2, Kap. 9. Göttingen, 435–468.

Karlsson, P. (1970): Kurzes Lehrbuch der Biochemie. Stuttgart.

Lurija, A. (1993): Romantische Wissenschaft. Forschungen im Grenzbereich von Seele und Gehirn. Hamburg.

Metzger, W. (1967): Stimmung und Leistung. Die affektiven Grundlagen des Lernerfolges. 4. Aufl. Münster.

Ornstein, R. (1988): Psychology. The study of Human Experience. New York.

Rose, S. (1973) in: Science 181, 576. (Zit. nach F. Vester 1975).

Schiess, R. (1992):Visuelle Erinnerungsfähigkeit unter besonderer Berücksichtigung des limbischen Systems. Diss. Univ. Zürich. Zürich.

Schmidt, R. F./ Thews, G. (1980): Physiologie des Menschen. Heidelberg.

Schneider, M. (1964): Einführung in die Physiologie des Menschen. 15. Aufl. Heidelberg.

Shapiro, S./ Kukovich, K. (1969) in: Science 167, 292. (Zit. nach F. Vester 1975).

Vossel, G./ Zimmer, H. (1998): Psychophysiologie. Stuttgart.

Velden, M. (1994): Psychophysiologie. Eine kritische Einführung. Berlin.

Vester, F. (1975): Denken, Lernen, Vergessen. Stuttgart.

Marcus Hasselhorn

Möglichkeiten des Aufbaus und der Nutzung von Analogien

Entwicklungspsychologische Anmerkungen zum Problem der Wissenskumulation im Schulalter

Zwei Freunde, Hermann und Fritz, besuchen einen Physik-Leistungskurs. Thema der letzten Unterrichtsstunde war die Ausdehnung des Universums. Heute Nachmittag haben sie sich getroffen, um ein ihnen schwierig erscheinendes Problem zu lösen. Es geht um die Frage, wie man zeigen kann, dass sich Sterne nicht auf die Erde zu, sondern von ihr wegbewegen. Hermann hat schon ein wenig darüber nachgedacht. Aber eine richtige Lösung ist ihm noch nicht eingefallen. Er hat sich überlegt, dass ja aufgrund der Leuchtkraft eines Sterns Licht ausgestrahlt wird und dieses Licht auf der Erde empfangen werden kann. Vielleicht – so seine Überlegung – lässt sich durch Veränderungen des auf der Erde beobachtbaren Lichts über die Zeit etwas über die Bewegung eines Sterns erfahren.

Fritz findet diese Idee gut. Er erinnert sich an einen schon etwas länger zurückliegenden Physik-Versuch, bei dem Lichtwellen mit einem Spektroskop sichtbar gemacht wurden. Lichtwellen unterschiedlicher Länge führten dabei zu unterschiedlichen Farbeindrücken. Aber wie lässt sich damit das Sich-Entfernen eines Sterns nachweisen?

Der Bericht vom Versuch mit dem Spektroskop erinnert Hermann plötzlich an ein Problem, über das er früher einmal nachgedacht hat; nämlich darüber, wie man erkennen kann, ob sich ein Geräusch nähert oder aber entfernt. Damals war er in den großen Park an der Bundesstraße gegangen und hatte bemerkt, dass die Geräusche der vorbeifahrenden Autos ihre Tonhöhe systematisch veränderten. Bei heranfahrenden Autos stieg die Tonhöhe zuerst an, während bei sich entfernenden Fahrzeugen das Geräusch immer dumpfer wurde. Im Physikbuch hatte er auch die Erklärung dafür gefunden, nämlich dass man pro Zeiteinheit zunehmend mehr Schallwellen empfängt, wenn sich ein Auto nähert und umgekehrt weniger, wenn sich ein Fahrzeug entfernt. Ob es vielleicht möglich ist, dieses Wissen über die Schallwellen auf Lichtwellen zu übertragen? Fritz ist von Hermanns Überlegungen begeistert:

> „Natürlich!", ruft er. „Wenn sich bei einem sich entfernenden Geräusch die Schallwellen am Ausgangspunkt verändern, dann sollten sich bei einer sich entfernenden Lichtquelle die Lichtwellen am Ausgangspunkt ebenfalls ändern."
>
> „Dann war deine Idee vom Spektroskop ja bereits die richtige", meint Hermann. „Im Spektroskop müsste sich das Entfernen eines Sterns an charakteristischen Farbänderungen zeigen lassen".

Das Beispiel von Fritz und Hermann zeigt uns die gelungene Nutzung einer Analogie beim Erwerb neuen Wissens. Was die beiden geleistet haben, lässt sich als „analoges Problemlösen" (vgl. Hesse 1991) klassifizieren, denn sie haben eine ihnen bekannte Lösung eines Problems auf einen neuen (analogen) Bereich erfolgreich übertragen.

Um Probleme durch die Nutzung von Analogien erfolgreich zu lösen, sind verschiedene Denkprozesse erforderlich, von denen man noch vor nicht allzu langer Zeit annahm, dass sie erst nach dem 10. Lebensjahr möglich würden (vgl. Gallagher/ Wright 1979, Piaget/ Montangero/ Billeter 1977). Ziel dieses Beitrages ist es, aufzuzeigen, dass bereits Grundschulkinder zum analogen Denken in der Lage sind und dass der Schlüssel für die didaktische Lösung des Problems der Wissenskumulation nicht im „Erfinden" neuer Anschaulichkeitsniveaus liegt, sondern in der Pflege und Förderung von bereits angelegten Möglichkeiten des Lernens, Verstehens und Denkens, wie z. B. in der Nutzung von Analogien. Diese These wird unter Rückgriff auf Befunde der empirisch-experimentell ausgerichteten Entwicklungspsychologie und Pädagogischen Psychologie begründet. In einem ersten Abschnitt wird die Bedeutung analogen Denkens für den Wissenserwerb aufgezeigt. Der zweite Abschnitt enthält eine Skizze der im Schulalter verfügbaren Kompetenzen des analogen Denkens und seiner Entwicklungsveränderungen. Im dritten Abschnitt werden Möglichkeiten der Nutzung von Analogien zur Integration von neuem mit bereits vorhandenem Wissen dargestellt. Der abschließende vierte Abschnitt zeigt instruktionspsychologische Möglichkeiten auf, mit deren Hilfe sich die individuellen Kompetenzen zum Erkennen und Nutzen von Analogien anregen und fördern lassen.

1 Die Bedeutung analogen Denkens für den Wissenserwerb

Analoges Problemlösen beginnt i. d. R. mit dem Prozess des analogen Zuordnens. Analoges Zuordnen ist z. B. erforderlich, um folgende Aufgabe zu lösen: „*Maus* verhält sich zu *Käse* wie *Kuh* zu ... ?“

Manch einem mag bei dieser Aufgabe zum analogen Zuordnen als erstes die Antwort „*Milch*“ in den Kopf geschossen sein. Aber lassen Sie sich hier nicht von der Arbeitsweise Ihres Wissenssystems, das wir in der Psychologie auch Langzeitgedächtnis nennen, aufs Glatteis führen. Unser Langzeitgedächtnis arbeitet nämlich gern auf assoziativer Basis, weil assoziative Verknüpfungen sich blitzschnell, gewissermaßen automatisch aktivieren lassen. So besteht z. B. bei den meisten Menschen eine hoch-assoziative Verknüpfung zwischen den Begriffen „*Kuh*“ und „*Milch*“. Dadurch löst die Aufforderung, einen zu „*Kuh*“ passenden Begriff zu finden, spontan den Begriff „*Milch*“ aus. Denken ist aber mehr als Assoziieren. Im Falle unserer Aufgabe zum analogen Zuordnen geht es darum, die in einem Sachverhalt enthaltenen Eigenschaften und Beziehungen auf einen neuen Sachverhalt zu übertragen. Für unser Beispiel heißt das, zunächst zu überlegen, welche Eigenschaften und/ oder Beziehungen zwischen „*Maus*“ und „*Käse*“ bestehen. Dabei stellen wir bei entsprechendem Vorwissen schnell fest, dass „*Käse*“ das bevorzugte Nahrungsmittel der „*Maus*“ ist. Übertragen wir nun diese Beziehung auf den neuen Sachverhalt, so wird schnell deutlich, dass wir zur Lösung der Aufgabe das bevorzugte Nahrungsmittel der „*Kuh*“ suchen. Haben wir darüber wieder hinreichende Vorkenntnisse, dann kommen wir zu der richtigen Lösung unserer Aufgabe („*Gras*“ oder „*Heu*“).

Analoges Zuordnen ist ein Grundprozess des Denkens, der notwendig ist, um neue Sachverhalte zu verstehen. Man spricht daher auch von analogem Verstehen, wenn ein bekannter Sachverhalt das Verstehen eines neuen Sachverhaltes ermöglicht oder zumindest erleichtert. Analoges Verstehen ist auch dann möglich und hilfreich für den Erwerb neuen Wissens, wenn die Eigenschaften und Beziehungen eines vertrauten Sachverhaltes sich nur teilweise auf den neuen Sachverhalt übertragen lassen. An folgendem Beispiel kann Wissenserwerb durch analoges Verstehen verdeutlicht werden:

Ein Schüler beschäftigt sich mit dem Stromfluss in einem elektrischen Stromkreis. Um sich über die Eigenschaften des Stromflusses klar zu werden, nimmt er eine Analogiebildung vor, indem er die ihm vertraute Vorstellung des Wasserflusses in einem Röhrensystem zu Hilfe nimmt. Beim Durcharbeiten des Kapitels aus dem Physikbuch über Stromfluss entdeckt er gewisse Gemeinsamkeiten bzw. Korrespondenzbeziehungen. So erhöht sich z. B. der

Wasserdruck, wenn mehr Wasser ins Röhrensystem gepumpt wird, was seine Entsprechung bei der Zunahme der Spannung bei erhöhter Elektrizitätsmenge im Stromkreis hat. Eine andere Gemeinsamkeit ist die Wirkungsweise des Ventils im Röhrensystem, das seine Entsprechung im Schalter des Stromkreises hat. Die Analogie zwischen Röhrensystem und Stromkreis stößt allerdings auch auf Grenzen. So bleibt z. B. die magnetische Wirkung des elektrischen Stroms ohne Entsprechung beim Wasserfluss. Dennoch ist der Schüler, der sich zum ersten Mal mit dem Thema Strom beschäftigt, durch die Nutzung der Wasser-Analogie zu einem tieferen Verständnis des neuen Inhaltsbereiches gelangt (vgl. Slotta/ Chi/ Joram 1995). Er hat analoges Verstehen praktiziert.

Die Nutzung von Analogien erleichtert das Verstehen neuer Sachverhalte und damit den Erwerb neuen Wissens. In seiner kognitionspsychologischen Analyse analogen Problemlösens folgert Hesse (1991, 215) sogar, dass „dann, wenn neues Wissen erworben werden muß, ... dies in aller Regel auf dem Hintergrund bereits vorliegenden Wissens" geschieht. Um die Anforderungen des zunehmenden kumulativen Erwerbs von Wissen zu bewältigen, muss der Mensch lernen, dasjenige Wissen aus seinem riesigen Wissensspeicher zu nutzen, das in der jeweiligen Situation am meisten brauchbar ist.

Aber ab welchem Alter kann er dies lernen? Welche Entwicklungsgesetzmäßigkeiten bei der Nutzung von Analogien lassen sich ausmachen?

2 Entwicklung analogen Denkens

Um die Entwicklung des analogen Denkens bei Kindern zu untersuchen, haben Psychologen meist den aus der psychometrischen Tradition (vgl. hierzu Hasselhorn/ Grube 1997) stammenden Aufgabentyp der analogen Zuordnung a:b::c:d herangezogen, den wir in der Form „Maus verhält sich zu Käse wie Kuh zu ... ?" bereits kennen gelernt haben. In jüngerer Zeit wurden auch sog. Problemlöse-Aufgaben herangezogen. Die Analogie basiert dabei auf einer Ähnlichkeit der relationalen Struktur zwischen einem bereits gelösten Problem (der Basis) und einem neuen Problem (dem Ziel). In unserem Eingangsbeispiel mit den Schallwellen und den Lichtwellen haben wir eine Variante solchen analogen Problemlösens kennen gelernt.

Folgt man der Piagetschen strukturgenetischen Sichtweise, so gelangt man zu der Einschätzung, dass Analogien von Kindern vor dem 11. Lebensjahr kaum genutzt werden können, da es ihnen extrem schwer fällt, über Relationen höherer Ordnung (in unserem Beispiel die Relation der Relationen Maus : Käse und Kuh : Gras) nachzudenken. Neuere Untersuchungen haben jedoch gezeigt, dass dies lediglich eine Frage des verfügbaren Wissens ist. So konnten schon 3 bis 4-jährige Kinder klassische analoge Zuordnungen bewältigen, wenn sie hinreichend Vorwissen haben, um die Grundrelationen zu verstehen. Gibt man ihnen dieses Wissen an die Hand, so können sie sogar richtige analoge Zuordnungen gegenüber assoziativen (Kuh : Milch) verteidigen (vgl. Brown 1989, Goswami 1991). Es besteht daher kein Zweifel darüber, dass Kinder bereits am ersten Schultag prinzipiell über die Fähigkeit verfügen, Analogien zur Vertiefung und Erweiterung ihres Wissens zu nutzen.

Um nicht missverstanden zu werden: Die vor allem von Brown (1989) aufgezeigte frühe Kompetenz zum analogen Denken impliziert nicht zwangsläufig, dass diese Fähigkeit sich im Laufe der Schulzeit nicht mehr verändert. Das Gegenteil ist der Fall. Mit etwa 10 Jahren beginnen Kinder, über ihr eigenes Wissen zu reflektieren. In der kognitiven Entwicklungspsychologie sprechen wir in diesem Zusammenhang von „Metakognition" (vgl. Hasselhorn 1996, 1998). Auch Goswami (1991) kommt bei ihrer Bewertung vorliegender empirischer Befunde zu dem Resultat, dass Entwicklungsveränderungen im analogen Denken durch Veränderungen im metakognitiven Verstehen von Analogien erklärbar sind. Als Konsequenz der erwachenden metakognitiven Reflexivät beginnen ältere Grundschulkinder, explizit nach relationalen Ähnlichkeiten bei Analogie-Aufgaben zu suchen, was die Qualität ihres analogen Denkens nachhaltig verändert. Dieser Qualitätsunterschied lässt sich z. B. daran erkennen, dass Grundschulkinder sich viel leichter als Sekundarschüler beim Bearbeiten von analogen Zuordnungen durch assoziative Relationen verleiten lassen (wie etwa bei unserem obigen Beispiel: Kuh : Milch):

Was folgt aus dieser knappen Skizze der Entwicklung analogen Denkens für das praktische Lernen? Nun, die Antwort scheint denkbar einfach zu sein: Nutze Analogien, um das Verständnis für neu zu erschließende Wissensgebiete zu optimieren!

Im naturwissenschaftlichen Unterricht lässt sich das in der Regel sehr gut realisieren. Simons (1984) konnte z. B. empirisch nachweisen, dass Schüler zu einem besseren Verständnis der Beziehungen zwischen Molekülen, Atomen und Masse gelangen, wenn man z. B. eine einfache „Biscuit"-Analogie heranzieht. Biscuit-Krümmel geben dabei eine gute Analogie für das Verständnis von Molekülen, indem sie den kleinsten Teil des Biscuits symbolisieren und dennoch dieselben Eigenschaften aufweisen wie der Biscuit selbst.

Probleme ergeben sich jedoch bei dem Versuch, Wissen über die Bereitstellung von Analogien zu vermitteln, in zweierlei Hinsicht: Zum einen stellt sich die Frage, über welches Wissen Kinder in einem Inhaltsbereich verfügen, das sich zur Analogiebildung nutzen lässt. Und zum anderen besteht die Gefahr, dass durch falsche Anwendung von Analogien oder durch Anwendung falscher Analogien falsches Wissen aufgebaut wird. Letzteren Punkt haben z. B. Spiro, Feltovich, Coulson und Anderson (1989) bei der Ausbildung medizinischen Fachpersonals beobachtet. Sie stellten fest, dass die häufig verwendete Analogie zwischen den Druck-Eigenschaften im cardiovasculären System und in der Wasserleitung zu vielen Misskonzepten über den Blutdruck führt. Man sollte daher stets überprüfen, ob eine konkrete Analogie auch tatsächlich zur Vermittlung bestimmter Wissensinhalte geeignet ist.

Unabhängig von diesem eher didaktischen Problem stellt sich aus entwicklungspsychologischer Perspektive die Frage, über welches Wissen Kinder verfügen und wie gut dieses geeignet ist, um darauf neues Wissen aufzubauen. Besonders für das Grundschulalter ist in jüngerer Zeit gezeigt worden, dass das biologische und physikalische, aber auch das psychologische Wissen bis zum Sekundarstufenalter gravierende qualitative Veränderungen erfährt (vgl. dazu ausführlicher Hasselhorn/ Mähler 1998). Einige Beispiele mögen dies verdeutlichen:

Die Unterscheidung zwischen Lebewesen und Nicht-Lebewesen gehört vermutlich zu den bereits im Säuglingsalter erworbenen biologischen Konzepten (vgl. Wellman/ Gelman 1992). Das entscheidende Kriterium für Lebendigkeit ist allerdings für Kinder zu Beginn der Grundschuljahre noch die Fähigkeit zu autonomer Bewegung, weshalb sie Pflanzen noch nicht zur Kategorie der Lebewesen zählen, obwohl sie zu wissen scheinen, dass Pflanzen die Fähigkeit zu Wachstum und zu Nahrungsaufnahme besitzen. Ein Verständnis solch zentraler biologischer Eigenschaften von Lebewesen wie z. B. Atmung, Verdauung und Reproduktionsfähigkeit entwickelt sich erst im Verlauf der Grundschuljahre. Erst mit ca. 10 Jahren werden Menschen, Tiere und Pflanzen zum Konzept „Lebewesen" zusammengefasst und die Reproduktionsfähigkeit als gemeinsames Merkmal erkannt.

Auch im Bereich des physikalischen Wissens finden im Verlauf der Grundschuljahre entscheidende Veränderungen statt. So konnte z. B. Carey (1991) zeigen, dass die physikalischen Vorstellungen jüngerer Grundschulkinder gänzlich unvereinbar mit den Konzepten von Erwachsenen sind. In diesem Alter differenzieren die meisten Kinder nicht zwischen Gewicht und Dichte und auch nicht zwischen Luft und Nichts. Sie glauben beispielsweise, dass eine Schachtel, die mit Metall ausgefüllt ist, gleichzeitig das gleiche Volumen an Luft enthalten könne, da Luft ja nichts sei. Auch sind sie der Überzeugung, ein erbsengroßes Stück Styropor wiege nichts. Gewicht scheint also für jüngere Grundschulkinder eher als so etwas wie eine subjektiv fühlbare Schwere und weniger als notwendige Eigenschaft von Materie interpretiert zu werden. Am Ende der Grundschuljahre glaubt noch fast die Hälfte der Kinder, dass ein Stück Stahl, das immer wieder halbiert wird, irgendwann keinen Raum mehr einnimmt und deshalb auch keinen Stahl mehr enthält.

Erst mit etwa 12 Jahren entsprechen die naiven physikalischen Vorstellungen von Kindern denen von Erwachsenen.

Aber nicht nur das Verständnis von der Natur unterliegt noch im Schulalter bedeutsamen Entwicklungsveränderungen. Auch im Bereich der intuitiven Psychologie zeigen sich charakteristische Veränderungen, auch wenn Schulanfänger in diesem Bereich schon viel Vorkenntnisse mitbringen (vgl. Mähler 1999). Sie können sich in die gedankliche Welt eines anderen hineinversetzen und aus dessen Perspektive sein Handeln verstehen (z. B. Peter möchte ein Eis essen und weiß, dass es das beim Kiosk gibt – deshalb geht er zum Kiosk). Aber auch hier gilt es noch neues Wissen zu erwerben. Komplexe soziale Interaktionen erfordern nämlich nicht nur einen Einblick in die mentale Welt einer anderen Person, sondern setzen die Rekursivität von Wahrnehmungen beider Interaktionspartner voraus. So hat z. B. Perner (1988) gezeigt, dass Sätze wie: „ich glaube, du weißt nicht, dass ich gesehen habe ...“ erst mit etwa 9 Jahren richtig verstanden werden. Erst wenn dies gelingt, können Kinder zuverlässig zwischen einem Scherz und einer Lüge unterscheiden oder eine ironische Bemerkung verstehen.

Dies mag an dieser Stelle an Beispielen genügen, um die besondere Qualität des Wissens vor allem von jüngeren Schulkindern zu veranschaulichen. Das Wissen über spezifische Lernbereiche – oder die naiven bzw. intuitiven bereichsspezifischen Theorien – schränken einerseits den möglichen Wissenserwerb ein und ermöglichen bzw. erleichtern andererseits den Erwerb neuen Wissens. So wie Wissenschaftler Theorien als Interpretationsrahmen zum Verständnis empirischer Befunde heranziehen, so dienen die auf einer Altersstufe vorhandenen Wissensbestände als Vorurteilsstrukturen für die Verarbeitung und Interpretation neuer Informationen und somit für den Aufbau neuen Wissens. Analogien können Kinder immer nur im eingeschränkten Bereich ihres Vorwissens „entdecken“, und Analogien, die vom Lehrer angeboten werden, können wiederum nur so verstanden werden, wie es die gerade verfügbaren bereichsspezifischen Theorien zulassen.

3 Nutzung von Analogien zur Integration neuen Wissens in vorhandenes

Wie im voranstehenden Abschnitt dargelegt wurde, ist davon auszugehen, dass Schüler oft nicht nur wenig Wissen über ein neues Stoffgebiet haben, sondern mitunter abweichende intuitive Vorstellungen über relevante Sachverhalte, die für das Verständnis des neuen Stoffgebietes hinderlich sein können. Gerade aus dem Bereich des naturwissenschaftlichen Unterrichts ist bekannt, dass das intuitive Vorwissen und das zu vermittelnde Sachwissen bisweilen nur schwer miteinander zu vereinbaren sind (s. o.). Um bei solchen Konstellationen nicht nur Oberflächenkenntnisse zu produzieren, bei denen das intuitive Vorwissen unverändert stehen bleibt und das „neue" Wissen als neuer, das Denken und Handeln im Alltag meist gar nicht tangierender Wissensbereich entsteht, bietet sich eine Form der systematischen Nutzung analogen Denkens an.

Analogien, bei denen eine Verbindung zwischen intuitivem Wissen und normativem Sachwissen hergestellt wird, werden in der Literatur als „überbrückende Analogien" (Krist 1999) bezeichnet. Beim Einsatz überbrückender Analogien geht es nicht in erster Linie um eine alltagsnahe und motivierende Einbettung des neuen Wissens. Im Vordergrund steht vielmehr die Zielsetzung, die Integration von intuitivem Vorwissen und normativem Sachwissen zu fördern und dadurch ein tieferes Verständnis des Gelernten anzuregen.

Die erfolgreiche Umsetzung des Ansatzes der überbrückenden Analogien erläutert Krist (1999, 200–201) anhand einer Lehr-/ Lernstudie von Clement (1993). In dieser Studie ging es darum, Schülern der High School das Newtonsche Konzept einer „passiven" Kraft im Sinne des Wechselwirkungsprinzips (als ‚reactio') verständlich zu machen. Physikalisch betrachtet übt beispielsweise ein Tisch auf ein Buch, das auf dem Tisch liegt, eine nach oben gerichtete Kraft aus, die dem Gewicht des Buches entspricht. Im intuitiven Vorwissen der Schüler ist jedoch das Konzept der „passiven" Kraft nicht verankert.

Die Tatsache, dass das Buch nicht nach unten fällt, wird lediglich auf den Umstand zurückgeführt, dass dieses ja auf dem Tisch, also auf einer stabilen, undurchdringlichen Unterlage liegt. Das Konzept der „Abstützung" bzw. der „Blockierung" bildet sich bereits im frühen Säuglingsalter aus (vgl. Baillargeon 1995). Es hat jedoch keinen Platz im Begriffsgebäude der klassischen Mechanik und muss daher gemäß dem Ansatz der überbrückenden Analogie in eine alltagsnahe Problembeschreibung übersetzt werden. In der Untersuchung von Clement wurde die intuitive Vorstellung der „Federung" als überbrückende Analogie genutzt. Die Schüler mussten zunächst ihre Hand auf eine federnde Unterlage drücken. Nachdem sie zugestimmt hatten, dass die zusammengedrückte Feder eine Kraft auf die Hand ausübt, wurde eine Kette überbrückender Analogien hergestellt. Über die Analogie-Schritte „Buch liegt auf Schaumstoff“ und „Buch liegt auf biegsamem Brett“ gelangten die Schüler schließlich zur Zielsituation „Buch liegt auf Tisch“. Die einzelnen Schritte wurden unter Leitung der Lehrkraft ausgiebig diskutiert. Die ganze entsprechende Unterrichtseinheit dauerte ca. 30 Minuten. Im Anschluss daran wurde das mikroskopische Modell eines festen Körpers eingeführt, indem dieser als Struktur elastisch miteinander verbundener Atome beschrieben wurde. Die Stunde schloss mit einem kleinen Versuch, bei dem mit Hilfe einer einfachen optischen Vorrichtung demonstriert wurde, dass sich eine Tischplatte bei Belastung tatsächlich verformt. In der Studie der Arbeitsgruppe von Clement kam es zu insgesamt sieben Unterrichtsstunden der beschriebenen Art, verteilt über einen Zeitraum von fünf Monaten, in dem das Stoffgebiet der klassischen Mechanik behandelt wurde. In allen untersuchten Inhaltsbereichen der klassischen Mechanik waren die mit dem Ansatz der überbrückenden Analogien unterrichteten Klassen den traditionell unterrichteten Vergleichsklassen überlegen.

4 Förderung des individuellen Erkennens und Nutzens von Analogien

In den bisherigen Ausführungen haben wir uns mit den allgemeinen Entwicklungsvoraussetzungen des Wissensaufbaus über die Nutzung von Analogien und mit daraus ableitbaren pädagogisch-didaktischen Empfehlungen beschäftigt. Dabei blieb allerdings ein zentrales Problem schulischen Lernens völlig unberührt: nämlich das Problem der gravierenden interindividuellen Differenzen. Warum profitiert nur ein Teil der Schüler von der angebotenen Analogie? Warum schaffen es manche Schüler offensichtlich nicht, sinnvolle Analogien zu erkennen und zu nutzen? Warum geben manche Schüler so schnell auf, durchaus produktive Lernwege bis zu Ende zu gehen?

Diese Fragen deuten bereits an, dass der Erfolg von Lernen und Wissensvermittlung auch von den individuellen Voraussetzungen des einzelnen Schülers bzw. der einzelnen Schülerin abhängt. Sieht man einmal vom so bedeutungsvollen Vorwissen ab, so findet man systematische interindividuelle Unterschiede in der Fähigkeit, analoge Zuordnungen vorzunehmen, in der Verfügbarkeit von Lern- und Denkstrategien, in der Qualität metakognitiver Prozesse und schließlich auch in der Bereitschaft, Anstrengung in Lernprozesse zu investieren (vgl. Hasselhorn 1997).

Instruktionspsychologen haben sich daher in den letzten Jahren darum bemüht, Wege für eine Optimierung der individuellen Voraussetzungen des Lernens durch Analogie-Nutzung zu finden.

Der Aachener Erziehungswissenschaftler und Psychologe Karl Joseph Klauer (1989, 1991, 1993) hat in den vergangenen 1½ Jahrzehnten Trainingsprogramme für Kinder und für Jugendliche entwickelt, erprobt und umfangreich evaluiert, bei denen es darum geht, das Feststellen von Gleichheit und/ oder Verschiedenheit von Merkmalen und Beziehungen bei beliebigen Materialien, Objekten und Sachverhalten zu üben. Der im Vordergrund des Klauerschen Trainingsansatzes stehende Prozess der Feststellung von Gleichheit und/ oder Verschiedenheit von Merkmalen und Relationen ist die Grundlage jeder gelungenen analogen Zuordnung. Er soll über das systematische Bearbeiten von sechs Aufgabentypen optimiert werden. Die Feststellung gleicher Merkmale wird in Generalisierungsaufgaben geübt (z. B. Was haben Tisch, Schrank und Regal gemeinsam?), die gleicher Relationen bei Beziehungserfassungsaufgaben trainiert (z. B. Mit welcher Zahl wird die folgende Zahlenfolge richtig fort gesetzt: 2 – 4 – 3 – 9 – 8 – ?). Bei Diskriminationsaufgaben geht es um die Feststellung der Verschiedenheit von Merkmalen (z. B. Was von diesen Dingen passt nicht zu den anderen: Flöte, Klavier, Radio, Geige), bei Beziehungsunterscheidungsaufgaben ist die Feststellung der Verschiedenheit von Relationen das Ziel (z. B. eine Bildergeschichte in die richtige Reihenfolge bringen). Analoge Zuordnungen, wie sie in den typischen Aufgaben des Typs a : b :: c : d erforderlich sind, werden schließlich als Kreuzklassifikationsaufgaben (Gleichheit und Verschiedenheit von Merkmalen) bzw. als Systembildungsaufgaben (Gleichheit und Verschiedenheit von Relationen) bezeichnet. Im Verlauf des Klauerschen Trainings werden nun Beispielaufgaben aller sechs Aufgabentypen musterhaft bearbeitet. Klauer (1989) nennt dies „paradigmatisches Vorgehen“.

In vielen empirischen Evaluationsstudien hat sich das Denktraining von Klauer als wirksam erwiesen. Bei jüngeren Kindern im Schuleingangsalter scheint diese Wirksamkeit eher auf Verbesserungen grundlegender Wahrnehmungsprozesse zu beruhen (vgl. Hager/ Hasselhorn 1998). Bei älteren Schulkindern und Jugendlichen wird dagegen nachweislich und nachhaltig die Fähigkeit zum analogen Denken durch das Denktraining von Klauer verbessert (vgl. von Johnn-Adler 1999). Klauer hat verschiedentlich zeigen können, dass dies die Wahrscheinlichkeit erfolgreichen schulischen Lernens in bedeutsamer Weise erhöht (z. B. Klauer 1999). Das für den schulischen Wissenserwerb so hilfreiche Erkennen und Nutzen von Analogien lässt sich demnach durch ein gezieltes Denktraining im Sinne Klauers optimieren.

Dennoch löst das Denktraining das Problem des Wissenserwerbs nicht völlig. Gelungener Wissenserwerb hängt von weiteren individuellen Voraussetzungen ab, wie z. B. vom Niveau metakognitiver Reflexivität, das sich auf die Überwachung, Kontrolle und Regulation des eigenen Wissenszuwachses auswirkt, und von der Ausprägung des individuellen Lern- und Leistungsmotivs. Auch diese Komponenten erfolgreichen Wissenserwerbs lassen sich systematisch fördern (vgl. Hasselhorn/ Hager 1998, für den Bereich metakognitiver Kompetenzen bzw. Rheinberg 1998, für den Bereich des Leistungsmotivs).

Ich komme damit zur Ausgangsthese meines Beitrages zurück. Meines Erachtens sind es nicht neue Anschauungsniveaus, die wir entdecken oder erfinden müssen, um das Problem der ständig zunehmenden Wissenskumulation zu lösen. Viel sinnvoller erscheint es mir, die bereits angelegten Möglichkeiten des Lernens, Verstehens und Denkens etwa durch die systematische Nutzung von Analogien bei Kindern zu pflegen und zu fördern. Der neueren empirisch-experimentell ausgerichteten Pädagogischen Psychologie sind mittlerweile zahlreiche Ansätze zu entnehmen, mit deren Hilfe dies nachhaltig gelingen kann.

Literatur

Baillargeon, R. (1995): A model of physical reasoning in infancy. In: C. Rovee-Collier/ L. P. Lipsitt (Eds.), Advances in infancy research, 9. Norwood, N. J. Ablex, 305–371.

Brown, A. L. (1989): Analogical learning and transfer. What develops? In: S. Vosniadou/ A. Ortony (Eds.), Similarity and analogical reasoning. Cambridge, Cambridge University Press, 369–412.

Carey, S. (1991): Knowledge acquisition. Enrichment or conceptual change? In: S. Carey/ R. Gelman (Eds.), The epigenesis of mind. Essays on biology and cognition. Hillsdale, N. J. Erlbaum, 257–274.

Clement, J. (1993): Using bridging analogies and anchoring intuitions to deal with student's preconceptions in physics. Journal of Research in Science Teaching, 30, 1241–1257.

Gallagher, J. M./ Wright, R. J. (1979): Piaget and the study of analogy. Structural analysis of items. In: J. Magary (Ed.), Piaget and the helping professions, 8. Los Angeles, University of Southern California, 114–119.

Goswami, U. (1991): Analogical reasoning. What develops? A review of reserach and theory. Child Development, 62, 1–22.

Hager, W./ Hasselhorn, M. (1998): The effectiveness of the Cognitive Training For Children from a differential perspective. A meta-evaluation. Learning and Instruction, 8, 411-438

Hasselhorn, M. (1996): Kategoriales Organisieren bei Kindern. Zur Entwicklung einer Gedächtnisstrategie. Göttingen.

Hasselhorn, M. (1997): Entwicklung und Beeinflußbarkeit der kognitiven Voraussetzungen des Lernens. Bayerische Schule, 50, 359–362.

Hasselhorn, M. (1998): Metakognition. In: D. H. Rost (Hg.): Handwörterbuch Pädagogische Psychologie. Weinheim, 348–351.

Hasselhorn, M./ Grube, D. (1997): Entwicklung der Intelligenz und des Denkens. Literaturüberblick. In: F. E. Weinert/ A. Helmke (Hg.): Entwicklung im Grundschulalter. Weinheim, 15–26.

Hasselhorn, M./ Hager, W. (1998): Kognitives Training. In: D. H. Rost (Hg.): Handwörterbuch Pädagogische Psychologie. Weinheim, 252–258.

Hasselhorn, M./ Mähler, C. (1998): Wissen, das auf Wissen baut. Entwicklungspsychologische Erkenntnisse zum Wissenserwerb und zum Erschließen von Wirklichkeit im Grundschulalter. In: J. Kahlert (Hg.): Wissenserwerb in der Grundschule. Perspektiven erfahren, vergleichen, gestalten. Bad Heilbrunn/ Obb., 73–89.

Hesse, F. W. (1991): Analoges Problemlösen. Eine Analyse kognitiver Prozesse beim analogen Problemlösen. Weinheim.

Johnn-Adler von, J. (1999): Reevaluation des Denktrainings für Kinder II und des Denktrainings für Jugendliche. Unveröffentlichte Diplomarbeit. Göttingen.

Klauer, K. J. (1989): Denktraining für Kinder I. Göttingen.

Klauer, K. J. (1991): Denktraining für Kinder II. Göttingen.

Klauer, K. J. (1993): Denktraining für Jugendliche. Göttingen.

Klauer, K. J. (1999): Über den Einfluß induktiven Denkens auf den Erwerb anschaulich-generischen Wissens bei Grund- und Sonderschülern. Psychologie in Erziehung und Unterricht, 46, 7–28.

Mähler, C. (1999): Naive Theorien im kindlichen Denken. Zeitschrift für Entwicklungspsychologie und Pädagogische Psychologie, 31, 53–66.

Perner, J. (1988): Higher-order beliefs and intentions in children´s understanding of social interaction. In: J. W. Astington, P. L. Harris/ D. R. Olson (Eds.), Developing theories of mind. Cambridge, Cambridge University Press, 271–294.

Piaget, J./ Montangero, J./ Billeter, J. (1977) Les correlats. In: J. Piaget (Ed.), L´abstraction réflechissante. Paris, Presses Universitaires de France, 115–129.

Rheinberg, F. (1998): Motivationstraining und Motivierung. In: D. H. Rost (Hg.): Handwörterbuch Pädagogische Psychologie (357–360). Weinheim.

Simons, P. R. J. (1984): Instructing with analogies. Journal of Educational Psychology, 76, 513–527.

Slotta, D. J./ Chi, M. T. H./ Joram, E. (1995): Assessing students misclassifications of physics concepts. An ontological basis for conceptual change. Cognition and Instruction, 13, 373–400.

Spiro, R. J./ Feltovich, P. J./ Coulson, R. L./ Anderson, D. K. (1989): Multiple analogies for complex concepts. Antidotes for analogy-induced misconception in advanced knowledge acquisition. In: S. Vosniadou/ A. Ortony (Eds.), Similarity and analogical reasoning. Cambridge, Cambridge University Press, 498–531.

Wellman, H. M./ Gelman, S. A. (1992): Cognitive development. Foundational theories of core domains. Annual Review of Psychology, 43, 337–375.

IV. Unterrichtliche Beispiele der Entwicklung neuer Niveaus der Anschaulichkeit

Gisela Krause

Lernen mit allen Sinnen in Grund- und Hauptschule

1 Praktisches Lernen mit Herz, Hand und Kopf ist kein pädagogisches Novum; seine Vernachlässigung ist vielmehr die Antwort auf Ausbeutung durch Kinderarbeit

Das Lernen mit allen Sinnen ist beileibe kein pädagogisches Novum. Schon Pestalozzi plädierte für das „Lernen mit Hand, Herz und Kopf". Lernen mit allen Sinnen, praktisches Lernen greift eine Vielzahl von Anregungen aus der Geschichte der Pädagogik auf. Es muss nur neu definiert, in die aktuellen Lehrpläne integriert und im schulischen Alltag realisiert werden.

In unserer Zeit, in der für viele Kinder, nicht nur für die aus der Großstadt, die Kuh lila ist und der Strom aus der Steckdose kommt, in der sogar Schulfeste und -feiern immer mehr zu einem Abklatsch aus den Medien werden – ich erinnere hier an Montagsmaler, Dingsda oder Glücksrad – in der ohnehin knapp bemessenen Freizeit eher in virtuellen Welten am PC agiert als unsere Welt mit allen Sinnen erfasst wird, ist es dringend notwendig, sich wieder auf das „praktische Lernen" zu besinnen. Wir als Pädagogen müssen Impulse aus der Vergangenheit aufgreifen und mit der Lebensweise unserer Kinder und Jugendlichen und den Erscheinungen unserer veränderten Gesellschaft verknüpfen. In allen Epochen und Kulturkreisen wurde mit allen Sinnen gelernt. Kinder haben ihren Kräften entsprechend bei den Arbeiten der Erwachsenen mitgeholfen und Arbeitsabläufe im ursprünglichen Wortsinn „begriffen" und „erfahren", sie haben „hingehört" und „hingesehen" und haben, wie es heute noch so schön im niederbayrischen Dialekt heißt, in die Arbeit „hineingeschmeckt". Das änderte sich dann alles mit der Einführung der allgemeinen Schulpflicht. Aber ganz abrupt und radikal hat sich diese Abkehr von der Praxis nicht vollzogen. Aus der Literatur bekannt sind die sogenannten „Hütekinder", die aus Vorarlberg und der Schweiz nach Württemberg kamen, um sich dort bei Bauern zu verdingen und dafür von Frühjahr bis Herbst von der

Schulpflicht befreit waren, weil sie arbeiten und sich ihr Brot verdienen mussten. Zeitzeugen aus meiner Heimat berichten mir, dass es in den 30er Jahren in der Sommerzeit noch eine sogenannte Halbschule gab. In diesen Monaten endete der Unterricht nicht wie üblich um 16.00 Uhr, sondern bereits um 13.00 Uhr, damit die Kinder zuhause mitarbeiten konnten. Bis in die 50er Jahre konnten Kinder, deren Eltern eine Landwirtschaft betrieben, noch bis zum Ende der Kartoffelernte teilweise von der Schulpflicht befreit werden. Und eine alte Schulfreundin von mir erzählt, dass sie noch im Jahr 1964 bereits an Pfingsten aus der Volksschule entlassen wurde, um im elterlichen Betrieb mitarbeiten zu können. Jetzt finden wir eine ganz andere Situation vor. Die meisten Kinder sind auf Arbeit als Unterhalt oder Existenzgrundlage nicht mehr angewiesen. Sie dürfen oder müssen sich gesetzeshalber mindestens neun Jahre lang ganz wesentlich dem „Lernen" und der „Bildung" hingeben. Schulaufsicht, Kinder- und Jugendschutz haben das Arbeiten der Kinder verunmöglicht. Sicher geschah das aus einer guten Absicht heraus. Allen Kindern sollte so ein Erwachsenwerden ermöglicht werden, wie es früher nur den oberen Schichten vorbehalten war. Es ging dabei sicher nicht um die Abschaffung der Kinderarbeit in Haus und Hof wie das Betreuen jüngerer Geschwister, die Erledigung kleiner Einkäufe oder die Mithilfe im Haushalt, sondern vor allem um die industrielle Kinderarbeit, um Arbeiten, bei denen Kinder unterdrückt, ausgebeutet und von allen Chancen des Lernens mit Herz und Kopf ausgeschlossen waren.

2 Arbeitswelt und Schule schließen einander aus; dadurch wird Praktisches Lernen sehr erschwert

Schule und Arbeitswelt bilden schon immer ein gewisses Gegensatzpaar. Die Aneignung von Kulturtechniken und geistige und körperliche Entfaltung schließen körperliche Arbeit und Sorge um den Lebensunterhalt aus. Die Schule stellt einen Schonraum dar, in dem sich eigene Sozialformen und eigene Methoden des Umgangs der Generationen miteinander entwickelten.

Man würde unserem Schulsystem Unrecht tun, würde man behaupten, dass sich die Schule nicht um die Nützlichkeit des Gelernten für den Alltag kümmern würde. So wurde das Rechnen z. B. schon in früherer Zeit stets unter dem Aspekt der praktischen Bedeutung gelehrt. In Stadtschulen war es auf seine Nützlichkeit für Handel und Gewerbe ausgerichtet, in Landschulen auf seine Anwendbarkeit im landwirtschaftlichen Bereich. Heute ermöglicht besonders das Fach Arbeitslehre vielfältige Zugangsmöglichkeiten zur Arbeitswelt: durch Betriebserkundungen und -praktika. Aber es bleibt ein oberflächlicher Zugang, wie es das Wort „Schnupperlehre" so treffend beschreibt.

Schule grenzt sich aber trotz aller Bemühungen deutlich ab gegen das Gesellschaftsleben, die Arbeitsformen und die Lebenspraxis der Erwachsenen. Gerade hier liegt aber auch eine Chance der Schule. Der Schonraum Schule kann Einsichten mit allen Sinnen erfahrbar machen, was dem Alltagsleben mit seiner Rationalisierung nicht möglich ist. „Entweder du lernst fleißig oder du musst später einmal arbeiten!“ ist ein Satz, den viele Schüler von ihren ehrgeizigen Eltern zu hören bekommen. Unter fleißig lernen verstehen viele Erwachsene auch heute noch das Pauken von Lernwissen und um Himmels Willen nicht die Beschäftigung mit den musischen Fächern und schon gar nicht die praktischen Erfahrungen, wie man sie bei Wandertagen, im Schulgarten oder bei Klassenfahrten machen kann und soll.
Hannah Arendt beschreibt drei Dimensionen des Praktischen:

1. das Arbeiten, das dem täglichen Leben dient, dem Pflanzen, Ernten, Hegen, Haushalten, mit dem sich der Mensch aus der Natur erhält.
2. das Herstellen, die Produktion, mit der der Mensch die Welt verändert und mit seinen Produkten anfüllt.
3. die soziale Praxis des Menschen, die Kommunikation und den Verkehr, das Handeln der Sinngebung, der Mitteilung, des politischen und rechtlichen Ordnens
(nach Andreas Flitner: Praktisches Lernen in PLUS 1/ 99).

Für unsere Schule ist eigentlich nur die dritte Dimension von Bedeutung: das Sprechen und das soziale Handeln. Die erste Dimension, der Bezug zur Arbeit als Lebensfristung und zur Erfahrung mit allen Sinnen fehlt. Viele Kinder werden auch zu hause nicht mehr zu diesen praktischen Arbeiten herangezogen. Und wir Lehrer wissen, wie schwer wir uns tun, wenn wir Schüler bitten, so einfache Pflichten wie Tafelwischen, Blumenpflege oder Papierschachtel entleeren zu übernehmen. Die zweite Dimension, das Herstellen und Produzieren ist auf ein Minimum beschränkt. Was „hergestellt“ wird sind fast nur Niederschriften, Grafiken, allenfalls in Kunsterziehung einmal ein eigenes „Produkt“. Nichts kann das Fehlen der beiden ersten Dimensionen so treffend ausdrücken wie dieser Text (Verfasser unbekannt):

Typisch

Der Lehrer nimmt den Bach durch.
Er zeigt ein Bild.
Er zeichnet an die Wandtafel.
Er beschreibt.
Er schildert.
Er erzählt.
Er schreibt auf.
Er diktiert ins Heft.
Er gibt eine Hausaufgabe.
Er macht eine Prüfung.
Hinter dem Schulhaus fließt munter der Bach vorbei.
VORBEI.

Die Abtrennung der Kinder von der Welt der Erwachsenen ist nicht nur eine äußerliche. Nicht nur die Institutionen „Kindergarten" und Schule isolieren die Kinder von den Erwachsenen. Auch das sogenannte Schulwissen grenzt sich vom lebenspraktischen Wissen deutlich ab.

Wenn die öffentliche Schule Bildung für alle Schichten ermöglichen will, so kann sie in ihren Inhalten nicht länger elitär bleiben, also in der Tradition des antiken Bildungsbegriffes verharren. Dennoch betreibt unsere Schule auf weiten Strecken reine Wissensvermittlung und ersetzt Erfahrung durch Belehrung. Dass sich aber Wissen und Erfahrung gegenseitig bedingen, lehrte uns schon Kant: „Erfahrung ohne theoretisches Wissen bleibt blind. Wissen ohne Erfahrung bleibt leer." - ist ein bekanntes Zitat. Jean Piaget formuliert ironisch: „Wer Kinder belehrt, der hindert sie daran, einen Sachverhalt selbst zu entdecken."

Wir wissen genau, dass das völlige Zurückziehen des Lehrers aus dem Erfahrungssammeln seiner Schüler unmöglich ist; die antiautoritäre Erziehung mit all ihren Auswüchsen hat uns das drastisch gelehrt. Es gilt, eine gelungene Synthese herzustellen aus dem spontanen Erfahren, Erleben, Betrachten und Tun einerseits und dem Belehren, Wissen, Abstrahieren und Hören andererseits.

3 Die wesentlichen Aspekte des Lernens mit allen Sinnen lauten: Aktivierung des Körpers und der Sinne, Aufgreifen der Dimensionen des Praktischen, Training für den Alltag, Umwelterziehung; Vorbild des Lehrers

Die Projektgruppe um Professor Flitner an der Universität Tübingen prägte in den 80er Jahren den Begriff „Praktisches Lernen" und dimensionierte ihn mit den vier kennzeichnenden Merkmalen: Aktivierung des Körpers und der Sinne, Arbeit als Produktion und als Sorgen für etwas, Brückenschlag in die soziale Umwelt, Umgang mit der Natur. Aus meiner Erfahrung im Lehrberuf möchte ich dem ein fünftes Kennzeichen zufügen, nämlich das Vorbild des Lehrers.

Jedes Kind hat das Bedürfnis, die Welt mit Körper und Sinnen zu begreifen. Schon Säuglinge reagieren auf Licht, Farben und Geräusche. Schnell lernen sie das Greifen, nehmen Gegenstände in den Mund, tasten, probieren, sehen Bewegung und erkennen Vertrautes. Und sie trainieren diese Körper- und Sinneserfahrungen mit schier unermüdlicher Ausdauer.

Später genießen sie das Schaukeln, das Ballspielen, das Spielen im Sandkasten und den Umgang mit Wasser. Es kommen Gleichgewichtserfahrungen beim Erlernen des Radfahrens, des Gummitwistens und des Skatens hinzu. Die Motivation zu diesen Tätigkeiten erfolgt rein intrinsisch. Diese kindlichen Bedürfnisse müssen wir uns in der Schule zunutze machen. Montessori- und Orff-Pädagogik und viele andere gute Ansätze tragen maßgeblich dazu bei, das Lernen mit allen Sinnen zu ermöglichen.

Lernen mit allen Sinnen eröffnet aber auch bisher vernachlässigte Dimensionen in der Schule. Vielfältige sinnliche Erfahrungen im Umgang mit Werkstoffen, z. B. Holz oder Ton, im Gartenbau, beim Einkaufen, Kochen, Backen und Putzen, bei der Betreuung von Tieren und Pflanzen macht Arbeit als Produktion und als Sorgen für etwas im Sinne von Hannah Arendt begreifbar.

Schule wird niemals überflüssig werden. Medieneinflüsse, Berufswelt und Konsumfreudigkeit überschütten unsere Kinder mit Eindrücken, die es ihnen schwer machen, richtig und falsch, real und fiktiv zu erkennen. Schule als Ort systematischen und geordneten Lernens, Schule als Ort der Orientierung hat heute einen größeren Stellenwert als je zuvor. Schule wird in absehbarer Zeit auch weiterhin Schonraum bleiben, sozusagen ein Trainingslager für den späteren Alltag.

Jedes Unterrichtsfach wäre heute unvollständig, wenn es sich nicht mit Umweltfragen auseinandersetzen würde. Nicht mehr die Beherrschung der Natur im sicher falsch verstandenen Sinn des Bibelzitats „Macht euch die Erde untertan“ steht im Vordergrund, sondern der sparsame und schonende Umgang mit unseren Ressourcen. Ökonomie, Ökologie und Sozialverträglichkeit – die kennzeichnenden Schlagwörter der AGENDA 21 beschreiben treffend, was unser vordergründiges Lernziel sein muß, wenn wir verantwortungsbewusste Bürger für das 21. Jahrhundert erziehen wollen. Unsere Schüler wissen längst, dass sie von Umweltproblemen in immer stärkerem Maße betroffen sein werden, wenn sich unsere Welt als Ganzes, nicht grundlegend verändert. Sie sind deshalb viel eher bereit an der Veränderung mitzuarbeiten als manche ihrer Eltern und Lehrer. Sie sind dankbar dafür, wenn wir ihnen andere Möglichkeiten des Denkens und Handeln anbieten und zeigen eine große Bereitschaft zum Konsumverzicht.

„Schule halten“ mit allen Sinnen, hier wieder gemeint im ursprünglichen Sinn – halten sowohl als abhalten und organisieren als auch als tragen und stützen, gelingt nur dann, wenn auch der Lehrer mit seiner ganzen Persönlichkeit dahintersteht. „Nur wer selber brennt kann zünden!“

Unser NEIN zur Verkopfung sollte nicht durchsetzt sein von vielen kleinen JAs, wie es der von mir so sehr geschätzte Professor Rainer Dollase auf dem 1. Dillinger Umwelttag so erfrischend unwissenschaftlich erzählte:
Stellen Sie sich einen Vegetarier vor. Er ist Familienvater mit 3 Kindern. Aber er ist ein milder Vegetarier. Es gibt einen Fleischtag in der Woche, den

Samstag. Wenn er am Montag schon schwärmt: Noch 5 Tage, dann haben wir unseren Fleischtag, am Dienstag fragt: Wo gehen wir dann hin? Und am Mittwoch überlegt: Was werden wir dann essen? Und wenn sich am Donnerstag seine Miene erhellt: Noch 2 Tage, dann haben wir unseren Fleischtag! Wissen Sie, was die Kinder dann lernen? Fleisch zu essen ist für ihn das Größte. Wenn ich groß bin, gibt es jeden Tag Fleisch. Das ist so, wie wenn Sie ein ganz großes NEIN schreiben würden und Sie schreiben es aus lauter JAs. Es gibt da eine grobe Struktur, die heißt NEIN, aber Sie haben es aus lauter JAs geschrieben und diese JAs kommen bei den Kindern an. Das ist genauso, wenn Sie sagen: Ich habe dir schon hunderttausendmal gesagt, dass du nicht übertreiben sollst! Damit erreichen Sie vermutlich das Gegenteil.

Unser JA zum Lernen mit allen Sinnen im Hinblick auf die Erziehung unserer Schüler mit „Herz, Hand und Kopf" muss in dicken, klaren Buchstaben geschrieben sein, wenn wir glaubwürdig sein wollen gegenüber unseren Schülern, den Eltern und den Institutionen.

4 Praktische Beispiele zum Lernen mit allen Sinnen in Grund- und Hauptschule: „Sinn-Salabim – Wir erfahren unsere Sinne" und „Der Energiegarten von Essenbach"

Was wäre ein Referat über das Lernen mit allen Sinnen, wenn es nicht einige praktische Umsetzungsmöglichkeiten aufzeigen würde? Deshalb möchte ich Ihnen nun „Sinn – Salabim. Wir erfahren unsere Sinne" vorstellen.

Wie schon eingangs erwähnt, sitzen in unseren Klassen heute andere Schüler als noch vor 25 Jahren. Zahlreiche Eindrücke aus den Medien beeinflussen die Erfahrungswelt unserer Schüler und originale Begegnung ist für viele ein Fremdwort geworden. Das Lernen mit allen Sinnen wird in unserer hektischen Zeit immer mehr vernachlässigt. Auch Schulfeste und -feiern geraten oft zu einem Abklatsch dessen, was das Fernsehen zu bieten hat. Deshalb kamen wir – der Arbeitskreis Umwelterziehung Landshut-Land im Jahr 1995 auf die Idee, den Versuch zu starten, hier einmal andere Akzente zu setzen und ein „Medienpaket Sinneserfahrung" zu entwickeln, das sich mittlerweile zu einem echten Renner im gesamten niederbayrischen Raum entwickelt hat. Es wird oft und gerne von zahlreichen Schulen ausgeliehen und Fortbildungsveranstaltungen hierzu finden regen Zuspruch.

Die Sammlung besteht aus von uns zusammengetragenen Anregungen, aus eigenen Erfahrungen und aus selbst entwickeltem Material. Hier haben wir nicht nur unsere eigene Kreativität eingesetzt, sondern auch die unserer Schülerinnen und Schüler. Der Sinn-Salabim-Koffer beinhaltet 6 Stationen:

Riechen: Überraschungseier mit verschiedenen ätherischen Düften, Kräuter – Länder – Kinder zuordnen, Gerüche aus der Weihnachtsbäckerei, Kräuterkunde mit frischen und getrockneten Produkten, Gewürzesküche

Schmecken: Geschmacksprüfung (süß, sauer, salzig, bitter, scharf), Zungenlandkarte, Apfel-Zwiebel-Versuch, Getränke schmecken

Hören: Geräuschekassetten, Dosentelefon, Filmdosen schütteln, Trötelefanten basteln, Wecker verstecken

Tasten/ Fühlen: Nussschlangen greifen, Tastbretter, Trockendusche, Buchstaben und Formen tasten, Bierdeckel auflegen, Steine greifen, Blindenschrift, Tastkisten

Sehen: Optische Täuschungen, 3-D-Bilder, Daumenkinos, Drehbilder, Kaleidoskope, Computersimulationen (PS), Sehtest, Spiegelschrift

Gleichgewicht: Versuchskarten, Pedalos, Stelzen, Schaukelbretter

Unser Paket kann nicht nur bei großen Aktionen wie Schulfest, Projektwoche oder -tag, sondern auch im normalen Schulalltag eingesetzt werden. Daher geben wir auch Anregungen für Übungen, die nicht mit großer Besetzung ablaufen können (z. B. Bierdeckelübung, Wecker verstecken).

Selbstverständlich erhebt unsere Sammlung keinen Anspruch auf Vollständigkeit. Wir freuen uns immer über Anregungen und Ergänzungen, die die Benutzer einbringen. Die Arbeit an „Sinn-Salabim“ hat allen Mitarbeitern sehr viel Spaß bereitet. Wir haben erfahren, dass so eine Arbeit nur im Team geleistet werden kann. Und wir haben wieder einmal im Kleinen erfahren dürfen, was V. Havel mit seinem Ausspruch meinte: „Wenn einer alleine träumt, ist es nur ein Traum. Wenn viele gemeinsam träumen, ist es der Beginn einer neuen Wirklichkeit“.

Zum Schluss möchte ich Sie noch zu einer kleinen Traumreise in den „Energiegarten von Essenbach“ einladen.

> „Strom gehört zu den Lebenselixieren moderner Zivilisation. Der Preis, der für seine Erzeugung gezahlt werden muss, ist hoch: Fossile und radioaktive Brennstoffe belasten die Umwelt in vielerlei Hinsicht. Doch die bedarfsdeckende Stromerzeugung durch umweltfreundliche und zudem unbegrenzt zur Verfügung stehende alternative Energieträger – wie Sonne, Wind und Wasser – muss beim heutigen Stand der Technik noch als reine Utopie gelten. Andererseits sind die Utopien von heute die Wirklichkeit von morgen. Deshalb wird an der Verwirklichung heutiger Utopien bereits fieberhaft gearbeitet. Nicht nur von Fachleuten, sondern unter anderem auch von den Schülern der Volksschule Essenbach bei Landshut. Wenige Kilometer hinter der Gemeinde Essenbach erhebt sich der gigantische Kühlturm des Siedewasserreaktors Ohu II. Eine Tatsache, die mit ausschlaggebend dafür

war, dass die Volksschule Essenbach in den dreijährigen vom Staatsinstitut für Schulpädagogik und Bildungsforschung (ISB) entwickelten Modellversuch 'Umwelterziehung an Grund- und Hauptschulen des ländlichen Raums' einbezogen wurde. Und zwar unter der Aufgabenstellung 'Möglichkeiten der Einsparung von Energie und Rohstoffen'. [...] Neben konkreten Energiesparmaßnahmen, wie zum Beispiel einer großangelegten 'Licht-Aus-Aktion', wurde der Schwerpunkt dabei vor allem auf den Einsatz alternativer Energien gelegt. Das beeindruckende Ergebnis langer Tüftel-, Bastel-, Organisations- und sonstiger Arbeit kann man im sogenannten 'Energiegarten' bestaunen: Unter, zwischen und neben den Bäumen und Beeten des Schulgartens plätschert heute ein Sonnenmodul-betriebener Springbrunnen, bringt ein Windrad Lampen zum Aufleuchten und eine Klingel zum Läuten; zwei Solarduschen erwärmen Brauchwasser an strahlenden Sommertagen auf 70°C und an verhangenen Wintertagen immer noch auf 50°C. Ein Pumpbrunnen treibt ein Wasserrad, dieses wiederum allerlei Wasserspielzeug. Ach ja, und da ist ja noch der Solargrill aus alten Autoscheinwerfern und ... und ... und.

Spielerisch und mit großer Freude lernen die Kinder und Jugendlichen so den zukunftweisenden Umgang mit alternativen Energieträgern. Spiel und Spaß haben jedoch keineswegs zum Verlust des Sinns für die Realität geführt. [...] Doch aufgrund ihrer Erfahrungen mit dem Energiegarten glauben fast alle, dass das hässliche Kühlturm-Monster von Ohu irgendwann einmal wieder aus der sanften niederbayerischen Landschaft verschwinden wird. Womit wir wieder bei der Utopie wären. Aber noch jeder, der den Energiegarten der Volksschule Essenbach besucht, ist wohl mit dem sicheren Gefühl wieder nach Hause gefahren, dass im Energiegarten bereits ein winziges Stückchen Utopie verwirklicht wurde. Spielerisch, heiter – zudem ohne jede Großtönerei, sondern ungewöhnlich bescheiden.

An der Volksschule Essenbach hat die Zukunft bereits begonnen, weil dort bereits heute die zuversichtliche Einstellung und der Mut, ausgetretene Pfade zu verlassen, vermittelt werden, ohne die sich die Probleme der Stromversorgung von morgen nicht lösen lassen werden." (Ulrich Zwack in Schulfunk Heft 526 Juni 1992)

Eine ergänzende Anmerkung zum Energiegarten sei hier noch erlaubt: Er ist kein statisches Produkt, das in drei Jahren Modellversuch kreiert wurde; er ist vielmehr zu einem dynamischen Selbstläufer geworden, dem dauernd neue Teile hinzugefügt werden: eine Sonnenuhr, ein Solarkocher, eine solarbetriebene Bewässerung für den Gemüsegarten, ein Karussellwindrad, eine Fotovoltaikanlage, ein Solarkocher, ein neolithischer Backofen, ein Kräuter-, Gemüse- und Obsttrockner und demnächst eine Regenwassernutzungsanlage auf dem Turnhallendach. Im Energiegarten von Essenbach wurde noch nie etwas mutwillig beschädigt oder zerstört. Das rührt sicher daher, dass immer Schüler an den Arbeiten aktiv mit „Herz, Hand und Kopf" beteiligt waren und sich deshalb damit identifizieren können und zuständig fühlen. Was könnte man sich als Pädagoge mehr an „Feedback" im Sinne von Saint Exupery wünschen?: „Du bist verantwortlich für deine Rose."

Walter Klinger

Bedeutung und Möglichkeiten der Veranschaulichung im Bereich der Physik

1 Bedeutung des Begriffs „Anschaulichkeit" in der Physik

„Anschauung" und „Veranschaulichung" sind keine eindeutig definierten Begriffe. Sie bedeuten in den verschiedenen Zusammenhängen ganz Verschiedenes. Um Möglichkeiten der Veranschaulichung in der Physik aufzeigen zu können, ist es daher notwendig, kurz zu umreißen, was im Rahmen der Physik unter Anschauung und Anschaulichkeit zu verstehen ist.

Bei der Auseinandersetzung mit einem Phänomen der Natur erhält der Physiker durch exaktes Beobachten und gezielte Experimente vermittels seiner Sinne – und dazu sollen hier auch seine Messinstrumente gerechnet werden – Informationen über das betrachtete Phänomen. Es gilt dann, die diesen Informationen innewohnenden Strukturen aufzuspüren und mit möglichst wenigen, eindeutig definierten Begriffen möglichst einfach und genau zu beschreiben.

Manche dieser Begriffe – sie werden als physikalische Größen bezeichnet – sind quantifizierbar, d. h. sie sind einer Messung zugänglich. Solche Begriffe lassen sich dann mathematisch miteinander verknüpfen. Es entstehen Gleichungen zwischen den physikalischen Größen.

Bevor allerdings an eine mathematische Beschreibung gedacht werden kann, müssen die relevanten Strukturelemente eines Sachverhalts oder eines Vorganges sowie deren Beziehungen zueinander qualitativ abgeklärt sein. Der durch seine Aphorismen weit über die Physik hinaus bekannte Physiker Georg Christoph Lichtenberg drückt diesen Sachverhalt folgendermaßen aus:

> „Zu glauben, daß Mathematik zur Physik absolut notwendig ist, ist Torheit; denn wo diese (die Mathematik nämlich) wirklich stattfindet, hat der Mensch schon das Beste gefunden. Es dahin zu bringen, daß er (der Physiker) es dem Mathematiker übergeben kann, das ist die Sache." (Lichtenberg 1908, 35)

Und Gerardus 't Hooft, theoretischer Physiker und Nobelpreisträger des Jahres 1999, kritisiert nachdrücklich eine heute bei jüngeren theoretischen Physikern zu beobachtende Neigung, mathematische Strukturen zu untersuchen, ohne darüber nachzudenken, welche Bedeutung letztere in der Physik haben. Er sagt:

> „Mathematik kann niemals eine physikalische Theorie ersetzen: Die Kunst besteht darin, in dem Ozean von Möglichkeiten jene mathematischen Strukturen zu identifizieren, die für die Physik nützlich sind; der Rest gehört in den Papierkorb." (Zit. nach Fritsch 1999, 21)

Das bedeutet: Bevor in der Physik an die mathematische Darstellung eines Vorgangs oder Sachverhalts gedacht werden kann, muss dieser Sachverhalt oder Vorgang in anschaulicher Weise erfasst worden sein. Der Physiker spricht in diesem Zusammenhang von einer Modellvorstellung oder einem Bild. Modelle stellen dabei eine Abbildung der meist sehr komplexen Wirklichkeit auf einfacher strukturierte Gebilde dar, die die wesentlichen Strukturelemente und Eigenschaften des Originals wiedergeben. Modelle dienen damit der Veranschaulichung eines Sachverhaltes. Sie vereinfachen ihn und machen ihn gedanklich fassbar, so dass er auch einer mathematischen Behandlung leichter zugänglich ist. Der Physiker Heinrich Hertz, Entdecker der elektromagnetischen Wellen, drückt diesen Sachverhalt folgendermaßen aus:

> „Wir machen uns innere Scheinbilder oder Symbole der äußeren Gegenstände, und zwar machen wir sie von solcher Art, daß die denknotwendigen Folgen der Bilder stets wieder Bilder seien von den naturnotwendigen Folgen der abgebildeten Gegenstände." (Hertz 1963)

In diesem Sinne ist Physik eine höchst anschauliche Wissenschaft oder anders ausgedrückt, Sachverhalte, bei denen es nicht gelingt, ein Bild, d. h. eine Modellvorstellung, zu entwickeln, gelten in der Physik als unverstanden.

Diese Aussage kann folgendermaßen veranschaulicht werden (Abb. 1): Es wird die Existenz einer „äußeren Wirklichkeit" angenommen, mit der der Mensch in Wechselwirkung treten kann. Aufgrund der Informationen, die er über seine Sinne bzw. über Messapparaturen von der äußeren Wirklichkeit erhält, bildet er sich eine sogenannte „innere Wirklichkeit", also ein Abbild der äußeren Wirklichkeit.

Der Objektbereich P_1 der äußeren Wirklichkeit ist allerdings im allgemeinen nicht deckungsgleich mit dem Modellbereich P_2 der inneren Wirklichkeit, d. h. Strukturen in P_1 haben nicht in allen Fällen Entsprechungen in P_2 et vice versa (Klinger 1994, 150). Beachtet werden muss hier allerdings noch, dass die Modellvorstellungen des Physikers nicht gegenständlicher Natur sein müssen im Sinne einer Zeichnung oder eines gegenständlich-dreidimensionalen Modells. Modellvorstellungen können höchst abstrakte, auch mathematische Strukturen darstellen. Diese jedoch sind nur für denjenigen anschaulich, der mit dem verwendeten mathematischen Formalismus bestens vertraut ist. Erinnert sei hier z. B. an das sog. „Heisenbergbild", an das „Schrödingerbild" oder an das „Diracsche Wechselwirkungsbild" in der Quantenmechanik (Landau 1988, 36). Allein die Wortwahl deutet bereits darauf hin, dass auch in der Quantenmechanik nicht auf Anschauung verzichtet werden kann.

In der physikalischen Forschung treten nun immer wieder Phänomene und Effekte auf, die zunächst nicht in das Bild passen, das sich Physiker von einem Naturvorgang gemacht haben. Dies bedeutet, dass das bisherige Bild abgeändert oder erweitert werden muss, oder dass sogar ein neues Bild, d. h. eine neue Modellvorstellung, entwickelt werden muss. Dabei haben die Änderungen der Modellvorstellung stets so zu erfolgen, dass sich die bisherigen und die neuen Erkenntnisse widerspruchsfrei in die neu gewonnene Modellvorstellung einfügen.

Der Mensch ist nur in sehr beschränktem Maße in der Lage, eine größere Anzahl von Strukturelementen eines Sachverhalts gleichzeitig im Auge zu behalten und zu überblicken. Mit zunehmender Komplexität geht die Anschaulichkeit sehr rasch verloren. Um dies zu verhindern, können mehrere Strukturelemente einer Modellvorstellung zu neuen, übergeordneten Einheiten zusammengefasst werden. Durch dieses Vorgehen erhält man eine weniger komplexe Beschreibung eines physikalischen Sachverhalts und gewinnt dadurch eine bessere Überschaubarkeit und damit Anschaulichkeit zurück.

Unsere Anschauung ist zunächst auf den dreidimensionalen Raum beschränkt. In der Physik hat man es aber häufig mit mehrdimensionalen Räumen zu tun, so z. B. in der Relativitätstheorie oder in der Quantenmechanik. Der Physiker hilft sich in solchen Fällen so, dass er sich einen Sachverhalt zunächst einmal im dreidimensionalen Raum klarmacht, und dann mit Hilfe der Mathematik formal auf mehrdimensionale Räume ausdehnt. Was die Anschaulichkeit betrifft, so sind n-dimensionale Räume anfangs etwas gewöhnungsbedürftig. Doch wer lange genug damit umgegangen ist, dem kommen sie mit der Zeit recht anschaulich vor. Denn häufig beruht Anschaulichkeit nur auf Gewöhnung und Vertrautheit mit einem Sachverhalt, d. h. der Grad der Anschaulichkeit ist eng korreliert mit dem Grad der Vertrautheit. So empfinden etwa Physiker, die mit dem vierdimensionalen Minkowsky-Raum der Relativitätstheorie oder den n-dimensionalen Hilbert-Räumen der Quantenmechanik gut vertraut sind, diese Räume durchaus als höchst anschaulich, während der Laie damit kaum etwas anzufangen weiß.

2 Veranschaulichung physikalischer Sachverhalte durch Analogiebildung

Eines der unentbehrlichsten Instrumente zur Gewinnung geeigneter Modellvorstellungen in der Physik ist die Bildung von Analogien. Unter Analogiebildung versteht man die Übertragung von Strukturen oder Verfahrensweisen von einem Gegenstandsbereich auf einen anderen. Analogiedenken stellt somit eine Art Mustererkennungsprozess dar. Im neuen Phänomen wird nach Strukturen gesucht, die dem Menschen bereits bekannt sind und sich möglichst gut mit Mustern seines Erfahrungshintergrundes decken bzw. mit ihm übereinstimmen. Geht man davon aus, dass der Mensch diejenigen Vorstellungen, Bilder und Begriffe als anschaulich empfindet, die ihm durch tagtäglichen Umgang vertraut sind, so dient die Analogiebildung zwischen Erfahrungshintergrund und einem unbekannten, noch nicht erfassten Sachverhalt in hohem Maße der Veranschaulichung dieses Sachverhaltes. Je größer der zur Disposition stehende Vorrat an modellhaften Vorstellungen und Bildern ist, desto besser wird die Veranschaulichung durch Analogiebildung gelingen.

In welch großem Umfang in der Physik Sachverhalte durch Analogien zum täglichen Leben veranschaulicht werden, kann bereits an der Begriffsbezeichnung vieler physikalischer Begriffe abgelesen werden. Dies wird besonders deutlich in all den Gebieten der Physik, die sich der unmittelbar visuellen Anschauung des Menschen entziehen, so z. B. in der Atom- und der Kernphysik. Es ist sofort einsichtig, welche Alltagsvorstellungen beispielweise den Begriffen „Atom*kern*", „Atom*hülle*" und „Elektronen*bahn*" oder Begriffsbezeichnungen wie „*Lebensdauer* eines radioaktiven Elementes", „*Tunnel*effekt" usw. zugrunde liegen (Klinger 1989, 23).

Ein aufschlussreiches Beispiel für die Analogiebildung zwischen der alltäglichen Vorstellungswelt und physikalischen Sachverhalten liefert die Entwicklungsgeschichte der Atom- und Kernphysik. Je nach dem Forschungsstand erfand man für das Atom die unterschiedlichsten Modelle; Modelle, die heute teilweise äußerst naiv anmuten. Da gab es zunächst das Modell der „harten, elastischen Billardkugel". Als man herausfand, dass das Atom nicht unteilbar ist, sondern aus Elektronen und positiven Ladungen besteht, erfand man das „Erdbeermodell" und das „Rosinenmodell". Man dachte sich das Atom als eine homogen positiv geladene Kugel, auf der die Elektronen wie die Samen auf der Erdbeere angeordnet oder wie die Rosinen im Kuchen eingebettet sind. Nachdem Rutherford entdeckt hatte, dass das Atom aus einem winzigen, positiv geladenen Zentrum, dem Atomkern, und einer negativen Elektronenhülle besteht, wurde das Rutherford'sche bzw. das Bohr'sche

„Planetenmodell" entwickelt. In diesem Modell kreisen die Elektronen wie Planeten um den positiv geladenen Atomkern, der wie die Sonne im Planetensystem fast die gesamte Masse des Atoms enthält. Da das Bohr'sche Atommodell vielen experimentellen Ergebnissen widerspricht, wurden abstraktere, quantenmechanisch realistischere Modelle, wie z. B. das Kugelwolkenmodell eingeführt, das vor allem in der Chemie häufig eingesetzt wird, um das Bindungsverhalten der Atome im Molekül anschaulich darzustellen.

Auch für den Atomkern ersann man fast ein Dutzend unterschiedlicher Kernmodelle, um die jeweiligen experimentellen Befunde der Kernphysikexperimente zu beschreiben: Da gibt es ein „Tröpfchenmodell" (der Atomkern wird hier in Analogie zu einem Wassertropfen behandelt). Es gibt ein „Schalenmodell" (hier wird der Atomkern in Analogie zur Atomhülle behandelt). Es gibt ein „Modell der eingetrübten Glaskugel" (hier wird der Atomkern als nicht ganz durchsichtige Glaskugel behandelt). Es gibt ein „Regenbogenmodell", ein „Einteilchenmodell", ein „Fermi-Gas-Modell", ein „Alphateilchenmodell" und viele andere mehr.

Ein berühmtes Beispiel, das zeigt, welche außerordentliche Bedeutung Analogiebetrachtungen bei der Theorienbildung haben, stellen die Transportphänomene „Wärmeleitung", „Elektrizitätsleitung" und „Diffusion" dar.

Für die Wärmeleitung hatte J. B. J. Fourier 1822 eine sehr detailliert ausgearbeitete Theorie entwickelt (Fourier 1883). Georg Simon Ohm untersuchte zur selben Zeit die Leitung des elektrischen Stroms. Zunächst tat er dies rein experimentell, und es gelang ihm auch, zwischen der elektrischen Spannung, der elektrischen Stromstärke und dem elektrischen Widerstand einen rein empirischen Zusammenhang herzustellen, der seine Messdaten gut wiedergab. Ohm war aber nicht nur ein glänzender Experimentator, er war auch ein begeisterter Mathematiker. Stets war er bestrebt, Physik – soweit wie nur immer möglich – auch mathematisch zu formulieren. Deshalb beschloss er, seine empirisch gefundene Gleichung auch im Rahmen einer Theorie der Elektrizitätsleitung zu begründen. Beim Literaturstudium stieß er auf Fouriers Wärmeleitungstheorie und erkannte sofort, dass zwischen der Wärmeleitung und der Elektrizitätsleitung ganz ähnliche, experimentell festgestellte Strukturen vorliegen. Aufgrund dieser Ähnlichkeiten gewann er die Überzeugung, dass sich die Elektrizitätsleitung ganz analog zur Wärmeleitung beschreiben lassen müsste.

In enger Anlehnung an Fouriers Wärmeleitungstheorie entwickelte er dann seine Theorie des elektrischen Stromkreises. In der Einleitung seiner 1827 veröffentlichten Monographie „Die elektrische Kette – mathematisch bearbeitet" schreibt er beispielweise:

„Die Form und Behandlung der so erhaltenen Differentialgleichungen ist denen für die Wärmebewegung durch Fourier uns gegebenen so ähnlich, daß sich schon hieraus, wenn auch weiter keine anderen Gründe vorhanden wären, der Schluß auf einen inneren Zusammenhang zwischen beiden Naturerscheinungen mit allem Rechte machen ließe, und dieses Identitätsverhältnis nimmt zu, je weiter man es verfolgt.“ (Ohm 1827)

Seine Anlehnung an Fouriers Theorie geht so weit, dass ihm von Kollegen vorgeworfen wurde, er sei nur ein „Nachbeter“ der Fourier'schen Theorie.

In ähnlicher Weise hat dann später Adolf Fick die Vorstellungen über die Wärme- und die Elektrizitätsleitung auf das Phänomen der Diffusion übertragen. Fick war von Haus aus Arzt. Als Arzt interessierte ihn vor allem die Diffusion von Salzen durch tierische Membranen. Der Einfachheit halber untersuchte er aber zunächst nur die freie Diffusion d. h. also die Diffusion ohne Membranen. Auch er führte zahlreiche Experimente durch und versuchte dann – ähnlich wie Ohm – seine Ergebnisse durch eine mathematisch formulierte Theorie zu beschreiben. Dies gelang ihm aber nicht, und er musste einräumen (Fick 1855, 59): „Meine dahin gerichteten Bestrebungen haben indessen keinen Erfolg gehabt.“ Um dennoch zum Ziel zu gelangen, greift er Fouriers Wärmeleitungstheorie als Analogiebereich auf. Er schreibt weiter:

„Dahingegen drängte sich mir beim ersten Überlegen jenes Grundgesetzes eine naheliegende Vermuthung auf, die es mir experimentell außer allen Zweifel zu stellen gelungen ist. In der That wird man zugeben, dass von vorne herein nichts wahrscheinlicher sey als dieß: Die Verbreitung eines gelösten Körpers im Lösungsmittel geht ... nach demselben Gesetze vor sich, welches Fourier für die Verbreitung der Wärme in einem Leiter aufgestellt hat, und welches Ohm bereits mit so glänzendem Erfolg auf die Verbreitung der Elektrizität ... übertragen hat. Man darf nur in dem Fourierschen Gesetz das Wort Wärmequantität mit dem Worte Quantität des gelösten Körpers, und das Wort Temperatur mit Lösungsdichtigkeit vertauschen ...“ (ebd.).

Nach dieser Mitteilung übernimmt Fick ohne Umschweife aus Fouriers Theorie die auf seinen Fall passenden Differentialgleichungen, indem er nur die entsprechenden physikalischen Größen uminterpretiert.

Es darf mit großer Sicherheit angenommen werden, dass zum damaligen Zeitpunkt weder eine Theorie der Elektrizitätsleitung noch eine Theorie der Diffusion hätte formuliert werden können, wenn nicht Fouriers umfassende Theorie der Wärmeleitung als Analogiebereich zur Verfügung gestanden hätte.

Die heute im Schulunterricht so häufig herangezogene Analogie zwischen dem Wasserstromkreis und dem elektrischen Stromkreis spielte weder bei Ohm noch bei Fick eine Rolle. Denn die Gesetzmässigkeiten der laminaren Flüssigkeitsströmung wurden seinerzeit von Poiseuille, ebenfalls einem Arzt, rein empirisch aufgrund von Messergebnissen gefunden. Um so erstaunlicher ist es, dass Fick bereits 1866, d. h. ein Jahr nach Veröffentlichung seiner Diffusionsgleichung, die Analogie zur Flüssigkeitsströmung heranzieht. Er will damit seinen Medizinstudenten die Elektrizitätsleitung veranschaulichen und rechtfertigt dies mit didaktischen Überlegungen. In seinem Lehrbuch „Die medizinische Physik“ schreibt er: „Dem Leser dürfte wohl die Vorstellung vom Blutkreislauf eines Thieres geläufiger sein als die von elektrischen Strömen“ (Fick 1866, 335).

Analogien spielen häufig auch eine bedeutsame Rolle bei der Veranschaulichung mathematischer Strukturen eines physikalischen Sachverhaltes. Werden beispielsweise Größen wie Winkelgeschwindigkeit, Drehmoment, Trägheitsmoment, Drehimpuls etc. in Analogie zu den Größen Geschwindigkeit, Kraft, Masse, Impuls etc. gebildet, so kann der gesamte mathematische Formalismus, der zur Beschreibung der Dynamik linear bewegter Massenpunkte entwickelt wurde, komplett auf die Beschreibung der Dynamik rotierender Körper übertragen werden. Auch die Behandlung der elektrischen Schwingungen lässt sich beispielsweise formal ganz analog zur Behandlung der mechanischen Schwingungen durchführen, wenn nur die im mathematischen Formalismus auftauchenden Größen entsprechend uminterpretiert werden. Heute wird sogar vielfach der umgekehrte Weg gegangen: Man wählt zur Behandlung eines mechanischen Systems ein analoges elektrisches „Ersatzschaltbild“ (vgl. z. B. Klinger 1987, 326).

3 Möglichkeiten zur Gewinnung höherer Niveaus der Anschaulichkeit in der Physik

Neben der Analogiebildung gibt es in der Physik noch eine ganze Reihe weiterer Möglichkeiten und Methoden, um sich Sachverhalte zu veranschaulichen. Einige dieser Vorgehensweisen sollen im folgenden kurz charakterisiert und anhand möglichst einfacher Beispiele dargestellt werden.

3.1 Gewinnung von Anschaulichkeit durch ikonische Darstellung von Sachverhalten

Ein für den Physiker unentbehrliches Mittel zur anschaulichen Darstellung von Sachverhalten ist die Verwendung der ikonischen Repräsentation. Dazu gehören vor allem Skizzen sowie schematische und graphische Darstellungen.

3.1.1 Skizzen zur Veranschaulichung von Ideen und Versuchsanordnungen

So trägt eine Skizze, die zur Erläuterung einer physikalischen Idee oder einer Modellvorstellung angefertigte wird, zu deren Verständnis im allgemeinem wesentlich mehr bei als eine wortreiche Beschreibung. Das gleiche gilt auch für die schematische Darstellung einer Experimentieranordnung.

Abbildung 2 zeigt links die Fotografie eines Teilchendetektors und rechts die schematische Darstellung dieser Experimentieranordnung. Durch sie erhält der Physiker einen raschen Überblick über Größenordnung, Anordnung, Relationen und Funktionalität der einzelnen Teile. Erst durch die Versuchsskizze wird eine knappe, präzise Beschreibung der Versuchsapparatur möglich.

3.1.2 Schaltskizzen

Das gleiche gilt – beispielsweise – auch für die Darstellung elektrischer Schaltpläne. Im oberen Teil der Abbildung 3 wird die Fotografie des Versuchsaufbaus eines Mittelwellenempfängers gezeigt. Im unteren Teil ist der dazugehörige Schaltplan angegeben. Durch die Einführung geeignet normierter Schaltsymbole für die einzelnen elektrischen Bauelemente (Widerstände, Kondensatoren, Spulen, Schalter etc.) lässt sich der komplexe Sachverhalt wesentlich übersichtlicher und leichter fassbar darstellen als mit der Fotografie. Dieses Beispiel zeigt deutlich, dass durch Einführung von Symbolen, die vom unmittelbar Äußeren realer Gegenstände abstrahieren und nur deren Funktionen versinnbildlichen, auf abstrakterer Ebene ein merklich höheres Niveau an Anschaulichkeit erreicht werden kann.

3.1.3 Zweidimensionale Diagramme zur Darstellung von Daten

Ein unumgängliches Hilfsmittel bei der Analyse physikalischer Daten ist ihre graphische Darstellung. Denn ganz gleich, ob es sich um experimentell gewonnene Daten handelt oder um Daten, die auf theoretischem Wege durch Rechnung erhalten wurden, umfangreiche Datensätze sind im allgemeinen viel zu unübersichtlich und komplex, als dass man aus ihnen unmittelbar Schlüsse auf gesetzmäßige Zusammenhänge ziehen könnte. Das gilt vor allem für den Fall, dass bei der Untersuchung eines Vorgangs mehrere relevante Parameter zu berücksichtigen sind.

Zur Illustration einer Datenanalyse soll hier ein sehr einfaches Beispiel dienen. Tabelle 1 (Abb. 4) zeigt Zeit-Weg-Wertepaare, die bei der Untersuchung des freien Falls gemessen wurden. Aus der Tabelle selbst lässt sich allenfalls ablesen, dass der Weg s mit der Zeit t zunimmt. Trägt man diese Werte in einem s-t-Diagramm auf (Abb. 4), so wird ein mit mathematischen Funktionen vertrauter Betrachter einen parabelförmigen Zusammenhang zwischen dem Fallweg s und der Fallzeit t vermuten. Um diese Vermutung zu bestätigen, werden die s- und t-Werte in ein s-t^2-Diagramm aufgetragen. Die Werte liegen nun offensichtlich auf einer Geraden. Damit wird die Vermutung bestätigt, dass der durchfallene Weg mit dem Quadrat der Zeit wächst.

Um in einer zweidimensionalen graphischen Darstellung eine weitere Variable in anschaulicher Weise berücksichtigen zu können, werden häufig in ein und dasselbe Diagramm ganze Kurvenscharen eingezeichnet. Abbildung 5 zeigt als Beispiel die spektrale Energieverteilung E_λ eines schwarzen Körpers als Funktion der Wellenlänge λ der elektromagnetischen Strahlung in Abhängigkeit der Temperatur T des Strahlers.

Diagramme werden auch vielfach dazu benutzt, um Relationen und/ oder Größenordnungen in anschaulicher, leicht überblickbarer Weise darzustellen. Beispiele hierfür sind etwa die Energieschemata von Kern- und Atomspektren (Abb. 6) oder die Einteilung des elektromagnetischen Spektrums in seine unterschiedlichen Bereiche (Abb. 7).

3.1.4 Dreidimensionale Diagramme

Mit Hilfe der Computertechnik werden heute zur Datenanalyse zunehmend auch dreidimensionale Darstellungen angefertigt. Als Beispiel dazu zeigt Abbildung 8 die dreidimensionale Darstellung einer quantenmechanischen Berechnung der Aufenthaltswahrscheinlichkeiten eines Elektrons in einem hochangeregten Wasserstoffatom (Rydberg-Atom mit Hauptquantenzahl $n = 8$). Solche Darstellungen machen einen hochkomplizierten Sachverhalt nicht nur anschaulich, sie sind auch ästhetisch sehr schön.

Auch die Verhältnisse in mehrdimensionalen Räumen, etwa im unendlichdimensionalen Hilbertraum der Quantenmechanik oder im vierdimensionalen Minkowski-Raum der Relativitätstheorie, werden durch zwei- oder dreidimensionale Diagramme zu veranschaulichen versucht. In diesen Fällen wählt man aus den mehrdimensionalen Räumen einen zwei- oder dreidimensionalen Raum so aus, dass sich in ihm die relevanten physikalischen Sachverhalte bildlich darstellen lassen (Abb. 9).

3.1.5 Feynman-Graphen

Ein Paradebeispiel aus neuerer Zeit, das zeigt, wie höchst unanschauliche mathematische Strukturen in der Quantenelektrodynamik der Anschauung zugänglich gemacht werden können, sind die sogenannten Feynman-Graphen. Sie wurden von dem Nobelpreisträger Richard Feynman erfunden, um mathematische Ausdrücke, die bei der störungstheoretischen Berechnung der Streuamplituden von Teilchen auftreten (S-Matrix), anschaulich darstellen zu können. Abbildung 10 zeigt ein solches Feynman-Diagramm für einen einfachen Fall:

Zwei Elektronen bewegen sich aufeinander zu. Da sie gleichnamige Ladungen tragen, stoßen sie sich gegenseitig ab; man sagt: sie werden gestreut. Wenn man diesen Sachverhalt im Rahmen der Quantenelektrodynamik berechnet, dann ergibt sich der in Abb. 10 unten gezeigte mathematische Ausdruck. Feynman ordnete nun jeder Linie im Diagramm und jedem Schnittpunkt von Linien (Vertex) einen bestimmten mathematischen Ausdruck so zu, dass deren Multiplikation die Gleichung in Abb. 10 unten ergibt. Feynman-Diagramme können somit direkt in die Sprache der Mathematik übersetzt werden, et vice versa.

Wie fruchtbar dieses Verfahren ist, zeigt der Fall, dass ein Proton mit seinem Antiteilchen, d. h. also einem Antiproton, kollidiert (Abb. 11). Das Proton besteht aus je drei Quarks (zwei up-Quarks u sowie ein down-Quark d) und das Antiproton aus den entsprechenden Antiquarks (zwei anti-up-Quarks $\bar{u}$ sowie ein anti-down-Quark $\bar{d}$). Man kann nun in anschaulicher Weise für alle Wechselwirkungsprozesse zwischen den Quarks und Antiquarks die entsprechenden Feynman-Graphen hinzeichnen (siehe Cline et al. 1995, 120) und diese dann sofort in die Sprache der Mathematik übersetzen.

3.2 Anschaulichkeit durch geeignete mathematische Beschreibung eines Sachverhaltes

Geht man davon aus, dass Sachverhalte um so anschaulicher erscheinen, je einfacher strukturiert sie sind, dann spielt die geeignete mathematische Darstellung eine wichtige Rolle. So hängt beispielsweise die Anschaulichkeit der Darstellung eines Phänomens von der richtigen Wahl des Koordinatensystems ab, in dem es beschrieben werden soll. Ein berühmtes Beispiel hierfür ist der Wechsel vom ptolemäischen Weltbild zum kopernikanisch-keplerschen Weltbild. Dem ptolemäischen System liegt ein geozentrisches, d. h. ein mit der Erde rotierendes Bezugssystem zugrunde. Es geht von der unmittelbaren Anschauung aus, dass sich die Himmelskörper in diesem System – grob betrachtet – auf geozentrischen Kreisbahnen bewegen. Durch sukzessive Steigerung der Beobachtungsgenauigkeit wurden im Laufe der Zeit allerdings immer mehr Abweichungen von den Kreisbahnen und der gleichförmigen Bewegung der Himmelskörper festgestellt. Um diese Unregelmäßigkeiten im geozentrischen Bezugssystem beschreiben zu können, wurden zunächst Epizyklen sowie kleinere Epizyklen auf den Epizyklen usw. wie auch exzentrische Kreise, Äquanten und andere Hilfsmittel eingeführt (Abb. 12), und zwar ohne dass diese Vorgehensweise sinnvoll begründet werden konnte (Simonyi 1990, 98). Abb. 13 zeigt eine am 17. Februar 1578 angefertigte Originalzeichnung von Tycho Brahe. In diesem Diagramm sind die Bahnen aller Planeten sowie der Sonne dargestellt. Merkur und Venus kreisen um die Sonne, die ihrerseits um die Erde läuft. Die Deferenten von Mars, Jupiter und Saturn sind auf die Erde zentriert, und ihre Epizyklen haben die Größe der Sonnenbahn um die Erde (Gingerich 1990, 46). Die Berechnungen der Planetenbahnen wurden dadurch immer komplizierter und unübersichtlicher und die ursprüngliche Anschaulichkeit des ptolemäischen Systems ging vollkommen verloren. Es bedurfte der – für die damalige Zeit revolutionären – Tat eines Kopernikus und vor allem eines Keplers, um die beobachteten Bahnen der Himmelskörper wieder in anschaulicher Weise darstellen zu können (Kuhn 1981). Durch Einführung eines heliozentrischen Bezugssystems, d. h. eines im Mittelpunkt der Sonne ruhenden Koordinatensystems, gewann man wieder eine unmittelbar anschauliche Darstellung des Planetensystems (Abb. 13, unten): Die Planeten bewegen sich im heliozentrischen System auf einfachen elliptischen Bahnen. Die Sonne sitzt in einem der beiden Brennpunkte der Bahnellipse, und die Geschwindigkeit jedes Planeten verändert sich in seiner Umlaufbahn so, dass eine von der Sonne zum Planeten gezogene Linie in gleichen Zeitintervallen gleiche Flächen der Ellipse überstreicht (Drehimpulserhaltungssatz).

3.3 Gewinnung von Anschaulichkeit durch Einführung neuer Konzepte

Ein in der Physik wiederholt erfolgreich gegangener Weg zur Gewinnung höherer Niveaus von Anschaulichkeit besteht in der Einführung neuer Konzepte. Drei solche Konzepte, die zur Beschreibung physikalischer Sachverhalte äußerst erfolgreich sind, stellen das Feld-Konzept, das Teilchen-Konzept und das Wellen-Konzept dar.

3.3.1 Das Feld-Konzept

Der Feldbegriff wurde um 1840 vom Michael Faraday eingeführt und von James Clerk Maxwell zu einer Feldtheorie weiterentwickelt. Der Feldbegriff diente zunächst dazu, um die Phänomene im Bereich des Elektromagnetismus anschaulich zu beschreiben. Ihm liegt die Vorstellung zugrunde, dass die Wechselwirkung zweier räumlich voneinander entfernter Körper nicht instantan erfolgt (Fernwirkungstheorie). Es werden dem Raum zwischen den Körpern vielmehr physikalische Zustände zugeordnet, die der endlichen Ausbreitung einer Wechselwirkung zwischen den Körper Rechnung tragen (Nahwirkungstheorie). Der Feldbegriff wird inzwischen in allen Zweigen der Physik verwendet, z. B. als elektromagnetisches Feld, als Gravitations-, Kraft- und Geschwindigkeitsfeld (Vektorfelder) oder als Temperaturfeld, als Potentialfeld (Skalarfelder) und viele andere mehr.

So unanschaulich der Feldbegriff zunächst anmuten mag, er ist hervorragend geeignet, um die Wechselwirkung zwischen Teilchen oder Teilchensystemen übersichtlich und in anschaulicher Weise darzustellen. Um dies zu erreichen, werden Felder durch sogenannte Feldlinienbilder beschrieben. Abbildung 14 zeigt als Beispiel die Feldlinienbilder verschiedener magnetischer Anordnungen. Beim Magnetfeld handelt es sich um ein Vektorfeld, d. h. jedem Raumpunkt der Umgebung eines Permanentmagneten oder eines stromdurchflossenen Leiters wird ein Vektor (d. i. eine gerichtete Strecke), die sogenannte magnetische Feldstärke, zugeordnet. Die in einem bestimmten Raumpunkt an eine Feldlinie angelegte Tangente gibt die jeweilige Richtung des Feldvektors, in unserem Falle die Richtung der magnetischen Feldstärke an. Eine Kompassnadel stellt sich jeweils in die tangentiale Richtung der Feldlinie ein. Die Dichte der Feldlinien macht eine Aussage über die Stärke des Magnetfeldes in dem entsprechenden Raumgebiet.

Als weiteres Beispiel wird in Abb. 15 das Temperaturfeld einer Hauswand gezeigt. Hier handelt es sich um ein skalares Feld: Jedem Punkt der Hauswand wird die jeweils in diesem Punkt herrschende Temperatur zugeordnet. Das Temperaturfeld der Hauswand ist im vorliegenden Fall als Graustufenbild dargestellt, d. h. die unterschiedlichen Temperaturwerte werden durch unterschiedliche Grauwerte gekennzeichnet. In dieser Darstellung genügt ein einziger Blick, um sich ein anschauliches Bild über die Temperaturverteilung der Hauswand zu machen. Üblicherweise werden heute solche Darstellungen zur Erhöhung der Anschaulichkeit als Falschfarbenbilder wiedergegeben (was hier aus Kostengründen leider nicht möglich ist). Die Veranschaulichung durch Falschfarbenbilder findet nicht nur in der Physik, sondern auch in anderen Bereichen vielfache Anwendung, so z. B. bei der Herstellung von Landkarten.

3.3.2 Das Wellenkonzept

Eng verbunden mit dem Feldkonzept ist das Wellenkonzept. Sein Ursprung geht auf die Beschreibung von Phänomenen zurück, die zunächst der unmittelbaren Anschauung zugänglich sind, wie z. B. Wasserwellen oder Seilwellen. Dieses Wellenkonzept wurde dann weiterentwickelt, um damit die räumliche und zeitliche Ausbreitung von Störungen in Medien, z. B. in Luft, Wasser und Festkörpern zu beschreiben. Bekanntlich hat es sich in hervorragender Weise bewährt bei der Beschreibung akustischer Phänomene, wie der Schallausbreitung oder bei der Beschreibung optischer Phänomene, wie z. B. der Reflexion, Brechung, Beugung, und Streuung von Licht.

Aus der Maxwell'schen Feldtheorie des Elektromagnetismus folgt durch mathematische Umformungen der Maxwell'schen Gleichungen ganz unmittelbar die Existenz elektromagnetischer Wellen. Elektromagnetische Wellen sind also eine denknotwendige Folge der Maxwell'schen Feldtheorie. Ihre Existenz wurde dann aufgrund dieser Vorhersage von Heinrich Hertz auch experimentell bestätigt. Ebenfalls experimentell wurde festgestellt, dass sich diese elektromagnetischen Wellen auch im Vakuum, d. h. im materiefreien Raum, fortpflanzen können, dass ihre Fortpflanzung also nicht an gewöhnliche Materie gebunden ist. Dies aber widersprach der Anschauung: Wellenphänomene ohne ein sie tragendes Medium waren nicht denkbar. Denn das aus der konkreten Anschauung heraus entwickelte Wellenkonzept erforderte ein Medium, in dem sich der Wellenvorgang ausbreiten konnte. Um diese Diskrepanz aus dem Wege zu schaffen, postulierte man als Träger der elektromagnetischen Wellen rein hypothetisch die Existenz eines den ganzen Raum durchdringenden Mediums, nämlich den Äther, der seinerzeit bereits von Aristoteles zur Rettung seiner kosmischen Theorien erfundenen worden war. (Die Existenz des Äthers wurde bereits anfangs des 19. Jahrhunderts schon einmal im Zusammenhang mit der Lichtwellentheorie gefordert, als noch nicht bekannt war, dass es sich bei Licht um elektromagnetische Wellen handelt.) Um nicht in Widerspruch zu anderen experimentellen Ergebnissen zu geraten, mussten diesem Äther aber immer mehr ziemlich exotisch anmutende, unphysikalische Eigenschaften zugeschrieben werden, die jedoch Messungen unzugänglich waren. Nachdem durch die berühmten Michelson-Versuche endgültig festgestellt worden war, dass sich die Existenz eines Äthers experimentell nicht nachweisen lässt, wurde er im Rahmen der Einstein'schen Relativitätstheorie wieder abgeschafft. Das Wellenkonzept muss heute nicht nur im Bereich der elektromagnetischen Wellen sondern auch in vielen anderen Gebieten der Physik ohne ein anschaulich-mechanisches Medium als Wellenträger auskommen.

3.3.3 Das Teilchenkonzept

Das Teilchenbild geht von der Vorstellung aus, dass Materie nicht unendlich fein unterteilt werden kann, sondern aus kleinsten, nicht mehr weiter zerlegbaren Partikeln aufgebaut ist. Obgleich im Teilchenbild – wie man heute weiß – der Wellencharakter der Materie vernachlässigt wird, nimmt die Teilchenvorstellung in der modellhaft-anschaulichen Beschreibung des Mikrokosmos immer noch eine wichtige Schlüsselposition ein. Die Bedeutung des Teilchenkonzepts ist für unser heutiges Verständnis des Aufbaus der Materie sowohl in der Festkörperphysik als auch in der Atom-, Kern- und Elementarteilchenphysik kaum zu überschätzen. Das gleiche gilt auch für ganz andere Bereiche. In der Thermodynamik etwa erreichte man ein völlig neues Niveau der Anschaulichkeit dadurch, dass man thermodynamische Phänomene im Rahmen der statistischen Mechanik auf die mechanische Wechselwirkung von Teilchen, d. h. von Molekülen bzw. Atomen zurückführen konnte. Welche enorme Bedeutung das Teilchenkonzept für die Chemie und darüber hinaus auch für andere Wissenschaften wie z. B. die Biologie hat, braucht kaum eigens betont zu werden. In seinen berühmten Lectures of Physics schreibt der Nobelpreisträger Richard Feynman:

> „Wenn bei einer Naturkatastrophe alles naturwissenschaftliche Wissen zerstört würde und nur ein einziger Satz an die nächste Generation überliefert werden könnte: Welche Aussage enthielte die meiste Information? Ich glaube es ist die Tatsache, dass alle Dinge aus Atomen aufgebaut sind – aus kleinen Teilchen, die sich andauernd herumbewegen, sich gegenseitig anziehen, wenn sie sich in geringem Abstand voneinander aufhalten, sich aber abstoßen, wenn sie zusammengedrückt werden. In diesem einen Satz ist eine enorme Menge an Information über unsere Welt enthalten, wenn nur ein wenig Phantasie und Denken angewendet wird." (Feynman 1963, 1–2)

So erfolgreich das Teilchen- und das Wellenkonzept in der klassischen Physik auch war, um Naturphänomene in anschaulicher Weise zu beschreiben, im Mikrokosmos gerieten beide Konzepte in Widerspruch zueinander. Objekte, die bisher als ausgesprochene Wellenphänomene angesehen wurden, wie z. B. das Licht, zeigten plötzlich Teilcheneigenschaften, und Objekte, die sich zunächst wie ausgesprochene Teilchen verhielten, wie z. B. das Elektron, zeigten plötzlich Welleneigenschaften. Nun sind aber „Wellen" etwas räumlich Ausgedehntes ohne genau angebbare Begrenzung. „Teilchen" dagegen sind räumlich beschränkt. Man kann z. B. ihren Durchmesser angeben. Nach dem klassisch-physikalischen Verständnis schließen sich also Teilchen und Welle gegenseitig aus. Ein und dasselbe Objekt kann nach menschlicher Auffassung nicht gleichzeitig Teilchen und Welle sein. Dies widerspricht der Anschauung.

Diese Diskrepanzen sind im Rahmen der Quantenelektrodynamik vollkommen überwunden. In dieser Theorie wird nicht mehr zwischen Welle und Teilchen unterschieden. Der mathematische Formalismus, der dies beschreibt, ist allerdings höchst abstrakt und einer anschaulichen Deutung unzugänglich, d. h. die Entwicklung der modernen Physik hat die Anschauung des Menschen hinter sich zurückgelassen. Dennoch, der Denk- und Erkenntnisapparat des Menschen ist auf Anschauung angewiesen. Um sich Dinge klarzumachen, greift der Physiker deshalb – je nach Problemstellung – nach wie vor entweder auf das Teilchen- oder das Wellenbild zurück. Das aber sind nur „Veranschaulichungskrücken".

Ähnliche Antinomien wie hier in der Physik gibt es auch in anderen Disziplinen. Die Theologie schlägt sich beispielweise seit fast 2000 Jahren mit dem Problem der „Dreifaltigkeit" und dem Problem „Wahr Mensch und wahrer Gott" herum. So wenig wie – per definitionem – ein und dasselbe Objekt gleichzeitig Teilchen und Welle sein kann, so wenig kann menschlichem Verständnis nach ein und dieselbe Person gleichzeitig Mensch und Gott sein. Was die Veranschaulichung betrifft, so stehen Theologie und Physik hier vor dem gleichen Dilemma. Doch sowohl Theologen wie auch Physiker wissen sehr genau, welches der beiden Konzepte sie jeweils heranziehen müssen, um sich einen Sachverhalt in einer vorgegebenen Situation anschaulich zu machen.

3.4 Gewinnung von Anschaulichkeit durch apparative Methoden

Für die menschliche Wahrnehmung spielt der Gesichtssinn eine dominante Rolle. Aus diesem Grunde hat man frühzeitig damit begonnen, optische Instrumente wie das Fernrohr und das Mikroskop zu entwickeln. Mit diesen Instrumenten konnten einerseits weit entfernte Gegenstände des Makrokosmos, andererseits aber auch für das Auflösungsvermögen des Auges zu kleine Gegenstände des Mikrokosmos so vergrößert werden, dass sie für das menschliche Auge sichtbar wurden. Mit Hilfe moderner Teleskope, die teilweise auf Erdumlaufbahnen stationiert sind, ist es heute möglich, etwa zehn Milliarden Lichtjahre weit in den Weltraum zu schauen. Die dabei beobachteten Sterne, Galaxien und auch Galaxienhaufen werden dabei mit einer Schärfe und Brillanz erfasst, wie man es vor wenigen Jahren noch nicht für möglich gehalten hätte. Abbildung 16, die 1998 mit dem Hubble Space Telescope aufgenommen wurde, zeigt beispielsweise eine Ansammlung von Galaxien in einer Entfernung von 12 Milliarden Lichtjahren.

Auch im Bereich der Mikroskopie wurden im Laufe des vergangenen Jahrhunderts die Grenzen der Auflösbarkeit zu immer kleineren Strukturen hin verschoben. Auf diesem Wege wurde das Lichtmikroskop zunächst durch das Elektronenmikroskop ergänzt, und mit dem Rastertunnelmikroskop sowie dem Rasterkraftmikroskop ist es heute möglich, atomare Strukturen aufzulösen, d. h. sichtbar zu machen. Dies bedeutet einen gewaltigen Sprung in Hinblick auf die Veranschaulichung mikroskopischer und sogar atomarer Strukturen. Abbildung 17 zeigt die rastertunnelmikroskopische Aufnahme einer Goldoberfläche sowie einer Graphit-Oberfläche mit unterschiedlicher Auflösung. Die hexagonale Wabenstruktur der Graphitatome ist deutlich zu erkennen. Mit dem Rasterkraftmikroskop gelingt es sogar, einzelne Atome zu manipulieren, sie aufzunehmen und an anderem Ort gezielt wieder abzusetzen (Abb. 18).

Während man mit dem Rastertunnelmikroskop und dem Rasterkraftmikroskop nur Oberflächen abtasten und sichtbar machen kann, ist es vor kurzem gelungen, mit Hilfe der Röntgenholographie räumliche atomare Strukturen direkt abzubilden. Abbildung 19 zeigt das Röntgenhologramm eines Kobaltoxidkristalls (fcc). Die leuchtenden Punkte zeigen die Position der Kobaltatome mit einer Genauigkeit von 10^{-2} nm.

3.5 Der Computer als Hilfsmittel zur Veranschaulichung von Sachverhalten

Die spektakulären bildlichen Darstellungen atomarer Strukturen wären nicht möglich, ohne die heute zur Verfügung stehende Computertechnik. Computer werden aber im Bereich der physikalischen Forschung noch an vielen anderen Stellen mit Vorteil eingesetzt, um Sachverhalte der menschlichen Anschauung zugänglich zu machen. So ist der Computer – wie bereits ausgeführt – bei der Analyse und der anschaulichen Darstellung von Daten ein unentbehrliches Hilfsmittel.

Atemberaubende Fortschritte hat in den vergangenen Jahrzehnten auch die Computersimulation gemacht. Mit ihrer Hilfe ist es möglich, sich rasch ein Bild zu verschaffen, wie sich etwa unterschiedliche Parametersätze auf einen physikalischen Ablauf auswirken. In diesem Zusammenhang spielen vor allem die sogenannte Monte-Carlo-Methode sowie die erst in jüngster Zeit entwickelte Car-Parrinello-Methode eine bedeutsame Rolle. Mit letzterer etwa lassen sich hochaktuelle Fragen untersuchen, wie z. B. die Wanderung von Wasserstoffionen in Wasser, zu deren Klärung bisher weder experimentell noch theoretisch viel beigetragen werden konnte. Es ist nicht übertrieben, wenn man hier von einem „virtuellen Labor“ spricht, in dem Wechselwirkungsmechanismen durch quantenmechanische Computersimulationen in anschaulicher Weise geklärt werden (Marx 1999, 21).

4 Möglichkeiten der Veranschaulichung in der physikalischen Lehre

Bereits im 17. Jahrhundert weist Comenius in seinen Schriften wiederholt mit Nachdruck auf die Bedeutung der Anschauung bei der Wissensvermittlung hin. Im 19. Jahrhundert wird dieses Prinzip dann von Pestalozzi zum wichtigsten Unterrichtsgrundsatz erhoben; denn, so Pestalozzi: „Anschauung ist das absolute Fundament aller Erkenntnis". Von da an zieht sich die Forderung nach Anschauung und Veranschaulichung wie ein roter Faden durch die Pädagogik. Anschauung und Veranschaulichung von Sachverhalten zählen seitdem in der Schulpädagogik mit zu den wichtigsten Unterrichtsgrundsätzen. Was die Physik anbetrifft, so haben sich vor allem Pädagogen wie Adolf Diesterweg, Georg Kerschensteiner und in jüngerer Zeit Martin Wagenschein um einen sachgemäßen, realitätsnahen und insbesondere anschaulichen Physikunterricht verdient gemacht.

Anschauung und Veranschaulichung sind also nicht nur in der Fachwissenschaft Physik von grundlegender Bedeutung. Sie sind auch in der physikalischen Lehre in ganz besonderer Weise der Schlüssel zu echtem physikalischen Verständnis. Wenn also Physik für den Lernenden ein integraler Bestandteil zur Interpretation des täglichen Lebens werden soll, dann müssen auch im Unterricht alle Lerninhalte in anschaulicher Weise möglichst anhand der Erfahrungen des täglichen Lebens erarbeitet werden. Der Weg, wie dies in der Praxis zu geschehen hat, ist von der Didaktik der Physik seit längerem vorgezeichnet und wird – cum grano salis – in der Schulpraxis auch zunehmend eingeschlagen. Für die Lehre ist eine Reihe von Lehrmitteln entwickelt worden, die dazu dienen, dem Physiklernenden physikalische Sachverhalte zu veranschaulichen. Dazu gehören nicht nur schülergerechte Experimentiergeräte, sondern – neben den in Kapitel 3 für und von der Physik geschaffenen Möglichkeiten – vor allem auch:

- Funktionsmodelle, die den Funktionsablauf eines Vorgangs in klarer, elementarisierter Weise erkennen lassen, wie z. B. das Funktionsmodell eines Motors.

- Ähnlichkeitsmodelle, die ein Objekt in ähnlich verkleinerter Form zeigen, so dass physikalische Untersuchungen am verkleinerten Modell durchgeführt werden können, wie z. B. die Strömungsverhältnisse bei verschieden geformten Körpern.

- Analogmodelle, zur Veranschaulichung physikalischer Phänomene in Analogie zu gut bekannten Phänomenen, wie z. B. Analogien zwischen Wasserkreislauf und elektrischem Stromkreis.

- Gegenständlich-makroskopische Modelle zur Veranschaulichung mikroskopischer Strukturen und Vorgänge. Dazu zählen etwa Molekülbaukästen, Gittermodelle, Magnetmodelle oder die Darstellung der Wärmebewegung durch ein makroskopisches Glaskugelgas. Mit letzterem können sogar quantitative Experimente, z. B. zur Bestimmung der Maxwell'schen Geschwindigkeitsverteilung, durchgeführt werden. Man spricht in diesem Falle auch von Modellexperimenten.

Neue Möglichkeiten zur Veranschaulichung physikalischer Sachverhalte werden seit geraumer Zeit auch im Rahmen der Multimedia-Bewegung weltweit eingehend diskutiert. Für verschiedene Bereiche der Physik sind dynamische, interaktive Multimedia-Programme bereits in der Entwicklung begriffen, manche werden auch schon im Fachhandel angeboten. In welchem Ausmaß allerdings solche Programme, die zur Zeit noch sehr in ihren Anfängen stecken, neue Niveaus der Anschaulichkeit im Physikunterricht vermitteln können, muss die Zukunft erst noch zeigen.

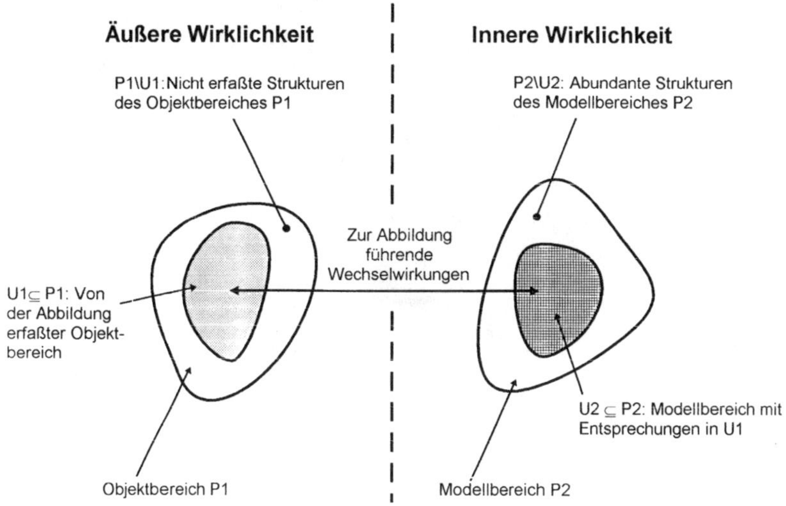

Abb. 1: Abbildung eines Objektbereiches U1 der äußeren Wirklichkeit auf den Modellbereich U2 der inneren Wirklichkeit. Der Durchschnitt P1\U1 stellt die vom Modellbereich P2 nicht erfassten Strukturen der äußeren Wirklichkeit dar; P2\U2 gibt die Eigenschaften des Modellbereichs wieder, die keine Entsprechungen im Objektbereich P1 besitzen. (Klinger 1994, 150)

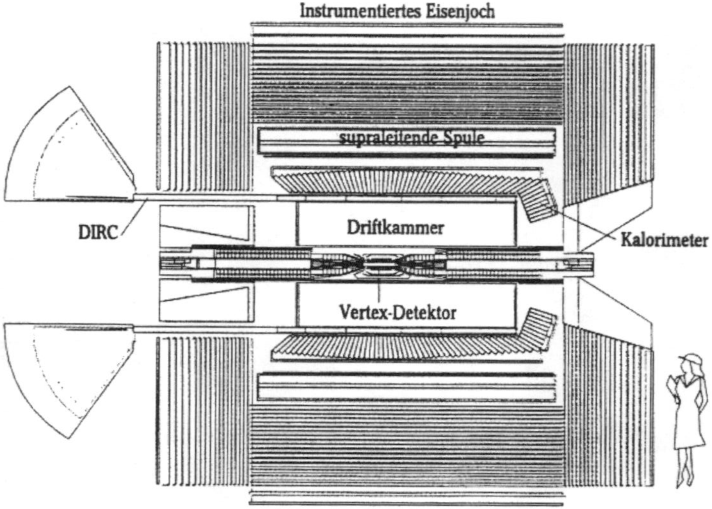

Abb. 2: BABAR-Detektor am SLAC-Laboratory (USA) zum Nachweis der Zerfallsprodukte von B-Mesonen: Gegenüberstellung von Fotographie und Schemaskizze dieser Experimentieranordnung (Kunze M. 1999, 27 und 31).

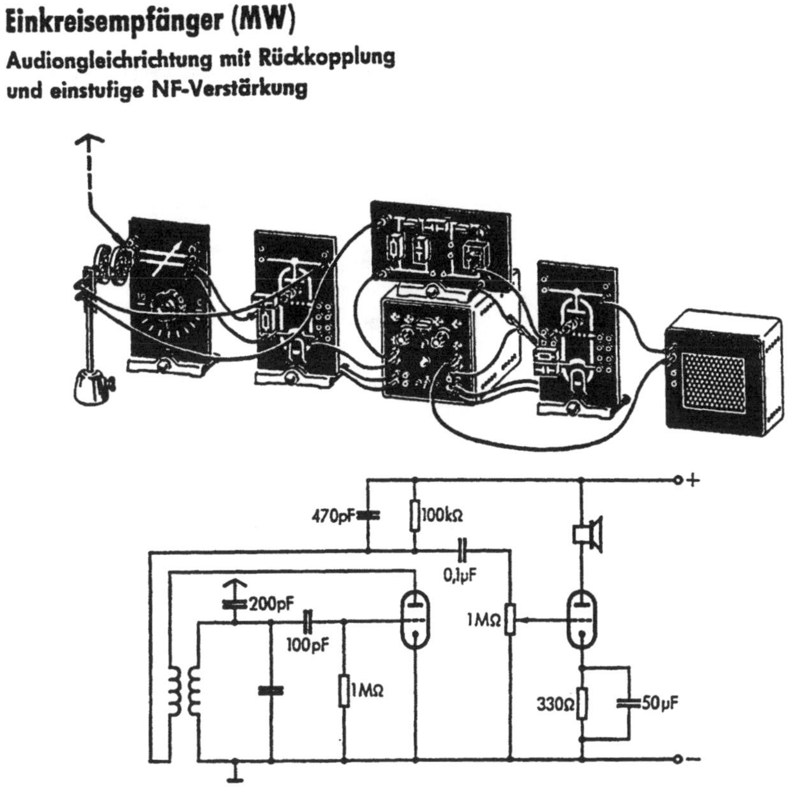

Abb. 3: Experimentieranordnung und Schaltplan eines Einkreisempfängers. (Brettschneider 1968, Versuch E 8.1.2.3.)

s / m	1.50	1.68	2.32	3.21	3.57	5.39	9.98	14.37	17.45	21.91	28.58
t / s	0.00	0.19	0.41	0.59	0.65	0.89	1.31	1.62	1.82	2.04	2.35

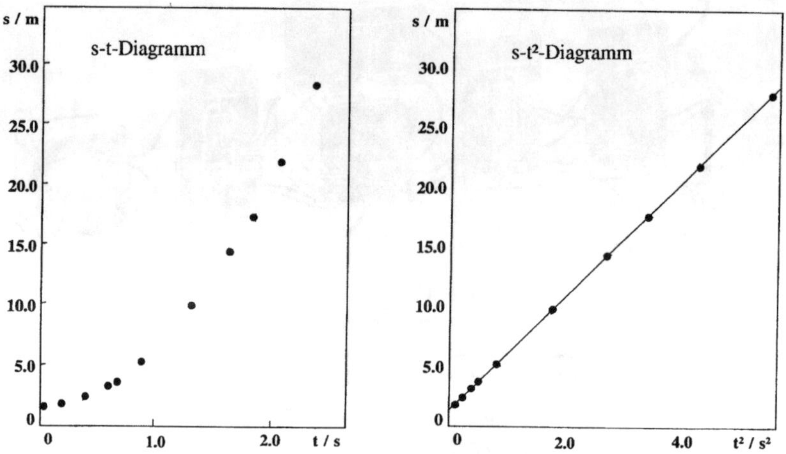

Abb. 4: Abhängigkeit des Fallweges s von der Fallzeit t in zwei unterschiedlichen Auftragungsweisen:

a) lineare Auftragung der s-t-Wertepaare im s-t-Diagramm;

b) Auftragung des Fallweges s gegen das Quadrat der Fallzeit t im s-t^2 Diagramm

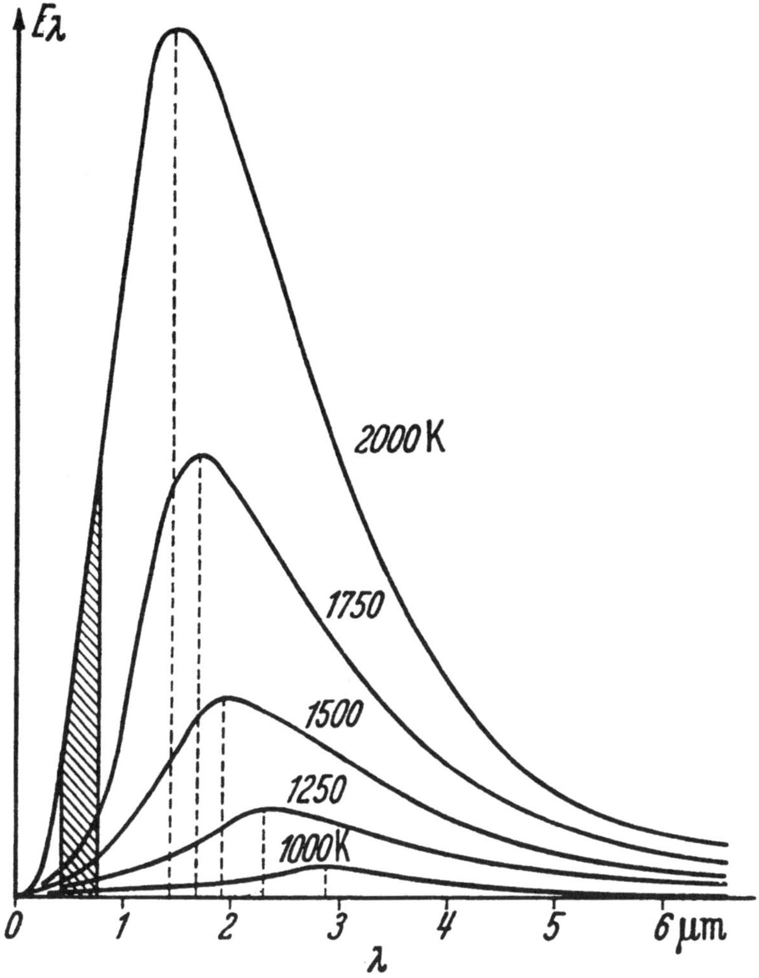

Abb. 5: Beispiel für die graphische Darstellung einer Kurvenschar: Energieverteilung E_λ im Spektrum des schwarzen Körpers als Funktion der Wellenlänge λ der elektromagnetischen Strahlung in Abhängigkeit der Temperatur T des Strahlers. Der vom menschlichen Auge wahrnehmbare Spektralbereich ist schraffiert. (Westphal 1970)

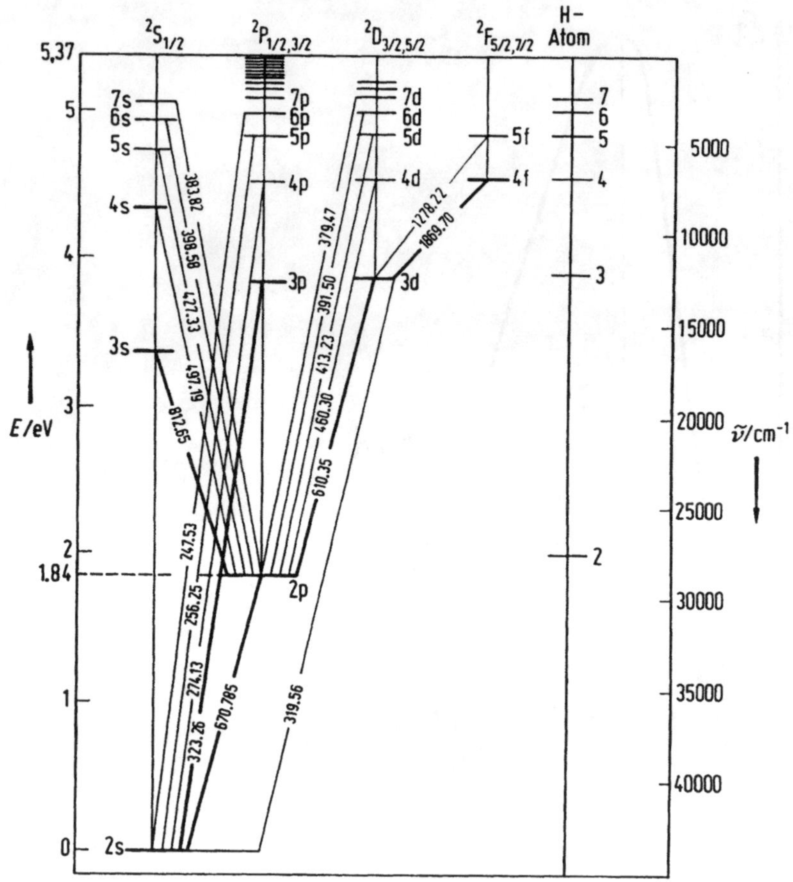

Abb. 6: Termschema des Lithiumatoms; die Feinstrukturterme ²P1/2,3/2 , ²D3/2,5/2 , ... sind unaufgelöst dargestellt (optische Übergänge in nm); zum Vergleich sind die bohrschen Energiewerte des Wasserstoffs eingezeichnet, wobei ν die Wellenzahl bedeutet. (Bergmann-Schäfer 1992, 114)

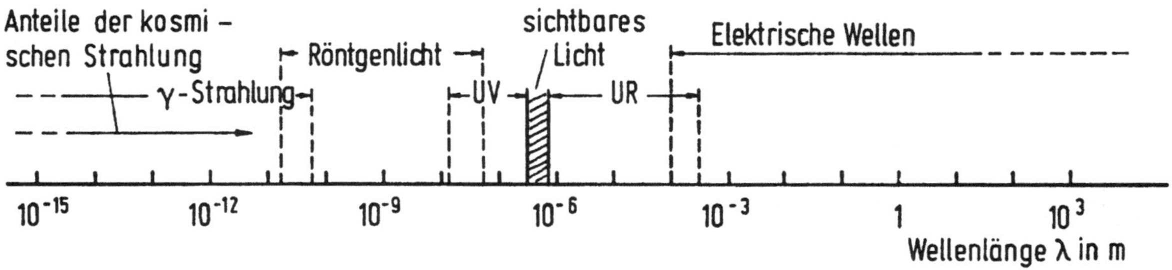

Abb. 7: Übersichtliche Darstellung des gesamten elektromagnetischen Spektrums. (Fleischmann 1980, 422)

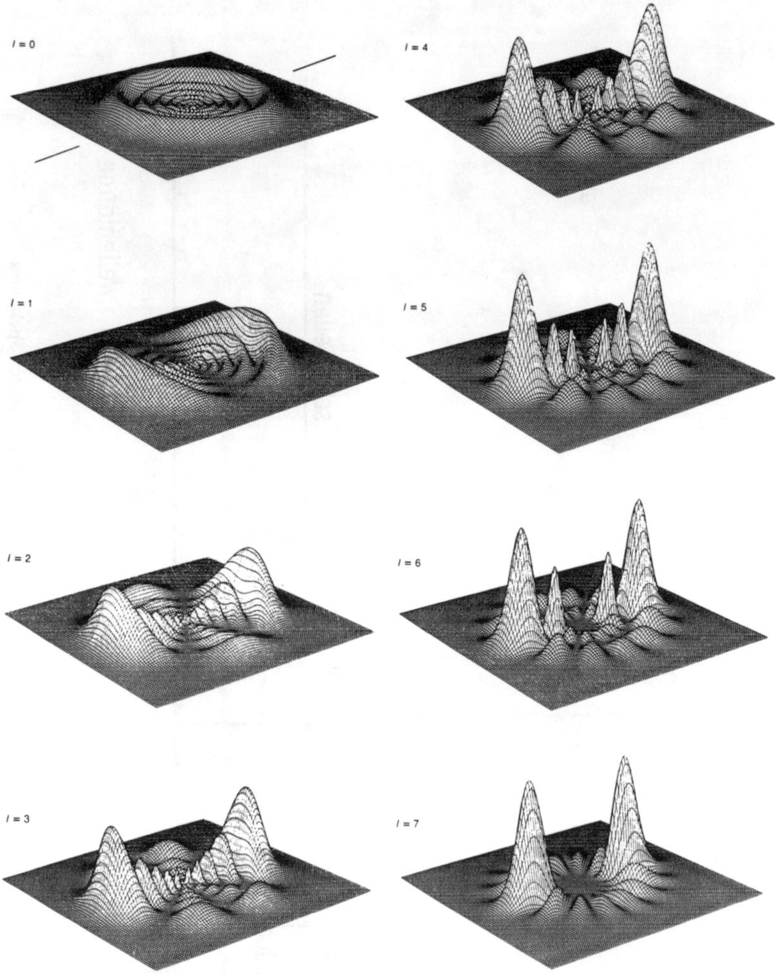

Abb. 8: Zustände des Wasserstoffs mit der Hauptquantenzahl n = 8 und der magnetischen Quantenzahl m = 0 können einen Drehimpuls von l = 0 bis l = 7 haben. Ohne Einwirkung eines äußeren Feldes ergeben sich für all diese Elektronenzustände symmetrische Ladungsverteilungen. Die Höhe des Kurvennetzes über der Ebene ist ein Maß für die Aufenthaltswahrscheinlichkeit des Elektrons um den Atomkern.
(Kleppner et al. 1994, 121)

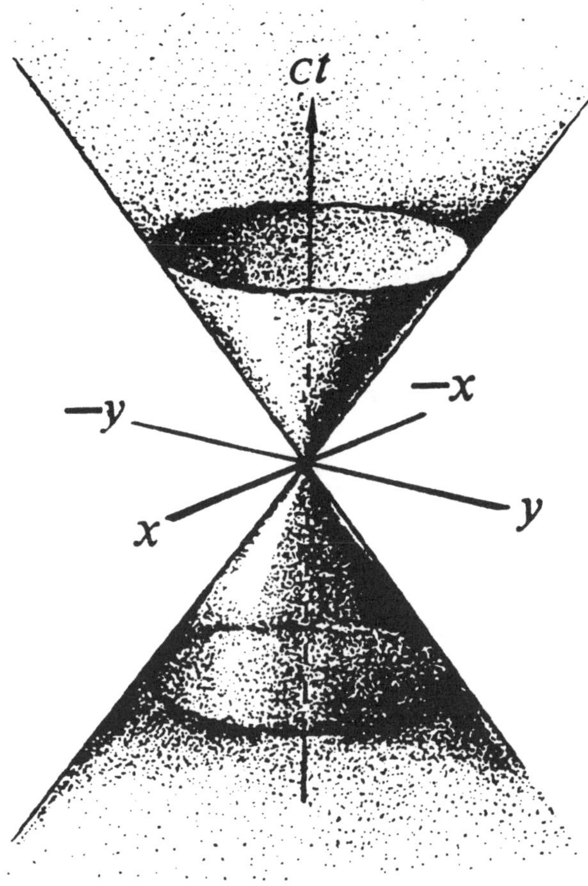

Abb. 9: In zwei Raumdimensionen projizierter Minkowski-Raum: Raum-Zeit-Diagramm einer zweidimensionalen Welt mit eingezeichnetem Lichtkegel. (French 1971, 120)

$$e^2(\bar{u}_4\gamma^\mu u_2) D_{\mu\nu}(k)(\bar{u}_3\gamma^\nu u_1) =$$

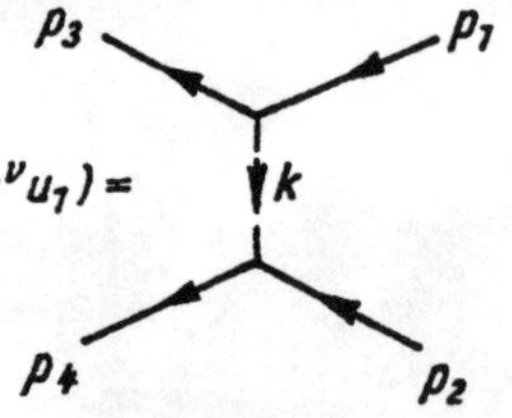

$$e^2(\bar{u}_4\gamma^\mu u_1) D_{\mu\nu}(k')(\bar{u}_3\gamma^\nu u_2) =$$

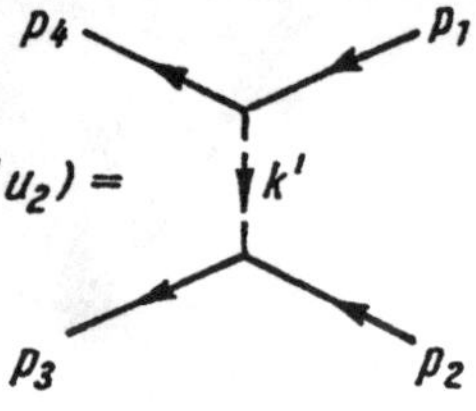

Streuamplitude:

$$M_{fi} = e^2 \{(u_4 \gamma^\mu u_2) D_{\mu\nu}(p_4 - p_2) (u_3 \gamma^\nu u_1) - (u_4 \gamma^\mu u_1) D_{\mu\nu}(p_4 - p_1) (u_3 \gamma^\nu u_2)\}$$

mit

$$D_{\mu\nu}(k) = \int D_{\mu\nu}(\xi)\, e^{ik\xi}\, d^4\xi \;;$$

und

$$k = p_1 - p_3 = p_4 - p_2; \qquad \xi = x - x'$$

Die Faktoren u_1 bis u_4 stellen die Bispinoramplituden der betreffenden Elektronenzustände, p_1 bis p_4 die Elektronenimpulse, γ den Stromoperator und D den Photonenpropagator dar.

Abb. 10: Streuung eines Elektrons an einem Elektron: Übersetzung der Feynman-Diagramme in ihre entsprechenden mathematischen Ausdrücke. (Landau-Lifschitz 1986, 270)

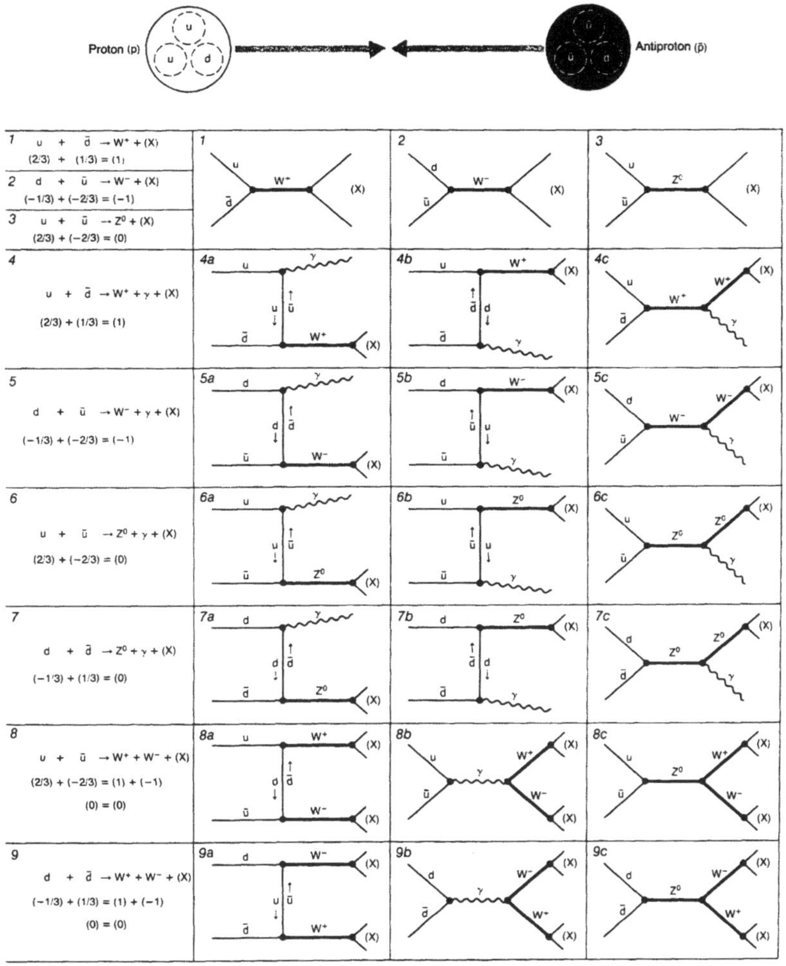

Abb. 11: Feynman-Diagramme zur Darstellung der Wechselwirkungsprozesse, die bei der Kollision eines Protons p mit seinem Antiteilchen, dem Antiproton, stattfinden. Für Details siehe: Cline et al. , 1995, 120.

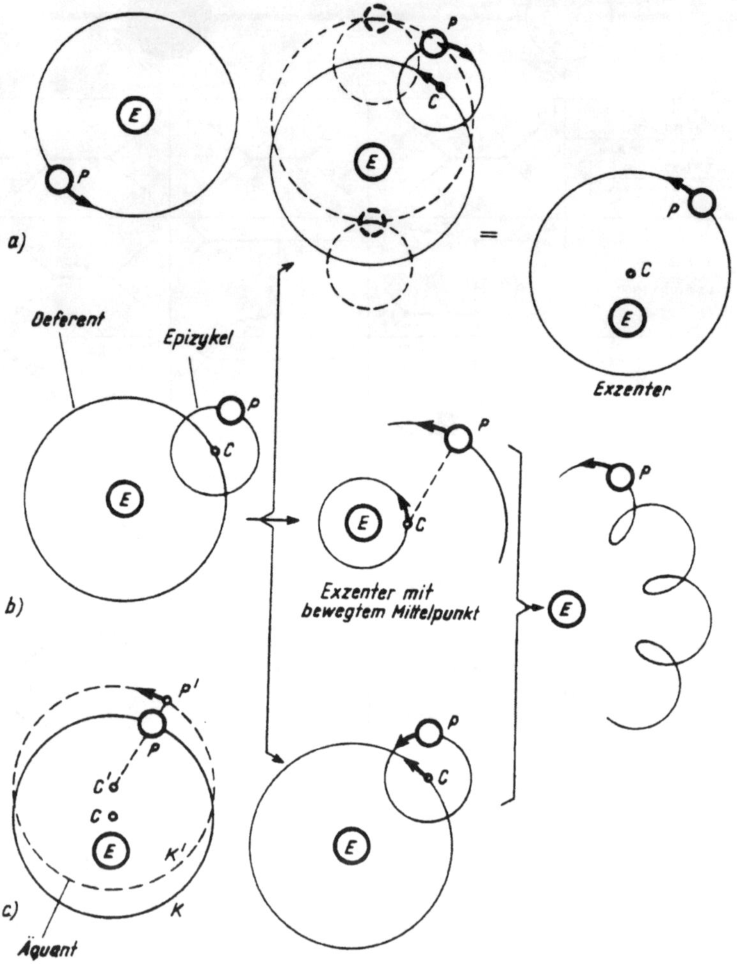

Abb. 12: Elementare Bewegungsformen im ptolemäischen (geozentrischen) System:

a) Ideale Bewegung: Gleichförmige Kreisbewegung eines Himmelskörpers P.

b) Der Himmelskörper P durchläuft den Epizyklenkreis gleichförmig, dessen Mittelpunkt C einen anderen Kreis, den Deferenten, ebenfalls gleichförmig durchläuft.

c) Der Himmelskörper P durchläuft einen Kreis K mit dem Mittelpunkt C, die Rotation ist jedoch bezüglich des Punktes C' gleichförmig. (Simonyi 1990, 98)

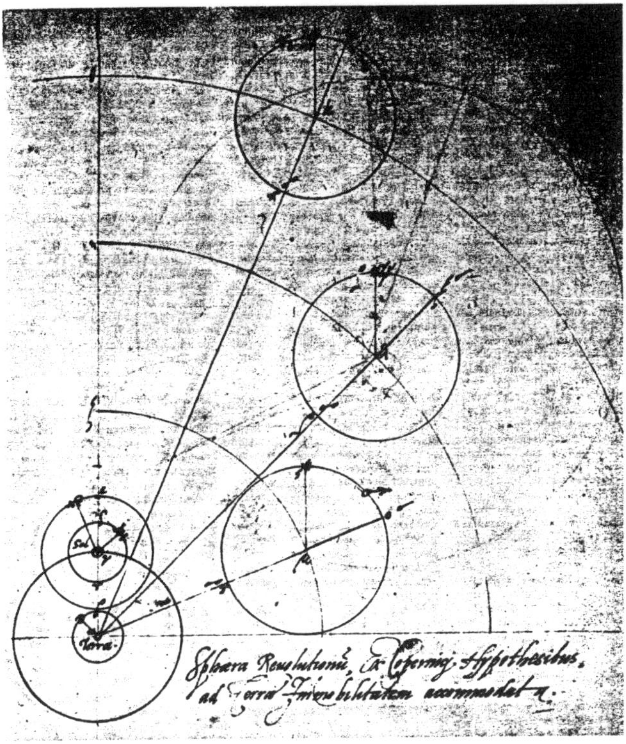

Die kopernikanische Wende

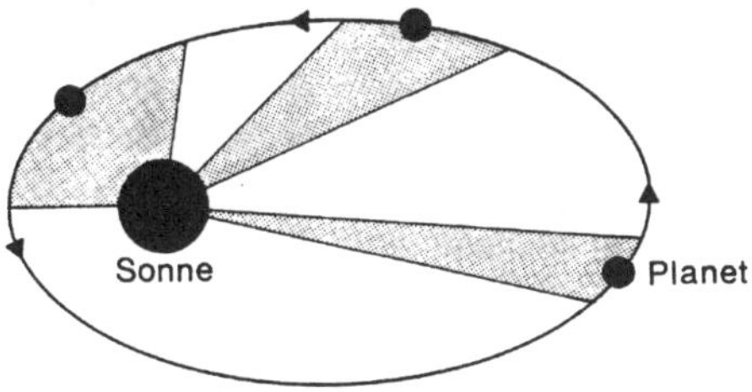

Abb. 13: Oben: Originalzeichnung, angefertigt 1578 von Tycho Brahe zur Berechnung der Planetenbahnen. (Gingerich 1990, 56)
Unten: Heliozentrische Darstellung: Jeder Planet bewegt sich auf einer einfachen elliptischen Bahn, in deren einem Brennpunkte die Sonne sitzt. Die Geschwindigkeit des Planeten verändert sich in seiner Umlaufbahn so, dass ein von der Sonne zum Planeten gezogener Strahl in gleichen Zeitintervallen gleiche Flächen der Ellipse überstreicht (Drehimpulserhaltungssatz).

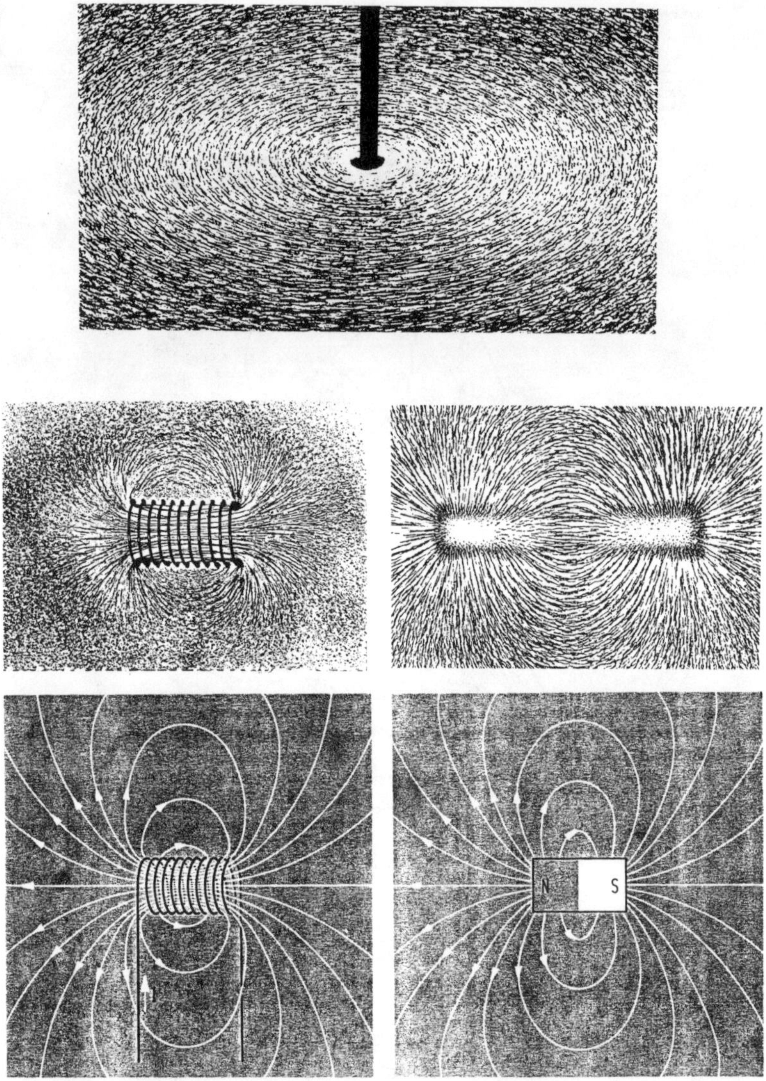

Abb. 14: Mit Hilfe von Eisenfeilspänen sichtbar gemachte magnetische Feldlinienbilder eines stromdurchflossenen Drahtes (oben), einer stromdurchflossenen Spule (Mitte links) und eines Stabmagneten (Mitte rechts). Die rechnerisch ermittelten Feldlinien der Spule und des Stabmagneten (unten) zeigen die Richtung der vom Nord- zum Südpol verlaufenden Feldlinien.

Abb. 15: Infrarot-Thermographie-Aufnahme eines Gebäudes. Das Temperaturfeld ist hier als Graustufenbild dargestellt.

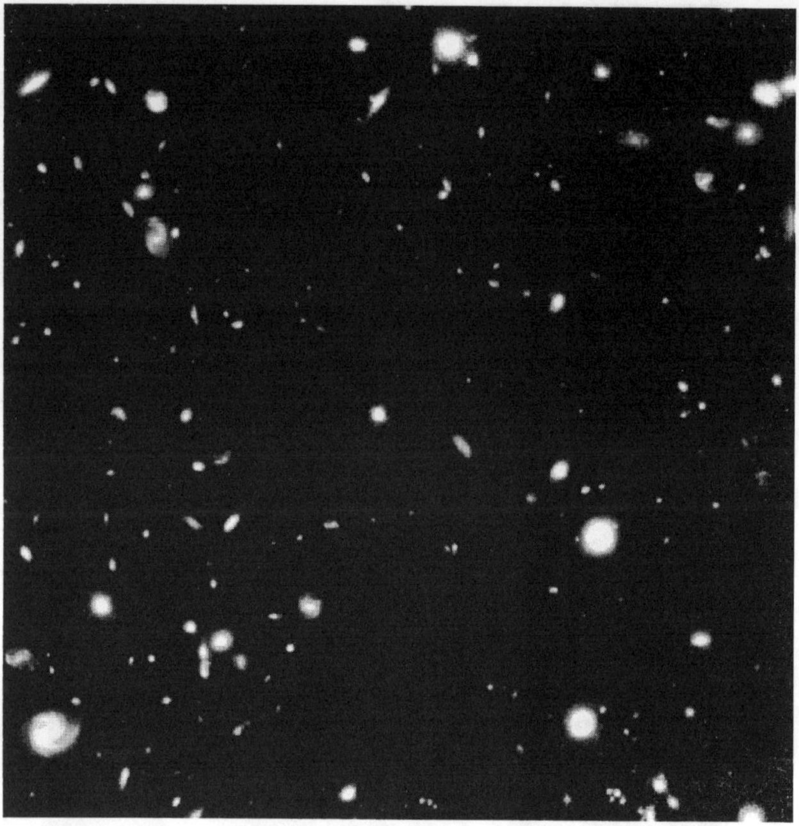

Abb. 16: Hubble Space Telescope Aufnahme: Galaxien 12 Milliarden Lichtjahren Entfernung. (http://oposite.stsci.edu/pubinfo/pr/1998/32/content/9832a1.jpg)

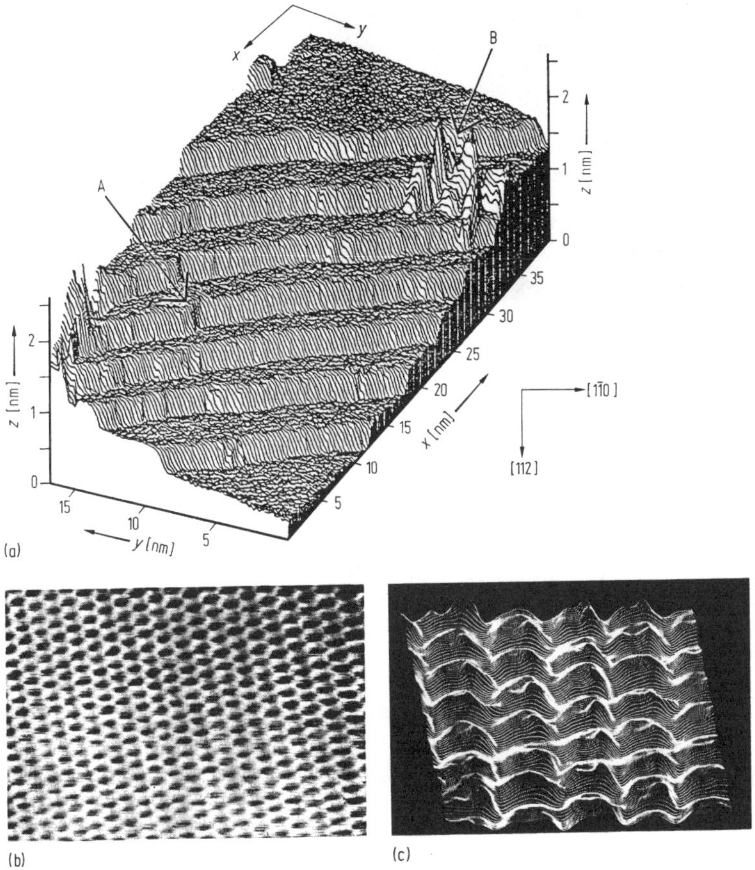

Abb. 17: Rastertunnelmikroskopische Aufnahmen:
a) einer gestuften Goldoberfläche mit Stufen von 0.25 nm Höhe;
A: Versatz-Stelle in einer Stufe; B: Oberflächendefekt
b) - c) einer Graphitoberfläche mit unterschiedlichen Rasterbereichen.
(Bergmann-Schäfer, Festkörper, 229)

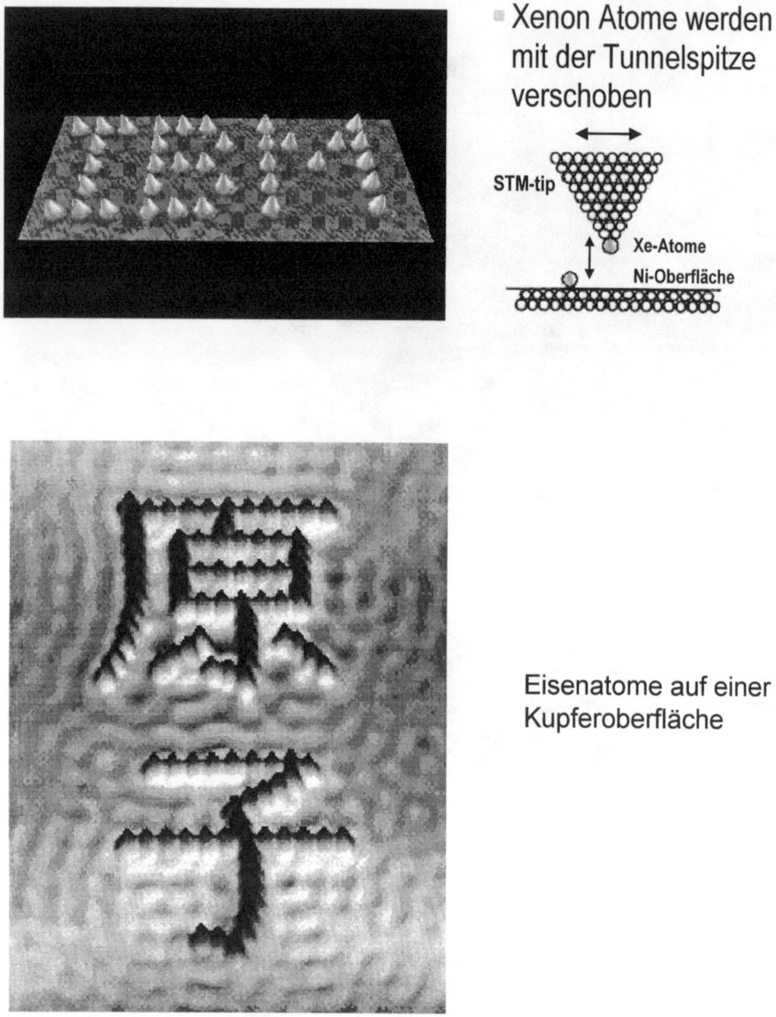

Abb. 18: Mit dem Rasterkraftmikroskop lassen sich einzelne Atome (oben: Xenonatome; unten: Eisenatome) aufheben und geordnet – z. B. in Buchstabenform – auf einer reinen Oberfläche wieder ablegen.

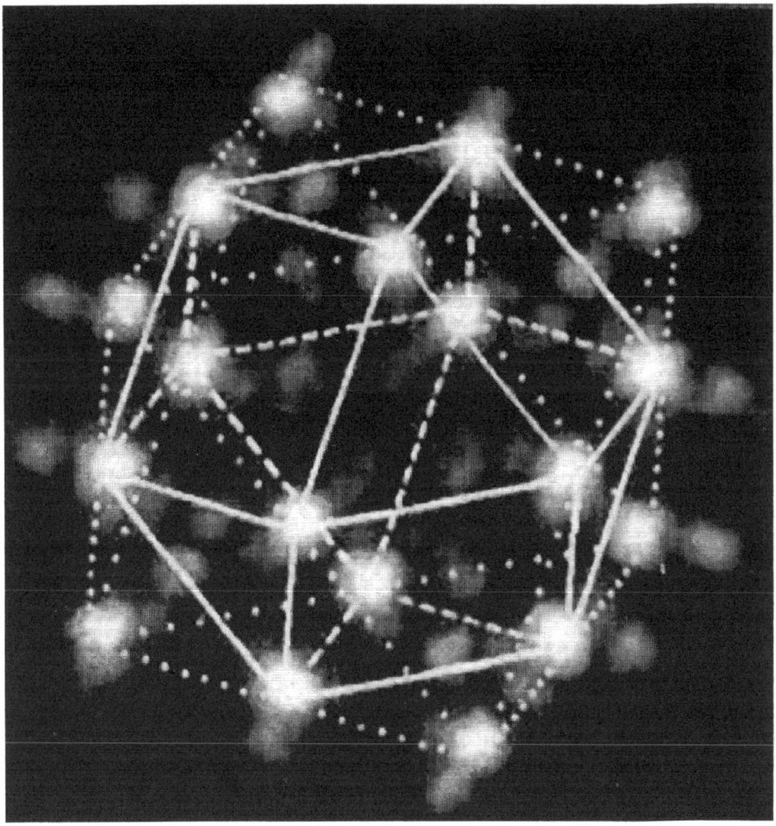

Abb. 19: Röntgenhologramm eines Kobaltoxid-Kristalls: Es zeigt die räumliche Position der Kobalt-Atome eines CoO-Kristalls (fcc) mit einer Genauigkeit von 10–2 nm. (Materlik 1999, 15)

Literatur

Brettschneider, E. (1968): Die Physik in Versuchen, Elektrizität. Versuch E 8.1.2.3. Göttingen.

Bergmann-Schäfer (1992): Lehrbuch der Experimentalphysik, Band 4, Teilchen. Hrsg. v. Raith, W. Berlin, 114.

Bergmann-Schäfer (1992): Festkörper. Hrsg. v. Raith, W. Berlin, 229ff.

Cline, D. B./ Rubbia, C./ van der Meer, S. (1995): Die Suche nach den Vektorbosonen. In: Dosch, H. G. (Hg.): Teilchen, Felder und Symmetrien. Spektrum der Wissenschaft. 2. Aufl. Heidelberg, 120ff.

Feynman, R. (1963): The Feynman Lectures on Physics. Addison-Wesley, Massachusetts, 1–2.

Fick, A. (1855): Über Diffusion. Poggendorffs Ann. Bd. 94, 59.

Fick, A. (1866): Die medizinische Physik. 2. gänzlich umgearbeitete Aufl. Braunschweig, 335.

Fleischmann, R. (1980): Einführung in die Physik. Weinheim, 422.

French, A. P. (1971): Die spezielle Relativitätstheorie. Braunschweig, 120.

Fritsch, H. (1999): Die Sprache der Eichfeldtheorie verständlich gemacht, Physiknobelpreis 1999. In: Physikalische Blätter 55, 12. Weinheim, 21.

Fourier, J. B. J. (1883): Théorie analytique de la chaleur. Hrsg. v. Koebner, G. Breslau.

Gingerich, Owen (1990): Nikolaus Kopernikus und Tycho Brahe. In: Newtons Universum. Spektrum der Wissenschaft. Heidelberg, 46ff.

Hertz, H. R. (1894): Die Prinzipien der Mechanik. Darmstadt.

Kleppner, D. et al. (1994): Hochangeregte Atome – Riesen mit bizarren Eigenschaften, In: Greiner, W. und Wolschin, G. (Hg.): Elementare Materie, Vakuum und Felder. Spektrum der Wissenschaft, 2. Aufl. Heidelberg, 122ff.

Klinger, W. (1994): Die wissenschaftstheoretische Bedeutung der Analogiebildung. In: Liedtke, M. (Hg.): Kulturethologie. München, 150ff.

Klinger, W. (1987): Die Rolle der Analogiebildung bei der Deutung physikalischer Phänomene. In: Kuhn, W. (Hg.): Didaktik der Physik, Physikertagung 1987 in Berlin. Gießen, 326ff.

Klinger, W. (1989): Bildung physikalischer Begriffe und ihre Vermittlung im Unterricht. In: Schneider, W. (Hg.): Wege in der Physikdidaktik. Erlangen, 23ff.

Kuhn, T. S. (1981): Die kopernikanische Revolution. Braunschweig.

Kunze, M. et al. (1999): Physikalische Blätter 55, 5. Weinheim, 27 und 31.

Landau, L. D., Lifschitz, E. M. (1988): Quantenmechanik. Berlin, 36.

Landau, L. D. und Lifschitz, E. M. (1986): Lehrbuch der Theoretischen Physik. Band 4, Quanten-Elektrodynamik. Berlin, 270.

Lichtenberg, G. Ch. (1908): Aphorismus 1319. In: Leitzmann, A. – Ausgabe Heft 4, Deutsche Literaturdenkmale des 18. und 19. Jahrhunderts. Berlin, 35.

Materlik, G. (1999): Detailkenntnisse durch Röntgenholographie. Physikalische Blätter 55, 9. Weinheim, 15.

Marx, D. (1999): Protonenwanderung im virtuellen Labor. Spektrum der Wissenschaft 7. Heidelberg, 21.

Ohm, G. S. (1827): Die galvanische Kette – mathematisch bearbeitet. Neudruck mit einem Vorwort von Dr. J. Mosel. Leipzig und Wien.

Simonyi, K. (1990): Kulturgeschichte der Physik. Frankfurt, 98.

Westphal W. (1970): Physik. Berlin, 554.

Hans Joachim Bader

Neues wirklich in der Schulpraxis nutzen – Die Frankfurter Modelle zur Verbesserung des Chemieunterrichts und des Sachunterrichts in der Primarstufe

Einführung

Die Möglichkeiten der Nutzung der Neuen Medien bei der Vermittlung naturwissenschaftlicher Inhalte wird heute vielfach diskutiert. Dabei tritt oft in den Hintergrund, dass besonders in der Chemiedidaktik in den letzten Jahren auf einem ganz anderen Gebiet große Fortschritte erzielt wurden:

Der schulexperimentelle Zugang zu vielen modernen Inhalten mit ausgeprägtem Alltags- und Lebensweltbezug wurde erschlossen. Dies eröffnet die Möglichkeit der Behandlung vieler zeitgemäßer und hochinteressanter Themen, findet jedoch nur sehr langsam Eingang in die Schulpraxis. Es besteht somit die Gefahr, dass der zweite Schritt vor dem ersten gemacht wird: Es wird über die intensive Nutzung der Neuen Medien nachgedacht, bevor die gut entwickelten klassischen Wege tatsächlich beschritten wurden.

Der vorliegende Beitrag zeigt diese Problematik auf, gleichzeitig aber auch Lösungsmöglichkeiten. Dabei wird zunächst auf die Situation in den Naturwissenschaften und im naturwissenschaftlichen Unterricht eingegangen. Nach einem Abriss über das Fortbildungsverhalten werden die beiden Frankfurter Modelle zur Fortbildung von Chemielehrerinnen und Chemielehrern der Sekundarstufen I und II einerseits und Primarstufenlehrerinnen und -lehrern anderseits vorgestellt.

Die Situation in den Naturwissenschaften und im naturwissenschaftlichen Unterricht

Das Wissen in den Naturwissenschaften, so auch in Chemie, nimmt sprunghaft zu. Eindrucksvoll zeigt dies die folgende Abbildung 1. War es vor etwa 150 Jahren jedem Chemiker noch möglich, die wesentlichen der überhaupt bekannten und beschriebenen chemischen Verbindungen mit ihren Charakteristika zu kennen, so würde heute ein ganzes Leben nicht ausreichen, die Namen aller Substanzen mit ihren chemischen Formeln nur aufzuschreiben. Aber das chemische Wissen erschöpft sich nicht in der Beschreibung von Verbindungen: Hinzu kommen noch umfangreiche Kenntnisse über Reaktionen, Verfahren, Geräte und Apparaturen.

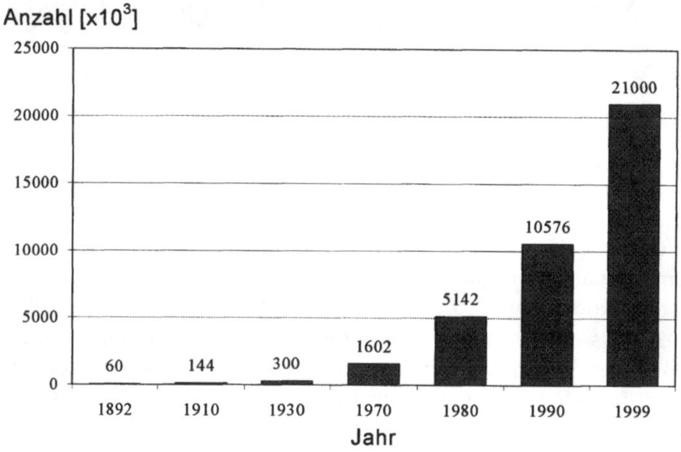

Abb. 1: Zeitliche Entwicklung der Anzahl bekannter Verbindungen

Wie kommt es zu dieser Wissensexplosion? Die Gründe liegen nicht nur an der steigenden Anzahl Menschen, die sich mit Naturwissenschaften beschäftigen und an den ständig verbesserten technischen Möglichkeiten. Oft sind es neue – im Prinzip verblüffend einfache – Ansätze, die das Tempo des Erkenntnisgewinns beschleunigen. Ein Beispiel soll dies verdeutlichen.

Bei der Suche nach Arzneimittelwirkstoffen synthetisierte man in der Vergangenheit eine möglichst große Zahl potentieller Wirkstoffe und untersuchte diese einzeln. Waren für eine Substanzklasse nur drei Syntheseschritte notwendig, so bedeutete das bei 30 Substanzen die Durchführung von insgesamt 90 Reaktionen zuzüglich Reinigungs- und Trennschritten. Heute bedient man sich der kombinatorischen Synthese, von der eine Variante in Abbildung 2 verkürzt dargestellt ist. Der Trick besteht darin, durch die Reaktion an der Oberfläche geeigneter Harzkügelchen mit unterschiedlichen Substanzen, anschließendem Mischen, Aufteilen und Weiterreagieren, nach nur drei Syntheseschritten eine Bibliothek von 27 Verbindungen herzustellen. Erst nachdem man festgestellt hat, in welcher Gruppe von erzeugten Substanzen sich Verbindungen mit den gewünschten Wirkstoffeigenschaften befinden, erfolgt der Schritt der Isolierung und Herstellung einzelner Reinstoffe.

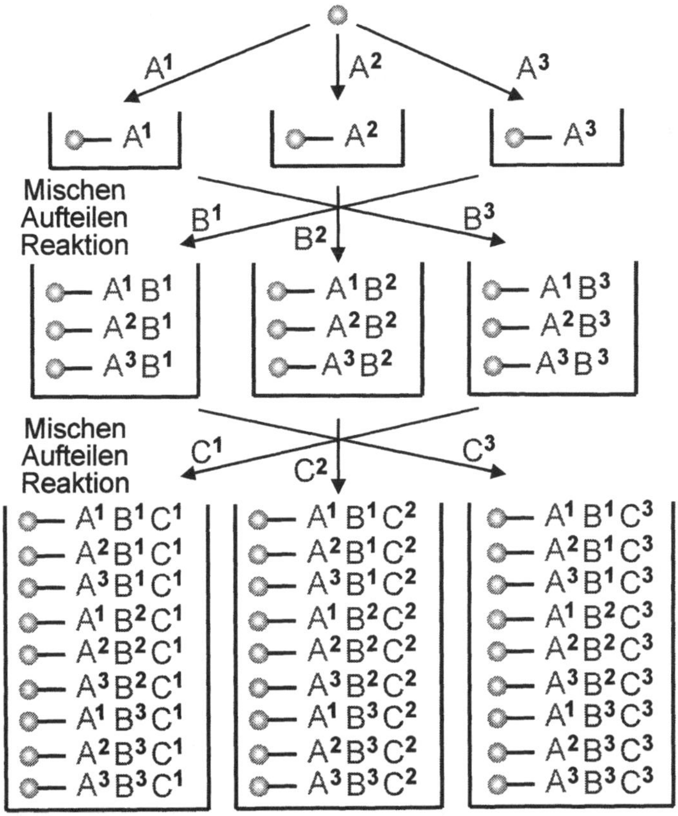

Abb. 2: Schema einer kombinatorischen Synthese

Was hat diese Explosion des Wissens – die man ja auch noch in Zusammenhang mit der Entwicklung in anderen Natur- und Ingenieurwissenschaften sehen muss – für Konsequenzen für die Chemie in der Schule bzw. die naturwissenschaftliche Grundbildung?

Trotz der skizzierten rasanten Entwicklung gibt es ein Grundwissen, das zumindest bei der Mehrheit der Lehrenden als solches anerkannt ist. Wer etwa nicht weiß, was eine chemische Reaktion ist, kann auch nicht die Oxidation verstehen und damit auch nicht neue Entwicklungen wie den Abgaskatalysator oder viele Vorgänge der Chemie der Atmosphäre. In der Chemie in der Schule kann und muss man somit nicht vom Grundsatz her im Zyklus weniger Jahre Altes durch vollständig Neues ersetzen.

Es gibt weiterhin eine große Anzahl ausgearbeiteter Wege, chemische und allgemein naturwissenschaftliche Grundlagen anhand moderner Aspekte und Entwicklungen sowie der Alltags- und der Lebenswelt der Schülerinnen und Schüler zu erarbeiten. Gerade in den letzten 30 Jahren wurden mit großem Erfolg methodische und inhaltliche Vorschläge für einen modernen Chemieunterricht mit einer Fülle von Beispielen erarbeitet und erprobt. Hier existiert heute unter verschiedensten Gesichtspunkten ein reicher Fundus an Möglichkeiten, der ständig erweitert wird. Exemplarisch soll das hier an zwei Themengebieten aus dem Bereich der Nachwachsenden Rohstoffe – einem sehr aktuellen Gebiet in Forschung und Entwicklung – verdeutlicht werden.

Das erste Thema ist die Herstellung von Tensiden auf der Basis nativer Fette und Öle. Der in den letzten Jahren ausgearbeitete Weg für die Schulchemie besteht darin, dass der gesamte Weg vom pflanzlichen Ausgangsstoff bis zum Endprodukt in wenigen Unterrichtsstunden experimentell nachvollzogen werden kann. So lässt sich etwa zunächst aus Kokosnüssen das Fruchtfleisch gewinnen. Dieses wird getrocknet und daraus durch Extraktion das Kokosfett isoliert. Die reduktive Spaltung des Fettes führt zu einem Alkohol, der in einem weiteren Schritt zu einem waschaktiven Stoff umgesetzt werden kann. Abbildung 3 zeigt diese Schritte schematisch und in vereinfachter Formelschreibweise. Sowohl die Kokosnüsse als Ausgangsstoff als auch die waschaktive Substanz sind Schülerinnen und Schülern aus ihrem Alltagsleben bekannt. Sie können die gesamte Reaktionsfolge im Schulexperiment nachvollziehen und sich so modernes Wissen selbst handelnd erschließen.[1, 2]

Ein zweites Beispiel ist die Herstellung von Cellulose, dem Grundstoff für Papier und Papierprodukte. Cellulose wird bekanntlich überwiegend aus Holz gewonnen. Das Problem besteht darin, das im Holz ebenfalls enthaltene Lignin sowie die Hemicellulosen abzutrennen. Dieser äußerst wichtige technische Prozess wurde in der Schulchemie schon vor Jahren beschrieben.[3] Die Durchführung des Experimentes war jedoch mit einem hohen Zeitaufwand verbunden und mit einem hohen Sicherheitsrisiko behaftet. Der Holzaufschluss wurde mit einer Sulfitlösung in einer verschlossenen Bier- oder Wasserflasche unter Überdruck in einem Trockenschrank durchgeführt. Da dieses Experiment alleine aus Gründen der Arbeitssicherheit bereits seit Jahren in der Schule nicht mehr durchführbar war, stand lange Zeit im Chemieunterricht nur die theoretische Erarbeitung des Holzaufschlusses im Vordergrund. Es gelang jedoch, durch Entwicklung einer Reihe von Schulversuchen zum sogenannten Acetosolv-Verfahren einen sehr einfachen Weg zu beschreiten, um in kurzer Zeit im Chemieunterricht mit unbedenklichen Chemikalien Cellulose in reiner Form herzustellen. Auch hier ist jetzt der Weg vom pflanzlichen Ausgangsstoff bis zum Produkt vollständig beschreitbar: Ausgehend von Holz kann man Cellulose, aus dieser nach einer Sauerstoffbleiche wiederum nahezu reinweißes Papier herstellen (Abbildung 4). Ein komplexes Verfahren wird so auf das Wesentliche reduziert und den Lernenden zugänglich gemacht.[4, 5]

Trotz einer Fülle von Neuentwicklungen, aus der hier nur zwei Beispiele aufgezeigt wurden, hat sich die Situation des Chemieunterrichts in den letzten Jahren nicht gewandelt. Chemieunterricht war traditionell unbeliebt und ist es auch heute noch. So kommen etwa Leistungskurse aus mangelndem Interesse nicht zustande. Es gelingt in der Breite nicht, Chemie in der Schule als eine interessante, ja faszinierende Wissenschaft mit vielen aufregenden modernen Entwicklungen zu vermitteln.

Die Gründe hierfür sind vielfältig und können nicht alle vollständig erfasst werden. Zwei Ursachen, die aus unserer Sicht von großer Bedeutung sind, sollen hier näher betrachtet werden:

- Neue Entwicklungen im Bereich der Fachdidaktik werden kaum in die Schulpraxis des Chemieunterrichts der Sekundarstufen I und II übernommen.
- Im Sachunterricht der Primarstufe werden naturwissenschaftliche Inhalte nur in geringem Umfang berücksichtigt. Eine Interessensbildung der Kinder in frühen Jahren auf diesem Gebiet wird kaum gefördert.

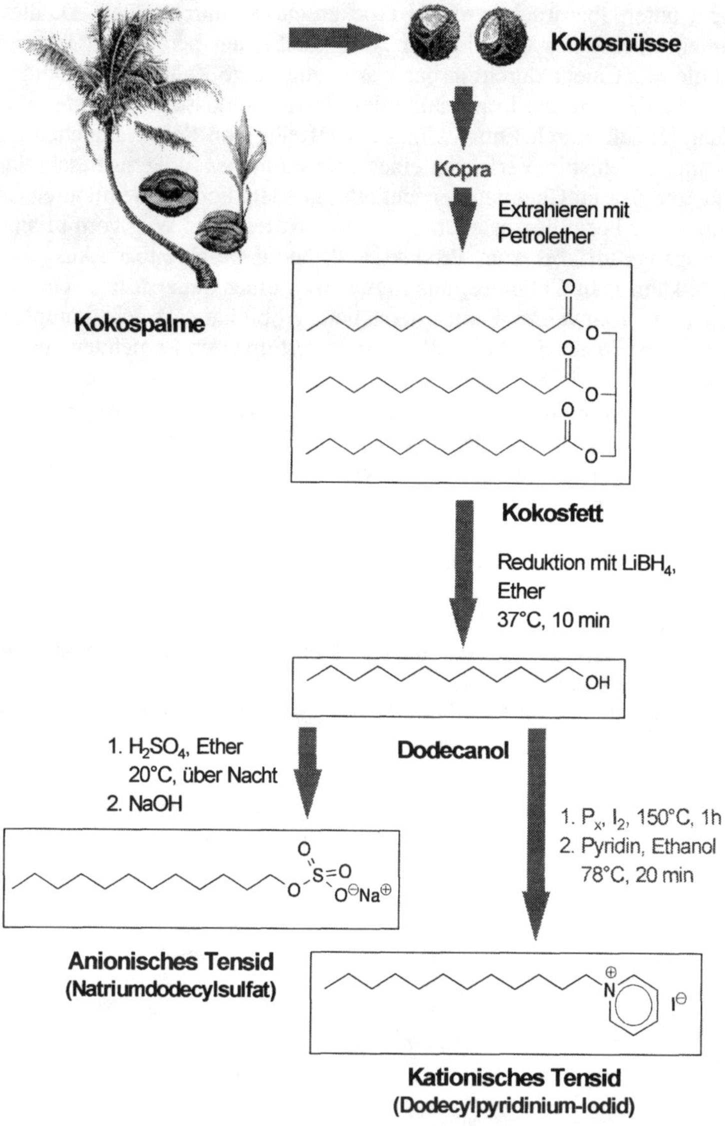

Abb. 3: Herstellung eines Tensids aus Kokosnussfett

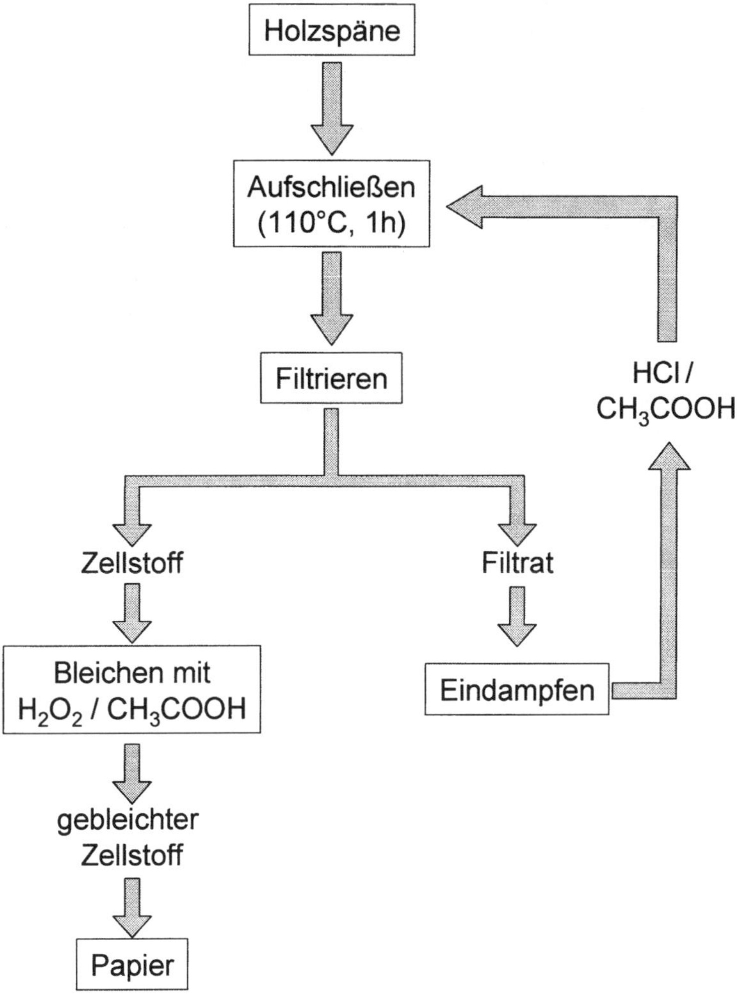

Abb. 4: Herstellung von Cellulose nach dem Acetosolv-Verfahren

Zum Fortbildungsverhalten von Chemielehrerinnen und Chemielehrern

Um die Frage beantworten zu können, weshalb neue Entwicklungen nicht in den Chemieunterricht einfließen, muss man zunächst feststellen, aus welchen Quellen Lehrerinnen und Lehrer Anregungen für ihre Unterrichtsgestaltung erhalten und wie sie sich fortbilden. Dies ist besonders vor dem Hintergrund von Bedeutung, dass derzeit nur wenige junge Lehrkräfte eingestellt werden, sich also die aktuelle Lehrerausbildung nur in geringem Maße an den Schulen auswirkt.

Zur Frage der Fortbildung von Lehrerinnen und Lehrern wurden größere Untersuchungen in Nordrhein-Westfalen,[6] Rheinland-Pfalz[7] und Hessen[8] durchgeführt, die allerdings keine fachspezifische Auswertung zuließen. Es wurde deshalb in einer eigenen empirischen Untersuchung das Fortbildungsverhalten von Chemielehrerinnen und -lehrern des Raumes Frankfurt[9] untersucht. Hierzu wurden an alle Frankfurter Gymnasien und Gesamtschulen Fragebögen verschickt. Der Rücklauf betrug 75 von 170 versandten Fragebögen. Die Ergebnisse weisen auf eine niedrige Fortbildungsaktivität der Probandengruppe hin. In den vergangenen zehn Jahren haben die Lehrerinnen und Lehrer im Mittel drei Fortbildungen im Fach Chemie besucht. Mehr als 30 % nahmen an keiner, über 50 % an höchstens zwei Fortbildungen teil. Überraschenderweise konzentrieren sich Lehrerinnen und Lehrer im Fortbildungsverhalten nur selten auf eines ihrer beiden Unterrichtsfächer: Das Fortbildungsverhalten im Fach Chemie korreliert in hohem Maße mit dem im zweiten Unterrichtsfach.

Was sind nun die Gründe für den seltenen Besuch von Fortbildungsveranstaltungen? Vorrangig wird das unattraktive Angebot mit mangelndem Unterrichtsbezug angegeben. Wesentlich ist auch die familiäre und private Situation, die die Teilnahmemöglichkeiten deutlich einschränken. Dagegen spielen schulorganisatorische Gründe eine geringere Rolle. Werden die Probanden nach ihren Wünschen für zukünftige Fortbildungen gefragt, so interessieren besonders neue Anregungen zum experimentellen Arbeiten. Allerdings lassen sich keine inhaltlichen Schwerpunkte finden.

Die Antworten sind in dieser Hinsicht sehr heterogen und umfassen nahezu den gesamten Bereich der experimentellen Schulchemie. Geht man der Frage nach, woher Anregungen für die Unterrichtsgestaltung stammen, wird vorrangig das Schulbuch genannt. Die fachdidaktische Literatur und Lehrerfortbildungen spielen demgegenüber eine geringe Rolle. Selbst fachdidaktische Zeitschriften mit einem sehr ausgeprägten unterrichtspraktischen Schwerpunkt werden selten abonniert.

Diese Situation muss als äußerst bedenklich eingestuft werden, da es viele Jahre dauert, bis neue fachwissenschaftliche sowie methodisch-didaktische Entwicklungen und Erkenntnisse ihren Niederschlag in Schulbüchern finden.

Das Frankfurter Modell zur Fortbildung von Chemielehrerinnen und -lehrern der Sekundarstufen I und II

Die Ergebnisse der oben beschriebenen Untersuchung machten deutlich, dass Lehrerfortbildung eine höhere Beachtung finden muss, wenn der Chemieunterricht moderner und attraktiver gestaltet werden soll. Die Untersuchung lieferte weiterhin wertvolle Hinweise, wie eine Lehrerfortbildung konzipiert werden muss, damit sie eine größere Resonanz als die bisherigen Veranstaltungen findet.

Bei der Entwicklung eines neuen Fortbildungsmodells am Institut für Didaktik der Chemie der Universität Frankfurt wurde das Hauptaugenmerk darauf gerichtet, zunächst durch eine äußere Strukturierung des Fortbildungsangebotes dieses für die Lehrerinnen und Lehrer attraktiv zu gestalten. Hierfür erscheinen zwei Dinge wesentlich:

Zum einen muss die zeitliche Gestaltung der Fortbildung flexibel sein. Aus diesem Grund werden Fortbildungen zum selben Thema an verschiedenen Tagen in aufeinander folgenden Wochen angeboten. Beispielsweise wird eine Veranstaltung mit dem Thema „Untersuchung von Boden" in der ersten Woche am Montag, in der folgenden Woche am Dienstag und eventuell in der dritten Woche an einem weiteren Wochentag angeboten. Auf diese Weise haben viele Lehrerinnen und Lehrer die Möglichkeit, dann zur Fortbildung zu kommen, wenn es die schulische und auch die private Situation erlaubt.

Weiterhin wird die Struktur der Fortbildung selbst geändert. In bisherigen Fortbildungen wurden inhaltlich sehr enge Vorgaben durch die Veranstaltungsleiter gemacht, wodurch die Teilnehmer kaum Möglichkeiten hatten, für ihren Unterricht geeignete Inhalte und Versuche selbst zu wählen. Im Rahmen der neuen Struktur wird ein Themengebiet vorgegeben, zu dem – auch auf Wunsch der Teilnehmer – eine einführende Übersicht in Form eines Referates gegeben wird. Anschließend steht den Teilnehmerinnen und Teilnehmern jedoch eine große Auswahl an Materialien und Experimenten zu verschiedenen Aspekten des Themengebietes zur Verfügung. Individuell können nun geeignete Versuche ausprobiert, Materialien erarbeitet oder anhand der Datenbank des Institutes vertiefende Informationen gesucht werden. Es gibt keine Vorgaben, welche und wie viele Experimente durchgeführt werden müssen. Auch das Ende des Fortbildungstages ist offen. Ebenso ist es möglich, erst nach dem Unterricht am frühen Nachmittag noch in einen Fortbildungstag „einzusteigen“. Das ausgearbeitete Material ist so umfangreich, dass es auch möglich ist, an mehreren Terminen eines Fortbildungsblockes teilzunehmen, wenn eine sehr intensive Beschäftigung mit einem Thema gewünscht wird.

Abschließende Ergebnisse liegen von einer ersten zweijährigen Phase der Erprobung der Fortbildung vor. Abbildung 5 zeigt eine Übersicht über die in diesem Zeitraum durchgeführten Fortbildungsblöcke.

Die Ergebnisse einer schriftlichen Befragung der Teilnehmerinnen und Teilnehmer sowie von Interviews weisen auf eine sehr positive Resonanz hin. Diese zeigt sich besonders darin, dass Lehrerinnen und Lehrer in hohem Ausmaß Experimente, die sie in der Fortbildung kennen lernten, in ihren Unterricht übernahmen oder einen Unterrichtseinsatz planten. Die Veranstaltung hat sich über zwei Jahre hin sehr gut etabliert und einen solchen Erfolg gehabt, dass zunächst für eineinhalb Jahre in den Schuljahren 1998 – 2000 eine Chemielehrerin mit halber Stelle an das Institut für Didaktik der Chemie zur Durchführung dieser Art von Fortbildung abgeordnet wurde.

Durch den direkten Austausch über Vorschläge zur Neugestaltung des Chemieunterrichts wurden weiterhin Hürden bei der Zusammenarbeit zwischen Universität und Ausbildungsseminaren und zwischen Universität und Schulen abgebaut. Dies wird auch daraus ersichtlich, dass wiederholt alle Referendarinnen und Referendare eines Ausbildungsseminars an den Kursen teilnahmen. Leider zeigen die Erfahrungen auch, dass Lehrerinnen und Lehrer an traditionellen Verhaltensmustern orientiert sind:

- So wird großer Wert auf einen einführenden zusammenfassenden Vortrag gelegt. Die Alternative, einzelne Inhalte individuell anhand zur Verfügung gestellten Materials selbst zu erarbeiten, findet wenig Anklang.
- Das Angebot, zu einer Fortbildung auch nach dem eigenen Unterricht zu stoßen oder einen Termin während der Ferienzeit zu wählen, wird nicht wahrgenommen. Die insgesamt angestrebte weitgehende Flexibilisierung wird nur eingeschränkt genutzt.

Die Ergebnisse dieses Projektes sind Gegenstand einer Habilitationsschrift[10] und einer Dissertation[11], die kurz vor dem Abschluss stehen.

Block I PVC Oktober, November 1996	
Dienstag: 4 Termine	Donnerstag: 3 Termine

Block II Chromatographie und Kaffee Februar, März, April 1997	
Dienstag: 4 Termine	Donnerstag: 3 Termine

Block III Energetik und Elektrochemie Mai, Juni 1997; Mai, Juni 1998	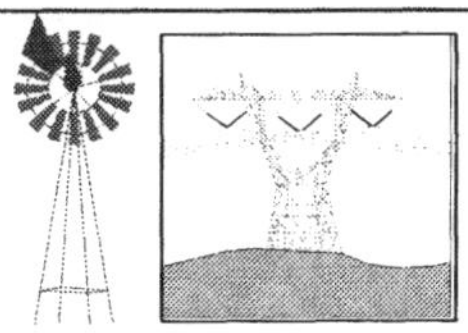
Dienstag: 6 Termine	Donnerstag: 4 Termine

Block IV Genuß- und Lebensmittel Oktober, November 1997	
Dienstag: 3 Termine	Donnerstag: 2 Termine

Block V Nachwachsende Rohstoffe März, April 1998	
Dienstag: 1 Termin Mittwoch: 1 Termin	Donnerstag: 2 Termine Freitag: 1 Termin

Abb. 5: Übersicht über die Fortbildungsblöcke für Chemielehrerinnen und -lehrer zwischen 1996 und 1998

Die Situation im Sachunterricht der Primarstufe

Im Sachunterricht der Grundschule wird das Fundament für das weiterführende fachliche Lernen in der Sekundarstufe gelegt. Zu diesem Fundament gehört, dass gegenstandsbezogen vorhandene Interessen der Schülerinnen und Schüler gefördert oder geweckt werden. „Der Sachunterricht soll den Kindern helfen, sich mit Sachverhalten aus ihrer sozialen, natürlichen und technischen Umwelt auseinanderzusetzen ...", konkretisiert beispielsweise der Hessische Rahmenplan Grundschule diesen Punkt. Als Inhalte für den Unterricht werden Lernfelder wie z. B. *Naturphänomene* (mit *Materialien und Materialeigenschaften*), *Wasser* oder *Technik* beschrieben. *Beobachten, Messen, Experimentieren* oder *Probleme lösen* werden unter anderem im Rahmen der fachlichen Qualifikationen genannt, die von den Lernenden im Sachunterricht erworben werden sollen.

Zur Zeit muss die Situation im Primarstufenbereich als sehr unbefriedigend eingestuft werden.[12, 13] Ausschlaggebend hierfür ist die Verkettung verschiedener Entwicklungen:

- In den vergangenen 15 Jahren ist die Bedeutung der Anteile aus den fachlichen Bereichen Physik und Chemie im Sachunterricht stark zurückgegangen. Wohl auch bedingt durch erzieherische Probleme haben Themen oder Projekte aus dem sozialwissenschaftlichen Bereich wie „Gemeinschaftsveranstaltungen mit einer anderen Klasse/ Gruppe" durchführen oder „Ein Kindergartenfest besuchen und selbstgemachte Geschenke mitbringen", traditionelle, naturwissenschaftliche Inhalte des Sachunterrichts verdrängt.[14] Eine von Lück vorgelegte Analyse von Lehrplänen in den 16 Bundesländern zeigt, dass die empfohlene Behandlung physikalischer oder chemischer Inhalte im Sachunterricht im Schnitt nur etwa zehn Prozent der Sachunterrichtsthemen ausmacht.[15]

- In der Grundschule erteilt die Mehrzahl der Lehrerinnen und Lehrer Sachunterricht, obwohl nur ein kleiner Teil durch Aus- und Weiterbildung über ausreichende Kenntnisse in den Naturwissenschaften verfügt. Primarstufenlehrerinnen selbst schätzen ihre Kompetenz auf dem Gebiet des Sachunterrichts, speziell im naturwissenschaftlichen Bereich, oftmals als gering ein.[16] Als Folge davon wird mit hoher Wahrscheinlichkeit nur das nach den Lehrplänen vorgeschriebene absolute Minimum und dieses noch oft unzureichend unterrichtet.

- Befunde aus eigenen Erhebungen weisen auf ein eher geringes Interesse von Grundschullehrerinnen und -lehrern an naturwissenschaftlichen Inhalten hin.[17] In der Literatur wird von „sozialisationsbedingten Hemmschwellen“ der in der Mehrzahl weiblichen Lehrkräfte gegenüber Natur und Technik gesprochen (vgl. Anm. 16). Durch das mangelnde Sachinteresse der Lehrkräfte in der Primarstufe wird möglicherweise die spätere gegenstandsbezogene Interessenentwicklung der Schülerinnen und Schüler in der Sekundarstufe mit beeinflusst.[18]

Mithin sind es sowohl die unzureichenden curricularen Vorgaben als auch die mangelnden Interessen und Kompetenzen der Lehrkräfte, die den nicht zufriedenstellenden Ist-Zustand hinsichtlich der Naturwissenschaften im Rahmen des Sachunterrichts bedingen. Vor diesem Hintergrund sollte grundsätzlich angestrebt werden, möglichst frühzeitig und vorausschauend, d. h. schon in der Ausbildung der zukünftigen Grundschullehrerinnen und -lehrern, die Weichen für eine Verbesserung zu stellen. Hierfür wären zumindest Änderungen von Studienordnungen, eventuell auch eine vollständige Neukonzeption der gesamten Ausbildung notwendig. Eventuelle positive Auswirkungen solcher Maßnahmen können sich aufgrund des langen zeitlichen Vorlaufs allerdings erst in vielen Jahren zeigen. Deshalb sind andere Wege zu suchen, die einerseits kurz- und mittelfristige Effekte zeigen und deren langfristiger Erfolg andererseits bis hin zu einer deutlich verbesserten unterrichtlichen Situation und Wirkung auf die Schülerinnen und Schüler gesichert ist. Hier bietet es sich an, wissenschaftlich fundierte Maßnahmen zur Lehrerfortbildung zu implementieren.

Solche Fortbildungen wurden bisher eher unsystematisch und unkontrolliert gehandhabt, auch deshalb, weil deren Stellenwert und Umfang – trotz vieler beteiligter Institutionen – in besonderem Maß auf naturwissenschaftlichem Gebiet eher gering ist.

Ein neues Fortbildungsmodell für Lehrerinnen und Lehrer des Sachunterrichtes in der Primarstufe

Derzeit wird ein neuer Ansatz der Fortbildung für den Bereich der Grundschule erprobt und auf seine Durchführbarkeit überprüft (vgl. Anm. 14). Kernstück ist, dass die Fortbildung in den einzelnen Schulen an einem Fortbildungstag stattfindet, wobei das gesamte Lehrerkollegium teilnimmt. Auf diese Weise werden alle Lehrkräfte – und nicht nur die besonders an Naturwissenschaften interessierten – erfasst, und es werden Schwellenängste gegenüber dem Besuch eines externen Fortbildungsortes, wie der Universität, vermindert. Die Konzeption baut auf einem selbsttätigen Zugang zu den Naturwissenschaften auf, bei dem der handelnde Umgang durch Experimente im Vordergrund steht. In der Fortbildung wird vermittelt, wie mit einfachsten

Gerätschaften und „Chemikalien“ aus der Erfahrungs- und Alltagswelt der Schüler experimentiert werden kann. In der ersten Hälfte des Schuljahres 1999/ 2000 nehmen von insgesamt 120 Grundschulen in den Schulbezirken Frankfurt/ Main, Offenbach/ Stadt und Main-Taunus-Kreis 35 Schulen an der Fortbildungsmaßnahme teil. Weiteren interessierten Kollegien konnten erst Termine im zweiten Halbjahr angeboten werden.

Das erarbeitete Modell erweist sich somit von der Resonanz bei den Grundschulen aus gesehen bereits jetzt als erfolgreich. Gesicherte Ergebnisse auf der Basis der begleitend durchgeführten empirischen Untersuchungen werden am Ende des Jahres 2000 vorliegen.

Anmerkungen und Literatur

[1] Blume, R./ Sommerfeld, H./ Bader, H. J. (1989): Chemierohstoffe aus Pflanzenfetten – Experimente zur Unterrichtseinheit „Nachwachsende Rohstoffe“. NiU-Themenheft „Nachwachsende Rohstoffe“. Hrsg. von H. J. Bader/ R. Blume. NiU 37, 28. Und NiU-Sammelband 1999 „Chemie im Haushalt“. Hrsg. von B. Lutz/ P. Pfeifer/ H. Schmidkunz. 84.

[2] Sommerfeld, H./ Blume, R./ Bader, H. J. (1990): Nachwachsende Rohstoffe in der Oleochemie – Vom Rohstoff zum Produkt. PRAXIS (Chemie) 39/ 2, 28.

[3] Bukatsch, F./ Glöckner, W. (1977): Experimentelle Schulchemie (Studienausgabe), Bd. 8: Organische Chemie II. Köln, 156.

[4] Bader, H. J./ Melle, I./ Nick, S. (1997): Nachwachsende Rohstoffe – Die Natur als chemische Fabrik – Unterrichtsmaterialien für den Bereich der Sekundarstufe I (Lehrerheft/ Overheadfolien/ Arbeitsblätter/ Schülerheft/ Film). Hg.: Fachagentur Nachwachsende Rohstoffe. Hannover.

[5] Melle, I./ Bader, H. J. (1996): Das Thema Nachwachsende Rohstoffe in der experimentellen Schulchemie – Eine Übersicht. PRAXIS (Chemie) 45/ 6, 16.

[6] Reckmann, H. (1992): Lehrerfortbildung in Nordrhein-Westfalen, Fortbildungsorientierungen von Lehrerinnen und Lehrern. Empirische Befunde zur Planung und Gestaltung von Lehrerfortbildung. Soest.

[7] Wolf, W./ Göbel-Lehnert, U./ Chroust, P. (1997): Lehrerfortbildung in Hessen – Eine empirische Bestandsaufnahme aus Lehrersicht. Marburg.

[8] Beck, C./ Ullrich, H./ Schanz, R. (1995): Fort- und Weiterbildungsinteressen von Lehrerinnen und Lehrern in Rheinland-Pfalz. Schriftenreihe des LIF 59. Mainz.

[9] Neu, Ch./ Melle, I. (1998): Die Fortbildung von Chemielehrerinnen und -lehrern – Gegenwärtige Situation und Möglichkeiten zu Veränderungen. CHEMKON 4, 181–186.

[10] Melle, I. (1999): Entwicklung und Erprobung neuer Formen der Fortbildung von Chemielehrerinnen und -lehrern. Habilitationsschrift Frankfurt/ M.

[11] Neu, Ch. (1999): Fortbildung von Chemielehrerinnen und -lehrern. Neue Ansätze, Erprobung und Bewertung. Dissertation Frankfurt/ M.

[12] Altenbach, H.-J. (1998): Zum Jahreswechsel. CHEMKON 1, 4–5.

[13] Demuth, R. (1997): Naturwissenschaften im frühen Kindesalter. CHEMKON 4, 169.

[14] Drechsler, B./ Gerlach, S./ Bader, H. J. (1999): Naturwissenschaftliches Interesse schon in der

Grundschule wecken. Nachr. Chem. Tech. Lab. 47/ 6, 715–717.
[15] Lück, G. (1998): Naturwissenschaftliche Bildung schon im frühen Kindesalter. Nachr. Chem. Tech. Lab. 46/ 5, 513–516.
[16] Marquardt-Mau, B. (1996): Neue Curricula für primary science education aus den USA – Anregungen für den Sachunterricht und die Lehrerausbildung? In : Marquardt-Mau, B. et. al. (Hg.): Lehrerbildung Sachunterricht. Bad Heilbrunn, 69–78.
[17] Bader, H. J./ Vogel, S. (1993): Vorstellungen und Wissen zukünftiger Grundschullehrer über einfache Oxidationsreaktionen. Mitteilungsblatt der GDCh-Fachgruppe Chemieunterricht 18, 48–56.
[18] Werth, S. (1991): Mensch – Chemie – Natur. Grundlegende Einstellungen von Lernenden und ihre Bedeutung. In: Gramm/ Just/ Möller/ Soostmeyer/ Sumfleth (Hg.): Naturwissenschaften und Unterricht 12. Essen, 32–52.

Danksagung

Für die finanzielle Unterstützung der Fortbildung von Lehrerinnen und Lehrern des Sachunterrichts danken wir der Dechema, der Degussa AG (Hermann-Schlosser-Stiftung), dem Fonds der Chemischen Industrie und dem Verband der Chemischen Industrie. Organisatorische Unterstützung leistet das Hessische Institut für Lehrerbildung und Pädagogik (HeLP).

Walther Leonhard Fischer

Niveaus der Anschauung, der Anschaulichkeit und der Veranschaulichung im Mathematikunterricht

„Wer es fassen kann, der fasse es!“ (Math.19, 12)

Vorbemerkungen

Das Thema „Niveaus der Anschauung“ betrifft einen zentralen Aspekt des Mathematikunterrichts, im Lehren und Lernen, beim Vermitteln und Aufnehmen mathematischer Gehalte, es betrifft freilich – und d. h. notwendig auch im Rahmen dieser Tagung – nicht nur den Mathematikunterricht. Wir haben den Bogen weiter zu spannen, denn: Stufen und verschiedene Niveaus der Anschauung entwickelten sich in der *Geschichte der Mathematik* ebenso, wie mutatis mutandis in der *Geschichte des Mathematikunterrichts*. Sie finden sich wieder – und gewissermaßen zu statischer Form geronnen – im Begriffs- und Deduktionsgerüst der mathematischen Fachdisziplinen, weiter im Aufbau und in der Abfolge der Inhalte und Methoden der Lehrpläne und der Unterrichtssequenzen aller Schularten. Sie finden sich wieder in der Denkentwicklung des Einzelwesens. Und, um es zu betonen: Sie finden sich nicht nur wieder, sie sind Ausdruck einer inneren Konsequenz, Ausdruck von Universalien, Widerspiegelungen von Phasen der geistes- und ideengeschichtlichen wie der individuellen kognitiven Entwicklung der Menschheit und des einzelnen Menschen, ja seiner mentalen, kognitiven Ausstattung als Mensch.

Das vorgegebene Thema betrifft damit historische und fachwissenschaftliche Aspekte, Aspekte der Mathematikdidaktik und der Unterrichtsmethodik zusammen mit curricularen Aspekten, es beinhaltet Aspekte der kognitiven Psychologie und der Entwicklungspsychologie, es tangiert die Wissenschaftstheorie, und last not least im Begriff der Anschauung die Erkenntnistheorie.

1 Der Mathematikunterricht im Spannungsfeld von Realität und Idealität

1.1

Die Gegenstände der Mathematik sind *Abstrakta*, sind (i.a. kategoriale) Begriffe. Diese Begriffe sind – wie der Außenstehende es oft erlebt – in einem gewissen Grade abgekoppelt von der erlebbaren Wirklichkeit, sie sind (für den Laien in einem gewissen Sinne) *unanschaulich.*

Mathematik betreiben, Mathematik unterrichten und Mathematik lernen fordert in besonderer Weise „die Anstrengung des Begriffs", sie erfordert die Anstrengung des Begriffs mit einer gewissen Ausschließlichkeit.

Die Gegenstände der Mathematik sind anders als die der Realwissenschaften, anders auch als die der Geisteswissenschaften nicht konkret greifbar, gehören nicht der Alltagswelt an, ja selbst ihr Bezug zur Wirklichkeit ist vielfach nicht so ohne weiteres durchsichtig. Was haben z. B. die Zahlen mit der Realität zu tun, was haben sie mit ihr gemeinsam? – Nur, wenn wir annehmen, dass die Wirklichkeit rational strukturiert sei, dass die Mathematik auch in der Natur wese, sehen wir einen Bezug zur Wirklichkeit. Dieser Bezug existiert aber zunächst nur auf der Basis einer philosophischen Vorentscheidung.

1.2

Um es anders zu sagen: *Der Mathematikunterricht ist angesiedelt im Spannungsfeld zwischen konkreter Realität und abstrakter Idealität.*

Im Bemühen um Schülergemäßheit geht er aus vom Bezug zur mesokosmisch orientierten Vorstellungs- und Erlebniswelt der Schüler und zielt im Bemühen um sachgerechte Vermittlung der mathematischen Inhalte auf die mathematische Begrifflichkeit ab.

1.3

Neben anderen besteht vielleicht die entscheidende Schwierigkeit bei der Vermittlung mathematischer Inhalte darin, dass zwischen der konkreten Realität der Alltagswelt und der abstrakten Idealität der mathematischen Begriffswelt ein Graben liegt. Und es gibt – um im Bilde zu bleiben – keine Möglichkeit diesen Graben zuzuschütten. Von der konkreten Wirklichkeit führt kein stetiger Übergang zur abstrakten Begrifflichkeit der Welt der Mathematik, der gewissermaßen durch stetige Verdünnung des Realitätsgehalts aus konkreten Objekten bei gleichzeitig stetiger Zunahme des Abstraktheitsgrades Begriffe werden ließe. Man gewinnt den Begriff der „Geraden" nicht dadurch, dass man auf der Tafel gezeichnete Geraden (= Kreidestreifen) durch Verwendung immer feinerer Schreibstifte dem mathematischen Begriff der Geraden zunehmend annähert. Solange wir zeichnen, haben wir ein Realmodell, ein Bild der Geraden, nicht die Gerade als Begriff. Sie existiert letztlich nur in unserem Kopf.

Darauf hat schon der griechische Sophist Protagoras (480–410) hingewiesen. Jakob Steiner (1796–1863) betonte, dass man Geometrie letztlich nicht mit Zirkel und Lineal betreiben könne, sondern nur mit Worten, man kann sie, wie er sagte „bloß mittels der Zunge ausführen". Felix Klein hat den Unterschied von „Approximations- und Präzisionsmathematik" apostrophiert durch den Hinweis, dass jede Approximationsmathematik eine Präzisionsmathematik voraussetzt. Wenn wir also in der Schule – in der Grundschule, der Hauptschule, in der Realschule und in der Mittelstufe des Gymnasiums – von der Anschauung konkreter Dinge, ihren Eigenschaften und Relationen ausgehen, treiben wir zunächst Modellmathematik, betreiben wir Approximationsmathematik mit dem Ziel zur Präzisionsmathematik zu gelangen.[1]

Der Übergang von den konkreten Objekten zum Begriff, vom Einzelwesen zur Klasse vollzieht sich immer in einem *Sprung* – wird in der Mathematik meist vollzogen durch die Bildung von *Äquivalenzklassen* (vgl. 3.1) oder von *Grenzwerten.*

Aufgabe des Mathematikunterrichts ist es, diesen Sprung möglichst klein zu halten, ihn evtl. in Teilsprünge zu zerlegen, Plattformen für den Absprung zu bauen und geeignete, d. h. schülergerechte Stellen am Grabenrand auszuwählen, an denen man zum Sprung ansetzen kann. Die zugehörige vorbereitende, strukturierende und vermittelnde Arbeit gehört mit zum Aufgabenbereich der Mathematikdidaktik.

1.4

Die Spannung zwischen Realität und Idealität ist kennzeichnend nicht nur für die Mathematik. Jede diskursive Erkenntnis hat im Grunde den genannten Graben zu überspringen.

2 Anschauung und Erkenntnis

2.1 Anschauung und Erkenntnis

2.1.1

In der Schrittfolge der Themenstellung unterscheiden wir im folgenden dezidiert die Begriffe *Anschauung*, *Anschaulichkeit*, *Veranschaulichung* und die ihnen zugeordneten Wort- und Bedeutungsfelder. Das Thema ist weit. Allein die Wortfelder der drei Grundbegriffe verweisen auf viele Aspekte. Fragen wir zunächst: Was verstehen wir unter „Anschauung"?

2.1.2

„Erkenntnis ist das begründete Wissen im Unterschied zum bloßen Meinen und zum Glauben." Es gibt ein unmittelbares Wissen, Wissen durch Anschauung, es führt zur „evidenten Erkenntnis". Es gibt ein sprachlich vermitteltes, begreifbares Wissen, in der philosophischen Tradition spricht man von „diskursiver Erkenntnis" (Ulfig 1993, 112).

Die „Anschauung" ist eine bestimmte Erkenntnisform, die vielfach Ausgang für die Gewinnung von Begrifflichkeiten (begrifflicher Erkenntnisse) ist. „Anschauung ist im engeren Sinne ein unvermitteltes sinnliches Vernehmen eines einzelnen und wirklichen Dinges." Kant hebt hervor, dass die Anschauung an die Sinnlichkeit gebunden werden muss; nur wenn ein Gegenstand vorhanden ist, ist Anschauung möglich. Dieser Gegenstand kann außerhalb des Bewusstseins vorkommen, dann wird die „äußere Anschauung" angesprochen; er kann aber auch ein Bewusstseinsinhalt sein; dann wird die „innere Anschauung" angesprochen. Die Einheit des angeschauten Gegenstands (Objekts) wird durch das Zusammenspiel von Sinnlichkeit und Verstand gestiftet. Kant behauptet:

> „vermittels der Sinnlichkeit also werden uns Gegenstände gegeben, und sie allein liefern uns Anschauungen; durch den Verstand aber werden sie gedacht und von ihm entspringen die Begriffe. ... Anschauungen ohne Begriffe sind blind. Begriffe ohne Anschauungen sind leer." (In: Ulfig 1993, 30/ 1)

2.1.3

Gerade dieser letzte Satz ist wesentlich für die Diskussion der törichten Dichotomie: Praxis versus Theorie.

Praxis und Theorie, äußere Anschauung und innere Anschauung, Anschauung und Begriff bedingen sich nicht nur gegenseitig im Erkenntnisprozess, sie bestimmen in ihrem ausgewogenen Miteinander auch den guten Unterricht. Ein Unterricht, der nicht auf dem Vorwissen und den Erfahrungen der Schüler fußt, wird blind sein, ein Unterricht, der nicht auf die mathematischen Formalstrukturen abzielt, wird am Ende auch für die Anwendungen auf Sachfälle nutzlos sein.

2.2 Schema des Erkenntnisprozesses

2.2.1

Der Erkenntnisprozess ist vielfältig strukturiert und verläuft im Grunde nicht linear. Stark verkürzt gesagt und unser Thema apostrophierend stellen wir fest: Der Erkenntnisprozess schreitet ausgehend von der (unmittelbaren) „Anschauung" über die Abstraktion fort zu Begriffen, weiter zu Begriffen von Begriffen[2] und in anderer Weise zu Hierarchien und Netzen von Begriffen. Die neu gewonnenen unanschaulichen Begrifflichkeiten werden anschließend durch Veranschaulichungsmittel wieder veranschaulicht, werden dadurch zu einer *Anschauungsform auf höherer Stufe* und damit zur *Anschauungsgrundlage* der nächstfolgenden begrifflichen Stufe.[3]

	Begriffsbildung		
Objekte	*Abstraktion*		
ANSCHAUUNG	-------------------->	**BEGRIFFLICHKEIT**	-----> -----> ...
	<--------------------		<----- <----- ...
Modelle	*Repräsentation*		
Beispiele	Veranschaulichung		

Schema der Abfolge der Erkenntnisniveaus

Mit den Stufen und Niveaus der Anschauung sind zugleich Stufen und Niveaus der Anschaulichkeit verbunden, solche der Veranschaulichung und der Veranschaulichungsmittel (vgl. auch Abschnitt 7).

2.2.2

Um es zu betonen: Der Erkenntnisweg verläuft in der Denkentwicklung des einzelnen Kindes, im Unterricht der Sachfächer und der Mathematik nicht anders als in der geistigen Weltbemächtigung des Erwachsenen und in der Arbeit des Forschers, ja er verlief in der Geistesgeschichte (freilich unter Akzentuierung verschiedener Aspekte) im wesentlichen genau so.

3 Begriffsbildung – Begriffshierarchien – Begriffsgerüste

3.1 Begriffsbildung

3.1.1

Wie bildet man nun Begriffe, insonderheit die für die Mathematik zentralen sog. *Klassenbegriffe*? – Ein *Begriff* ist im weitesten Sinne eine Allgemeinvorstellung. Er stellt das Allgemeine, d. h. das, was vielen Gegenständen gemeinsam ist, dar. Er ist letztlich das Ergebnis einer *Abstraktion.* Dabei wird in einem Denkvorgang von bestimmten besonderen Merkmalen der Gegenstände abgesehen, die dann nicht mehr zu dem vom Begriff umfassten Gemeinsamen, Allgemeinen gehören (Ulfig 1993, 55). Man geht jeweils aus von einer Menge O von Objekten unserer Anschauung oder unseres Denkens, die man im Hinblick auf bestimmt ausgewählte *Gemeinsamkeiten* (Gleichheiten) ihrer Merkmale (Eigenschaften) vergleicht. Indem man nun Elemente mit gleichen Merkmalen jeweils zu Teilmengen, zu *Äquivalenzklassen*, zusammenfasst, gelangt man zu einer *Klassifizierung* der Elemente der gegebenen Objektmenge.[4] Formal bedeutet das, dass man in der Menge O eine „Äquivalenzrelation ≈" bezüglich gewisser Merkmale der Elemente einführt. Dies führt zur Zerlegung von O in das System {O/ ≈} der „Äquivalenzklassen in O bezüglich ≈". Jede dieser Klassen stellt einen Begriff dar, der schließlich noch durch einen *Begriffsnamen* bezeichnet wird.

ÄQUIVALENZRELATION ≈
Abstraktion
Objektmenge O -------------------------> Äquiv. Klassen {**O/** ≈}
-----------> **Begriffsnamen**
Repräsentanten <------------------------- **Begriffe**
Repräsentation

Schema der Begriffsbildung

Die Gesamtheit der Merkmale eines Begriffs bildet – im Sinne der klassischen Philosophie – den Begriffsinhalt (Intension), die Gesamtheit der Elemente (Objekte), die genau die betr. Merkmalsmenge besitzen, den *Begriffsumfang* (Extension). Der Prozess lässt sich fortsetzen. Auf diese Weise gelangt man zu *Hierarchien von Ober- und Unterbegriffen,* wie wir sie z. B. aus den Klassifikationen in der Biologie kennen: Einerseits gibt es dort die Wirbellosen andererseits die Wirbeltiere. Diese wiederum zerfallen in die Klassen der Fische, der Amphibien, der Reptilien, der Vögel, der Säugetiere, usw.

3.1.2

Nicht anders gewinnt man in der Mathematik durch Klassifikation Begriffe, z. B. die „natürlichen Zahlen“ 1, 2, 3, 4, ..., und zwar als Äquivalenzklassen zueinander äquivalenter, gleichmächtiger Mengen.

Ausgehend von (endlichen) Mengen konkreter Gegenstände kann man Mengen miteinander vergleichen im Hinblick auf ihre Größe, ihre Mächtigkeit. Zwei Mengen haben die „gleiche Größe“, die „gleiche Mächtigkeit“, wir können auch sagen die gleiche „(Anzahl-)Eigenschaft“, wenn sich die Elemente der beiden Mengen so zu Paaren zusammenfassen lassen, dass bei der Zuordnung keine Elemente übrig bleiben, wenn man – wie der Mathematiker sagt – diese Mengen einander umkehrbar-eindeutig zuordnen kann (Abb. 1). Als Ergebnis erhält man eine Einteilung der Mengen nach gleicher Größe, gleicher Mächtigkeit, gleicher Zahleigenschaft.

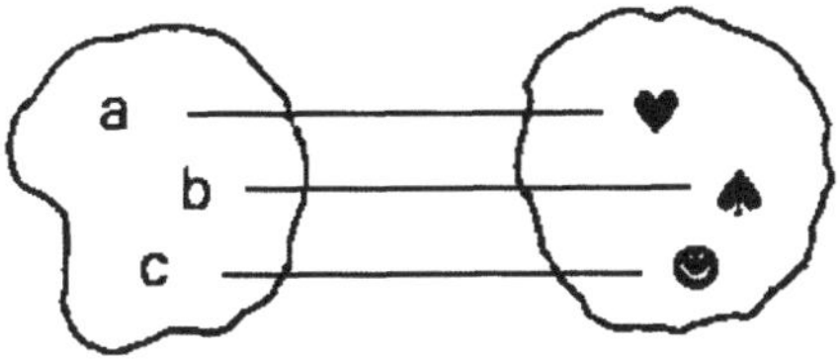

Abb. 1: Umkehrbar eindeutige Zuordnung zweier Mengen (der Zahleigenschaft 3)

Die so gewonnenen Mengenklassen, die „endlichen Kardinalzahlen“ oder „natürlichen Zahlen“ {1, 2, 3, 4,...}, lassen sich als Begriffe umgekehrt durch geeignete konkrete Mengen, und zwar durch irgend eine Menge aus der betreffenden Klasse, repräsentieren, wir sagen zurecht *veranschaulichen.* So lässt sich z. B. die Zahl 3 repräsentieren durch die Menge {a, b, c,} oder durch die Menge {♥, ♠, ☻}.

3.2 Begriffshierarchien – Begriffsnetze

3.2.1

Die Begriffe selbst ordnen sich zunächst nach der Relation „Oberbegriff-Unterbegriff" zu linearen Ketten, zur *hierarchischen Ordnung von Begriffen aufsteigenden bzw. absteigenden Abstraktheitsgrades.*

So gewinnt man in der Menge der natürlichen Zahlen durch Einführung einer (feineren) Äquivalenz die Unterbegriffe der „geraden" und der „ungeraden Zahl", das sind jeweils die Zahlen, die sich halbieren bzw. nicht halbieren lassen, die mit anderen Worten bei der Division durch 2 den Rest 0 oder 1 lassen.

{1,2,3,4,...} =	{2,4,6,...} U	{1,3,5,...}
natürliche	gerade	ungerade
	Zahlen	

Mit dieser Begriffsbildung hebt in der Geschichte der Mathematik bei den Pythagoreern (seit der Mitte des 5. Jahrhunderts v. Chr.) das mathematische Denken im eigentlichen Sinne an. Gerade und ungerade Zahlen gehören auch zum Stoff bereits der ersten Klasse unserer Grundschulen.

3.2.2

Neben Begriffshierarchien gibt es *Begriffsebenen gleichen Abstraktheitsgrades*, Mengen von Begriffen, von denen keiner Ober- bzw. Unterbegriff des anderen ist, die verbunden sind dadurch, dass sie sich einem gemeinsamen Oberbegriff unterordnen oder einen gemeinsamen Unterbegriff zur Begriffsbasis haben. Wir verweisen auf unser letztes Beispiel.

3.2.3

Nehmen wir beide Aspekte zusammen, gelangen wir zu den *Begriffsgerüsten.* Die Begriffe, wie wir sie in der kognitiven Bewältigung von Lebenssituationen – sprachlich repräsentiert in der Umgangsprache – verwenden, bilden ebenso Begriffsgerüste wie die Begriffe in fachsprachlich ausformulierten Theorien. Formal-mathematisch lassen sich solche Begriffsgerüste oder Begriffsnetze als „vollständige (Begriffs-) Verbände" im Sinne der Algebra charakterisieren.

Als Beispiel geben wir den Begriffsverband einer bestimmten Menge von Viereckstypen, so wie er in der Schule auch als „das Haus der Vierecke“ bezeichnet wird (Abb. 2). Das Liniendiagramm zeigt in den absteigenden Verbindungsstrecken das Fortschreiten von allgemeineren zu immer spezielleren (Unter-)Begriffen. Es zeigt im Nebeneinander zugleich die Begriffe gleichen Abstraktionsniveaus.[5]

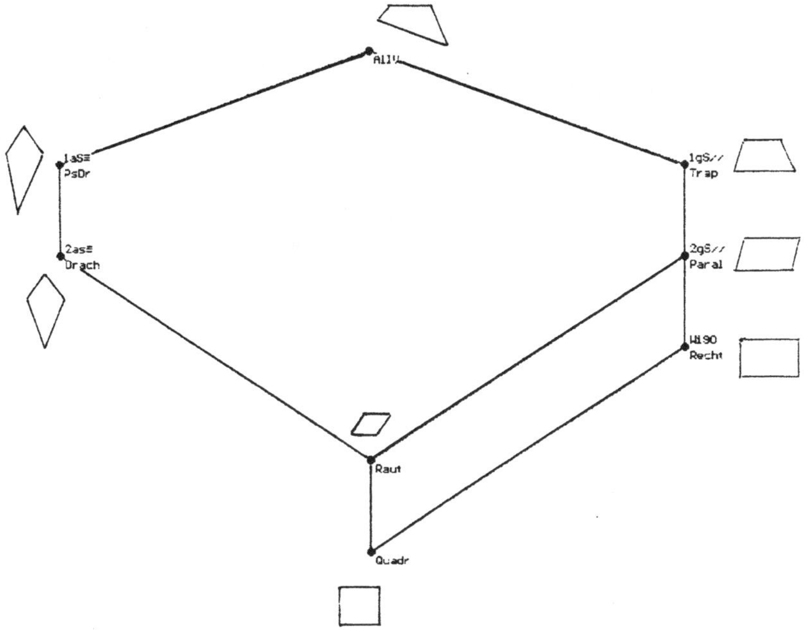

Abb. 2: Diagramm des Begriffsverbandes bestimmter Viereckstypen

3.2.4

Schon an dieser Stelle sollte darauf hingewiesen werden, dass nicht nur konkrete Objekte, sondern auch *Diagramme*, in unserem Beispiel Liniendiagramme, ein legitimes Veranschaulichungsmittel sind. Sie verschaffen einen Überblick über die Struktur abstrakter Beziehungsgefüge, machen Sinn- und Bedeutungszusammenhänge erkennbar, schaffen Vorstellungsbilder eigener Art, bringen Ordnung ins Gefüge von Begriffen und Ideen.

4 Mathematische Elementarbegriffe – Historische Beispiele

4.1

Deuten wir wenigstens an einem Beispiel an, wie sich in der Geschichte der Mathematik der *Übergang von der prämathematischen und protomathematischen Phase zur naiv-mathematischen Phase* vollzogen hat, wie sich aus der Beobachtung der Welt und dem spielerischen Umgang mit Formen *Primärbegriffe*, aus Primärbegriffen *weitere Begriffe* gebildet haben.

Den Weg von der Anschauung zur Begrifflichkeit wollen wir verdeutlichen an dem historisch und auch unterrichtlich bedeutsamen Thema der sog. „figurierten Zahlen", das sind Zahldarstellungen durch strukturierte Muster (Figuren) von Gegenständen oder Zeichen, von Strichen oder Punkten. Figurierte Zahlen sind also strukturierte Begriffsnamen für die Elementarbegriffe der natürlichen Zahlen.[6]

4.2

In der prä- und protomathematischen Phase der Menschheit finden wir auf *neolithischen Feldzeichnungen* geordnete Punktmuster. Wir wissen nicht, zu welchen Zwecken sie gezeichnet wurden, kennen nicht ihre rituelle Bedeutung, wissen nicht was die Menschen jener Zeit über sie sagten, wie sie sie benannten. Immerhin, sie existieren, wir sehen was wir sehen und was wir feststellen können ist, dass diese Punktmuster gewisse Regelmäßigkeiten aufweisen, Symmetrien auch und dass sie sich als figurierte Zahlen, als Darstellungen natürlicher Zahlen interpretieren lassen.

4.3

Figurierte Zahlen finden sich in allen Kulturkreisen, als tönerne Zählsteine und Punktmuster auf Tontafeln in *Mesopotamien.* Wenn die *alten Chinesen* die Zahlen durch bestimmte Anordnungen von Rechen-Stäbchen oder später auf dem Abakus durch Kugelperlen darstellten, handelt es sich im Grunde um figurierte Zahlen (Abb. 5). Figurierte Zahlen treten dort auch im ältesten magischen Quadrat der Mathematikgeschichte auf, dem Luo Shu (Abb. 4), in dem die Summe der Zahlen in den Zeilen, den Spalten und Diagonalen immer die Zahl 15 ergibt.

Abb. 3: Figurierte Zahlen auf neolithischen Felszeichnungen (König 1973, 282)

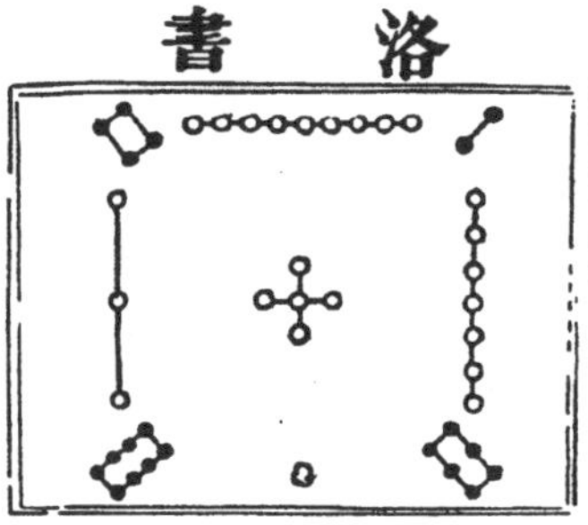

4	9	2
3	5	7
8	1	6

Abb. 4: Das magische Quadrat Luo Shu

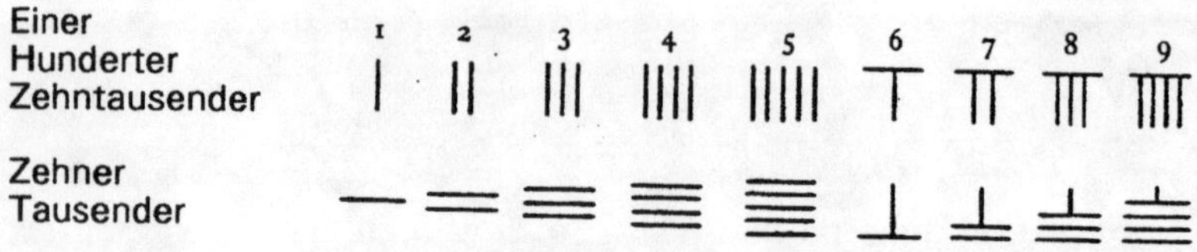

Abb. 5: Stäbchenzahlen der Chinesen

4.4

Zahlen als Punktmuster entdecken wir auf *Mykenischen Münzen.* Im alten *Griechenland* – wiederum schon bei den Pythagoreern – finden wir figurierte Zahlen. Sie führen in der Art ihrer Zahldarstellung bereits in die Anfänge der Zahlentheorie. In der Art ihrer Darstellung lassen diese Muster zugleich etwas von der inneren additiven bzw. multiplikativen Struktur der einzelnen Zahlen erkennen, machen sie deutlich und anschaulich, wie sich Folgen von Zahlen aufbauen, führen sie auf gesetzmäßige Zusammenhänge zwischen den Zahlen. Und sie führen über die einzelnen natürlichen Zahlen hinaus zur nächsten Abstraktionsstufe, zu Zahltypen, wie den Begriffen der „geraden“ und „ungeraden Zahlen“, der (multiplikativ) „zusammengesetzten Zahlen“, der „Primzahlen“, zu „Quadratzahlen“, zu „Dreieckszahlen“, zu „Rechteckszahlen“ und ihren wechselseitigen Beziehungen.

4.5

Merken wir auch nochmals an, dass nicht nur die Gegenstände und Situationen der Alltagswelt mathematische Begrifflichkeiten veranschaulichen. Auch Diagramme (Struktogramme) veranschaulichen, machen Strukturen, Sinn- und Bedeutungszusammenhänge, Über- und Unterordnungen auch begrifflicher Art „sichtbar“, „überblickbar“, „durchschaubar“, „einsichtig“.

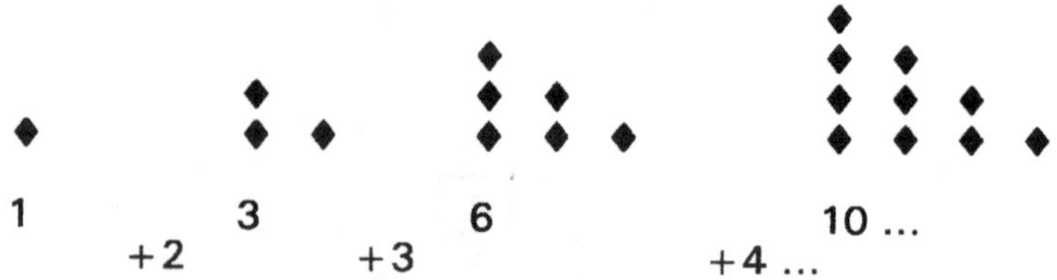

Abb. 6: Figurierte Zahlen (Dreieckszahlen) in Griechenland, gelegt durch Zählsteinchen (psäphoi)

5 Aufstieg zu höheren begrifflichen Niveaus

5.1

Den Aufstieg zu höheren begrifflichen Stufen und Ebenen, zu höheren Stufen des Abstraktionsgrades haben wir mit dem Anfang der Mathematik bei den Pythagoreern in den Begriffen der geraden und ungeraden Zahlen in einem kleinen Schritt bereits vollzogen. Den Fortgang in eine qualitativ andere und höhere Stufe demonstrieren wir am algebraischen Begriff der *Gruppe*. Wieder entstammen unsere Beispiele der elementaren Arithmetik und Geometrie der Schulmathematik. Wieder schließen wir an den Bereich der natürlichen Zahlen.

5.2 Die Additive Gruppe der ganzen Zahlen (Z; +)

5.2.1

Wir betrachten zunächst den Zahlbereich Z der „ganzen Zahlen" des alltäglichen Rechnens, also der Vereinigungsmenge der „natürlichen Zahlen" 1, 2, 3,... (der positiven ganzen Zahlen) mit der Zahl 0 und den „negativen ganzen Zahlen" –1, –2, –3,...: Z = {..., –3, –2, –1, 0, 1, 2, 3,...}
Diese Zahlen lassen sich bekanntlich miteinander verknüpfen, lassen sich z. B. addieren und multiplizieren. In beiden Fällen wird aus je zwei ganzen Zahlen a und b (eindeutig) eine neue ganze Zahl c gebildet:

$a + b = c$ bzw. $a \times b = c'$.

Z. B.: $3 + 5 = 8$ oder $3 + (-5) = 3 - 5 = -2$ oder $3 \times 5 = 15$.

Operationen mit den Zahlen haben gewisse Eigenschaften, werden (in den einzelnen Zahlbereichen) durch bestimmte Grundsätze charakterisiert.

5.2.2

Betrachten wir zunächst die Addition in Z. Die Gesamtheit Z der ganzen Zahlen bildet zusammen mit der Operation der Addition + eine algebraische Struktur. Diese heißt „(additive) Gruppe" (Z; +) der ganzen Zahlen. Sie wird bestimmt durch die folgenden Gesetze (vgl. Tabelle in 5.3): (1) Eindeutigkeit und Abgeschlossenheit – (2) Assoziativität – (3) Kommutativität – (4) Existenz eines neutralen Elements – (5) Existenz inverser Elemente.

5.3 Der Körper der rationalen Zahlen: (Q; +, x)

Im Bereich der ganzen Zahlen gibt es neben der Operation der Addition + noch die Multiplikation x. Die Grundgesetze der Multiplikation haben formal die gleiche Gestalt wie die der Addition. Multiplikativ inverse Elemente gibt es freilich nicht. Grund: Nicht jede Division als Umkehrung der Multiplikation ergibt wieder eine ganze Zahl. Das wird anders nach Erweiterung des Zahlbereiches zum Zahlbereich Q der „rationalen Zahlen"[7], die durch die Brüche a/b (a, b ganze Zahlen, b ≠ 0) dargestellt werden. Nunmehr gibt es auch zu jeder rationalen Zahl a eine multiplikativ inverse Zahl, nämlich 1/a. Das neutrale Element der Multiplikation ist die 1. Die Gesamtheit der rationalen Zahlen (dargestellt durch die positiven und negativen „Brüche") bildet also auch mit der Multiplikation eine Gruppenstruktur, die „multiplikative Gruppe" (Q; x). Die algebraische Struktur der rationalen Zahlen Q besteht damit also komplexer aus einer additiven und einer multiplikativen Gruppenstruktur, die beide durch das sog. „Distributivgesetz" verbunden sind. Diese doppelte Struktur (Q; +, x) heißt „Körper" der rationalen Zahlen.

Der Körper der rationalen Zahlen: (Q; +, x)

Additive Gruppe (Q; +):		Multiplikative Gruppe (Q; x)
	(1) Eindeutigkeit und Abgeschlossenheit:	
Mit a und b ist auch		
a + b = c		a x b = c
eine eindeutig bestimmte rationale Zahl		
Für alle rationalen Zahlen a, b und c gilt:		
	(2) Assoziativität:	
(a + b) + c = a + (b + c)		(a x b) x c = a x (b x c)
	(3) Kommutativität:	
a + b = b + a		a x b = b x a
	(4) Existenz neutraler Elemente:	
0		1
a + 0 = a		a x 1 = a
	(5) Existenz inverser Elemente:	
Zu jeder rationalen Zahl a gibt es je eine (eindeutig bestimmte)		
additiv		multiplikativ
	„inverse rationale Zahl"	
–a		1/ a
a + (– a) = 0[8]		a x (1/ a) = 1
	Distributivgessetz	
	(a + b) x c = a x c + b x c	

5.4 Endliche Algebren

5.4.1

So also steigt die Mathematik im Bereich der Arithmetik, der Zahlentheorie und der Algebra auf von der Halbgruppe der natürlichen Zahlen zur additiven Gruppe der ganzen Zahlen, zu den additiven und multiplikativen Gruppenstrukturen der rationalen Zahlen, zum Körper der rationalen Zahlen, zum Körper der reellen Zahlen.

5.4.2

Es gibt Zahlkörper ganz anderer Art. Insbesondere gibt es „endliche Algebren", also Zahlbereiche mit nur endlich vielen Elementen (Zahlen) und den Operationen der Addition und der Multiplikation im obigen Sinne. Um solche Situationen grob zu veranschaulichen, genügt der Hinweis dass endliche algebraische Situationen aus dem Alltag wohl vertraut sind. Wir alle rechnen mit dem 60-Minuten-Zyklus der Stunde, den 24-Stunden-Zyklus des Tages, dem 30- bzw. 31-Tage-Zyklus des Monats, dem 365-Tage-Zyklus des Jahres. Niemand sagt, dass er am 42. April um 27 Uhr 83 von seiner Reise zurückkehren werde. Der 42. April ist der 12.Mai, 27 Uhr ist 3 Uhr nachts am nächsten Tag, und die 83 Minuten sind 1 Stunde und 23 Minuten. Unsere Zeitangabe bedeutet also: 13. Mai 4 Uhr 23 Minuten. Übrigens: Schon die Zahlen 0 und 1 bilden mit der Addition und der Multiplikation einen Körper.[9] In Verallgemeinerung gibt es die endlichen Restklassenkörper modulo einer Primzahl, usw. usf.

5.5 Die Gruppe der Verschiebungen (Translationen) in der Euklidischen Ebene – Die Additive Gruppe eines Vektorraumes

5.5.1

Gruppenstrukturen gibt es auch in anderen mathematischen Bereichen. Als Beispiel aus der Geometrie wählen wir eine Verknüpfungsstruktur die im Mathematikunterricht ebenso gelehrt wird wie im Physikunterricht. Es geht um die Möglichkeit der *Verknüpfung von Verschiebungen (Translationen) einer Figur in der ebenen Geometrie* (bzw. in der physikalischen Mechanik von Kräften). Verschiebt man eine Figur in der Ebene in eine bestimmte Richtung um einen bestimmten Betrag, so bedeutet das, dass alle Punkte der Figur in der gleichen Richtung um den gleichen Betrag bewegt werden. Die

Verschiebung lässt sich also durch einen Pfeil bestimmter Länge beschreiben.[10] Man kann weiter mehrere verschiedene Verschiebungen (verschieden in Richtung und im Betrag) nacheinander ausführen und erkennt, dass man je zwei solcher Verschiebungen auch durch eine einzige Verschiebung ersetzen kann. Man kann, anders gesprochen, Verschiebungen „addieren". Diese Addition von Verschiebungen hat formal die gleichen Eigenschaften, wie die Addition ganzer (rationaler, reeller) Zahlen.

Gruppe der Verschiebungen (Translationen) in der Euklidischen Ebene
(Additive Gruppe eines Vektorraumes)

(1) Abgeschlossenheit und Eindeutigkeit:

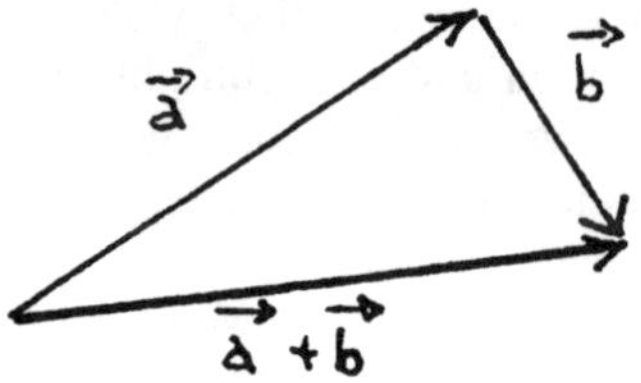

(2) Assoziativität

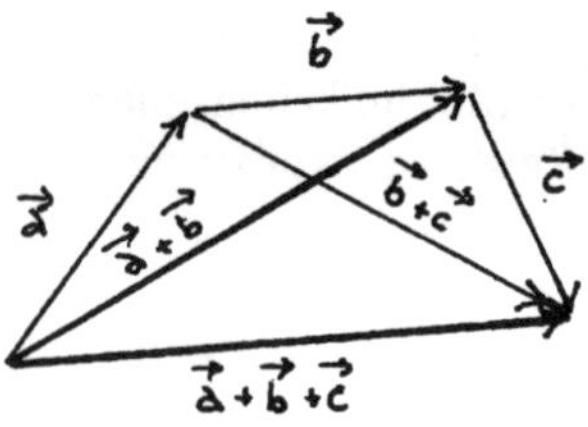

(3) Kommutativität

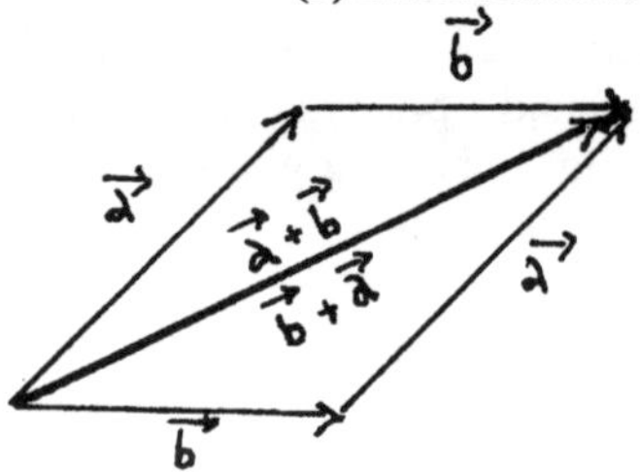

(4) Neutrales Element

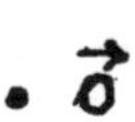

(5) Inverse Elemente

5.5.2

Analog lassen sich die *Drehungen* (Rotationen) von Figuren in der ebenen Euklidischen Geometrie miteinander verknüpfen (nacheinander ausführen) und bilden in ihrer Gesamtheit formal eine (additive) Gruppenstruktur. Im Gegensatz hierzu bilden die *Achsenspiegelungen* keine Gruppe – sie fungieren aber als Erzeugende der Verschiebungen bzw. Drehungen, denn jede Verschiebung bzw. jede Drehung lässt sich als Verknüpfung (Nacheinander-Ausführen) zweier Achsenspiegelungen, nämlich zweier Spiegelungen an parallelen bzw. sich schneidenden Achsen gewinnen. Über den Gruppenbegriff wird die Geometrie „algebraisiert“. Man kann mit Verschiebungen und Drehungen also auch rechnen.

5.5.3

Den Laien verwundert es zu hören, dass sich *Symmetrien von Figuren* algebraisch charakterisieren lassen, dass es ein „Spiegelungsrechnen“ gibt. In vielen Aufsätzen zu geometrischen Themen findet sich heute keine einzige Figur. Vielfach werden nur noch gewisse algebraische Ausdrücke oder Strukturen mit Termini belegt, die den geometrischen Hintergrund bzw. die Ursprünge der sehr allgemeinen Überlegungen auf hoher Abstraktionshöhe verraten und gewisse Assoziationen schaffen bzw. wachrufen – die oft auch für die Fortführung der Ideen wiederum als „Anschauungsgrundlage“ dienen. So gibt es zwischen Geometrie und Algebra ein Wechselspiel, ein Wechselspiel, dass dem Laien aus seiner Schulzeit auch aus der sog. *Analytischen Geometrie* vertraut ist.

6 Konkrete Theorien – Abstrakte Theorien

6.1

Mit dem Begriff der „Gruppe“ sind wir in den Bereich der „abstrakten Theorienbildungen“ vorgestoßen. Was meinen wir damit? Beim Aufstieg zu immer höheren Abstraktionsniveaus gelangen wir von den unmittelbar auf die Lebenswelt bezogenen Primärbegriffen zu Begriffen von Begriffen, zu Begriffsschemata, entfernt man sich von den sog. „konkreten Theorien“. Nunmehr bilden die Strukturen selbst die Gegenstände der Theorien.

„Konkret“ ist hier nicht zu verwechseln mit und verstanden als „konkret“ in dem Sinne, wie die uns umgebenden Gegenstände unserer Alltagswelt material-konkret, gewissermaßen mit Händen greifbar, empirisch erfassbar sind. Auch *die Gegenstände der konkreten Theorien sind abstrakte Begriffe*, sie sind aber insofern konkret, als es sich um *Begriffe der unteren Abstraktionsstufen* handelt, um ganze Zahlen, um Primzahlen, um Punkte und Geraden und Dreiecke, um Eigenschaften bzw. Relationen wie Teilbarkeit oder die Parallelität. Wir verbinden mit ihnen eine Bedeutung, die als *Abstrakta noch Kontakt mit einer anschaulich vorstellbaren Welt haben* – es handelt sich also nicht um Begriffe von Begriffen auf höherer Stufe oder gar um Begriffsschemata.

6.2

Die Unterscheidung zwischen „konkreten“ und „abstrakten mathematischen Theorien“ geht zurück auf den mathematischen Logiker Heinrich Scholz (1884–1956). „Konkret“ ist nach H. Scholz (1953, 43ff.) eine mathematische Theorie, wenn sie *einen fest vorgegebenen mathematisch ontologisch bestimmten Individuenbereich* besitzt, während sich die „abstrakten Theorien“ nicht auf fest vorgegebene Individuenbereiche beziehen, die Natur ihrer Elemente ist belanglos.

Konkrete Theorien werden durch *kategorische Axiomensysteme* beschrieben, also durch solche, die die betreffende Struktur bis auf Isomorphie kennzeichnen. Die abstrakten Theorien hingegen haben *nicht-kategorische Axiomensysteme* – ihre Modelle sind nicht sämtlich isomorph.[11] – Ein Beispiel für eine konkrete mathematische Theorie ist die elementare Zahlentheorie, eines für eine abstrakte Theorie die Gruppentheorie, in der die Elemente Zahlen sein können, geometrische Bewegungen ebenso wie Funktionen, endliche Bereiche({0,1};+) wie unendliche Bereiche ({Z;+}. (Vgl. hier Abschnitt 5)

6.3

Die sog. *klassischen Theorien* sind vielfach konkrete Theorien. Sie sind historisch und sachlich die Vorgängertheorien der nicht-klassischen Theorien, die aus ihnen durch Verallgemeinerung, Variation oder durch von ihnen abweichende Neuansätze gewonnen werden.[12]

6.4

Die Mathematik setzt in der Forschung und im Unterricht historisch und wissenschaftsmethodisch letztlich immer bei konkreten mathematischen Gegen ständen bzw. Theorieteilen an. Dies ein Grund von mehreren dafür, dass und warum bestimmte klassische Inhalte ihre grundlegende Bedeutung auch zukünftig für den Unterricht behalten werden (Fischer 1990, 1996; 1999). Klassische Stoffe sind insofern im nicht historischen Sinne „elementar", weil sie konkreten Theorien angehören.

7 Anschaulichkeit und Veranschaulichung

Beklagt wird immer wieder die Unanschaulichkeit der mathematischen Begriffe und insbesondere der höheren Abstraktionsstufen in abstrakten Theorien. – Was also ist Anschaulichkeit genauer?

7.1 Anschaulichkeit

7.1.1

„Anschaulichkeit" ist allgemein eine bestimmte Form der geistigen Zugänglichkeit zu mehr oder weniger komplexen formalen oder inhaltlichen Strukturen bzw. ein Grad ihrer geistigen Verfügbarkeit.

7.1.2

Im engeren Sinne nennen wir ein konkretes oder abstraktes Gebilde u.a. anschaulich, wenn es in seinem Feinbau durchschaubar ist, wenn Sinn und Bedeutung seiner Konstituenten (mindestens in Teilen), wenn im Kontext seine Zwecke und seine Ziele, wenn – im Falle mathematischer Methoden: ihre Anwendungs-, ihre Gebrauchsfunktionen bekannt sind. Auch von ihnen her gewinnen wir eine Art von Anschaulichkeit, von Einsicht in das Gebilde.

Anschaulich nennen wir vor allem solche situative und/ oder formale Gebilde (Strukturen), mit denen wir (im allgemeinsten Sinne) eine „Vorstellung" verbinden, die wir uns „vor-stellen" können, die wir uns im mesokosmisch strukturierten und verfügbaren Bild (Modell) vor das innere Auge rufen können, die wir uns durch konkrete Repräsentanten (Beispielfälle) des allgemeinen Falles (der Klasse) „versinnlichen" können, deren komplexe Struktur wir uns – wiederum im Modell – idealisierend, vereinfachend, elementarisierend zugänglich machen können.

Wenn uns die zu veranschaulichende Sache in einem „größeren Zusammenhang" (Kontext) erscheint, einleuchtet, verwenden wir nicht nur die sprachliche Wendung „es ist wahr", „es ist richtig", „es trifft zu", wir sind vielmehr überzeugt von der Wahrheit oder von der theoretischen Richtigkeit, weil uns die Anschaulichkeit von der betr. Sache eine Anschauung vermittelt, weil wir um ein einsehbares Warum wissen bzw. weil wir den Sinn- und/ oder Struktur-Zusammenhang sehen. In der Anschaulichkeit wird die Kategorie der Wahrheit überformt und ergänzt durch die Kategorien der *Akzeptanz* und der *Zustimmung.*

7.2 Der Begriff der Anschaulichkeit hat viele Facetten

7.2.1

Anschaulichkeit steht im Zusammenhang mit oder ist also abhängig von den verschiedensten objektiven und subjektiven Komponenten, von der Struktur der angeschauten Sache, vom situativen Umfeld, in das sie eingebettet ist, vom nur wahrscheinlichen evtl. bekannten oder erwarteten Kontext, in dem sie gesehen wird. In der Mathematik sprechen wir von anschaulichen Situationen, Begrifflichkeiten, Aufgabenstellungen, Behauptungen, von Beziehungszusammenhängen und Begründungszusammenhängen, von der Anschaulichkeit von Lösungs- und Beweisideen. Sprechen wir – ohne Anspruch auf Vollständigkeit – einige weitere Aspekte an.

7.2.2

Anschaulichkeit und Komplexität/ Elementarität (Einfachheit) einer konkreten oder abstrakten Struktur: Anschaulichkeit ist nicht notwendig an die Elementarität von gegebenen oder zu modellierenden Gebilden gebunden.[13] Vielfach erscheinen uns gerade komplexere Gebilde anschaulicher als solche relativer Einfachheit mit geringer Merkmalsstruktur. Gegenstände, Situationen, Ereignisse aus unserer Alltagswelt mit ihrer Vielfalt an Merkmalen sind uns anschaulich, werden daher gerne im Unterricht als Veranschaulichungsmittel eingesetzt.[14] Der Tatsache, dass das Einfache, Elementare im Hintergrund oft recht komplex strukturiert ist, begegnen wir gerade im Bereich der Mathematik. So erscheint die „Gerade" – der Begriff der Geraden sollten wir besser sagen – dem Laien recht einfach und anschaulich. Dabei ist die geometrische oder die Zahlen-Gerade keineswegs ein elementarer Begriff. Sie ist ein höchst komplexes Gebilde, das in seiner vielfältigen (Inzidenz-, Anordnungs-, Kongruenz- und topologischen Stetigkeits-) Struktur weite Teile der Mathematik betrifft. Allein der Begriff der Stetigkeit – man kann die Gerade „ohne abzusetzen durchlaufen" – ist erst im 19. Jahrhundert formal geklärt worden.

7.2.3

Anschaulichkeit als eine Angelegenheit der Gewöhnung: Anschaulichkeit ist auch eine Sache der Gewöhnung, des Vertrautseins im Umgang mit gewissen Strukturen. Wer einige Zeit mit den Begriffen und Methoden der linearen Algebra im n-dimensionalen Raum gerechnet hat, dem wird der n-dimensionale Raum nicht so unanschaulich sein, wie es dem Laien erscheinen mag.

7.2.4

Anschaulichkeit und geistiger Entwicklungsstand: Anschaulichkeit ist abhängig vom geistigen Entwicklungsstand einer Person, von ihrem Erfahrungs- und Erkenntnisstand, von ihrem Vorstellungshorizont.

7.2.5

Anschaulichkeit und Sprache: Anschaulichkeit ist zudem geknüpft an eine mehr oder minder ausgeprägte Verfügbarkeit über die Sprache, in der das betreffende Gebilde repräsentiert wird. Vertrautheit mit gewissen Fachausdrücken z. B. erhöht die Anschaulichkeit (vgl. auch Abschn. 8).

7.2.6

Anschaulichkeit und Sinne: Anschaulich ist nicht nur das, was man Anschauen, was man Visualisieren kann. Anschaulichkeit wird nicht nur über den Gesichtssinn vermittelt. Sie verläuft über und bedient sich der verschiedenen Sinne. Die Raumvorstellung eines Blinden z. B. ist abhängig vom Tastsinn, geprägt von taktilen Erfahrungen.

7.2.7

Fassen wir zusammen: Was ist Anschaulichkeit ?
Anschaulich ist uns, was unmittelbar mit unserer mesokosmischen Erfahrungswelt in Zusammenhang steht bzw. was wir (mittelbar) auf eine mesokosmische Struktur beziehen oder in sie transformieren können, weil es einer Teilstruktur unserer Erfahrungswelt strukturverwandt (homomorph) ist.

7.3 Facetten der Veranschaulichung

7.3.1

Vom Begriff der „Anschaulichkeit" haben wir eingangs den Begriff der „Veranschaulichung" unterschieden.

„Veranschaulichung" besteht in einem Prozess, der dazu führt, dass uns ein komplexer Zusammenhang, insbesondere eine abstrakte Begrifflichkeit anschaulich wird, dass wir über die Veranschaulichung zu einer Anschauungsform gelangen, die evtl. die Grundlage für ein weiteres Emporsteigen auf der Erkenntnisleiter abgibt.

7.3.2

Wie es verschiedene Facetten und Aspekte der Anschaulichkeit gibt, gibt es verschiedene Facetten und Aspekte der Veranschaulichung.

- Die Veranschaulichung eines Begriffs kann (auf den unteren Stufen) erfolgen durch eine Konkretisierung, nämlich durch die Angabe eines Repräsentanten aus der betreffenden Begriffsklasse (vgl. 3.1.2). Der Repräsentant kann ein reales oder ideales Gebilde sein.
- Die Veranschaulichung eines abstrakten Begriffszusammenhangs höherer Abstraktionsstufe bzw. eines gedanklichen Verknüpfungszusammenhangs erfolgt durch die (Repräsentation) Angabe von Elementen bzw. Strukturen niederer Abstraktionsstufen oder durch strukturell verwandte Abstraktionsstufen der gleichen Stufe, in jedem Fall aber durch den Verweis auf strukturverwandte (homomorphe) konkrete (mesokosmische) Situationen bzw. durch Rückbeziehung auf verwandte ideale (begriffliche) Strukturen. Sie basiert insbesondere darauf, dass wir uns als Veranschaulichungsmedium einer (realen oder idealen) Struktur bedienen, mit deren Umgang wir bereits vertraut oder besser vertraut sind, als mit dem des evtl. neuen abstrakten Gebildes, einer

Struktur, deren Eigenschaften uns auch sprachlich bereits verfügbar sind. Hier mag es – wie gesagt – auch sein, dass es sich um Modellstrukturen der gleichen Abstraktionshöhe handelt. So dienen zum Verständnis der algebraischen Verknüpfungsstruktur der Gruppe der Verschiebungen die Eigenschaften des vertrauten Umgangs mit der Addition natürlicher Zahlen. Und natürlich lassen sich umgekehrt die Eigenschaften der Addition natürlicher Zahlen mit den Verschiebungspfeilen veranschaulichen, visualisieren, auf einer anderen semantischen Ebene verdeutlichen (Beispiele in Abschnitt 5). Eine solche Wechselwirkung von Struktur und erklärendem, veranschaulichendem Modell gibt es zwischen Algebra und Geometrie in mannigfacher Form.

– Die Veranschaulichung eines Begründungszusammenhangs erfolgt z. B. im Nachvollzug von Heurismen oder gar eines Beweises, der durch Referenz auf anschauliche Elemente (sie können formaler oder sachlich heuristischer Natur sein, wenn sie nur Bereichen entstammen, die Entsprechungen bzw. Analogien wachrufen) zur Einsicht in die Notwendigkeit der Wahrheit der Behauptung führt. Dabei wird gerade auch die Bedeutung (Inhalt und Stellenwert) der einzelnen Elemente als solche und für den Zusammenhang und das Verständnis der Aussage (der Behauptung) besonders „deutlich".

Um es zu betonen: Die Veranschaulichung besteht – wie die Anschaulichkeit – nicht immer und nur in der Visualisierung des Gegenstandsbereichs eines höheren Abstraktionsniveaus durch ein im weitesten Sinne geometrisches Modell oder durch ein Beziehungsgefüge aus der mesokosmisch bekannten realen Alltagswelt, das ein Erklären oder Verstehen der abstrakten Zusammenhänge ermöglicht oder zumindest unterstützt.

8 Niveaus der Anschauung im Widerspiel der Sprache

8.1

Die Stufen und Niveaus der Anschauung und der mit ihr koexistentiell verbundenen Stufen und Niveaus der Begrifflichkeiten spiegeln sich wider auf der symbolischen Ebene, sind zugleich getragen von *Stufen und Niveaus der Bezeichnung und der sprachlichen Repräsentation.*

Die Sprache der Mathematik hat sich in der Geschichte ihrer Theorienbildungen in *Stufen,* hat sich auf verschiedenen semantischen *Sprachebenen* und in verschiedenen *Sprachformen* entwickelt. Ausgehend von der umgangsprachlichen Form in der prämathematischen und protomathematischen Phase, kamen in der naiv-mathematischen Phase Fachtermini dazu, wurde die Sprache zur Episprache. In der formalen Phase bildeten sich jeweils zunehmend die Fachsprachen aus, die (unter dem Einfluss der mathematischen Logik) zugleich zunehmend formalisiert und in die Sprachformen der Kalküle, der künstlichen Präzisionssprache transformiert wurden, die für die letzte Phase mathematischer Theorienbildungen, die kritisch-axiomatischen Phase, konstitutiv wurden. Und im Grunde nicht anders verläuft über die Jahre der Schulzeit hinweg der Sprachbildungsprozess im Mathematikunterricht.

8.2

Geben wir wieder Beispiele. Dabei entsprechen den verschiedenen Stufen der Bezeichnungsformen nicht nur – gewissermaßen in linearer Abfolge – verschiedene Stufen der Abstraktion, sondern zugleich auch die netzartige Ausbildung der Begriffsgerüste innerhalb der Stufen.

Beim *Aufbau der Zahlbereiche* gehen wir aus von der Menge $N = \{1, 2, 3,...\}$ der „natürlichen" bzw. der Menge $Z = \{...,-3, -2, -1, 0, 1, 2, 3...\}$ der „ganzen" (ganz-rationalen) Zahlen, schreiten fort zu Q, den „rationalen" Zahlen (1/2), die sich durch „Brüche" (in der Form a/b, a und b ganze Zahlen, $b \neq 0$) bezeichnen lassen, steigen weiter auf zu den „irrationalen" Zahlen, bei denen wir wieder unterscheiden zwischen „algebraischen" Zahlen ($\sqrt{2}$) und den „transzendenten" Zahlen (π). Rationale und irrationale Zahlen fassen wir zusammen zu den „reellen Zahlen". Nicht genug, die lineare Menge der reellen Zahlen können wir zur 2-dimensionalen Menge der nichtreellen Zahlen fortsetzen, wir gelangen zu den „komplexen" Zahlen ($a + bi$, a, b reell, $i^2 = -1$).

Ganz so und in strenger Analogie – wir könnten auch sagen: in formaler Strukturverwandtschaft – bauen wir die *Typen der Funktionen* und entsprechend ihre Bezeichnungen auf. Wir beginnen mit den „ganz-rationalen“ Funktionen, schreiten fort zu den „gebrochen-rationalen“ Funktionen, den „irrationalen“ Funktionen, die wieder zerfallen in die „algebraischen“ und in die „transzendenten“ Funktionen, um auch hier schließlich zu den nichtreellen, den „komplexen“ Funktionen zu gelangen.

Die jeweiligen Relationen von Ober- und Unterbegriffen in der Begriffshierarchie der Zahlbegriffe (Abb. 7) spiegelt sich dabei wörtlich wider in der Begriffshierarchie der Funktionstypen. Der Begriffsverband der Zahlbereiche kann für die Gliederung der Funktionenbereiche übernommen werden; wir müssen ihn nur umetikettieren.

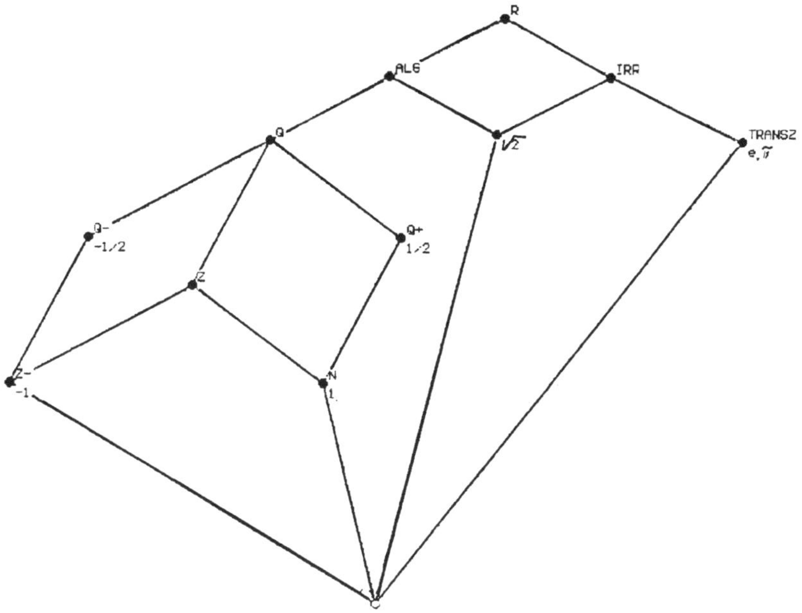

Abb. 7: Begriffsverband der Zahlbereiche

8.3

Sprechen wir noch einen anderen Beispielfall im Bereich der Zahlentheorie und in der Theorie der abstrakten algebraischen Strukturen an. In der elementaren Zahlentheorie sprechen wir von den „zerlegbaren“ Zahlen und den „unzerlegbaren“ Zahlen, meinen damit die Möglichkeiten der Zerlegung natürlicher Zahlen in Produkte solcher Zahlen. Die „multiplikativ unzerlegbaren“ Zahlen, die multiplikativen Atome, aus denen sich alle anderen Zahlen als Potenzprodukte aufbauen lassen, nennen wir „Primzahlen“.[15]

$$\text{Beispiele:} 18 = 2^1 \times 3^2, 30 = 2^1 \times 3^1 \times 5^1, 49 = 7^2.$$

Auf höherer Ebene prägen wir in der Theorie der ganz-rationalen Funktionen und in der Algebra analoge Begrifflichkeiten und sprechen u.a. von „irreduziblen“ Polynomen, sprechen wir von „Primidealen“.

8.4

Weisen wir schließlich noch auf einen anderen Aspekt hin, schreiten wir andeutend die Beziehungen zum Wortfeld aus: Im Zusammenhang mit Anschauung, Anschaulichkeit und Veranschaulichung sprechen wir auch von Vorstellungen, von Erklären und Begreifen und Verstehen. Damit überschieben sich Sprachebenen: die Sprache und das Sprechen über „Dinge“, d. h. die Gegenstände der Erkenntnis, einerseits und die Sprache und das Sprechen über unsere subjektiven Zustände und Prozesse im Erkenntnisprozess andererseits. Die Unterscheidung von objekt- und metasprachlichen Elementen kommt ins Spiel. In anderer Weise wird damit das Spannungsfeld zwischen den Dingen und ihrer geistigen Repräsentation manifest.

9 Die Rolle von Entsprechungen und von Analogien im Erkenntnisprozess

9.1

Im Aufsteigen zu neuen begrifflichen Höhen wie auch bei der Entwicklung neuer Ideenbereiche, neuer Theorien und Disziplinen spielen *Entsprechungen* und *Analogien* eine zentrale Rolle.

Dabei liefert der jeweils bekannte – sagen wir – klassische Fall die *Anschauungsgrundlage*, den Ausgangsstoff für die Erkundung und Entwicklung des neuen nicht-klassischen Falls. Und umgekehrt gibt nach Erreichung des neuen oder anderen Abstraktionsniveaus der klassische Fall in irgend einer Form ein *Veranschaulichungsmittel*[16] ab für ein Verständnis des neuen Gedankenbereichs, in der Lehre ebnet er den steinigen Zugang zum neuen, anderen Bereich.

9.2

Ohne den historischen Fakten im einzelnen zu folgen, wollen wir die Situation am Beispiel der *nicht-euklidischen Geometrien* demonstrieren.

In der klassischen Euklidischen Geometrie der Ebene (E-Geometrie) spielt das sog. „Parallelenaxiom" eine zentrale Rolle. Es lautet:

> In der Euklidischen Ebene gibt es zu jeder Geraden g und zu jedem Punkt P der nicht auf g liegt genau eine weitere Gerade h, die durch den Punkt P verläuft und die die Gerade g nicht trifft.

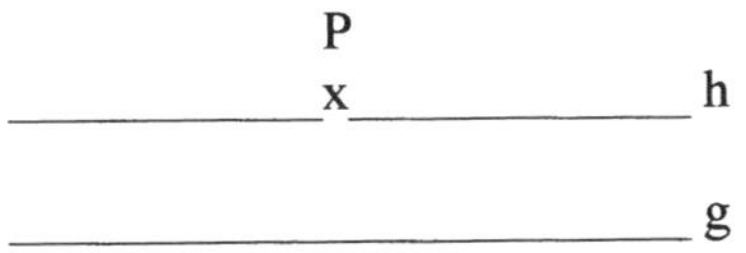

Abb. 8

Seit der Zeit der alten Griechen versuchte man diese Aussage aus den übrigen Axiomen der Geometrie zu beweisen. Vergeblich. Historisch stark verkürzt gesagt, wagten am Ende des 18. Jahrunderts Bolyay, Lobatschevski und Gauss den Gedankenschluss: Wenn sich die Aussage des Parallelenpostulats allen Beweisversuchen widersetzt, dann ist sie möglicherweise von den anderen Axiomen unabhängig. Dann müsste es auch Geometrien geben, in denen dieses Axiom nicht oder in veränderter Form gilt, in denen es also durch einen Punkt außerhalb einer Geraden keine Parallele oder mehrere Parallelen zu gegebenen Geraden gibt. Das war der Anstoß zur Entwicklung der nicht-Euklidischen Geometrien.

In ihren Gedankengängen folgten die Mathematiker zunächst dem Vorbild der Euklidischen Geometrie, versuchten sie die neuen Geometrien, die Begriffsbildungen, die Fragestellungen und Antworten und die Beweis- und Konstruktionsmethoden – sagen wir – in Analogie zur Euklidischen Geometrie zu entwickeln.

9.3

Wählen wir als einfachstes Beispiel die *Sphärische Geometrie* auf der 2-dimensionalen Kugeloberfläche.

Punkte gibt es da wie in der Euklidischen Ebene, *Strecken* auch, sie sind Kreisbogenstücke, *Linien* gibt es, z. B. Kreise. Es gibt wohl auch zueinander parallele Linien, also solche, „die sich nicht schneiden“. Denken wir an unsere Erdkugel und sprechen wir in den Ausdrücken der Geographie: es handelt sich um die „Breitenkreise“. Wie steht es dabei um die Gültigkeit des Parallelenpostulats? – Gilt es auch in der Kugelgeometrie? – Weit gefehlt!

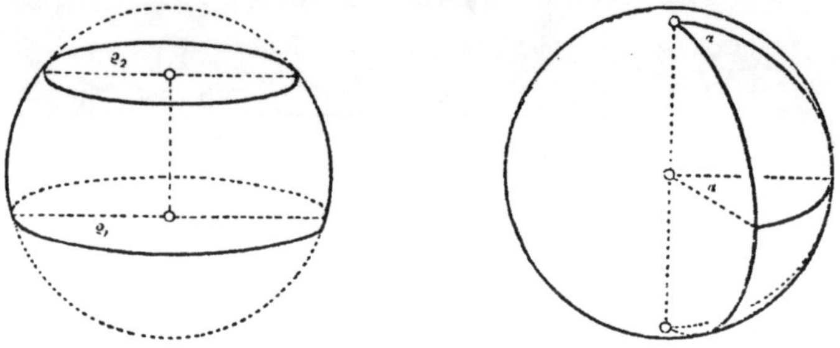

Abb. 9: Die Kugeloberfläche

Das Parallelenpostulat der E-Geometrie handelt von parallelen Geraden. Welche Art von Linien sind nun aber die „Geraden“ in der ebenen Geometrie im eigentlichen Sinne? – Welche Eigenschaften haben die Geraden in der Ebene? – Durch welche Eigenschaften sind sie von anderen Linien (Kurven) ausgezeichnet? Die Geraden in der ebenen E-Geometrie sind diejenigen Kurven, die (a) zwei (verschiedene) Punkte auf kürzestem Weg verbinden – und die (b) die Krümmung 0 haben, also von einem Wagen mit parallelen Achsen durchfahren werden.

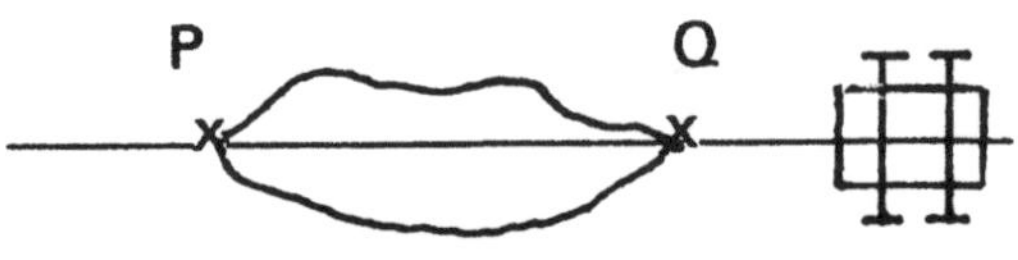

Abb. 10

Nur für solche Linien auf der Kugeloberfläche, die die beiden Bedingungen (a) und (b) erfüllen, ist es sinnvoll (im übertragenen Sinne) von „Geraden“ zu sprechen, in Analogie zur E-Geometrie der Ebene eine Aussage zu formulieren, die dem Parallelenpostulat entspricht.

Die Frage lautet also: Welche Kreisbogen-Linien auf der Kugeloberfläche haben die Eigenschaften (a) und (b)? – Wenn es sie denn gibt, wollen wir solche Linien – wieder in Analogie zur Ebene: „Kugelgeraden" („Pseudogeraden") nennen.

Die Antwort lautet: Es gibt Kugelgeraden (Pseudogeraden auf der Kugel), aber nicht alle Kreise auf der Kugeloberfläche erfüllen die beiden Bedingungen. Die Kugel-Geraden sind genau die sog. „Großkreise", d. h. diejenigen Kreise auf der Kugeloberfläche, deren Mittelpunkt im Mittelpunkt der Kugel liegt. Sie verbinden Punkte der Kugeloberfläche auf kürzestem Wege, ein Wagen durchfährt sie ohne nach links oder rechts auskurven zu müssen.

Die sog. Parallelkreise, auf der Erde z. B. die Breitenkreise, erfüllen diese Bedingungen nicht. Ein Wagen durchfährt sie nur, wenn die vordere Deichsel eingeschlagen ist, und sie verbinden auch nicht Kugelpunkte auf kürzestem Wege. Deshalb folgen Flugzeuge auf Langstreckenflügen nach Möglichkeit Großkreisen, Kugelgeraden, fliegen sie nicht auf Breitenkreisen. Die Breitenkreise scheiden also für unsere Fragestellung, die Übertragung des Parallelenpostulats aus. Sie entsprechen nicht den Geraden in der Ebene. Für die Frage nach einem Parallelenpostulat muss man sich also auf die Kugelgeraden beschränken und hier entdecken wir,

> dass es in keinem Fall durch einen Kugelpunkt außerhalb einer Kugelgeraden eine zu ihr parallele Kugelgerade gibt, also eine (Pseudo-)Gerade, die sie nicht schneidet. Alle Kugelgeraden schneiden sich in zwei an den Enden eines Kugeldurchmessers diametral gegenüberliegenden Punkten.

(Man denke z. B. an die Längenkreise, die sich alle im Nord- und im Südpol überschneiden.) Mit anderen Worten: In der Kugelgeometrie gibt es keine parallelen Kugelgeraden. Das Parallelenpostulat der E-Geometrie lässt sich nicht auf die Kugelgeometrie übertragen.

9.3.2

Das hat seine Konsequenzen: Während in der ebenen Geometrie die *Winkelsumme im Dreieck*, und d. h. in jedem Dreieck 180° beträgt, gilt diese Aussage für die Kugelgeometrie nicht. Dort ist die Winkelsumme größer als 180°; sie ist auch nicht konstant, es gibt Dreiecke mit verschiedener Winkelsumme. Man betrachte auf der Erdkugel zwei Längenkreise, und betrachte weiter das vom Nordpol und den Schnittpunkten der Längenkreise mit dem Äquator gebildete Kugeldreieck. Die Längenkreise treffen senkrecht auf den Äquator. Der Winkel, den sie im Nordpol miteinander bilden, kommt zu den 180° noch hinzu.[17]

9.3.3

Genug des Beispiels. Es gibt andere nicht-euklidische Geometrien, solche deren Träger nicht, wie bei der Kugel „ausgebaucht" (positive Krümmung haben), die vielmehr „eingedellt" sind (negative Krümmung haben). Die Kugelfläche besitzt konstante positive Krümmung. Es gibt auch eine Fläche mit konstanter negativer Krümmung, die sog. „Pseudosphäre". Die Geometrie auf dieser Fläche ist eine sog. *hyperbolische Geometrie.* Sucht man auf ihr die den Geraden der E-Geometrie entsprechenden Linien auf, so gilt in diesen Geometrien eine andere Form des Parallelenpostulats, nämlich: Parallelenpostulat der hyperbolischen Geometrie: *Durch einen Punkt außerhalb einer „Pseudogeraden" gibt es mindestens zwei parallele Pseudogeraden.*

9.3.4

Ein ebenes Modell für eine hyperbolische Geometrie stammt von Felix Klein (1849–1925). Ihr Raum ist das Innere einer ebenen Kreisscheibe. Die „Punkte" sind die üblichen Punkte im Inneren der Kreisscheibe, die „Geraden" dieser Geometrie sind die Kreissehnen. Man erkennt unmittelbar, dass das es zu einer gegebenen Geraden g mehrere Parallelen durch einen außerhalb von ihr liegenden Punkt P gibt.[18]

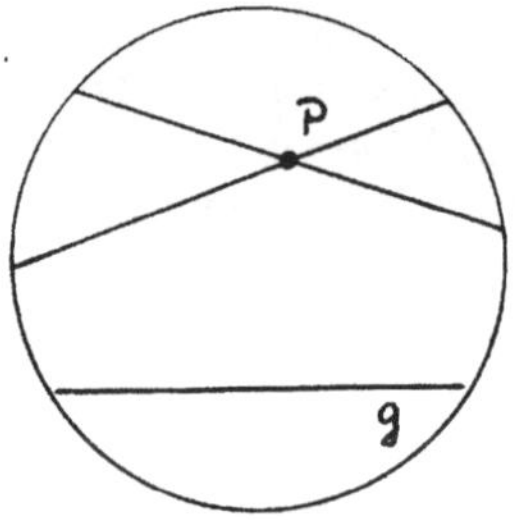

Abb. 11: Das Kleinsche Modell der hyperbolischen Geometrie

Merken wir noch an, dass sich auch die Definitionen der Längenmessung und des Winkelmaßes nicht aus der E-Geometrie übernehmen lassen; Längen- und Winkelmessung sind in dieser Geometrie ganz anders definiert als in der E-Geometrie.Die Analogien lassen sich also i.a. nicht vollständig durchziehen. Jedes Modell hat seine Grenzen!

9.4

Auch für die nicht-euklidischen Geometrien gibt es Verallgemeinerungen in höhere Dimensionen und die entsprechenden Algebraisierungen. Mit anderen Worten, es gibt auch eine Analytische Geometrie mehrdimensionaler nichteuklidischer Geometrien.

Die Folgerungen für die Modellierung der Struktur des Weltalls und der Bewegung von Körpern in der allgemeinen Relativitätstheorie brächten weitere Aspekte, zeigten weitere Möglichkeiten, aber auch Grenzen und notwendige Modifikationen von Begriffsbildungen und von Veranschaulichungsmitteln beim Aufstieg im Erkenntnisgang.

10 Möglichkeiten, Grenzen und Gefahren der Veranschaulichung – Prinzip des angemessenen Modells

10.1 Visualisierung und Sachbezüge als Anschauungsmedien

Visualisierung oder der Bezug zu einer (als verwandt betrachteten) Modellierung einer abstrakten Struktur durch Sachbezüge in der Alltagswelt allein müssen – wie mehrfach betont – noch lange nicht eine angemessene Veranschaulichung für die betreffende Struktur sein. Das zu betonen ist notwendig, weil im Unterrichtsalltag häufig die Möglichkeiten und Grenzen sachbezogener Situationen nicht genügend abgesteckt werden.

Die Frage nach den Kriterien für die *Angemessenheit einer Veranschaulichung* bzw. für Anschaulichkeit wäre ein Thema für sich. Neben den Kriterien für die Charakterisierung von Strukturverwandtschaften, der Vertrautheit im Umgang, der sprachlichen Verfügbarkeit, auch der Altersgemäßheit müssten auch die Frage nach der Reichweite der Anschauungsmittel und veranschaulichenden Gebilde und der jeweils durch ein Veranschaulichungsmedium induzierten möglichen Assoziationen bedacht werden.

10.2 Das didaktische Prinzip vom angemessenen Modell

10.2.1

Im Rahmen unseres Themas sprechen wir in diesem Zusammenhang vom didaktischen Prinzip des angemessenen Modells.

10.2.2

Als ein Beispiel wählen wir den Umgang mit den Zahlen. So beobachtet man häufig, dass man unterrichtlich im Umgang mit Zahlen sei es sprachlich oder/ und in den verwendeten Unterrichtsmaterialien die verschiedenen Zahlaspekte (Anzahl, Ordnungszahl, Zählzahl, Maßzahl, Operator, Rechenzahl) vermengt. Man spricht z. B. von Anzahl und verwendet als Modell eine lineare Perlenkette, die eigentlich eine Ordnungszahl modelliert. Dass in manchen Unterrichtsthemen gewisse der Aspekte zugleich oder nebeneinander auftreten, entbindet nicht von der Verpflichtung, in der jeweiligen Situation bewusst den zum Aspekt gehörigen Modelltyp einzusetzen.

10.3 Partielle Anschaulichkeiten – Pseudoanschaulichkeiten

10.3.1

Veranschaulichungsmittel und Modelle haben meist nur eine gewisse Reichweite, haben ihre Grenzen und beinhalten auch assoziative Gefahren, die mit gewissen Modellvorstellungen verbunden sind. Insbesondere sind Sachsituationen aus dem Alltag meist sehr komplexe Erscheinungsformen, die neben dem Modellaspekt für eine bestimmte mathematische Situation noch viele andere Merkmalskomplexe aufweisen.

10.3.2

Beispiele – die nebenbei vielleicht auch einen gewissen Unterhaltungswert haben:

(1) *Eine anschaulich einsichtige Situation und eine Behauptung ohne Glaubwürdigkeit bzw. ohne unmittelbaren Zustimmungszwang:*

> Man schlage in Gedanken ein Buch auf, reiße eine Seite aus, zerknülle die Seite irgendwie und lege die zerknüllte Seite so auf das aufgeschlagene Buch, dass sie ganz auf der nächsten nicht herausgenommenen Seite liegt. – Ein mathematischer Satz besagt dann, dass wie immer man die Seite zerknüllt hat, wo immer man auch die Seite hinlegt, wenn sie nur so liegt, dass sie nicht übersteht, stets mindestens ein Punkt der ausgerissenen Seite wieder dort liegt, wo er ursprünglich gelegen hat. Dies die Behauptung eines speziellen „Fixpunktsatzes".

Die anschauliche Behauptung ist nicht ohne weiteres glaubwürdig, hat keinen Überzeugungszwang, sie ist erst über den Beweis des betreffenden Fixpunktsatzes nachvollziehbar.

(2) *Eine anschaulich einsichtige Fragestellung mit einem schwierigen Nachweis der unmittelbar einsichtigen Antwort.*
Als Beispiel nennen wir den Jordanschen Kurvensatz:

> Jede doppelpunktfreie (d. h. sich nicht selbst überschneidende) Kurve, die in einer Ebene liegt, zerlegt die Ebene in zwei durch die Kurve getrennte Gebiete, in ein Inneres und ein Äußeres.

Die im Satz ausgesprochene Tatsache ist unmittelbar einsichtig für den Kreis, auch für eine Jordan-Kurve, die aus dem Kreis durch eine stetige Verbiegung entsteht, bei der keine Zerrreißungen und Selbstüberschneidungen entstehen. Dennoch ist der Beweis nicht trivial, bedarf er der Begrifflichkeiten aus der Topologie und wurde erstmals von Camille Jordan (1838–1922) in der Mitte des vergangenen Jahrhunderts erbracht.[19]

(3) *Eine anschaulich einsichtige Fragestellung und schwieriger Nachweis der vermuteten Antwort*
Leicht verständlich ist die Behauptung des sog. „Großen Satzes von Fermat", die in Verallgemeinerung der arithmetischen Aussage des Pythagoreischen Lehrsatzes besagt:

> Die Gleichung $a^n + b^n = c^n$ ist für natürliche Zahlen a, b, c für $n \geq 3$ nicht lösbar.

Diese Behauptung hat seit 1637 unbewiesen im Raum gestanden. Ihr Beweis widersetzte sich seither den Anstrengungen vieler Mathematiker. Sie wurde erst durch Andrew Wiles (in einem 200-seitigen Aufsatz) im Jahr 1995 verifiziert (Singh 1998).

(4) *Transformation einer anschaulichen Fragestellung zur Gewinnung einer unmittelbar einsichtigen Lösung*

> Ein Bergwanderer startet an einem Tag um 8 Uhr morgens zu einer Bergbesteigung. Am nächsten Morgen beginnt er um 8 Uhr den Abstieg vom Gipfel. Frage: Ist der Wanderer an beiden Tagen zur gleichen Zeit an einem bestimmten Punkt des Weges?

Die Antwort lautet JA. – Man denke sich in Umdeutung der Aufgabenstellung zwei Wanderer, die um 8 Uhr morgens am gleichen Tage vom Tal und vom Gipfel starten. Sie werden sich begegnen – und bei der Begegnung sind Ort und Zeit für beide gleich.

(5) *Grenzen der Anschaulichkeit – nicht-ikonische Modelle*
Grenzen der Anschaulichkeit bzw. Visualisierungen werden auch darin erkennbar, dass nicht jedes Modell eine (im Sinne der Semiotik) ikonische Zeichenfunktion hat. Es gibt auch nicht ikonische Modelle, z. B. in der Analytischen Geometrie vertraute algebraische Strukturen, die geometrische Situationen repräsentieren.

(6) *Überveranschaulichung*
Es gibt immer wieder auch Fälle von Überveranschaulichung. Sie liegen z. B. dann vor, wenn ein die Überlegungen begleitendes Bild zu elaboriert ist oder wenn in einem Übersichtsdiagramm oder in einem Text zur Hervorhebung gewisser Diagramm- bzw. Textelemente zu viele Farben verwendet werden und dadurch in einem, wie im anderen Falle das Wesentliche (Intendierte) verschleiert wird.

(7) *Anschaulichkeit als Gefahr der Irreführung*
Anschaulichkeit einer Modellstruktur kann auch in die Irre, kann zu Trugschlüssen führen. Bekannt ist schon aus dem Altertum der (Schein-)Beweis der Aussage: „Jedes Dreieck ist gleichschenklig", der darauf beruht, dass ungeprüft, und d. h. ohne vorherige Konstruktion, die Richtigkeit einer die Situation beschreibenden bestimmten Analysisfigur angenommen und aus ihr Folgerungen abgeleitet werden.

(8) *Pseudoanschaulichkeit*
Anschaulich und doch der (faktischen bzw. idealen) Wirklichkeit widersprechend sind z. B. gewisse Bildkonstruktionen des Graphikers M. C. Escher – oder das sog. Tribar in Abb. 12.

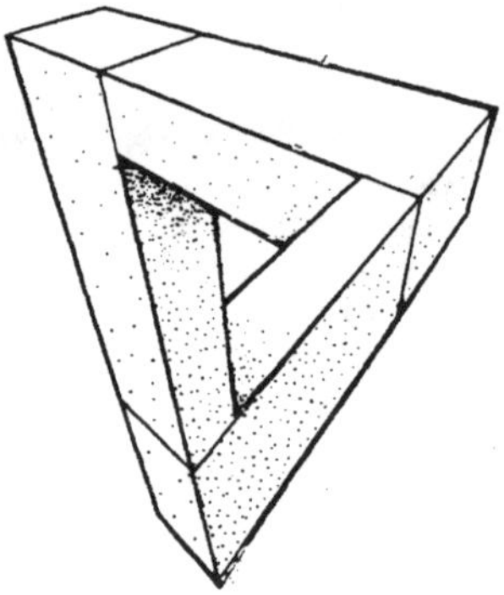

Abb. 12: Tribar

11 Ausblick

11.1 Weitere Aspekte

Es gibt und gäbe weitere Aspekte der Anschaulichkeit und der Zugänglichkeit zu diskutieren. Wir erwähnen z. B. die Rolle der Idealisierung von Situationen, um sie mathematischer Modellierung zugänglich zu machen, oder das Wechselspiel von Beispielen und Gegenbeispielen. Oft sind es nicht die Beispiele, sondern gerade die Gegenbeispiele, in denen gewisse Gesetzmäßigkeiten oder Merkmale nicht oder nur eingeschränkt gültig sind, die eine formal mathematische Struktur so recht ins Bewusstsein rücken und dadurch „anschaulich" und verfügbar werden lassen.

11.2 Die Rolle des Computers als Forschungs- und Lernmedium

Die Rolle des Computers als Forschungsinstrument: Durch die Entwicklung des Computers wurde es in der Forschung u.a. möglich, sehr komplexe Funktionen und mathematische Strukturen, die man bislang nur rein formal behandelte und behandeln konnte, z. B. in Form geometrischer Flächen bzw. Körper darzustellen, sich „von ihnen ein Bild zu machen".

Es wurde damit auch möglich, komplexe Prozesse nicht nur formal – z. B. durch Differentialgleichungen – zu beschreiben und zu erfassen, sondern sie in geometrischen Modellen zu simulieren.

Die Erforschung dieser mathematischen Strukturen bekam durch den Computer nicht nur neue, von den „Bildern" induzierte Anregungen und Anstöße. Auch die Technik hat – wie allgemein bekannt – durch solche computerisierten Veranschaulichungen und Simulationen neue Möglichkeiten in der Entwicklung und Herstellung neuer Produkte gewonnen.

Die Rolle des Computers als Lehr- und Lernmedium: Die Integration des Computers in der Lehre ist ein weites Feld. Der computergesteuerte Bildschirm eröffnet auch der Lehre und dem Lernen vielfältige neue Möglichkeiten zur Veranschaulichung formaler Strukturen.

Es sei freilich auch gewarnt davor zu wähnen, dass der Computer hinfort den Lehrer in seinem Erfahrungsschatz und seiner Körpersprache ersetzen wird, ersetzen kann. Der Computer kann und soll und wird den Unterricht aller Schularten ergänzen und bereichern. Dennoch bedeutet die Visualisierung von statischen oder dynamischen Strukturen noch nicht, dass mit ihrer Visualisierung notwendig und in jedem Falle die formalen Strukturen „erfasst", dass der Sinn- und Bedeutungszusammenhang der Strukturen unmittelbar vom Schüler „verstanden" werden würde. Was visuell „einleuchtet" muss noch nicht verstanden sein, muss noch nicht im eigenen Denken assimiliert sein. Das eigene Tun – z. B. mit Papier und Bleistift – wird auch fernerhin in Forschung und Lehre erforderlich sein. Es wird nicht genügen, nur das Bild des Würfels auf dem Bildschirm zu drehen und zu wenden, zu zerlegen und bildlich zusammenzusetzen. Es wird auch nicht genügen, geometrische Konstruktionen nur mit den Mitteln geeigneter Software mit der Maus auf dem Bildschirm vom Computer durchführen zu lassen. Die Arbeit mit der Hand, die enaktive Phase im Umgang und in der Begegnung mit den Gegenständen der empirischen Welt muss auch in Zukunft eine der tragenden Säulen im Mathematikunterricht sein.

Anmerkungen

[1] Man kann Geometrie auch experimentell betreiben (Lietzmann 1959), man kann z. B. die meisten geometrischen Konstruktionen durch Papierfalten realisieren und man kann all diese Aktivitäten und ihre Ergebnisse in eine formal-mathematische Form bringen, so wie z. B. die Definitionen, Axiome und Sätze der Euklidischen Geometrie die mannigfachen Eigenschaften der mit Zirkel und Lineal konstruierbaren Figuren mathematisieren. Hjelmslev hat ab 1922 unter dem Stichwort „natürliche Geometrie" die Geometrie mit realen Zeichenstiften mathematisiert. Aus diesen Überlegungen sind später die Untersuchungen zur „Geometrie mit Nachbarelementen", zur „Geometrie mit Homomorphismen" hervorgegangen (Hjelmslev 1922; Fischer 1976, 1996). Vorher schon gab es Ansätze, die Geometrie ausgehend von dreidimensionalen Gebilden als „Geometrie der Stücke" zu entwickeln. Punkte sind in ihr abgeleitete, durch Raumschachtelungen gewonnene Begriffe.

[2] Dem entspricht in der Logik der Aufstieg von der Prädikatenlogik 1. Stufe mit Prädikaten über Gegenstände (Individuen) zur Prädikatenlogik 2. Stufe mit Prädikaten von Prädikaten.

[3] Zu den Begriffen der „Anschaulichkeit" und der „Veranschaulichung" vgl. Abschnitt 7.

[4] Würden die Objekte im Hinblick auf Unterschiedlichkeiten, also bezüglich des unterschiedlichen Grades einer Merkmalsausprägung verglichen, so gelangte man zu einer „Ordnung" der Objekte.

[5] Fischer (1994) – Das Diagramm basiert auf Verfahren, die in einer Arbeitsgruppe um R. Wille am Mathematischen Institut der Technischen Universität Darmstadt unter dem Stichwort Formale Begriffsanalyse (FBA) entwickelt wurden. Es handelt sich dabei um eine nicht-statistische, qualitativ-strukturorientierte Methode der Datenanalyse. Die FBA basiert auf einer Rekonstruktion der Verbandstheorie. Die Ergebnisse der Analyse führen zur Aufdeckung von Zusammenhängen zwischen Merkmalsdimensionen. Ausgehend (1) von einer bestimmten Darstellung der Daten, nämlich in Form eines (formalen) Kontexts, wird (2) die Datenstruktur analysiert, (3) als Begriffs-Verband konstituiert und anschließend (4) durch informationserhaltende graphische Repräsentationen in Form von Liniendiagrammen dargestellt. Darüber hinaus kann die Darstellung der Datenstruktur auch (5) durch die Auflistung der (logischen) Implikationsstruktur der Merkmale und durch die Liste der Merkmalsordnung ergänzt werden.– Zur Einführung vgl. Ganter/ Wille/ Wolff 1987.

[6] Im Sinne der Semiotik handelt es sich um ikonische Zeichen für die Zahlen.

[7] Die ganzen Zahlen sind als Teilbereich im Bereich der rationalen Zahlen enthalten. Sie werden dargestellt durch die Brüche mit Nenner 1.

[8] anders geschrieben: $a - a = 0$

[9] Diese Tatsache bildet eine der Grundlagen der modernen Informationstechnik. Dabei ist allerdings $1+1 = 0$ zu setzen.

[10] Gleichlange parallele und gleichorientierte Pfeile sind einander äquivalent und werden zu einer Pfeilklasse „Vektor" genannt, zusammengefasst. Zusammen mit der Vervielfachung (Multiplikation mit reellen Zahlen) bilden sie einen sog. „Vektorraum".

[11] „Im Euklid sind die Eudoxischen Größenpaare die Basiselemente der Proportionentheorie, eines der bewunderungswürdigsten Kapitel der ganzen antiken Mathematik. Aber was sind nun die Objekte dieser Theorie? Mit einer denkwürdigen Treffsicherheit hat Aristoteles das Wesentliche hervorgehoben: Es sind Dinge, die in der Allgemeinheit, in der sie gemeint sind, keinen Namen haben. Es sind namenlose Objekte, in der aristotelischen Sprache 'Anonyma'. Und so tief haben sie sich schon diesem ersten großen Metamathematiker eingedrückt, dass Aristoteles mit Rücksicht auf sie die mathematischen Theorien in zwei Klassen aufgegliedert hat: die individuellen und die universellen, in seiner Sprache die 'katholischen'. Unter der

Form der katholischen Mathematik begegnet uns hier zum erstenmal die später so genannte 'Mathesis universalis'." (Scholz 1953, 36).

[12] Klassisch kann die Euklidische Geometrie genannt werden, nicht-klassisch die nicht-euklidischen Geometrien. Vgl. Fischer 1990, 1996.

[13] Zum Begriff des „Elementaren" vgl. Fischer 1990, 1996.

[14] Im Hinblick auf die damit verbundenen Gefahren bzw. Grenzen solcher Gebilde als Veranschaulichungsmittel, vgl. Abschnitt 9 und 10.

[15] Eine Primzahl p ist eine von 1 verschiedene (natürliche) Zahl, die nur durch 1 und durch sich selbst teilbar ist, die mit anderen Worten nur die eine multiplikative Darstellung p = 1 x p zulässt. Die unendliche Reihe der Primzahlen beginnt mit: 2, 3, 5, 7, 11, 13, 17, ...

[16] In Fällen in denen der neue Gedankenbereich z. B. nicht in einer Verallgemeinerung des bisherigen Falles besteht, wird der klassische Fall oft in der Funktion eines Gegenbeispiels zum Veranschaulichungsmittel.

[17] Es gibt auch Gebilde, die es in der ebenen Geometrie nicht gibt: z. B. (Kugel-)"Zweiecke" mit endlichem Flächeninhalt. Für Einzelheiten vgl. Lietzmann 1949.

[18] Für Einzelheiten vgl. z. B. Behnke/ Bachmann/ Fladt 1967, 156.

[19] Der Inhalt des Satzes ist u. a. Thema des Geometrieunterrichts der Grundschule, auch im Zusammenhang mit dem Unterschied von offenem und geschlossenem Faden.

Literatur:

Behnke, H./ Bachmann, F./ Fladt, K. (Hg.) (1967): Grundzüge der Mathematik, Bd. IIA: Geometrie. Göttingen.

Fischer, W. L. (1976): Wirklichkeitsgeometrie – Mathematische Geometrie. In: Zentralblatt für Didaktik der Mathematik, Jg. 8, H.1, 20–25. – Und in: Fischer, W. L. 1996, 118–134.

Fischer, W. L. (1990): Sind klassische Stoffe im modernen Mathematikunterricht überholt? In: Beckmann, H. K./ Fischer, W. L. (Hg.): Herausforderung der Didaktik. Beiträge zur Didaktik und Schulpädagogik, Bd.1. Bad Heilbrunn, 163–182. Und in: Fischer, W. L. 1996, 22–45.

Fischer, W. L. (1994): Die Formale Begriffsanalyse als Werkzeug in der Mathematikdidaktik. In: Pickert, G./ Weidig, I. (Hg.): Mathematik erfahren und lehren (Festschrift f. H. J. Vollrath). Stuttgart, 80–87.

Fischer, W. L. (1996): Mathematikdidaktik zwischen Forschung und Lehre. Bad Heilbrunn.

Fischer, W. L. (1999): Mathematika perennis – Historical Topics as Indicators of Fundamentals in Mathematics Education. 4th Intern. Symposion on History of Mathematics and Mathematics Education using Chinese Characters. Maebashi/ Japan. (in Vorbereitung)

Ganter B./ Wille, R./ Wolff, E. (Hg.) (1987): Beiträge zur Begriffsanalyse. Mannheim-Zürich-Wien.

Hjelmslev, J. (1922): Die natürliche Geometrie. In: Abh. Math. Sem. Hamburg.

König, M. E. P. (1973): Am Anfang der Kultur. Berlin.

Lietzmann, W. (1949): Elementare Kugelgeometrie. Göttingen.

Lietzmann, W. (1959): Experimentelle Geometrie. Stuttgart.

Scholz, H. (1953): Der klassische und der moderne Begriff einer mathematischen Theorie. In: Math. Phys. Sem. Ber., 3. Bd; 30–47.

Singh, S. (1998): Fermats letzter Satz. München-Wien.

Ulfig, A. (1993): Lexikon der philosophischen Begriffe. Eltville/ Rhein.

Otto Schober

Formen der Veranschaulichung im Fach Deutsch. Sprache und Anschaulichkeit

„Wissenskumulation“ erfordert Abstraktionsleistungen und damit nicht zuletzt die sprachliche Verarbeitung von Information. Solche Leistungen fördert der Deutschunterricht (DU). Man könnte deshalb dazu neigen, Sprache, diesen zentralen Gegenstand des DU, eher in den Zusammenhang von „Abstraktion“ als in den Zusammenhang von „Anschaulichkeit“ zu stellen. Bezüglich des Verhältnisses von Sprache und Anschaulichkeit ist aber eine interessante Beobachtung zu machen. Es wäre nämlich falsch, in der Sprache ein rein digitales Mittel für das Abstrahieren zu sehen. Sie hat vielmehr konkret-anschauliche Kerne, von denen aus sie über Analogien zu höheren Abstraktionsstufen bzw. zu „höherer Anschaulichkeit“ führt. Unsere Sprache ist bildlich-anschaulich bzw. „metaphorisch“; man hat sie sogar eine „Metaphorisierung unseres Körpers“ genannt. Das von uns erlebte Vorne und Hinten, Unten und Oben, Rechts und Links usw. wurde zur Grundlage auch sprachlicher Bezeichnungen, mit denen wir zuerst Räumliches, dann aber auch Zeitliches, Kausales usw. erfassen. Entsprechend lassen sich für die Entstehung von Metaphern anschauliche Konkreta benennen, die uns erfahrungsmäßig nahe liegen. Die Metapher ist deshalb mehr als ein poetisch-ornamentaler Zierrat, mit dem wir unsere Reden schmücken. Linguistinnen und Linguisten interessieren sich aus kulturanthropologisch wichtigen Gründen für die Metapher, genauer: für die unendlich vielen Alltagsmetaphern. Sie spiegeln für sie „eine Arbeitsweise der menschlichen Kognition, eine Form der Erfahrungsbewältigung“ (Baldauf 1997, 16), bei der wir vom Konkreten zum Abstrakten schreiten. In der Theorie der kognitiven Semantik heißt es dazu:

> „... metaphor is not just a matter of language, that is, of mere words. We shall argue that, on the contrary, human thought processes are largely metaphorical“ (ebd., Baldauf zitiert hier Lakoff/ Johnson 1980).

Mit anderen Worten: Sprache verarbeitet Wirklichkeit und ist damit auf einer gewissen Abstraktionshöhe angesiedelt. Beim Versprachlichen von Beobachtungen und Empfindungen denken wir ja nach, ordnen, werten, typisieren usw. Die uns zur Verfügung stehende Sprache stellt dabei Anschauliches in den Dienst von Übertragungen auf etwas Analoges. Hier zwei Beispiele aus Tausenden (a. a. O., 15): *hohle* Phrasen, *offene* Worte, *leeres* Geschwätz. Diese Ausdrücke verstehen wir nicht wörtlich. Aber sie gehören zu einem anschaulichen Bild, zum Bild des Behälters. Dieses Ding können wir uns bestens vorstellen. Die Vorstellung vom Behälter hilft uns, uns auch einen Bereich der Sprache zu strukturieren. Wenn wir Wörter als Behälter fassen, können Wörter (diese doch wirklich abstrakten Gebilde) in der Tat wie Behälter auch *hohl, offen* oder *leer* sein. Oder: Wahl*kampf*, Parteien*krieg,* die *Marschroute* der Opposition sind Wörter, die den (ebenfalls unanschaulichen) Bereich Politik strukturieren, indem sie auf den Bildgehalt des Krieges zurückgreifen. Metaphern verwenden also anschauungsnähere Sachverhalte, um damit schwer fassliche Sachverhalte per analogiam zu strukturieren (vgl. a. a. O., 16). Das Ganze geschieht natürlich in Textgebilden. Deren Abstraktheit ist freilich je nach Einzelfall niedriger oder höher, und es gibt auf der Skala der Textsorten eine breite Spannung von solchen, die unsere Anschauung ansprechen und Bilder in uns anregen, bis zu solchen, die in ihrer terminologischen Exaktheit vor allem unser logisches Denken herausfordern. Die Bildlichkeit fachsprachlicher Texte „verblasst“ und ist kaum rekonstruierbar. Oft hängt es aber auch von uns selbst ab, ob wir uns sprechend oder schreibend mehr der Bildlichkeit der Sprache überlassen oder ob wir sie mehr als Darstellungs- und Denkinstrument einsetzen.

Wenn wir wissenschaftlich sprechen, vermischen wir beides. Da haben wir die anschauliche Umgangssprache und die Fachsprache. Für Letztere sagt der Linguist Lyons (nach Willenberg 1999, 179): „Abstrakte fachsprachliche Begriffe sind nicht wahrnehmbar in Raum und Zeit.“ Das will heißen: Sie sperren sich gegenüber sinnlichen Wahrnehmungen, jedenfalls tendenziell (vgl. ebd.). Die Metasprache unserer Diskurse ist aber immer die Sprache des täglichen Umgangs. Aus ihr heraus basteln wir sozusagen das Schnellboot der Fachsprache. Wenn unser Partner der von uns zu Abkürzungs- und Präzisierungszwecken verwendeten Fachsprache nicht mehr folgen kann, müssen wir aus diesem „Schnellboot“ wieder aussteigen und mit diesem Partner zurück auf den langsamen Uferweg der Alltagssprache gehen. DU hat mit all dem, was hier einleitend zu sagen ist, zu tun. Schülerinnen und Schüler vollziehen Abstraktionsleistungen mit Sprache. Sie spüren aber auch der Bildlichkeit der Sprache nach und benützen sie als Gestaltungsmittel. Sie erkennen die Spannung zwischen abstrakter Fachsprache und anschaulicher Alltagssprache oder auch rhetorischer und poetischer Sprache. Davon wird noch die Rede sein. Zunächst sei noch grundlegender angesetzt, nämlich beim Nachdenken über Sprachstrukturen und bei Möglichkeiten, dieses in handlungsbezogener und anschaulicher Weise vorzunehmen. Auch ist zu fragen: Wie ist es im „Grammatikunterricht" mit „höheren Stufen der Anschaulichkeit" bestellt? Wie wird im DU die Notwendigkeit berücksichtigt, das anwachsende Detailwissen über Sprache zu strukturieren und vermittelbar zu machen?

Lernen durch Operationen im Grammatikunterricht

An der Pädagogischen Hochschule Ludwigsburg wurden die Teilnehmerinnen und Teilnehmer eines Seminars zur Grammatik und zum Grammatikunterricht befragt, woran sie sich für dieses Gebiet aus ihrer Schulzeit denn noch gut erinnern könnten. Woran sie sich erinnerten, das waren keine selbst gewonnenen Einsichten in die Sache. Im Gedächtnis war geblieben, in welchen Farben bestimmte Wortarten oder auch Satzglieder im Heft anzustreichen waren (siehe die Äußerungen unten nach Bremerich-Vos 1999, 46f.). Dabei mag einem ein Diktum von Aebli einfallen, der 1963 ein Verharren im klassischen Anschauungsunterricht als „Didaktik der Farbkreide" geißelte!

> „Es wurde meistens mit vorgegebenen Sätzen gearbeitet, wo es dann eben hieß, ‚so nun unterstreicht das Subjekt rot, das Objekt grün und das Prädikat blau'. Aus diesem Grund, denke ich, ist auch nicht besonders viel hängen geblieben." (Zit. nach Schröder 1989, 57)

Hier ist Skepsis ausgedrückt, was die Inhalte betrifft. Andere Studierende beschränken sich bei diesem für sie undurchschaubaren Gebiet lieber gleich auf die voll anschauliche emotionale Ebene, wenn sie sagen:

> „Das Angenehmste daran war für mich, dass man z.B. die einzelnen Satzglieder ‚schön bunt' anstreichen konnte./ Das Einzige, was mir wirklich gefiel, waren die vielen Farben, die wir verwenden durften./ Damals hat es mir viel Spaß gemacht, Subjekte, Objekte, Prädikate usw. zu bestimmen und dann mit der entsprechenden Farbe zu unterstreichen."

Eine weitere Äußerung geht endlich der Tatsache auf den Grund, warum man sich mit derart farbiger Anschaulichkeit nicht zufrieden geben kann. Man dringt mit ihr nicht in die Sachstruktur ein, wirkliche Probleme werden damit nicht gelöst. Es wird vielmehr mit Satzmaterial gearbeitet, das künstlich auf Einfachheit hin präpariert ist und von dem aus sich kaum ein Transfer auf wirklich interessante Fragestellungen ergibt:

„Ich erinnere mich daran, dass wir in ‚motivierender Farbigkeit' alle Satzglieder und Wortarten unterstreichen mussten und meine Lehrerin nicht zufrieden war, ehe ausnahmslos alles bunt war. Da die Kategorien eindeutig voneinander getrennt waren und es daher keine zweifelhaften Fälle gab, waren Diskussionen um die richtige Zuordnung nicht zulässig. Dabei war ich gerade in dieser Hinsicht so unsicher."

Wir ahnen: da hätte jemand gerne Sprache selbstständig untersucht und brauchbare Beschreibungskategorien erworben statt einfach Termini zu übernehmen, die auf die Phänomene oft gar nicht so recht passen wollen. Die gegenwärtige Grammatikdidaktik hat da Besseres entwickelt. Es ist die „Grammatikwerkstatt". Sie korrespondiert mit unserer Tagungsthematik, will sie doch den Schülerinnen und Schülern so etwas wie eine „Grammatik zum Anfassen" (Eisenberg/ Menzel 1995, 13) bieten. Sie hat praktische Handlungsaspekte, aber im Dienst einer nun wirklich kategorisierenden Arbeit.

Den Ausgangspunkt bildet folgende Auffassung. *Grammatik* oder *Grammatiken*, das ist nicht etwas, was in der Sprache selbst stecken würde. Sondern: „Grammatiken sind das Ergebnis von Systematisierungsbemühungen verschiedener Menschen, die sich näher mit Sprache (in ihrer Regelhaftigkeit) befassen" (a. a. O., 4.). Diese Sicht hat gravierende didaktische Konsequenzen. Eisenberg/ Menzel demonstrieren sie am Beispiel „Adjektiv".

Um Beispiele für diese Wortart herauszufinden, strichen die Schülerinnen und Schüler, wie wir gesehen haben, früher lediglich die sog. „Wie- oder Eigenschaftswörter" an. Im Normalfall mag das auch klappen. Aber: Es gibt ja gar nicht *das* Adjektiv. Diese Kategorie kann verschieden eng oder weit gefasst werden. Bei Sprachbüchern mag in einem Zulassungsverfahren kritisiert werden, dass in seinem Wortartensystem die Wortart *Zahlwort* fehle. Sie kann aber aus gutem Grund fehlen. Zahlwörter wie *drei* und *dritte* lassen sich nämlich unter die Adjektive einordnen, denn sie haben eine Reihe von Merkmalen, wie sie für viele Adjektive gelten (vgl. ebd.). Ein weiteres Beispiel: Manche Wissenschaftler stecken in die „Schublade der Adjektive" z. B. auch *quitt* und *futsch* hinein; andere sagen, dass Adjektive Flexionsendungen haben müssen, was aber bei *quitt* und *futsch* nicht geht, weshalb sie Adverbien seien und damit in eine andere Schublade gehörten. Wieder andere überlegen beim Wörtchen *zu*, ob es sich nicht gelegentlich zwischen die Schublade Präposition oder Adverb und die Schublade Adjektiv verklemmt, denn manche reden ja auch von der *zunen Tür*, flektieren *zu* also so, als ob es ein Adjektiv wäre. (Vgl. insgesamt ebd.; mehr dazu s.u.) Solche Beispiele führen mitten hinein in die Grammatikwerkstatt.

Dort gehen die Schülerinnen und Schüler experimentierend mit dem Material Sprache um. Das Handwerkszeug sind die sog. *grammatischen Operationen*, mit denen auch die Wissenschaftler arbeiten, wobei in der Schulwerkstatt freilich nur eine kleine Auswahl von Werkzeugen, sprich: Operationen, zur Verfügung steht und nur Teilsysteme der Sprachbeschreibung thematisiert werden. Ein solches Teilsystem sind die schon erwähnten Adjektive in Abgrenzung zu anderen Wortarten; andere Teilsysteme beträfen etwa die Zeitformen oder die Satzglieder. Der ältere Grammatikunterricht hat dazu Kategorien angeboten, die das Ergebnis der Systematisierungsversuche *anderer* waren. Die Schülerinnen und Schüler mussten sie lediglich übernehmen, zu verstehen versuchen und, wenn es gut ging, anwenden (vgl. ebd.) Das Programm der Grammatikwerkstatt ist hingegen:

> Das „Handeln selbst durchzuführen, das zu einer Grammatik hinführt, an dessen *Ende* erst die Grammatik steht... Wichtig ist nur, dass wir selbst dazu gelangt sind – und dass wir, was wir selbst hergestellt haben, auch benutzen können." (Ebd.; kursiv O.S.)

Mit der früher gegebenen Hilfe „Adjektive sind *Wie-Wörter*" kommt man nicht weit; jedenfalls versagt sie in Zweifelsfällen. Jetzt bekommen die Schülerinnen und Schüler mit, „wie eine Grammatik zur Kategorie der Adjektive gelangt" (ebd., 5). Sie nehmen an den „Kategorienbildungsprozessen" (vgl. ebd., 7) selbst teil. Sie erfahren etwa für den hier gewählten Beispielbereich durch eigene Beobachtung, was innerhalb einer bestimmten Grammatikkonzeption ein Adjektiv können muss (nach ebd.):

- Es muss erstens eine Eigenschaft eines Subjekts bezeichnen:
  Dieser Hund ist klug
- Zweitens attributiv stehen können und dabei flexierbar sein:
  dieses kluge Kind
- Drittens eine Eigenschaft von Vorgängen und Handlungen bezeichnen, auf die man sich mit einem Verb bezieht:
  Diese Frau redet klug
- Schließlich muss ein Adjektiv in Vergleichssätzen vorkommen können und steigerbar sein:
  Der Hund ist so klug wie .../ ... ist klüger als ... usw.

Die Schülerinnen und Schüler operieren mit der sog. Ersatzprobe, holen also Wortbeispiele her und probieren sie durch. Sie werden viele typische Adjektive herausarbeiten können, bei denen das alles wunderbar geht. Das ist interessant. Noch interessanter und höchst produktiv für die Ausbildung kategorialer Denkfähigkeit wird es, wo wir den Kernbereich der Adjektive verlassen und Sätzen wie:

Die Tür ist zu – * *Die zune Tür*
Der Bart ist ab – * *Der abbe Bart*

untersuchen. In den Satzbeispielen ohne Stern sehen *zu* und *ab* tatsächlich nach Adjektiven aus. Sie bestehen einen Teil der Adjektivprobe, wiewohl es (prädikativ gebrauchte) Präpositionen oder auch Adverbien sind, wie schon ein Blick in den einfachen Rechtschreibduden ergibt. In prädikativer Position würde ja auch ein echtes Adjektiv nicht flektiert. Bei einer attributiven Stellung im Satz würde ein echtes, volles Adjektiv auch noch die Flexionsprobe bestehen, *zu* und *ab* bestehen diesen Teil der Adjektivprobe dagegen nicht. Die Arbeit in der Grammatikwerkstatt lässt allerdings eine gewisse Nähe von *zu* und *ab* zur Kategorie Adjektiv erkennen:

> „Wenn Kinder [nämlich] Ausdrücke wie *die zune Tür, der abbe Bart* verwenden, dann drücken sie die Wörter sozusagen weiter in die Kategorie hinein. Sie geben ihnen in ihrer Sprache Eigenschaften, die sie in der Sprache der Erwachsenen und insbesondere dem Standarddeutschen erst einmal nicht haben." (Ebd., 12; kursiv im Original.)

Das Beispiel illustriert eine Art praktischen Lernens im DU. Dabei ist das Hantieren mit den „Werkzeugen" der linguistischen Proben aber kein vordergründiger Aktionismus. Wenn Schülerinnen und Schüler wie andeutungsweise gezeigt mit Sprache experimentieren, hängen sie nicht mehr an der Fülle der Details und an vielen anschauungslos bleibenden Begriffen. Sie haben Ordnungsinstrumente in der Hand und können sogar Zweifelsfälle etc. selbstständig auffinden, diskutieren und ansatzweise klären.

Soweit ein kleiner Einblick in das Gebiet des Grammatikunterrichts hinsichtlich des praktischen Lernens und der Anschaulichkeit. Nun ist DU in mehrere Teilbereiche aufgefächert und etwa auch Literaturunterricht. Für ihn sei nun die eben im Grammatikunterricht aufgefundene Spur weiter verfolgt, dass Schülerinnen und Schüler zunächst einmal praktisch handeln. Freilich geht es dabei mit den anderen Gegenständen auch um andere Ziele.

Förderung von Imaginationsfähigkeit im Literaturunterricht

Beim Literaturunterricht sollen wieder solche Verfahren interessieren, die etwas Handgreifliches haben, vielleicht bis hin zu Fällen, wo in der Literaturstunde Gedichte mit der Schere zerschnippelt werden und es nach Uhu riecht. Das ist freilich zugespitzt und etwas selbstironisch formuliert, denn äußeres „praktisches" Handeln sagt für sich allein wenig. Es ist mit inneren Aktivitäten zu verbinden und muss kategoriale Einsichten in die literarischen Gegenstände fördern. Nun erreicht ein Literaturunterricht, in dem Texte einfach gelesen und im Anschluss sozusagen fragend-entwickelnd auf ihre Gestalt und auf ihren Sinn hin interpretiert werden, meist nur einen kleinen Teil der Schülerinnen und Schüler und die meisten Hauptschüler überhaupt nicht. Um alle zu beteiligen, arbeiten wir „handlungs- und produktionsorientiert". (Diese Formulierung spielt auf eine literaturdidaktische Position an, die seit den achtziger Jahren für die Praxis weithin bestimmend wurde). Hier verstärkt und vertieft der Unterricht individuelle Imaginationen durch besondere Verfahren. Dazu zunächst ein mediendidaktisches Beispiel. An ihm lässt sich der Weg von der Wahrnehmung zur Vorstellung oder inneren Anschauung besonders gut zeigen. In dem bekannten Film „Schindlers Liste" haben die Zuschauenden ihre (wenn auch flüchtigen) Rezipientenfantasien, denen nachzuspüren ist, „um sie auszusprechen, miteinander zu vergleichen und zu reflektieren" (Köppert 1999, 53). Eine Augsburger Lehrerin und Dozentin hat in ihrer 11. Klasse so gearbeitet und die Bahnhofsgepäck-Szene mit Video eingespielt. Dort haben jüdische Deportierte in Krakau ihr Gepäck beschriftet im Bahnhof hinterlassen und sind inzwischen mit dem Zug abtransportiert worden; das Gepäck soll ihnen angeblich nachgeschickt werden. Der Filmbe-trachter sieht die ausgeleerten Inhalte der Koffer – Fotos, Kleider, Schmuck, Devotionalien – und sieht, dass sie gerade von Fachleuten nach Verwendbarkeit und Wert sortiert werden.

> „Einer der Beschäftigten – ein Mann mit angeheftetem Davidstern – sitzt über Schmuckstücken, die er mit der Lupe zu schätzen hat. Am Ende der kurzen Film-Einstellung werden Zähne mit Goldplomben aus einem Beutelchen vor ihm auf den Tisch geschüttet. Er blickt nachdenklich von seiner Arbeit auf." (Köppert/ Spinner 1998, 162)

Die Lehrerin lässt nun nicht analysieren, was in dieser Mimik an „Bedeutungsspielräumen" und an „Innengeschehen" steckt (vgl. Köppert 1999, 59). Die Schülerinnen und Schüler schreiben vielmehr – typisch für die handlungs- und produktionsorientierte Verfahrensweise – eine Gedankenrede, „einen inneren Monolog dieses jüdischen Arbeiters" (ebd.). Man kann der Klasse zur Erleichterung einen neutralen Anfangssatz vorschlagen wie „Ich sitze hier und mache gewissenhaft meine Arbeit ..." (ebd.). Einer der dokumentierten Schülertexte lautet:

> „Ich sitze hier und mache gewissenhaft meine Arbeit. Um mich herum persönliche Dinge von meinen Brüdern und Schwestern. Vor mir auf dem Tisch ihre Kostbarkeiten. In mir nichts als diese merkwürdige Leere ... und plötzlich die Klarheit: Jede Hoffnung ist Täuschung. Die im Zug fahren in den Tod! Das meinen die anderen, wenn sie von einer Sonderbehandlung sprechen. Und ich? Ich bin ihr Helfershelfer ... Wann bin ich dran?"
> (Köppert/ Spinner 1999, 163)

Dieser Schüler zeigt Vorstellungskraft und leistet erfolgreich die Imagination eines individuellen Konflikts (vgl. ebd.). Bei einer nur traditionell-verbalen

Unterrichtsführung hätte er vielleicht geschwiegen. Nun aber bringt er seine innere Anschauung, seine (literaturwissenschaftlich gesprochen) „Konkretisation" in den weiteren Unterricht ein. Und dies dank der Monologmethode. Einige weitere Verfahren aus dem handlungs- und produktionsorientierten Literaturunterricht seien angedeutet:

- Ein Hauptschullehrer machte mit vorstellungsbildenden Verfahren bei Gedichtbehandlungen in der Hauptschule sehr gute Erfahrungen. Sie unterstützten für ihn, was zu einem geglückten, „emotional eingefärbten" Leseprozess gehört und was einer analytischen Textarbeit unbedingt vorausgehen sollte. Seine Schülerinnen und Schüler fertigten zu Gedichten Zeichnungen bzw. Bild-Text-Kombinationen mit großer Aussagekraft an. Der Lehrer kommentiert diese Eigenproduktionen und vermerkt:

  > „Stand ich dem Konzept des handlungs- und produktionsorientierten Literaturunterrichts vor Jahren noch skeptisch gegenüber, so hat mich insbesondere die Unterrichtserfahrung mit visuellen Ausdrucksformen derart verblüfft und berührt, dass ich mir eine Begegnung zwischen Literatur und Schülern ohne Zeichnen, Malen oder andere grafische Gestaltungsmöglichkeiten nicht mehr vorstellen kann." (Launer 1999, 38)

- Ein Grundschul-Beispiel: Die schon mit dem Filmbeispiel erwähnte Lehrerin und Dozentin behandelte das Märchen *Das Wasser des Lebens* praktischer als durch verbales Analysieren der Symbolik:

  > „Schüler/innen ... malten Bilder und stellten Basteleien her, die zeigen sollten, wie sie sich *Das Wasser des Lebens* im gleichnamigen Grimm'schen Märchen vorstellten. Die so zum Ausdruck gebrachten Imaginationen spiegelten ... deutliche Übertragungsleistungen wider. Im Bewusstsein eines Schülers etwa verknüpften sich offensichtlich ... bestimmte Bedeutungsfelder der Metapher. Das Sinnbild des *Lebenswassers* drückte für ihn das Lebensspendende ... aus, das in der Kraft der Reinigung und der Erneuerung liegt: Er malte eine Kläranlage – verschmutztes Wasser fließt hinein und kommt in Regenbogenfarben wieder heraus. Eine Mädchengruppe hatte in ihrer inneren Vorstellung intuitiv ... eine ... Übertragungsleistung vollzogen: sie bastelte ein Gebilde aus Herzchen, das als die Liebe unter den Menschen *ihr* ‚Wasser des Lebens' verkörpern sollte." (Köppert/ Spinner 1998, 166f.; vgl. auch Köppert 1998)

- Wer für seinen Literaturunterricht Anregungen sucht, die in die gezeigte Richtung der Imaginationsförderung gehen, findet solche in dem inzwischen klassischen, aber unentbehrlich gebliebenen Waldmann-Katalog der handlungs- und produktionsorientierten Verfahren (Waldmann 1984). Dort wird u. a. Folgendes empfohlen: Für die literarischen Figuren, die in einem Text in Konflikt zueinander stehen, bauen die Schüler ein „Standbild" oder eine „Skulpturengruppe" auf, „die durch Körperhaltung, gestisch und mimisch etwa die Konfliktsituation [in „eingefrorener" Form] darstellt" (ebd., 119). – Für eine Figur wird eine Vorgeschichte hinzuerfunden, die ihr Handeln durch Jugenderlebnisse verständlich macht. –

Schüler verfassen einen beratenden Brief etwa an eine Figur eines Jugendbuches. – Usw. (vgl. ebd., 121f.).

Dies alles sind Arbeitsweisen von einer gewissen Konkretheit, zielen aber auf die Bewältigung sehr komplexer Sachverhalte. Sie fördern Kompetenzen für den Textumgang und unterstützen darüber hinaus die Lernfähigkeit des Individuums insgesamt. Seit Piaget verstehen wir ja Denken bzw. Sprachdenken als verinnerlichtes Handeln. Wir operieren bei jeglichem Wissenserwerb mit inneren Zeichensystemen; dazu müssen wir aber darin geübt sein, gerade auch bildhafte Repräsentationen aufzubauen (vgl. Schnotz 1998, bes. 147). Abraham schätzt solche Vorstellungsfähigkeit und Vorstellungsbildung in der Schule mit Recht hoch ein. Imaginationen ergänzen „als der bildlich kodierte Anteil des Denkens ... den sprachlich kodierten [Anteil] um das, was Begriffe als mentale Modelle für den menschlichen Geist erst fassbar macht“ (Abraham 1999, 18).

Hilfen aus der Neuropsychologie

Die Bildung von (anschaulichen) Vorstellungen ist einer der Schwerpunkte des DU. Gleichzeitig ist die Arbeit an Begriffen nicht zu vergessen. Nach Möglichkeit ist beides zusammenzuführen. Deshalb sei zunächst wiederholt (hier mit Köppert/ Spinner 1998, 166), „daß bei der Vorstellungsbildung kognitive Elemente in einer strukturierenden Weise mit einfließen“. Ein Schaubild (von Abraham 1999, 20) verdeutlicht zudem den dynamischen Zusammenhang der Arbeit an Begriffen einerseits und Vorstellungen andererseits:

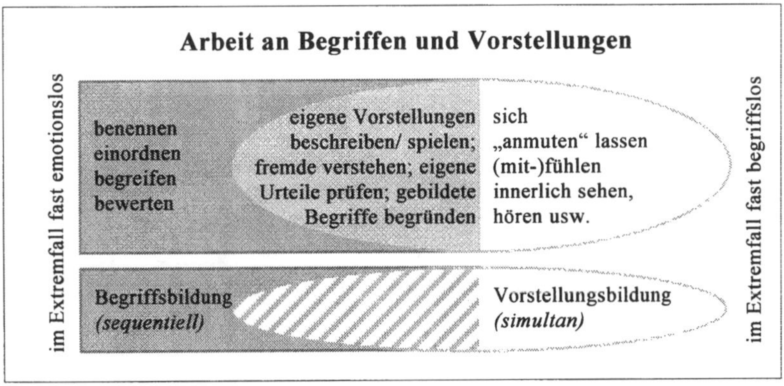

Nach dieser Skizze gehen wir mit Begriffen *sequenziell* um: wir bauen sie auf, wenden sie an und verknüpfen sie mit weiteren Begriffen. Das ist durchaus mit Bewertungsprozessen verbunden, wie Abraham in der Skizze auch angibt. Bewertung erfolgt aber emotional, weshalb das Wort „emotionslos“ – links vertikal in der Skizze – jedenfalls in einem evolutionstheoretisch fundierten Modell problematisch erscheint. Der rechte Teil der Skizze bezeichnet „Vorstellungsbildung“ mit Recht als nahezu simultan erfolgende Leistung. Sie entsteht außerordentlich rasch, weil sie sich schneller neuronaler Verbindungen bedienen kann.

Eine solche Modellierung komplizierter Vorgänge verwendet Erkenntnisse der Neuropsychologie mit; sie wird offensichtlich auch für die Fachdidaktik Deutsch wichtig, und dies besonders bei Fragen von Anschaulichkeit und Begriffsbildung. Eine markante Anregung dieser Art stellte schon 1983 bzw. 1984 Ricos „Garantiert schreiben lernen“ dar, das im Englischen den bezeichnenden Untertitel führt: „Using Right-Brain Techniques to Release Your Expressive Powers“ (Rico 1998). Das Buch vertieft von der Gehirnstruktur und -tätigkeit her den in obiger Skizze betonten Unterschied. Es ist der Unterschied von begrifflich-analytischer Arbeit, die *sequentiell* ist und linkshemisphärisch geleistet wird, und von Vorstellungen und Analogien bildender Arbeit, die also *simultan* ist und rechtshemisphärisch geleistet wird. Auf dieser Grundlage entwickelt Rico eine für das kreative Schreiben vorbildlich gewordene Methodik. Die schreibenden Schülerinnen und Schüler überlassen sich zunächst einmal beim sog. „Clustering“ ihren Assoziationen, die zwanglos aufgeschrieben werden, z. B. (a. a. O., 82):

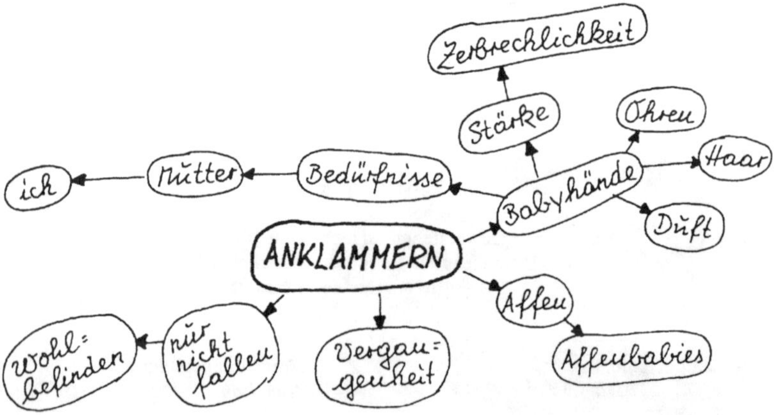

Damit „wärmen“ sie die rechte Hemisphäre an, die in der Schule gerne vernachlässigt wird. Die assoziative Ideenverknüpfung, die im Zentrum dieses neuen Lernverfahrens steht (vgl. Klappentext der Sonderausgabe), sorgt für anschauliche Vorstellungen und körpernahe Empfindungen, die die konkrete Grundlage für das weitere Schreiben bilden, bei dem dann die Tätigkeiten der linken Gehirnhälfte ordnend und planend mit eingreifen.

Es sei hier nicht weiter diskutiert, dass jüngere neuropsychologische Forschung in der Zwischenzeit das Moment der Vernetzungen stark betont und die Hemisphärentheorie etwas relativiert hat.

Verwiesen sei aber darauf, dass mit dem Lehrbuch Willenbergs „Lesen und Lernen. Eine Einführung in die Neuropsychologie des Textverstehens“ (Willenberg 1999; vgl. auch Schober 1999) eine hervorragende Zusammenführung und Anwendung der wissenschaftlichen Ergebnisse gerade für die das Fach Deutsch Unterrichtenden vorliegt. Willenberg arbeitet heraus, dass Wissen in Texten gespeichert ist und Lernen in großem Umfang durch Lesen erfolgt. Die volle Lesefähigkeit besteht für ihn darin, *verknüpfendes* Lesen und *analytisches* Lesen flexibel miteinander zu verbinden.

Diese beiden Zugangsweisen hängen von sehr verschiedenen neuropsychologischen Bedingungen ab und erfordern deshalb auch methodisch jeweils andere Formen der Vorbereitung und Durchführung. Hier nur so viel: Beim verknüpfenden Lesen sind Imaginationen beim Textumgang zu fördern, etwa durch einzelne der schon gezeigten handlungs- und produktionsorientierten Verfahren, aber auch durch Betonungs- und Bewegungsübungen.

Dieses Lesen muss sich also mit Anschaulichkeit verbinden. Dabei werden bei literarischen Texten, oft aber auch bei Sachtexten weiträumige Bezüge hergestellt (was bestimmte Nervenarten und Nervenverbindungen beansprucht), es laufen optische, akustische, olfaktorische und haptische Assoziationen rasch ab und die Metaphorik der Sprache kommt zur Wirkung. Erst dann haben Analyse und begriffliche Genauigkeit eine Grundlage. Beim analytischen Lesen dagegen sind einzelne Wörter zu fokussieren und mit einem Wissensnetz zu verbinden.

Mit anderen Worten: Bei der Lesetätigkeit bilden simultan erzeugte anschauliche und auch unsere Körperlichkeit ansprechende Vorstellungen sozusagen den „Arbeitsspeicher“ für unsere Begriffsbildung (hier nach Hurrelmann und nach Abraham formuliert; vgl. Abraham 1999, 19).

Zur Verdeutlichung der gemeinten unterschiedlichen Zugangsweisen zu unserem Wissen hier ein Beispiel aus Willenbergs Buch (Willenberg, 1999, 136f.): Zwei Kunsthistorikerinnen erklären dieses Bild einem Laienpublikum. Die erste macht das so:

„Der Maler legte eine Sammlung seiner Gemälde und Zeichnungen an, Liber Veritatis genannt. Warum Liber Veritatis, also Buch der Wahrheit? Das hat nichts mit unserem heutigen Wahrheitsbegriff zu tun (leichtes Lachen), sondern mit dem Wunsch Claude Lorrains, allen Nachahmern zu zeigen, hier ist in Wahrheit das Original (leichtes Lachen)."

Die zweite Kunsthistorikerin:

„Was sehen wir? Ganz unterschiedliche Szenerien, einen Hafen mit mehreren ankernden Schiffen, aber auch einem, das sich in den Wind legt. Dann im Vordergrund eine bukolische Szene: alte Bäume an einer seichten Uferstelle und v.a. die weidenden Kühe, lagernd, gehend, fressend, aber nicht beim Trinken wie sonst, denn hier handelt es sich um Salzwasser. Und im Zentrum eine Kuh, von zwei graziösen jungen Frauen geführt, eine sitzt drauf. Schauen Sie einmal hin, wie ungemütlich es sich selbst für ein Mädchen vom Lande auf einer Kuh sitzt (Lachen), wackliger als zwei Jahrhunderte später auf einer Vespa (nochmaliges Lachen)."

Claude Lorrain: „Aus dem Liber Veritatis" (ca. 1600–1680; Gerstenberg 1952)

Die erste Führerin stützt sich Willenberg zufolge überhaupt nicht auf Wahrnehmungen. Sie breitet sachliches Wissen aus, dies allerdings nicht etwa emotionslos. Aber es sind sprach- und denknahe Emotionen: sie findet es offenbar komisch, dass das für uns so tiefgehende Wort „Wahrheit" früher als ein Wort für das Urheberrecht verwendet wurde. Liegt eine mehr links- oder mehr rechtshemisphärisch getragene Leistung vor? Natürlich linkshemisphärisch, wobei wir aber sehen (was oft verkannt wird), dass auch solche Leistungen limbische Reaktionen (Lachen als Reaktion auf Überraschung!) mit enthalten.

Der zweite Text ist fundamental anders. Er will zum Sehen, aber auch zum Riechen, Schmecken und Fühlen führen. Das große mythologische Thema vom „Raub der Europa" wird mit einem körperlich nachempfindbaren Spiel der ländlichen Jugend verquickt: „Generationen später säße die junge Frau vielleicht auf einer Vespa. Das ist doch ein heiteres, immer wiederkehrendes Spiel, über das man schmunzeln muss. Hier kommen das Lachen und die Freude aus den Speichern der rechtshemisphärischen Wahrnehmung, aus Bildern, Szenen, Körperhaltungen" (a. a. O., 137).

Bei der Art, wie die erste Führerin spricht, empfangen und verarbeiten wir nacheinander (s. o.: sequenziell!) Informationen und sind begrifflich angestrengt. Es muss sozusagen ein Wissensnetz hochgefahren werden, um die Zusammenhänge zu verstehen. Bei dem Erzählen der zweiten Führerin verarbeiten wir Informationen eher gleichzeitig (s. o.: simultan!). Wir müssen, um das rezipieren und genießen zu können, zum Imaginieren fähig und bereit sein. Dann denken wir an Vergleichbares, Analoges und greifen auf Wortfelder zurück, die in unserem Gehirn als Einheiten gespeichert sind, sodass leicht ein Wort das andere ergibt. Sicher sind wir hier auch empfänglicher für die Metaphorik der Wörter (vgl. neben ebd. auch „Begriff und Bild – die Wörter und das Gehirn" bei Rico 1998, 70).

Arbeitstechniken des Visualisierens

Einflüsse aus der Neuropsychologie bewirkten, dass Arbeitstechniken des Visualisierens entwickelt wurden und nicht zuletzt in den DU Eingang fanden. Beim Clusteringverfahren kommt man, wie schon angedeutet, der Arbeitsweise der rechten Gehirnhälfte entgegen und schiebt das linear-logische Vorgehen, das zu Anschauungsmangel und zu Schreibhemmungen führen kann, zunächst einmal auf. Tatsächlich mobilisiert man dadurch kreative Potentiale, die für poetisches Schreiben genutzt werden können. Das Cluster ist aber in gleicher Weise auch eine Arbeitstechnik, die der Vorbereitung für sachliches Schreiben und für Planungsvorhaben dienen kann.

Auf ähnlicher Grundlage wie das Clustering ist die Mindmap-Technik entstanden. Auch sie ist längst Bestandteil des schulischen und außerschulischen Präsentierens und wird sogar in Lernhilfen für Jugendliche angeboten. Hier ein Beispiel einer solchen Gedankenlandkarte, deren Inhalt gleich das Mindmapping selbst ist (Langner-Geißler 1993, 23).

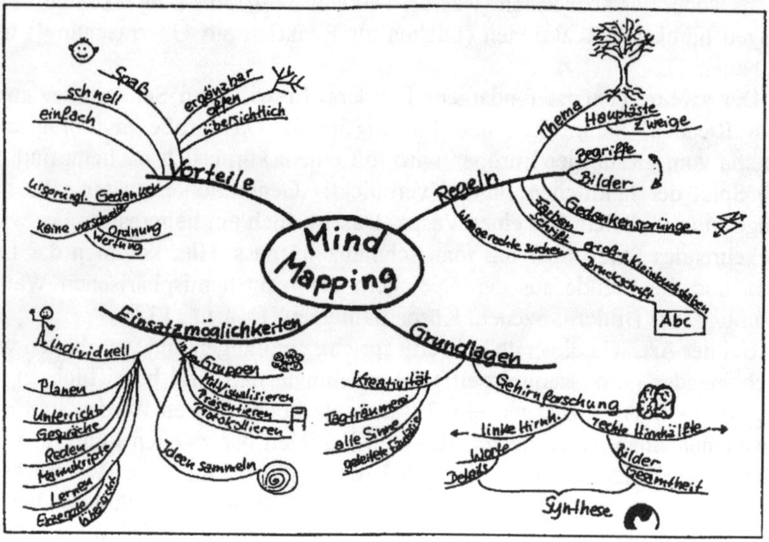

Der entscheidende Unterschied zum Cluster ist die auffächernde oder auch variabel gliedernde Grundstruktur: Für ein Thema wurden also vier „Hauptäste" gefunden. Dies aber nicht linear wie bei einer geschriebenen Gliederung. Die Hauptäste können in beliebiger Reihenfolge angelegt werden; es ist auch gut möglich, neue Hauptäste nachzutragen. Auch für die Zweige, die den Ästen entspringen, gilt das Prinzip der Simultaneität und der Erweiterbarkeit, in welcher Reihenfolge auch immer. Wir sehen: vorwiegend rechtshemisphärische Tätigkeiten. Dieser rechtshemisphärische Akzent bewahrt vor einem zwanghaften Gliedern und regt Einfälle an. Gefördert wird das Ganze dadurch, dass neben die Wörter, also die digital-sprachlichen Zeichen, noch Bilder oder Bildsymbole treten, also analoge Zeichen, um beide Gehirnhälften aktiv zu halten und um Anschaulichkeit zu unterstützen.

Anwendungsbeispiele für die Deutschlehrerin, den Deutschlehrer liegen nahe. So ließe sich das Unterrichtsthema „Das Wortfeld *sagen*" sehr gut durch ein Mindmapping auffächern, das die Lehrperson zusammen mit den Lernenden durchführt. Äste und Zweige, die sich in gegenseitiger Anregung ergeben, könnten sein (Lipp 1994, 23):

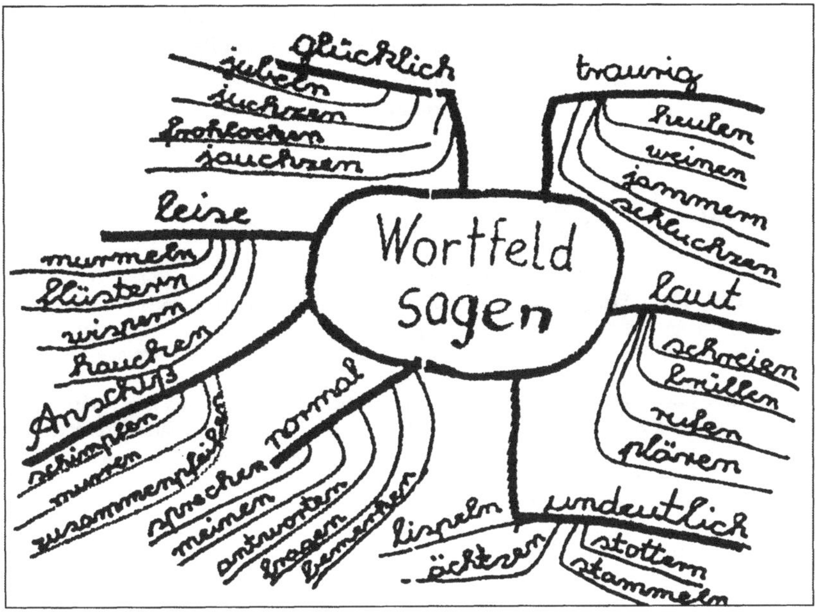

Wir haben heute in Schulbüchern und in den Medien vielerlei Darbietungen von Wissen in stark visualisierter Form – auch Mindmaps sind ein Beispiel dafür. Manchmal wird die Angst geäußert, dies könnte Schreib- und Leseleistungen beeinträchtigen (vgl. die Auseinandersetzung mit kulturkritischen Argumenten gegen die Darstellungsform der „Charts" bei Ballstaedt 1999).

Richtig verstandene Cluster- und Mindmaparbeit und andere Visualisierungsformen sind aber sicher in einen produktiven Zusammenhang mit Sprechen, Lesen und Schreiben zu bringen. Solche Formen, von den Schülerinnen und Schülern selbst angewandt, sind ein Mittel, Lernstoff zu reduzieren und in Strukturen zu überführen, die in der Tat auf höherer Stufe anschaulich werden können. Oft wird, wie Klippert beklagt, „viel zu viel geschrieben und zu wenig mit grafischen Elementen und Symbolen gearbeitet" (Klippert 1998, 10).

Gerade auch unter dem Aspekt der Wissenskumulation wird der DU zusehen müssen, dass er von der Entwicklung auf dem Gebiet der Visualisierungs- und Präsentationstechniken profitiert und die Schülerinnen und Schüler entsprechend kompetent macht. Wichtig ist, dass die Schülerin, der Schüler im Laufe der Sekundarstufe I angesichts einer Fülle von Informationen, kurz: angesichts der Wissenskumulation auch bezüglich neuer Arbeitstechniken erlebt: Sie helfen, Texte auszuwerten, sich Übersicht zu verschaffen, ordnende Akzente zu setzen, zu Ideen zu kommen und eigene Darstellungen besser zu planen. Kognitive Tätigkeit ist eben dann erfolgreich, wenn sie aus einem produktiven Wechsel und Ineinander von Anschauung und Abstraktion erwächst.

Literatur

Abraham, U. (1999): Vorstellungs-Bildung und Deutschunterricht. In: Praxis Deutsch 154, 14–22.

Baldauf, Chr. (1997): Metapher und Kognition. Grundlagen einer neuen Theorie der Alltagsmetapher. Frankfurt/ M.

Ballsteadt, S.-P. (1999): Texte visualisieren. In: Jakobs, E.-M. u. a. (Hg.): Textproduktion. HyperText, Text, KonText. Frankfurt/ M., 129–140.

Bremerich-Vos, A. (1999): „Farbiger" Grammatikunterricht. Studierende und ihre „Grammatikbiografien". In: Klotz, P./ Peyer, A. (Hg.): Wege und Irrwege sprachlich-grammatischer Sozialisation. Bestandsaufnahme – Reflexionen – Impulse. Baltmannsweiler, 25–52.

Eisenberg, P./ Menzel, W. (1995): Grammatik-Werkstatt. In: Praxis Deutsch, Sonderheft „Grammatik: Praxis und Hintergründe", 4–13.

Klippert, H. (1998): Visualisieren lehren und lernen. Eine Übungsfolge zum Thema „Berufswahl". In: Pädagogik 3, 9–12.

Köppert, Chr. (1998): Unterrichtsbeispiel zu einer kind- und gattungsgemäßen Märchendidaktik. In: Schober, O. (Hg.): A.a.O., 158–168.

Köppert, Chr. (1999): Innere Bilder zu „laufenden Bildern". Wahrnehmung, Vorstellungsbildung, vorstellungsgetragene Deutung am Beispiel von „Schindlers Liste". In: Praxis Deutsch 154, 53–59.

Köppert, Chr./ Spinner, K. H. (1998): Imagination im Literaturunterricht. In: Neue Sammlung 38, 155–170.

Langner-Geissler, T. (1993): Pinwand und Flipchart. Hilfen zur Präsentation von Informationen. In: Pädagogik 5, 20–23.

Launer, Chr. (1999): Die Eigenart der Bildsprache. Vorstellungsbildende Verfahren im handlungs- und produktionsorientierten Unterricht – einige Beispiele aus der Hauptschule. In: Praxis Deutsch 154, 38–40.

Lipp, U. (1994): Mind-Mapping in der Schule. Gedanken-Landkarten als visuelle Lernhilfe. In: Pädagogik 10, 22–26.

Rico, G. L. (1998): Garantiert schreiben lernen. Sprachliche Kreativität methodisch entwickeln – ein Intensivkurs. (Originalausgabe 1983: Writing the Natural Way. Using Right-Brain Techniques to Release Your Expressive Powers). Reinbek bei Hamburg (Sonderausgabe; Erste deutsche Auflage 1984).

Schober, O. (Hg.) (1998): Deutschunterricht für die Grundschule. Bad Heilbrunn.

Schober, O. (1999): Rezension zu Willenberg, H.: A.a.O. In: Schulmagazin 5–10, 12, 55.

Schnotz, W. (1998): Imagination beim Bild- und Sprachverstehen. In: Neue Sammlung 38, 141–154.

Schröder, H. (1989): Lernen und Lehren im Unterricht. München.

Waldmann, G. (1984): Grundzüge von Theorie und Praxis eines produktionsorientierten Literaturunterrichts. In: Hopster, N. (Hg.): Handbuch „Deutsch" Sekundarstufe I. Paderborn, 98–141.

Willenberg, H. (1999): Lesen und Lernen. Eine Einführung in die Neuropsychologie des Textverstehens. Heidelberg und Berlin.

Eckhard M. Spannraft

Anschaulichkeit, Erfahrung und politische Erkenntnis im Sozialkundeunterricht

1 Das Problem des Politikunterrichts: Politik ist nicht „anschaulich“

Es ist eine besondere Schwierigkeit politischer Bildung in der Schule, dass das politische System in komplexen modernen Gesellschaften dem Erwachsenen wenig, dem Jugendlichen nahezu gar keine Möglichkeit direkter Erfahrung und praktischen Handelns bietet, worunter auch emotionale Betroffenheit und Lernmotivation, kurz das Interesse der Schüler am Unterricht, leiden. Politik als Gegenstand des Sozialkundeunterrichts ist direkter, sinnlicher Anschauung in der Regel nicht zugänglich. Politisches Lernen wendet sich vornehmlich den, von der individuellen Erlebniswelt aus gesehen, ferneren Räumen zu, die nicht mehr situativ wahrnehmbar sind, sondern medial vermittelt werden müssen.

Selbst dort, wo direkte Anschauung gelingt (beim Besuch im Rathaus, im Verfolgen einer Gemeinderatssitzung oder einer Parlamentsdebatte), bleiben Erfahrung und Erkenntnisgewinn gering: Sie zeigen nur die äußerliche „Form“ der Institutionen; die Strukturen und Prozesse, die Politik bestimmen, das heißt Interessen, Machtmittel usw. bleiben dabei verborgen - auch weil Kommunikation in der Politik oft nicht die Funktion hat, die Gedanken der Agierenden zu offenbaren, sondern ihre wahren Absichten zu verschleiern.

2 Politische Bildung ohne politische Inhalte?

Ein immer wieder versuchter Ansatz, die Kluft zwischen der Lebenserfahrung der Schüler und der Politik zu überbrücken, war der Gedanke, politische Bildung ohne politische Inhalte zu betreiben. Zwei Konzeptionen seien hier herausgegriffen, bei denen die Politik als Unterrichtsgegenstand in den Hintergrund tritt. Theodor Wilhelm vertrat in seinem (unter dem Pseudonym Friedrich Oetinger) vorgestellten Konzept „Partnerschaft – die Aufgabe der politischen Erziehung" die Auffassung, wenn es gelänge, im vorpolitischen Bereich von Schule, Arbeit und Freizeit Menschlichkeit und partnerschaftliches Verhalten zu praktizieren, dann sei das zugleich demokratische politische Bildung:

> „Stellen wir im Verhältnis zu unseren Mitmenschen die Gewohnheit schlichter tätiger Partnerschaft her, dann – und nur dann – werden sich auch im Bereich des Staatlichen Lösungen finden, die der veränderten politischen Welt Rechnung tragen." (Oetinger 1956, VIII)

Die stärker von Emotionalität bestimmten Beziehungen zwischen den Individuen lassen sich aber nicht auf die ganz anderen, zweckrational gestalteten Strukturen von Großorganisationen (Staat, Parteien, Verbände) übertragen. Oetingers Aussage: „Politische Erziehung sucht Konfliktsfälle in der Gemeinschaft als Störungen der menschlichen Kommunikation im Wege des redenden und handelnden Dialogs zu bereinigen" (ebd., 157) verfehlt das Wesen von Politik – nämlich die Auseinandersetzung um gegensätzliche Interessen und Werte mit Hilfe von Macht und Herrschaft.

Auch Rolf Schmiederer wollte mit seinem Konzept einer „Politischen Bildung im Interesse der Schüler" (1977) politische Themen im Unterricht weitgehend ausklammern, um so den Wünschen und Bedürfnissen der Schüler entgegenzukommen. Die konkrete Lebenswelt des Schülers (Familie, Wohnen und Freizeit, Partnerbeziehungen und Sexualität, Schule, Medien, Arbeit und Konsum) soll Ausgangspunkt und Inhalt des Unterrichts sein. Weil der Unterricht bei der Analyse konkreter Lebensprobleme der Schüler immer wieder auch zu den Fragen der „großen Politik" (Macht, Gesellschaftsordnung, Ökonomie etc.) kommen werde, so Rolf Schmiederer, gelangten die Schüler somit zu politischen Erkenntnissen (Schmiederer 1977, 174–176). In der Praxis hat sich jedoch die Erwartung, dass Schüler allein aufgrund ihrer in Primärbereichen gewonnenen Erfahrungen über Kategorien und Erkenntnismethoden zur Analyse komplexer politischer Strukturen verfügen, als illusionär und in dieser Überspitzung als unfruchtbar erwiesen.

Beide Ansätze, der Oetingers wie derjenige Schmiederers, waren also letztendlich untaugliche Versuche, die Kluft zwischen individueller Erfahrung und dem System der Politik zu überwinden.

3 Exkurs: Die Ziele der politischen Bildung

Die gesellschaftlichen Forderungen an das Unterrichtsfach Sozialkunde (die auch in den Lehrplänen ihren Niederschlag finden) wie alle fachdidaktischen Konzep-tionen erwarten mehr als nur sozialwissenschaftliche Kenntnisvermittlung. Bei allen Unterschieden im Einzelnen besteht heute Übereinstimmung im Ziel, die Schüler zu einem rationalen und wertgebundenen politischen Urteil zu befähigen oder, in den Worten Walter Gagels ausgedrückt: „Die Schüler sollen die Fähigkeit erwerben, angesichts eines Normenkonflikts eine vor sich und anderen verantwortbare Entscheidung zu treffen" (Gagel 1983, 186). Dies beinhaltet zum einen die Entwicklung einer kognitiven Orientierung im Lernbereich Gesellschaft und Politik:

- Aufbau einer fachspezifischen kognitiven Struktur fachlicher Begriffe und Zusammenhänge,
- kontroverses Denken als die Fähigkeit, die Komplexität und Konflikthaftigkeit politischer Sachverhalte und Lösungen zu erkennen und zu akzeptieren und
- Problemlösungsfähigkeit als die Kompetenz, selbständig gesellschaftliche und politische Probleme wahrzunehmen und Lösungen zu finden.

Politische Bildung zielt aber darüber hinaus auf Wertorientierung:

- Fähigkeit zum wertgebundenen politischen Urteil und
- Aufbau demokratischer Verhaltensweisen.

4 Anschaulichkeit durch die Auswahl konkreter Unterrichtsgegenstände

4.1 Fallprinzip statt Institutionenkunde

Politische Systeme, Strukturen und Prozesse sind nicht anfassbar und anschaubar, sie sind Konstruktionen, die im Kopf als Vorstellungsbilder entstehen. Die im Unterricht meist noch vorherrschende Institutionenkunde stellt Systeme („Das Regierungssystem der BRD", „Die Gemeinde", „Das Wahlsystem der BRD") in der Form von fertigen, fachwissenschaftlich konstruierten und meist stark abstrahierten Modellen dar. Der Gegenstand wird vollständig (ohne zu fragen, was davon für Weltverstehen wichtig oder unwichtig ist) und abstrakt (obwohl dem Lernenden ja die einschlägigen konkreten Erfahrungen fehlen) dargelegt, Lernziel ist Wissensvermittlung. Ein Unterricht, der durchgängig nach dieser Struktur aufgebaut ist, würde – trotz seiner scheinbar systematischen Vollständigkeit – ein stark reduziertes und damit verfälschendes Bild von Politik liefern. Er zeigt die Form, in der Politik geschieht (Verfassung, Gesetze, staatliche Institutionen), vernachlässigt aber das, was den Bürger am politischen Geschehen täglich betrifft und bewegt: die Aufgaben der Politik (von der Umwelt- bis zur Arbeitsmarktpolitik) und die Prozesse und Konflikte bei ihrer Durchsetzung. Die seit den 60er Jahren in empirischen Untersuchungen immer wieder bestätigte geringe Wirksamkeit solchen Sozialkundeunterrichts (was das Interesse der Schüler und das Behalten angeht), kann deshalb nicht überraschen. Wie können also die übergeordneten Systeme der Politik (Gesellschaft, Regierungssystem, Internationale Politik), die anonym, entfernt und abstrakt sind, anders als in abstrakten Begriffen vermittelt werden – welche leer bleiben, wenn sie der Schüler nicht mit konkreten Erfahrungen und Vorstellungen zu füllen vermag.

Schon 1960 hat Kurt Gerhard Fischer demgegenüber die „Produktion einer schülergemäßen Struktur für das Gegenständliche" gefordert und das „Fall-Prinzip" (kasuistische Prinzip) vertreten:

> „Unterrichtsinhalte sind Ausschnitte aus der gesellschaftlichen Wirklichkeit. Der 'Fall' ist nicht nur Aufhänger oder Einstieg, sondern 'die Sache selbst'. Der Unterrichtsprozess ist gekennzeichnet als Analyse des 'Falls', seiner Hintergründe und Verzahnungen im Gesamtgesellschaftlichen zwecks Stellungnahme zum konkreten 'Fall'". (Fischer 1970, 88)

Unterricht nach dem Fallprinzip wählt als Gegenstand ein konkretes (oft aktuelles) Ereignis von exemplarischer Bedeutung und will zu Erkenntnissen, Einsichten und Wertentscheidungen gelangen. Die Fälle haben einen Bezug zum Schüler oder fordern wenigstens eine Parteinahme heraus und ermöglichen damit eine Identifikation mit den Handelnden. Und: Fälle (z. B. „Bürger wehren sich gegen Asylantenheim in der Gemeinde") berühren alle Dimensionen von Politik. Es geht um eine konkrete Gestaltungsaufgabe von Politik (Inhalt), die von den Beteiligten konflikthaft (Prozess) und im Rahmen bestimmter Gesetze und Institutionen (Form) ausgetragen wird. Das Fallprinzip, d. h. die Bearbeitung konkreter exemplarischer Fälle, Konflikte und Probleme soll (und kann) damit mehrfaches leisten:

- Es soll dem Schüler (am konkreten Beispiel) ein realistisches Bild von Politik vor Augen stellen,
- es soll ihm durch selbständiges Analysieren und Urteilen ein eigenes Erleben und Erfahren von Politik ermöglichen,
- der Schüler soll (als Lernziel) am Exemplum verallgemeinerbare Erkenntnisse über gesellschaftliche und politische Strukturen (wie Macht, Recht, Parteien, Ideologien etc.) gewinnen.

4.2 Anschaulichkeit durch Themen aus der Nahtstelle zwischen Politik und Lebenswelt

Dennoch bleibt die Frage, wie die Distanz kindlicher und jugendlicher Erfahrungswelt zu den Gegenständen der Politik überwunden werden kann. Denn auch Fälle spielen sich immer noch in der großen und fernen Welt (Makrowelt) der Politik ab. Der Zusammenhang zwischen der Welt der Politik und dem Schüler wird durch die soziologische Erkenntnis hergestellt, dass die Makrowelt der Gesellschaft und Politik in die Mikrowelt, in unsere Alltagswelt hineinwirkt und den Schülern hier in Form von Institutionen, Normen und Gesetzen, Leistungen, Problemen und Konflikten begegnet. Problem- und konflikthaltige Alltagssituationen sind die „Nahtstellen" zwischen Individuum und Gesellschaft, zwischen Mikro- und Makrowelt. Solche Probleme und Konflikte sind die Auswirkungen von Arbeitslosigkeit auf Familien, das Badeverbot am verschmutzten Gewässer, Wehr- und Zivildienst, Drogenproblem, Krankheit durch Luftverschmutzung, Mangel an Freizeiteinrichtungen, kommunale Konflikte. In solchen Alltagssituationen können die Wirkungen von Politik wahrgenommen, von hier aus kann Politik mit ihren Normen und Leistungen, Aufgaben, Institutionen und Entscheidungsprozessen aktiv erforscht werden.

4.3 Reduktion der Wissensmenge: Was ist „bedeutsam"?

> „Wie lässt sich die unendliche Fülle und Vielfalt von Lebenssituationen, von denen Heranwachsende – alle! – betroffen sind, und die ebenso große Fülle sozialwissenschaftlicher Informationen auf allgemeine und bedeutsame zurückführen und in bezug auf Verstehen, Urteilen, Handeln überschaubar, mitteilbar machen?" (Gagel/ Hilligen/ Buch 1989, 20)

Wolfgang Hilligen sucht solche bedeutsamen Lebenssituationen zu identifizieren, indem er – ähnlich wie früher schon Hartmut von Hentig – nach „Strukturmerkmalen unserer historischen Situation" oder, anders formuliert, nach „existentiellen Herausforderungen des wissenschaftlich-technischen Zeitalters" fragt. Aus diesen Herausforderungen ergeben sich die fundamentalen Probleme unserer Zeit: „Gefahren für Überleben und gutes Leben", aber auch Chancen für menschliche Weiterentwicklung:

- Weltweite Interdependenz (Notwendigkeit und Möglichkeit umfassender Regelungen – Gefährdung von Selbstbestimmung und Eigenständigkeit),
- Industrielle Massenproduktion (Höheres Niveau der Bedürfnisbefriedigung in den Industrienationen, leichtere, kürzere Arbeit – Außengelenkte Bedürfnisse, Arbeitslosigkeit, Ungleichheit),

- Massenvernichtungsmittel (Zwang zu globalen Friedensregelungen – Möglichkeit der Selbstvernichtung der Menschheit),
- Umweltzerstörung (Neues Verhältnis zur Natur – Gefährdung der Lebensgrundlagen),
- Mediale Erfahrung (Allgegenwart der Information – Informationsmonopole) (Hilligen 1985, 33).

Diese „fundamentalen Probleme“ sind das zentrale Kriterium für die Auswahl konkreter Tagesprobleme aus der unendlichen Fülle von Konflikten, Fällen und Problemen als Unterrichtsthema: Aufgabe des Lehrers ist es darum zu fragen:

> „Von welchen Problemen fühlen sich Lernende in ihrer Situation subjektiv betroffen? Welche `objektiven´ Probleme bilden sich dabei ab?“ Aufgabe des Unterrichts ist es, „konkrete Probleme (subjektive Betroffenheit) als Sonderfall fundamentaler Probleme erkennbar zu machen.“ (Hilligen 1985, 34; 105)

5 Anschaulichkeit durch die Methodik

5.1 Durch handelndes Lernen Politik erfahrbar machen

Gleichzeitig kann die Distanz zwischen der Politik und der Erfahrung der Schüler durch eine Methodik verringert werden, die eine handelnde und erfahrungsbezogene Anschauung und Aneignung politischer Phänomene ermöglicht: Handlungs- und erfahrungsorientierter Unterricht will dabei zum einen die vorgefundenen gesellschaftsbezogenen Einzelerlebnisse der Schüler erinnern, aktivieren und verarbeiten, um so ein Bewusstsein gesellschaftlicher und politischer Zusammenhänge herzustellen. Zum anderen will er durch Handeln im Unterricht gesellschaftliche und politische Erlebnisse produzieren, die dann zu Erfahrungen und Erkenntnissen verarbeitet werden. Hans Aebli hat an vielen Beispielen aus anderen Schulfächern anschaulich dargelegt, wie fachliche Begriffe und Operationen als verinnerlichte und abstrakte Denk- und Handlungsschemata aus konkreten äußeren Handlungen aufgebaut und gelernt werden können und warum sie so gelernt werden sollen (Aebli 1983). Im Fach Sozialkunde könnten z. B. Schüler die „Rechtsgrundsätze einer demokratischen Wahl“ (nämlich allgemein, unmittelbar, frei, gleich, geheim) zu einer Klassensprecherwahl selbst erfinden und aus eigener Anschauung selbst Begriffe bilden. Und Phänomene wie Interessen, Macht, Kompromiss, Koalition können in jedem tatsächlichen oder im Unterricht simulierten kommunalen Konflikt beobachtet und auf den Begriff gebracht werden. Lernen wird dabei selbst zu einem Handlungsprozess, in dem sich das Individuum aktiv mit seiner Umwelt auseinandersetzt und sich diese aneignet, indem es neue Informationen in sinnvoller Weise aufnimmt, verarbeitet und anwendet.

5.2 Handlungsorientierte Methoden im Sozialkundeunterricht

Angeregt von der Reform- und Alternativpädagogik, sind für den Sozialkunde-unterricht seit der Mitte der 70er Jahre Methoden entworfen oder aus der Fachwissenschaft, aus Erwachsenen- und Jugendbildung adaptiert worden, die den Schülern eine selbsttätige Auseinandersetzung mit makrosozialen Phänomenen ermöglichen sollten. War der Einsatz dieser Methoden damals vor allem durch die gesellschaftspolitische Forderung nach Erziehung zur Partizipation motiviert, so liefern heute eher die Erkenntnisse der kognitiven Lerntheorie und die Forderungen nach einer Vermittlung von Schlüsselqualifikationen den Begründungshintergrund.

Die nachstehend skizzierten Unterrichtsverfahren unterscheiden sich durch ihre jeweilige Lehraufgabe (Handeln als Untersuchen und Entdecken, Handeln als soziale Interaktion usw.), durch ihren Gegenstand und durch ihre je spezifischen Artikulationsstufen. Im Rahmen dieser Makromethoden vollzieht sich dann das konkrete Handeln von Lehrern und Schülern in einer Fülle von Arbeitsweisen (Partner- und Gruppenarbeit, Brainstorming und andere Kreativverfahren, Gesprächs- und Debattenformen):

- Handeln als Untersuchen und Entdecken (Sozialstudie, Erkundung): Schüler untersuchen selbstständig und mit Hilfe der Lehrkraft gesellschaftliche und politische Probleme (z. B. „Freizeitverhalten von Schülern“) und erkunden Institutionen (z. B. ein Jugendzentrum); sie befragen, beobachten oder werten Materialien aus und gelangen so selbsttätig entdeckend zu Kenntnissen, Einsichten, Begriffen, Zusammenhängen.
- Handeln als Urteilen und Entscheiden (Konfliktanalyse, Problemanalyse, Fallstudie): Schüler analysieren anhand politischer Kategorien (Interessen, Bedürfnisse, Macht, Recht, Gemeinwohl etc.) einen Konflikt/ ein Problem/ einen Fall und gelangen so zu selbstständiger rationaler und wertgebundener Urteilsfindung und Entscheidung. Themenbeispiele sind der Streit um die Schaffung einer Fußgängerzone im Stadtzentrum oder die Frage, was gegen den Mangel an Ausbildungsplätzen getan werden soll.
- Probehandeln in simulierter Wirklichkeit (Planspiel, Rollenspiel): Schüler spielen politische, gesellschaftliche oder soziale Konflikte zwischen Organisationen (Planspiel) oder Individuen (Rollenspiel) und üben so probehandelnd Konfliktlösung in einer simulierten Realität. Öffentliche Auseinandersetzungen auf allen politischen Ebenen (vom kommunalen bis zum internationalen Konflikt) können Gegenstand von Planspielen sein.

	Informierendes und orientierendes Lehren	Methoden zum selbständigen Problemlösen (Lernen an exemplarischen Fällen, Konflikten und Problemen)	
Methoden	Lehrgang	Untersuchungsmethoden	Entscheidungsmethoden
Lehr-aufgabe	Systematische Wissens-vermittlung (Instruktion - Rezeptives Lernen)	Untersuchen und Entdecken	Urteilen und Entscheiden
Gegen-stand	Institutionenkunde, Systeme, Ordnungsformen	Erkenntnisproblem	Entscheidungsproblem
Verfahren	a) Synthetischer Lehrgang b) Analytischer Lehrgang	a) Sozialstudie b) Erkundung	a) Konfliktanalyse b) Problemanalyse c) Fallstudie
Themen (z.B)	a) „Aufgaben der Gemeinde" „Der deutsche Bundestag" „Das Sozialstaatsprinzip" b) „Wahl des Klassensprechers" „Parteienverdrossenheit - Ursachen und Folgen"	a) „Freizeitverhalten von Schülern" „Wahlforschung BTagsWahl 94" b) „Erkundung eines Jugend-zentrums"	a) „Streit um eine Mülldeponie" b) „Mangel an Ausbildungs-plätzen - Was tun?" c) „Der Fall `Mehmet´"
Stufen	**a) Synthetischer Lehrgang** • ***Motivation*** (z.B. ein Vorfall) • ***Erarbeitung*** • ***Ergebnissicherung / Anwendung*** **b) Analytischer Lehrgang** • ***Problemhaltige Situation*** • ***Formulierung von Arbeits-fragen*** • ***Erarbeitung*** • ***Lösung*** • ***Generalisation***	• ***Problemwahrnehmung*** • ***Sammeln von Fragen und Bilden von Hypothesen*** (Lösungsvermutungen) • ***Fragebogen erstellen*** • ***Untersuchung*** (Befragen, Beobachten, Auswerten von Medien) • ***Auswerten der Daten*** • ***Überprüfen der Hypothesen*** • ***Generalisation*** (verallgemeinernde Erkenntnis)	**a) Konfliktanalyse** • ***Konfliktanalyse*** • ***Urteilsbildung*** • ***Handlungsmöglichkeiten bedenken*** / \\ politische <-> individuelle **b) Problemanalyse** • ***Problemwahrnehmung*** • ***Situationsanalyse*** (Ist-Zustand) • ***Suche nach Lösungen*** (Soll-Zustand) • ***Beurteilung der Lösungen*** (Entscheidung) • ***Handlungsmöglichkeiten bedenken*** / \\ öffentliche <-> persönliche **c) Fallstudie** • ***Konfrontation*** mit dem Fall • ***Information*** • ***Exploration*** (Lösungen) • ***Resolution*** (Entscheidungen) • ***Disputation*** (Verteidigung) • ***Kollation*** (Vergleichsarbeit)

Abb. 1: Handlungsorientierte Methoden im Sozialkundeunterricht

Methoden	Simulationsmethoden	Projektmethoden	Interaktionsmethoden
Lehr-aufgabe	Probehandeln in simulierter Wirklichkeit	Lernen durch Handeln und Erfahrung an der Wirklichkeit	Soziales Lernen (Kooperation, Kommunikation)
Gegen-stand	Handeln zwischen Gruppen und Organisationen	Wirkliche Aufgabe mit lebenspraktischer Bedeutung	Sozialverhalten (Beziehungs- u. Gefühlsprobleme zwischen Individuen)
Verfahren	a) Konfliktplanspiel b) Marktkonkurrenzplanspiel c) Kooperationsplanspiel	a) Veränderungsprojekt b) Informationsprojekt c) Kontaktprojekt	a) Rollenspiel b) Gesprächsmethoden
Themen (z.B)	a) „Streit um einen Gewerbepark" b) „Wettbewerb NÜSAG - Unternehmensspiel Ölplan I" c) „Die Schuhfabrik"	a) „Schaffung eines Freizeitraums in der Schule" b) „Schulveranstaltung zum Drogenproblem" c) „Begegnung mit einer Behindertenschule"	a) „Streit bei der Zusammenarbeit" „Diskriminierung in der Klasse" b) „Konflikte um Verstöße gegen Regeln"
Stufen	• ***Einführungsphase*** - Einführung in Methode u. Spielregeln - Konfrontation mit der Situation (Allg. Ausgangslage) - Rollenübernahme in Spielgruppen (Spezielle Ausgangslagen) • ***Spielphase*** - Strategieplanung - Spiel (schriftl./mündl.) • ***Auswertungsphase*** - Rekonstruktion des Spielverlaufs - Reflexion der Spielhandlungen - Erfahrungsgewinn - Generalisation/ Begriffsbildung	• ***Zielsetzung*** - Projektinitiative (Aufgabe / Problem) • ***Planung*** - Konkretisierung der Aufgabe - Fragen und Lösungsvermutungen - Planung der Aktivitäten und der Arbeitsorganisation - Projektplan • ***Durchführung*** - Informationssammlung u. -auswertung - Beschaffung von Arbeitsmitteln - Ausführung der Arbeit - Überprüfung des Plans - Fixpunkte/ Metainteraktion - Fertigstellung des Produkts / der Aktion • ***Auswertung*** - Vergleich von Projektziel - Planung - Ergebnis - Reflexion des Arbeitsprozesses - verallgemeinernde Erkenntnis (Erfahrungsgewinn)	a) **Rollenspiel** (Realer Anlaß -> fiktive Spielsituation) • ***Konfrontation mit dem Konflikt*** • ***Aktion (Spielphase)*** • ***Reflexion*** • ***Generalisation*** b) **Gesprächsmethoden** (z.B. kooperative Konfliktlösung) • ***Gesprächsanlaß: Konflikt*** • ***Gemeinsames Anliegen u. Gesprächsregeln*** • ***Problemanalyse*** • ***Lösungsvorschläge*** • ***Bewertung der Lösungen - Entscheidung*** • ***Ausführung*** • ***Kontrolle der Ausführung***

• Handeln als veränderndes Eingreifen in die Wirklichkeit (Projektmethode): Schüler greifen verändernd in die gegenständliche oder soziale Wirklichkeit ein, indem sie eine Aktion oder Produktion mit echtem Gebrauchs- und Mitteilungswert anstreben und dabei Lernerfahrungen gewinnen. Die Schaffung eines Freizeitraums in der Schule, Maßnahmen gegen Vandalismus in der Schule, Vorbereitung und Durchführung einer Ausstellung oder Produktion einer Zeitung zu einem aktuellen Problem sind Beispiele für solche Aktionen.

• Handeln als soziale Interaktion (Interaktionsmethoden): Selbsttätigkeit und Zusammenarbeit der Schüler im handlungsorientierten Unterricht erzeugen oft mehr Konflikte als produktive Kooperation. Gesprächsmethoden und -regeln, Rollenspiel, Kooperative Spiele und Feedback-Übungen können Sozialverhalten und Effektivität der Arbeit verbessern. Gegenstand dieser Verfahren ist darum das Sozialverhalten der Schüler, Ziel ist hier soziales Lernen.

• Handlungselemente in der Lehrgangsmethode: Obwohl der Lehrgang dem systematisch informierenden und orientierenden Belehren dient, können und sollen auch hier sinnvoll aktive Sozial- und Aktionsformen integriert werden: Phasen der Partner- und Gruppenarbeit, Erarbeitung von Informationen aus Materialien, Produktion von Texten zur Anwendung und Einübung des Gelernten u.ä. Freilich ist festzuhalten, dass die Selbsttätigkeit der Schüler im Lehrgang im Dienste der vom Lehrer eng vorgegebenen Lernziele steht, dass der Handlungs- und Erfahrungsrahmen hier also stark eingegrenzt bleiben muss (vgl. Gagel 1986, 191ff.; Mickel 1999, 354ff.).

Die unten dargelegte Unterrichtssequenz bezieht zahlreiche der genannten sozialkundlichen Methoden mit ein. Der Lernprozess der Schüler von der Veranschaulichung eines politischen Gegenstandes über den Gewinn von Erfahrungen zu verallgemeinerbaren politischen Erkenntnissen soll jedoch vor allem an der Planspielmethode exemplifiziert werden, weil dieses Verfahren – trotz des Lernens am Modell einer simulierten Realität – eine besonders anschauliche und eindrucksvolle Möglichkeit zum Erleben und Erfahren von Politik bietet.

6 Unterrichtsbeispiel zum politischen Lernen

6.1 Die Verknüpfung von individueller Erfahrung und Fremderfahrung

In zahlreichen von mir im Rahmen der Lehrerausbildung betreuten Unterrichtsversuchen haben sich solche Unterrichtssequenzen als besonders ergiebig erwiesen, in denen sich Erfahrungslernen und systematisch informierendes Lehren abwechseln und ergänzen: Handlungsorientierte Methoden leisten motivierenden Einstieg, Analyse und Beurteilung des exemplarischen Falls oder Problems, die Lehrgangsmethode systematisiert zwischendurch die gewonnenen Einzelerkenntnisse und liefert gleichzeitig die nötige Institutionenkunde. Wenn sich die Schüler aktiv mit einem Konflikt in ihrem gesellschaftlichen Umfeld befassen, dann wollen sie irgendwann auch wissen, wo und wie darüber letztendlich verbindlich entschieden wird. Dann sind sie offen für eine Vermittlung von systematischem Wissen.

Fremderfahrung begegnet dem Schüler freilich nicht nur im systematisch informierenden Lehrgang, sondern auch in den handlungsorientierten Unterrichtseinheiten in Form von inhaltlichen und methodischen „Lernhilfen" des Lehrers, die das selbsttätige Arbeiten der Schüler fördern und steuern: die Fallbeschreibung zum Einstieg, die Anleitung zum Entwurf eines Fragebogens, die methodische Steuerung eines Projekts oder Planspiels, ja auch das Wissen, das Schüler in der Gruppenarbeit austauschen, ist Fremderfahrung. Wirksam informieren, d. h. Fremderfahrung vermitteln, kann Sozialkundeunterricht (und wohl jeder Unterricht) aber offenkundig nur dann, wenn vorher beim Schüler durch konkrete Anschauung und Erfahrung eine Fragehaltung aufgebaut wurde, die den Lernenden motiviert, sich die Informationen aktiv anzueignen, zu verarbeiten und sie sinnvoll in seine kognitive Struktur einzufügen. Mit solchem methodischen Vorgehen (das hat sich an vielen Beispielen bestätigt) war es nicht nur in der Sekundarstufe, sondern bereits im 4. Jahrgang der Grundschule möglich, an konkreten Themen (z. B. „Braucht die Stadt Erlangen eine neue Müllverbrennungsanlage?") generalisierte und transferierbare Kenntnisse und Erkenntnisse über Institutionen, Entscheidungsprozesse und aktuelle Problemlagen der Politik zu erwerben und fachliche Begriffe (Konflikt, Interessen, Macht usw.) zu bilden. Neben einem messbaren Kenntniszuwachs sind Fortschritte in Handlungskompetenz und Sozialkompetenz „Nebenprodukte" dieser Methodik. Weitere Themen solcher Unterrichtssequenzen waren z. B.: „Streit um einen Bauspielplatz" (4. Jg.) – „Konflikt um eine Stadtsanierung" (8. Jg.) – „Schließung des Jugendzentrums" (8. Jg.) – „Gewerbepark im Nürnberger Knoblauchsland?" (8. Jg.)

– „Konflikt um den Bau des Rhein-Main-Donau-kanals“ (9. Jg.) – „Kunstschneeanlage in Büchelberg?“ (8. Jg.) – „Krieg und Frieden am Beispiel Kosovo“ (10. Jg.).
Viele dieser Themen legen dabei, vor allem in der Sekundarstufe, einen fächerübergreifenden Unterricht unter Einbeziehung von Geographie, Geschichte und Arbeitslehre/ Wirtschaftskunde nahe.

6.2 Die Unterrichtssequenz „Soll die Innenstadt von Herzogenaurach Fußgängerzone werden?“

Die Unterrichtssequenz „Soll die Innenstadt von Herzogenaurach Fußgängerzone werden“ wurde – wie alle aufgezählten Themen – mit Studierenden im Rahmen des studienbegleitenden Praktikums im Fach Sozialkunde entwickelt und an sechs aufeinander folgenden Mittwochen in einer 4. Grundschulklasse durchgeführt. Der inhaltliche Anspruch und die methodische Komplexität sind so gewählt, dass der Unterricht auch unter den üblichen Bedingungen an Grund- und Sekundarschulen erfolgreich durchgeführt werden könnte. Zudem sind Konflikte um Verkehrsplanungen Realität in allen Kommunen. Dem Thema des hier dargelegten Unterrichtsbeispiels liegt ein realer Konflikt am Schulort zugrunde: Die malerische Altstadt Herzogenaurachs, eines mittelfränkischen Städtchens, leidet unter erheblicher Belastung durch den Autoverkehr. Jahrelang wurde öffentlich über Abhilfe diskutiert und zwischen den Rathausfraktionen gestritten. Die Schüler sind persönlich durch die engen Straßen gefährdet, durch Lärm und Abgase belästigt und fühlen sich darum vom Thema subjektiv betroffen. Dieser persönliche Bezug wird verstärkt durch das allgemein starke Interesse von Kindern am Schutz der natürlichen Umwelt. Im Thema kommt zugleich ein „fundamentales Problem“ unserer Zeit zum Ausdruck: die Gefährdung unserer natürlichen Lebensgrundlagen.

Unterrichtseinheiten:

Thema	**Methode**	**Zeit**
„Zu viel Verkehr in Herzogenaurachs Innenstadt“	Problemanalyse	1 UStd.
„Was halten die Betroffenen von einer Fußgängerzone?“	Sozialstudie	4 UStd.
„Aufgaben und Entscheiden in der Gemeinde“	Institutionenkunde (Lehrgang)	2 UStd.
„Positionen der Parteien zum Problem“	Konfliktanalyse	2 UStd.
„Der Streit um die Errichtung einer Fußgängerzone in der Innenstadt“	Planspiel: Durchführung	4 UStd.
	Planspiel: Auswertung	2 UStd.

Abb. 2: Unterrichtssequenz „Soll die Innenstadt von Herzogenaurach Fußgängerzone werden?“

Die Konfrontation mit dem Problem erfolgte mit Fotos und Plänen vom Stadtzentrum und einer ersten Situationsanalyse. In der zweiten Unterrichtseinheit führten die Schüler in der Innenstadt eine Befragung der Betroffenen (Anwohner und Fußgänger, Autofahrer, Einzelhändler, Polizei) durch, um deren Haltung zum Problem und zur diskutierten Errichtung einer Fußgängerzone zu erforschen. Die Frage, wer für die Lösung des Problems und für die verbindliche Entscheidung zuständig sei, wurde nun mit einer Institutionenkunde zum Thema „Aufgaben und Entscheiden in der Gemeinde" beantwortet. Die folgende Konfliktanalyse arbeitete die Stellungnahmen der örtlichen Parteien zum Verkehrskonzept für die Innenstadt auf und fragte nach den dahinter stehenden Interessenlagen und allgemeinen Positionen der Parteien in der Verkehrs- und Umweltpolitik. Im abschließenden Simulationsspiel sollten die Schüler in die Rollen der beteiligten Gruppen und politischen Organisationen schlüpfen und den Konflikt probehandelnd austragen. Der Gegenstand musste mit Rücksicht auf die Leistungsfähigkeit der Schüler und die begrenzte Unterrichtszeit in seiner Komplexität reduziert werden: Einzelne kleinere Parteien und Verbände wurden vernachlässigt, die Institutionen der Gemeinde nur selektiv behandelt, der Konflikt auf wenige Aspekte reduziert. Dies ist notwendig und zulässig, solange nicht verfälscht wird, d. h. solange die Grundkategorien des Politischen sichtbar bleiben: die Kontroverse der Interessen, Werte und Meinungen und die Austragung dieser Konflikte in einer verbindlichen Ordnung. Die Sequenz wurde mit Erfolg durchgeführt. Trotz der Dauer blieben die Schüler am Thema interessiert, was sich darin zeigte, dass sie sehr viele Materialien dazu mitbrachten. Wichtig dabei war, dass alles Material jederzeit griffbereit war und alle Unterrichtsergebnisse auf Wandzeitungen erarbeitet und festgehalten worden sind, so dass die Schüler die Problematik immer vor Augen hatten. Die unterschiedlichen Methoden und das hohe Maß an Selbsttätigkeit der Schüler brachten viel Abwechslung. Das abschließende Planspiel wurde von den Schülern als Höhepunkt erlebt. Die Ziele der verschiedenen Unterrichtseinheiten wurden im wesentlichen erreicht, eine anschließende Lernzielkontrolle erbrachte (auch bei den sonst leistungsschwächeren Schülern) sehr positive Ergebnisse.

6.3 Das Planspiel: Lernen durch Probehandeln in simulierter Wirklichkeit

> „Gegenüber anderen Lehr-Lern-Verfahren können alle Simulationsspiele – einschließlich Rollen- und Planspiele – als dadurch ausgezeichnet gelten, dass sie Situationen herstellen, in denen die Teilnehmer Sachverhalte nicht nur erlernen und über Aktionen und Reaktionen nicht nur diskutieren, sondern in denen sie selbst Entscheidungen treffen müssen und von Entscheidungen anderer betroffen sind." (Vagt 1978, 10)

Planspiele in der politischen Bildung sind Simulationen von makrosozialen Entscheidungsprozessen im Rahmen eines Modells. Während das Rollenspiel Konflikte zwischen Individuen aus dem Nahbereich unserer direkten Erfahrungswelt bearbeitet und damit auf soziales Lernen zielt, thematisiert das Planspiel Konflikte aus der Makrowelt der gesellschaftlichen Gruppen und dient damit vornehmlich politischem Lernen. Die Konfliktgegenstände können allen politischen Lernfeldern entnommen sein. Die unüberschaubare Komplexität von politischen Konfliktsituationen wird in inhaltlich reduzierter und zeitlich geraffter Form zum Modell vereinfacht und so durchschaubar gemacht. Im Planspiel wird das Modell durch die Simulation vom statischen Abbild der Konfliktausgangslage zum dynamischen Verlaufsmodell, das Aktion und Reaktion hervorruft und damit Handeln und seine Folgen erlebbar und analysierbar macht. Die Simulation eröffnet somit den Lernenden den Zugang zur Welt der Politik, die ihnen anders (noch) nicht erfahrbar wäre. Bei der Beschreibung des Konfliktfalles und bei der Festlegung der beteiligten Spielgruppen ist darauf zu achten, dass jedem der beiden Hauptgegner Gruppen zugeordnet werden können, mit denen ihm ein Bündnis möglich ist. Die Konfliktstruktur soll so ausgewogen sein, dass jede Spielgruppe nur unter der Voraussetzung eine Erfolgschance hat, dass sie die Möglichkeit der Kooperation und der Solidarisierung mit anderen Gruppen wahrnimmt. So sollen Konsequenzen von Entscheidungen erfahren und situationsgerechtes Handeln eingeübt werden.

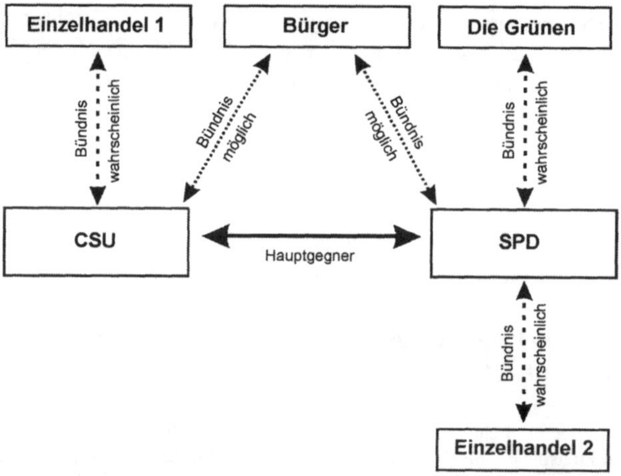

Abb. 3: Konfliktstruktur des Planspiels „Fußgängerzone in Herzogenaurachs Innenstadt?"

Die Spielvorlage besteht aus einer allgemeinen Ausgangslage, in der für alle Spieler der Konflikt dargestellt wird. Zusätzlich erhält jede Spielgruppe eine spezielle Rollenvorgabe, in der ihre Ziele und Interessen im Konflikt beschrieben sowie sonstige relevante Informationen mitgeteilt werden. Der Lernprozess im Planspiel gliedert sich in drei Phasen: Einführung, Spiel und Auswertung. In der Einführungsphase führen wir in die Methode und in die Spielregeln des Planspiels ein, bilden die sechs Spielgruppen und konfrontieren die Schüler mit der allgemeinen Ausgangslage. Nun zum Spiel: Die Schüler versetzen sich in die Rolle der simulierten Organisation und verinnerlichen deren Interessen und Denken. Die Identifikation wird während des Spiels oft so stark, dass es später Mühe macht, zur Reflexion der Spielhandlungen wieder Distanz zur Rolle herzustellen. Aufgabe der Spielgruppen ist es, ihre Ziele und Interessen mit allen Mitteln der politischen Auseinandersetzung zu verwirklichen, im vorliegenden Planspiel also die Errichtung der Fußgängerzone durchzusetzen oder zu verhindern. Wir kennen das schriftliche Planspiel, in welchem die Spielgruppen allein schriftlich (durch Austausch von Briefen bzw. E-Mails) miteinander verkehren und das mündliche Planspiel, bei dem die Gruppen bzw. deren Delegierte auf „Konferenzen" den Konflikt miteinander austragen. Als effektivste Form, welche die Diszipliniertheit des schriftlichen mit der Spontaneität des mündlichen Planspiels verbindet und damit das größtmöglichste Maß an Wirklichkeitsnähe und Lernmotivation sichert, hat sich eine Kombination beider Verfahren erwiesen: Die Gruppen kommunizieren längere Zeit ausschließlich schriftlich miteinander (um sich ihrer Gruppenrolle, ihrer Ziele und Strategie klar und sicher zu werden); später können kurze mündliche Verhandlungen zwischen einzelnen Spielgruppen zugelassen werden, um abschließend in einer allgemeinen „öffentlichen Versammlung" Konfliktaustragung und Interessendurchsetzung in freier Rede und Gegenrede zu trainieren. Die Gruppen suchen in der simulierten Modell-Realität die öffentliche Meinung zu beeinflussen, um Bündnispartner und Mehrheiten zu gewinnen, sie setzen ihre politischen Machtmittel ein, gehen Kompromisse oder Koalitionen ein. Insgesamt haben sich die sechs Spielgruppen 81 (!) Briefe geschrieben, die im Umfang meist recht kurz waren, aber gerade darin eine lebhafte Kommunikation wiederspiegeln: 28 Briefe dienten dem Austausch von Sachinformationen (Fragen, Antworten, Bestätigungen), 16 der Klärung der eigenen politischen Position oder derjenigen der Adressatengruppe, 7 Spielzüge versuchten die Durchsetzung der eigenen Ziele, 9 sind von Taktiken bzw. Strategien gekennzeichnet, andere zu überzeugen oder einzuschüchtern, 6 Briefe zeigen emotional-aggressive Tendenzen, 12 Spielzüge forderten zu Solidarisierung und Bündnissen auf und 3 boten Kompromisse an. Neben der Kommunikation durch Briefe oder der Diskussion in der Versammlung greifen die Schüler gelegentlich sehr kreativ zu anderen Formen öffentlicher Meinungsbildung: Sie schreiben Flugblätter an die „Bürger“ oder Leserbriefe an eine fiktive Zeitung, sammeln Unterschriften oder führen Plakataktionen und Demonstrationen durch.

AMTSBLATT

DER STADT HERZOGENAURACH

49. Jahrgang Mittwoch, 5. Februar 1997 Nummer 6

Fußgängerzone in der Innenstadt?

Schon seit mehreren Jahren gibt es in Herzogenaurach die unterschiedlichsten Meinungen über eine Verkehrsberuhigung in der Altstadt. Doch seit dem vergangenen Jahr spitzt sich der Streit immer mehr zu:

Mehrere engagierte Geschäftsleute haben sich in der Gruppe ***„Einzelhandel 2“*** zusammengetan und die Initiative ergriffen. Sie wollen die jetzige Lage ändern und haben deshalb dem Bürgermeister der Stadt eine umfangreiche Unterschriftenliste vorgelegt. Mit Nachdruck fordern sie eine Fußgängerzone und verkehrsberuhigte Bereiche. Lärm und Gestank der Autos würden so aus der Hauptstraße verschwinden und dadurch könnten die Kunden besser und gemütlicher einkaufen.

Andererseits gibt es aber auch Geschäftsleute, welche die Gruppe ***„Einzelhandel 1“*** bilden. Diese wehren sich mit allen Kräften gegen eine so weitgehende Verkehrsberuhigung.

Die gleiche Einstellung vertritt auch die stärkste Partei in der Stadt, die ***CSU***. Sie will zwar auch eine Änderung der Verkehrssituation in der Innenstadt, doch ist für sie eine Fußgängerzone als Lösung ausgeschlossen.

Die ***SPD*** dagegen war schon die ganze Zeit sehr darum bemüht, eine Fußgängerzone zu schaffen. Doch kann sie nicht so wie sie will und muss sich gezwungenermaßen den Mehrheitsentscheidungen im Stadtrat unterwerfen.

Auch ***Bündnis 90/DIE GRÜNEN*** zeigen sich mit der SPD solidarisch und wären mit der Umwandlung der Hauptstraße in eine Fußgängerzone vollkommen einverstanden. Aufgrund der vorhandenen Engstellen die Hauptstraße entlang, ist diese sowieso dem starken Autoverkehr nicht gewachsen.

Was aber halten nun die ***Bürger*** davon? Stellt man ihnen diese Frage, wird man keine einheitlichen Antworten bekommen. Sie orientieren sich zum Teil an den Meinungen der Parteien, welche ja auch völlig unterschiedliche Standpunkte haben.

Bleibt zu hoffen, dass sich bald etwas ändert und eine Lösung gefunden werden kann, die alle Betroffenen zufrieden stellt.

Abb. 4: Allgemeine Ausgangslage – Ein fingierter Zeitungsartikel

6.4 Erfahrung entsteht durch Reflexion des Tuns

Im Planspiel wirken die Spielgruppen planvoll und zielgerichtet auf die simulierte Modellumwelt (d. h. auf die anderen Spielgruppen) ein und sie erleben deren Reaktionen. Erfahrung entsteht erst dann, wenn diese Rückmeldungen durchdacht werden. Um also Missverständnissen vorzubeugen: Ein Spiel- oder Projektunterricht, der sich aufs Tun beschränkt, erzeugt noch nicht Erfahrungen, sondern nur Erlebnisse. „Erst die gedankliche Durchdringung (und das heißt: eine begriffliche Erfassung und Verknüpfung) macht aus ihnen Erfahrungen." (Claußen 1981, 125)

Dieses Durchdenken geschieht während des Spiels, vor allem aber in der anschließenden Auswertungsphase. Soll das Planspiel mehr sein als Aktionismus und Spielerei, so muss für die reflektierende Auswertung dieselbe Intensität der Beschäftigung aufgewandt werden wie für das Spiel. Denn erst in dieser Phase werden die Spielhandlungen der Gruppen, der Zusammenhang zwischen ihren Aktionen und den Reaktionen der anderen systematisch ins Bewusstsein gehoben, reflektiert und beurteilt. Dazu ist es nötig, noch einmal den Spielverlauf in groben Zügen zu rekonstruieren (die Spielzug-Briefe, Protokolle und Tonband- oder Videoaufzeichnungen können als Stütze dienen); Analyse des Spiels, Spielkritik und das Bedenken von Handlungsalternativen folgen. Das Handeln wird untersucht nach Kategorien wie Effizienz (was konnten die Spielgruppen erreichen/ nicht erreichen?), Zweck-Mittel-Rationalität (haben die Spielgruppen die geeigneten Mittel der Durchsetzung gewählt?), Solidarität und Koalition (haben sie die geeigneten Bündnispartner gesucht?), Realitätsnähe der Simulation und bewertet nach Kategorien wie Gemeinwohl, Gerechtigkeit, Verantwortbarkeit.

Was im Spiel von den Schülern handelnd erlebt wurde (Konflikte um gegensätzliche Interessen, Bedürfnisse und Wertvorstellungen, Macht, die Solidarisierung von Gruppen ähnlicher Interessenlage, Kompromisse, Koalitionen), wird nun im Sinne Bruners und Aeblis versprachlicht und auf den Begriff gebracht. Die Schüler bauen damit Vorstellungsbilder von Politik auf, die auf eigener Anschauung und Erfahrung beruhen. Und mit Hilfe des Lehrers werden verallgemeinernde Erkenntnisse über die Strukturen von Gesellschaft und Politik gewonnen, die künftig von den Schülern als Fragekategorien, für Vergleiche und Analogieschlüsse oder als Transfer auch auf andere Fälle, Konflikte und Probleme angewandt und übertragen werden können.

7 Neue Niveaus der Anschaulichkeit?

Für die Entwicklung der kognitiven, kommunikativen und sozialen Kompetenz ist von Bedeutung, dass der Unterricht bei der Bearbeitung neuer Fälle auf den bisher gewonnenen Anschauungen und Erfahrungen aufbaut, – aber zugleich einen neuen Prozess von Handlung und Reflexion auslöst, der zu Erfahrungen auf höherem Niveau führt:

> „Die edukative Lernumwelt, die einerseits die Lerngegenstände sowie andererseits die kommunikativen und sozialen Erwartungen der im pädagogischen Feld Handelnden mit einschließt, sollte so gestaltet werden, dass sie auf die vorhandenen Erfahrungen, die die Heranwachsenden in ihrer schulischen und außerschulischen Lebenswelt bereits erworben haben, Bezug nimmt.“ (Krüger/ Lersch 1982, 175f.)

Im neuen Fall werden zunächst analoge Strukturen erkannt – und anschließend kann durch aktive Auseinandersetzung mit dem neuen Gegenstand die vorhandene kognitive Struktur durch komplexere oder neue Begriffe und Vorstellungsbilder weiter ausgebaut werden.

Für den Sozialkundeunterricht stellt sich die Gewinnung „neuer Niveaus der Anschaulichkeit“ (Liedtke, M.) einmal als kontinuierlicher Prozess der Kompetenzentwicklung dar: Erfahrungen des Lernenden werden in Wechselwirkung mit neuen Aufgaben, mit denen sich der Schüler handelnd und reflektierend auseinandersetzt, immer weiter ausgebaut. Der Lernprozess verläuft also spiralförmig von (bereits vorhandenen) einfachen zu immer komplexeren Anschauungen, Erfahrungen, Begriffen und Einsichten. Im Anschluss an John Deweys Erziehungstheorie stellen Krüger und Lersch diesen Prozess eines Lernens durch Handeln und Erfahrung graphisch dar (Abb. 5). Darüber hinaus vermag handlungsorientierter Sozialkundeunterricht auch zu grundlegenden Einsichten in die Strukturen, Prinzipien und Funktionsweisen von gesellschaftlichen und politischen Systemen führen, die qualitative Erkenntniszuwächse im Sinne neuer Niveaus der Anschaulichkeit bedeuten. Dies sei hier an zwei Einsichten gezeigt, die Schüler an jeder Politiksimulation im Planspiel erlangen könnten, die hier aber aus der realen Erfahrung mit kommunaler Politik in zwei Projekten gewonnen wurden: Wenn Schüler am Ende eines Projekts bei einem von der Stadt veranstalteten „Kinderparlament“ ein besonders „kinderfreundliches“ Mitglied des Stadtrats öffentlich in Verlegenheit bringen, indem sie ihm anhand eines Artikels, den sie im Zeitungsarchiv ausgegraben haben, nachweisen, dass seine Fraktion vor der Wahl den Erhalt eines Spielplatzes versprochen hatte, den sie jetzt für Baumaßnahmen opfern wollte, so können sie den wesentlichen Unterschied zwischen dem System privater (authentischer) und politischer (strategisch-taktischer) Kommunikationsweisen durchschauen.

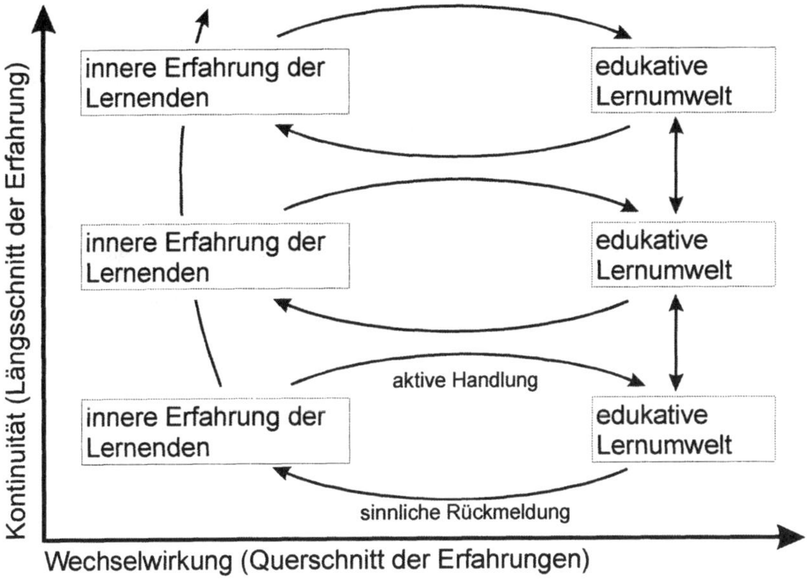

Abb. 5: Spirale der Kompetenzentwicklung (Krüger/ Lersch 1982, 177).

In einem anderen Projekt, in dem – wieder Grundschüler – bei ihrer Gemeinde den Umbau einer unbenutzten Schwimmhalle zu einem Freizeitraum zu erreichen suchten, gab zu Beginn ein Schüler zu bedenken, man solle nicht zu viel verlangen, sonst könne der Bürgermeister seinen Kindern keine Weihnachtsgeschenke mehr kaufen. Am Ende der Projektarbeit hatten alle Schüler verstanden, dass sie mit ihrem Wunsch nicht an einem „bösen Bürgermeister", sondern am „System" der kommunalen Interessenpolitik gescheitert waren. Der Wandel von einer personalisierenden Sicht hin zu einem Verständnis von Politik als Kampf und Ausgleich konkurrierender Interessen – das ist für die Schüler wie ein Sprung in ein neues Weltbild, auf ein neues Niveau der Anschauung von Politik.

Literatur

Aebli, H. (1990): Zwölf Grundformen des Lehrens. Eine Allgemeine Didaktik auf psychologischer Grundlage. 5. Auflage. Stuttgart.

Claußen, B. (1981): Methodik der politischen Bildung. Opladen.

Fischer, K.G. (1970): Einführung in die politische Bildung. Stuttgart.

Gagel, W. (1983): Einführung in die Didaktik des politischen Unterrichts. Opladen.

Gagel, W. (1986): Unterrichtsplanung: Politik/ Sozialkunde. Opladen.

Gagel, W./ Hilligen, W./ Buch, U. (1989): Sehen – Beurteilen – Handeln. Arbeitsbuch für den politischen Unterricht in der Sekundarstufe I. Lehrerhandbuch 7./ 10. Schuljahr. Frankfurt/ Main.

Hilligen, W. (1985): Zur Didaktik des politischen Unterrichts. 4. Auflage. Opladen.

Hösl, K./ Lanzendörfer, A. (1999): Soll die Innenstadt von Herzogenaurach Fußgängerzone werden? – Unterrichtssequenz mit Planspiel. Schriftl. Hausarbeit (unveröffentlicht). Nürnberg.

Krüger, H.-H./ Lersch, R. (1982): Lernen und Erfahrung. Perspektiven einer Theorie schulischen Handelns. Bad Heilbrunn/ Obb.

Mickel, W. W. (Hg.) (1999): Handbuch zur politischen Bildung. Bonn (Bundeszentrale für politische Bildung = Schriftenreihe Band 358).

Oetinger, F. (1956): Partnerschaft. Die Aufgabe der politischen Erziehung. 3. Auflage. Stuttgart.

Schmiederer, R. (1977): Politische Bildung im Interesse der Schüler. Köln.

Vagt, R. (1978): Planspiel – Konfliktsimulation und soziales Lernen. Eine Einführung in die Plan-spielmethode. Rheinstetten-Neu.

V. Aus der Podiumsdiskussion: Praktisches Lernen: Sackgasse oder Königsweg?

Kurt Czerwenka

Zum Begriff des „Praktischen Lernens“ und dessen Umsetzung in der Schule

Der Begriff des „Praktischen Lernens“ ist unscharf und wird in der Literatur und Diskussion in verschiedenen Kontexten mit unterschiedlichen Bedeutungen gebraucht. Um ihn genauer zu klären, könnte man eine Sprachanalyse durchführen oder eine Beschreibung der verschiedenen Kontexte und Verwendungsmodalitäten versuchen. Die zweite Möglichkeit wurde inzwischen durch die Zeitschrift „Praktisches Lernen und Schule“ (Domino-Verlag) versucht. Dabei wurde an Hand unterschiedlicher Themenbereiche die besondere Beziehung von Praktischem Lernen zu Inhalten, Methoden und Zielen der Schule untersucht.

Eine davon unabhängige Diskussion zum Begriff, zur Funktion und Bedeutung von „Praktischem Lernen“ lief parallel. Dieser Diskussionsstrang soll hier nicht fortgeführt werden, ich verweise dazu auch auf den einführenden Beitrag von M. Liedtke in diesem Sammelband.

Im folgenden will ich meinen eigenen Bezug zum Praktischen Lernen an drei Punkten kurz ausführen:

1 Das Interesse von Schülerinnen und Schülern am Praktischen Lernen mit dem Ziel, sich mit Schule stärker zu identifizieren

Wir haben im Institut für Schul- und Hochschulforschung der Universität Lüneburg in den Jahren von 1984 bis 1988 eine internationale Untersuchung zu Schülerurteilen über die Schule durchgeführt (Czerwenka u.a. 1990). Dabei wurden unterschiedliche Aspekte erhoben, besonders auffällig aber war eine deutliche Kritik von deutschen Schülerinnen und Schülern an ihrer Schule. Herausragende Kritikpunkte, speziell auch der Schüler an Gymnasien – unsere Untersuchung bezog sich auf Grundschule, Hauptschule, Realschule und Gymnasium – waren:

- Zerstückelung des Unterrichtsstoffs in zusammenhanglose Teile
- Hoch abstrakte Unterrichtsinhalte ohne Lebensbezug und -nähe und damit wenig Verständnisanbahnung für das unmittelbare Leben
- Prüfungen als reine „Geistesakrobatik" durch das Abfragen kleiner, zusammenhangloser Inhalte und ohne Folgen für spätere Inhalte und Kontexte
- Unterrichtsmethoden in monotoner und kaum angewandter Form mit dem Ergebnis großer Langeweile bei den Schülern.

Ergänzend wurden Untersuchungen des Deutschen Jugendinstitutes (Shell-Studie) herangezogen, die immer wieder belegen, dass Schule im Leben von Heranwachsenden kaum eine bedeutendere Rolle spielt, obwohl viel Zeit in ihr verbracht wird. Die Identifikation von Heranwachsenden mit der Schule ist notorisch gering. Damit eröffnet sich eine Antinomie heutiger Bildungsprozesse, dass immer mehr Jugendliche immer länger Bildungseinrichtungen besuchen, mit denen sie sich wenig identifizieren. Daraus folgt eine Verlagerung des Interesses von den Inhalten der Schule auf das Zertifikat. Es geht vielen Schülern entsprechend kaum noch um den Unterricht, sondern hauptsächlich um das Abschlusszeugnis, das für den weiteren Bildungs- oder Berufsweg benötigt wird.

Im Zusammenhang mit diesen Ergebnissen unserer Untersuchung wurde die Forderung nach Praktischem Lernen lauter (Fauser 1991). Es bedarf keiner besonderen Fantasie, Praktisches Lernen als einen Ansatzpunkt der Begegnung gegen die von Schülern ausgeführten Kritikpunkte zu erkennen. Die Dramatik der Kritik ist so einschneidend, dass die Frage nicht mehr lauten kann, ob im Praktischen Lernen – angesichts der zunehmenden Wissensmengen – noch genügend gelernt wird, sondern ob in der Schule überhaupt noch etwas gelernt und auch behalten wird. Die Ergebnisse von TIMSS haben uns erst jüngst darauf verwiesen, dass – zumindest in den Naturwissenschaften – die letzte Frage nicht falsch gestellt ist. Wenn ein Großteil der Schüler sich in seinem physikalischen oder chemischen Wissen nicht mehr vom Alltagswissen der Bevölkerung *unterscheidet*, muss sich wohl im Anwendungsbezug schulischen Wissens etwas ändern.

2 Die Notwendigkeit des Praktischen Lernens für menschlichen und damit auch schulischen Erkenntnisgewinn

Für die griechische Philosophie lag der Schwerpunkt im Kontemplativen, im Nachdenken über die Welt und ihre Fundamente. Das Praktische galt als das eher Abgewertete. Heute sind auch in der Philosophie Erkenntnisse ohne Naturwissenschaften nicht mehr möglich. Es genügt nicht das Räsonieren über „Gott und die Welt", sondern Folgerungen müssen aus empirischen oder naturwissenschaftlichen Fakten gezogen werden. Unsere hochkomplexe Welt ist ohne praktisch gebundene Erfahrungen, die natürlich statistisch verallgemeinbar sein müssen, gar nicht mehr vorstellbar. Je unanschaulicher Erkenntnisse werden, z. B. in der Physik oder der Chemie, umso eher brauchen wir Modelle oder Schemata, die sich auf einfachste Vorstellungsbilder (Wellen, Röhren, Berge, Täler) beziehen. Nur über Analogien – das hat die in diesem Band beschriebene Tagung deutlich gemacht – können hochdifferenzierte Vorstellungen, Begriffe, Theorien „begriffen" und gedächtnismäßig verankert werden. Schon das Symbol, der Plan oder das Schema können in gewissen Bereichen „unerfahrene Köpfe" überfordern.

Um so mehr braucht Schule die Anschauung, die Analogie oder das handlungsgebundene Schema. Nicht zuletzt TIMSS hat uns deutlich gemacht, dass die reine Mäeutik, das Folgern des Einen aus dem Anderen – ein Paradigma deutschen Unterrichts – die Anwendung des Gelernten nicht gewährleistet. Das sogenannte „situierte Lernen", das Anwenden systematischen Wissens auf reale Situationen, muss gezielt vorbereitet werden. Das Kind, das mechanisch mit Zahlen umgeht – vielleicht perfekt – hat von Mathematik nichts begriffen, da der Mengenbegriff durch die Zahl nicht ersetzt werden kann. Ohne die Erfahrung des Wegnehmens, Hinzugebens und Ausgleichens bleiben die Zahlen leer und das spätere Einkaufen im Geschäft ein finanzielles Risiko.

Nur wenn neben den Begriff der Freiheit das tiefe Gefühl und die vorstellungsmäßige Situation tritt, kann die hohle Phrase vermieden werden. Kein Pianist kommt ohne vielseitige reale Erlebnisse aus, die seine Interpretationen lebendig und authentisch machen und vom reinen Pathos befreien. Je anspruchsvoller Unterricht wird und je theoretischer die Gedanken sind, um so mehr müssen sie praktisch fundiert und erlebnisbezogen gedeckt sein. Nur wer als Lehrer seine theoretischen Ausführungen immer wieder mit anschaulichen Beispielen zu spicken vermag, wird Lernerfolge zeitigen.

3 Der Bezug des Praktischen Lernens zu einem realistischen Bildungsbegriff

Unsere pluralistische, multikulturelle und globalisierte Gesellschaft und Welt bietet nicht nur eine Menge an Möglichkeiten, sondern überfordert auch viele junge Menschen, vor allem wenn sie wenig Lebensperspektiven für sich sehen. Eine mediatisierte Welt mit unzähligen symbolisierten Informationen tut ein übriges. Für Menschen aber ist es wichtig, die Welt in der sie leben, zu durchschauen, zu begreifen und in ihr handlungsfähig zu sein. Nichts anderes meint „Bildung“. Welt und Umgebung zu „begreifen“ aber geht nicht anders als über Praktisches Lernen. Die Dinge, mit denen ich täglich zu tun habe, müssen für mich durchschaubar und einsetzbar sein, sonst überfällt mich Angst, Unsicherheit und Kontrollverlust. Nicht handlungsfähig und abhängig zu sein, erzeugt Stress und macht auf Dauer krank (Schwarzer 1990).

Diese Prozesse gelten grundsätzlich auch für alle Schüler, besonders aber für Kinder und Jugendliche mit Lern- und Abstraktionsproblemen. Der reflektierende Schüler kann leichter Beispiele für Regeln finden, Erkenntnisse anwenden und Verallgemeinerungen in spezielle Fälle zerlegen. Überforderte junge Menschen aber brauchen die klare Anweisung, den unmittelbaren Handlungsbezug und das überschaubare Sachgebiet. Deshalb wird in vielen Bundesländern auch über Praxisklassen in Hauptschulen nachgedacht. Ständige Überforderung und daraus folgende Verweigerung, Abwehr und Langeweile sollen aufgebrochen werden und praktische Tätigkeiten in Betrieben oder Werkstätten sollen den Lehrplan ersetzen. So kann Sinn für das Tun und den täglichen Arbeitsprozess gewonnen werden. Auch wenn bezüglich der Praxisklassen noch nicht alle Probleme beseitigt sind – etwa eine größere Bereitschaft von Betrieben ist noch schwer zu gewinnen – scheint mir diese Form des Lernens und Lebens eine notwendige Voraussetzung für eine Lebensgrundbildung und Sinnfindung für viele junge Menschen zu sein, die sonst abgehängt wären.

Literatur

Czerwenka, K. u. a. (1990): Schülerurteile über die Schule/ Bericht über eine internationale Untersuchung. Frankfurt/ M.

Fauser, P. u. a. (Hg.) (1991): Lernen mit Kopf und Hand. Berichte und Anstöße zum Praktischen Lernen in der Schule. Weinheim

Flitner, A. (1999): Reform der Erziehung. Impulse des 20. Jahrhunderts. München

Jugend 97 (1997): Jugendwerk der Deutschen Shell (12. Shell Jugendstudie). Opladen

Schwarzer, R. (1990): Gesundheitspsychologie. Weinheim

Zilsel, E. (1976): Die sozialen Ursprünge der neuzeitlichen Wissenschaft. Frankfurt/ M.

Hans Grillenberger

Über die Notwendigkeit veränderter Arbeitsstrukturen für qualifizierten Unterricht

Ein Gradmesser für die Zufriedenheit in meinem Beruf besteht darin, inwieweit ich es schaffe in Kindern und Jugendlichen die Lust am Lernen wach zu rufen. Gelingt mir dies nicht oder nur selten, stimmt etwas mit meiner Arbeit nicht. Gelingt es mir, erfüllt sich der Satz „Schule ist für Kinder da und nicht umgekehrt".

Es müssen unterrichtlich drei Voraussetzungen erfüllt sein, damit dieses Ziel erreicht wird. Die erste Voraussetzung ist eine freundliche Atmosphäre. Dominiert im Unterricht die Angst vor schlechten Noten oder die Angst abgelehnt zu werden, gehen die Lernleistungen nachweislich zurück. Umgekehrt baut ein Gefühl des Angenommenwerdens Menschen in ihrem Lernen auf. Zweitens brauche ich ein methodisches Handwerkszeug, um den verschiedenen Lerntypen mit vielfältigen Lernmethoden gerecht zu werden. Und drittens muss ich immer wieder aus verschiedensten Perspektiven an ein Thema herangehen. Nur so stellen sich Transferleistungen beim Lernen ein.

Schaffe ich es, meinen Unterricht so raffiniert zu gestalten, muss ich als nächstes mit meiner Arbeit im Spannungsfeld mehrerer Pole die Balance halten. Max Liedtke hat diese Pole prägnant gegenübergestellt: Eigenerfahrung gegen Fremderfahrung, Lernen im Schonraum „Schule" gegen Lernen in der Realität, Experimentieren und Handeln gegen Üben. Jede Klasse, jede Lerngruppe, jede Gruppensituation, jedes Lernalter, schließlich die jeweilige Zeit verlangt es immer wieder neu die Balance in meiner Arbeit zu finden. Diese Balance zu finden, verlangt mir die größte Energie in meinem Beruf ab. Oft sehe ich mich als Kellner, der im vollbesetzten Restaurant mit sechs Tabletts gleichzeitig an den Gästen vorbei balanciert.

Nun zur Frage, welchen Stellenwert ich dem praktischen Lernen zumesse. Die aktuelle Situation in der Schule – ich spreche hier von der Hauptschule und meine, dass an Förderschulen, Realschulen und Gymnasien ähnliche Beobachtungen gemacht werden – ist geprägt von gesellschaftlichen Faktoren, die ich mit den Begriffen „zunehmende Beziehungslosigkeit im sozialen Bereich“, „vermittelte Weltwahrnehmung aus 2. Hand“ und „zunehmende Ausrichtung der Bildungsanstrengungen an der ökonomischen Verwertbarkeit des Menschen“ bezeichne.

In dieser „Großwetterlage“ ein Lernklima zu schaffen, in dem die anfangs geforderte Lust am Lernen wachsen kann, verlangt neue Schwerpunkte im Unterricht: Ich muss Beziehungen schaffen, ich muss sinnliche Erfahrungen ermöglichen und ich muss Kinder und Jugendliche in ihrer Persönlichkeitsentwicklung stärken. Dies sehe ich in Situationen des praktischen Lernens am ehesten verwirklicht. Meine Erfahrungen mit der Textproduktion in der Zeitungsarbeit, den Arbeiten in der Schulimkerei, der Durchführung von mehrtägigen sozialen Trainingskursen im Klassenverband oder der Zirkusarbeit bestätigen mich in diesem Denken. Das praktische Lernen schafft genau die Voraussetzungen, die notwendig sind, damit gewinnbringend über Inhalte reflektiert werden und motivierend geübt werden kann. Ich habe dabei nicht nur das positive Klima beim praktischen Lernen im Sinn, sondern auch den tatsächlichen Zugang zur Wissensaneignung.

Viele Kolleginnen und Kollegen wollen die heutige Schule in diese Richtung neu gestalten. Doch diese Arbeit ist schwieriger geworden. Wir sind überfordert, den zunehmenden und verdichteten Anforderungen an Schule und dem beschleunigten Tempo neuer Entwicklungen gerecht zu werden, solange Arbeitsstrukturen unverändert bleiben. Die Folge ist, dass Entwicklungen an Schulen zu beobachten sind, die zu Recht kritisiert werden. Im praktischen Lernen geraten viele Bemühungen zu Aktionismus, der zwar mitunter medientaugliche Ergebnisse bringt, aber eher das Praktische als das Lernen im Blick hat. Oder Schule reduziert sich auf sozialpädagogische Betreuung, für die wir Lehrer in der Regel keine Profession haben. Umgekehrt beobachte ich auch die reaktionäre Rückkehr zur phantasielosen und wissensanhäufenden Leistungsschule.

Soll aber stattdessen sinnvolles praktisches Lernen einen angemessenen Stellenwert erhalten, müsste auch von theoretischer Seite Unterstützung kommen. Dazu gehört für mich u. a. eine deutliche Kritik an Unterrichtsstrukturen, die optimierten Unterricht verhindern und ebenso deutliche Hinweise, welche neuen Arbeitsstrukturen wir an unseren Schulen brauchen, um sie zu verbessern.

Ich möchte drei Bereiche nennen, in denen Veränderungen statt finden sollten.

Zunächst beispielhaft vier Voraussetzungen in den Arbeitsstrukturen der Schule, die es mir als Lehrer wieder ermöglichen, die Balance für guten

Unterricht zu finden. (1) Schulen brauchen ein frei verfügbares Budget an Stunden, mit denen sie auf unterschiedliche unterrichtliche Anforderungen flexibel reagieren können. (2) Ich unterrichte zur Zeit das Fach GSE in einer 5. Klasse. 32 Kinder sitzen dicht gedrängt im Zimmer. Praktisches Lernen ist kaum möglich. Die alte notwendige Forderung nach kleinen Klassen muss ich hier wiederholen. (3) Regelmäßige und verpflichtende Supervision zählt an unseren Schulen immer noch nicht zum Standard. Einige wenige KollegInnen bezahlen aus eigener Tasche, was in vielen Berufen zur Voraussetzung einer qualifizierten Arbeit gehört. (4) Qualifizierter Unterricht, in dem praktisches Lernen seinen Stellenwert hat, verlangt ein Umdenken in der Arbeitszeitberechnung von Lehrern. Zeiten für regelmäßige Teamsitzungen, Evaluationsprozesse oder Eltern- und Schülerberatung müssen als feste Arbeitszeiten ausgewiesen werden.

Ein zweiter Bereich, der Veränderungen verlangt: In dem Maß, in dem praktisches Lernen zu einem Schwerpunkt in meinem Unterricht geworden ist, versuche ich neue Formen der Leistungsbewertung zu finden. Weniger ergebnisorientiert, mehr prozessorientiert Schüler beurteilen. Dies heißt auch, die Notengebung auf ein Minimalmaß zu reduzieren.

Der dritte Bereich betrifft mich in meiner Lehrerpersönlichkeit. Die in der heutigen Zeit durch neue Informations- und Kommunikationsmedien forcierte Wissenskumulation lässt viele die bisherige Arbeit in den Schulen kritisieren. Viele fragen beunruhigt, wie man denn dem neuen Wissensansturm Herr werden kann. Ich denke, uns Lehrern täte es gut angesichts der inflationären Vorschläge, was die Schule alles zu leisten habe, mehr Gelassenheit zu zeigen. Wir sollten uns damit abfinden, dass man der Wissenskumulation nicht Herr werden kann, ja, dass vieles, was die Informationsgesellschaft täglich neu auswirft, wertloser Müll ist. Wir Lehrer sollten uns aber intensiver darin üben wahrzunehmen, wie es uns in unserer alltäglichen Arbeit geht. Mehr auf Eigenerfahrung achten (Wie verläuft Lernen an meiner Schule, in meinem Unterricht?), Selbstwahrnehmung trainieren (Was geht in mir vor, wenn ich mit Kinder und Jugendlichen arbeite?). Ziel sollte sein wahrnehmen zu können, wie es unseren Schülern geht.

Heinz Kreiselmeyer

Praktisches Lernen als integriertes Regelangebot an Schulen

Die schulischen Signale, die wir tagtäglich in allen Schularten erhalten, gestatten keinen weiteren Aufschub der Diskussion über ein zeit- und schülergemäßes Lernen. Wachsende Jugendkriminalität, Gleichgültigkeit, Gewalt, Unordnung, Unzufriedenheit, stumme Resignation, zunehmende Politik- und Politikerverdrossenheit, apolitische Grundhaltung sind diese Signale. Die jungen Menschen offenbaren damit, was ihnen Elternhaus, Gesellschaft und Schule an Lebenssinn, an Vorstellungen von einem guten Leben und Erfahrungen mit ihm schuldig geblieben sind. Die Schule heute, weit davon entfernt, Lebens- und Erfahrungsraum für lernende und sich bewährende Kinder zu sein, entlässt die jungen Menschen kenntnisreich, aber erfahrungsarm; erwartungsvoll, aber orientierungslos; ungebunden, aber auch unselbständig und einen erschreckend hohen Anteil unter ihnen ohne jede Beziehung zum Gemeinwesen, entfremdet und feindlich bis zur Barbarei.

Wenn wir heute eine Erhebung unter Jugendlichen im Alter von 18 machten, halb Jungen, halb Mädchen, ich vermute, sie hätte etwa das folgende Ergebnis: dass 80 Prozent von Ihnen nie ein Baby auf dem Arm getragen, 85 Prozent nie einen Kranken versorgt, 90 Prozent nie einem Sterbenden bis ans Ende beigestanden und 95 Prozent nie einen Gegenstand ihres eigenen Gebrauchs selber gemacht haben. Wenn das annähernd so ist – und ich befürchte, man muss diese Untersuchung gar nicht erst machen –, dann hat unsere pädagogische Kultur versagt mit all ihren horrenden Kosten, all ihren Anstrengungen, all ihren großen Worten und Gedanken. Dann muss mehr als nur die Schule neu gedacht werden. Diese Kunstfigur Schule erreicht dann nicht mehr annähernd ihr Bildungsziel, Schülerinnen und Schüler lebenstüchtig zu machen.

Eine Schule, die das Erkennen ohne Rücksicht auf primäre Weltsichten von den Phänomenen loslöst und „Wirklichkeit“ auf die Konstruktion von Systemen von Anfang an reduziert, „entleiblicht“ das Denken. Die Gefahr, die wir als Initiative Praktisches Lernen in der schulischen Lernpraxis sehen, ist, dass eine ihrer sinnlich fassbaren Objekte entkleidete Welt indifferent gegenüber Wahrheitsfragen macht und in einen globalen Skeptizismus einzumünden droht.

Diese Effekte jedoch dürfen, gerade in unserer Zeit, durch die Schule keinesfalls befördert und verstärkt werden. Ganz im Gegenteil. Gegenprogramme sind angesagt, die die Gesellschaft so nicht mehr leisten kann; z. B.: zuhören, mithören, träumen/ lernen, sich bewegen, sich in Szene setzen/ zu zweit einer gemeinsamen Vorliebe nachgehen, sich gegenseitig etwas zeigen, dies miteinander besprechen/ sich aus der Gemeinschaft zurückziehen; wenn es nicht anders geht draußen/ buchstäblich mit den Elementen umgehen: ein Feuer machen und es hüten, Wasser stauen, ein tiefes Loch graben/ eine Hütte bauen, ein Beet bestellen, ein Tier versorgen/ ruhen, still sein, konzentriert lesen dürfen/ spielen/ zärtlich miteinander sein/ seiner Neugier nachgehen dürfen/ einander etwas schenken, das man vorher selbst gemacht hat ... und das alles neben den üblichen Schultätigkeiten: schreiben, lesen, rechnen, zeichnen, vortragen, aufräumen ... – noch besser: als Teil dessen, als integrierten Bestandteil praktischen Lernens. Praktisches Lernen als integriertes Regelangebot! Was wäre das für ein Lernen? Ein Lernen, das wohl die pädagogisch aussichtsreichste Weise sein dürfte, um auf den vielbeklagten Motivationsschwund in der jungen Generation, ihre Zweifel am schulischen Lernen, zu antworten. Ein Lernen, das vom Lehrer fordert, ein authentisches Bildungserlebnis planvoll zu inszenieren und das in hinreichender Zahl, die Erfahrungsprozesse realitäts- und kindnah mit möglichst hohen Anteilen an Schülerselbsttätigkeit in Gang zu setzen und schließlich die gewonnenen Erfahrungen zu reflektieren und zu objektivieren, d. h. in ein gängiges Zusammenhangwissen einzugliedern.

Praktisches Lernen meint also entschieden mehr als ein bloßes Gründeln im seichten Gewässer primärer Erfahrungen. Die Reflexion auf die Praxis ist geradezu gefordert. Reflexion i. S. eines „aufgeklärten Handelns“ (W. Schulz), das etwas gänzlich anderes ist als die Rationalität an fachlichen Leitfäden orientierter Lehrpläne. Dem „Praktischen Lernen“ liegt ein zweipoliger Begriff zugrunde: Der Begriff fragt im Blick auf das Lernen der Kinder und Jugendlichen nach den dafür notwendigen Erfahrungen praktischen Tätigseins. Im Blick auf die Gesellschaft fragt der Begriff nach der Teilhabe an gesellschaftlich bedeutsamen, bildungsrelevanten Tätigkeitsbereichen. Beide Aspekte sind nicht voneinander unabhängig, sondern lassen sich mit den Brennpunkten einer Ellipse vergleichen, die nur gemeinsam ein angemessenes Verständnis von Bildung und Lernen im Kontext der modernen Gesellschaft repräsentieren können (P. Fauser).

Im Blick auf uns Lehrer heißt das: Wir dürfen nicht nur vermitteln. Wir müssten in der Welt sein, die wir den Schülern vermitteln wollen. Und „In der Welt sein" heißt tätig sein. Wie können wir als zu „Lebensflüchtlingen" sozialisierte Menschen Schüler wirklich noch erziehen? Erreichen wir die Gedächtnis- und Lebenswelten der Schüler überhaupt noch? Dies als richtig zu erkennen hätte einschneidende Konsequenzen für eine Lehrerausbildung.

Schule ist lebenslang prägende Lernzeit für Lehrer und Schüler. Von ihr hängt es weitgehend ab, ob sich Lernen als Lust oder Last in Biographien einpflanzt. Deshalb fragen wir, die wir seit 10 Jahren versuchen Praktisches Lernen an unseren Schulen zu etablieren, wie Schulen aussehen müssen, für die das Prinzip und der Alltag heißt: *im Leben lernen, im Lernen leben.*

Trotz intensiver Bemühungen sind wir an unseren Schulen davon noch weit entfernt. Mir scheint, dass wir unsere Energien mehr und mehr verbrauchen in den häufig vergeblichen Versuchen, mit der bloßen Symptomatik wie Gewalt, Disziplinlosigkeit und „Null-Bock"-Mentalität fertig zu werden. Die Innenwelten unserer Schüler sind mehr und mehr unerreichbar; Lehrer kapitulieren und suchen nach Überlebensstrategien. Trotz jahrelangen großen finanziellen und ideellen Einsatzes ist es uns bis zum heutigen Tag nicht gelungen, Praktisches Lernen als integriertes Regelangebot nachhaltig an Schulen zu etablieren. Die wechselvollen, wenig koordinierten sogenannten Reformen von oben lassen inhaltliche Kontinuität und Stabilität nur schwer zu. Praktisches Lernen, will es nachhaltig sein, setzt innere und äußere Bedingungen voraus, die es erlauben, Praktisches Lernen als integriertes Regelangebot an Schulen zu realisieren. Das sind dann Schulen, an denen Praktisches Lernen nicht Ausnahme, sondern Regel ist.

Die Nachhaltigkeit Praktischen Lernens jedoch ist solange nicht gesichert,

- solange es lediglich bei der Punktualität von Einzelprojekten bleibt,
- solange weiterhin Lehrerinnen und Lehrer den Schulen ohne Berücksichtigung ihrer spezifischen Befähigungen und des jeweiligen Schulprofils beliebig von der Verwaltung zugewiesen werden,
- solange Lehrer als Einzelkämpfer ausgebildet werden und arbeiten,
- solange Schulen nicht über einen Teil ihres Zeitbudgets im Blick auf organisatorische und inhaltliche Entscheidungen verfügen können,
- solange sich nicht alle Teilsysteme einer Verwaltung als lernende Institution verstehen, fraktale Organisationen sein wollen,
- solange Schulen nicht Haushaltshoheit besitzen,

- solange die Rechtssituation an Schulen zum Hemmnis lebendigen Unterrichts wird, d. h. Verwaltungsvorschriften stehen bis zum heutigen Tag pädagogischen Appellen von höchster Ebene widersprüchlich gegenüber,
- solange mit demokratischen Handeln an Schulen nicht ernst gemacht wird,
- solange Schulen bzw. Lehrerinnen und Lehrer nicht kontinuierlich professionell begleitet werden (Supervision/ Schulverbesserungshelfer),
- solange die Haltung der miteinander Arbeitenden fehlt, dass nachhaltiges Potential gerade auch aus der Kreativität des Ungeklärten geschaffen werden kann.

Angesichts großer Defizite an unseren Schulen, muss Schule neu erfunden werden. Ein wesentlicher Baustein dieser neuen Schule ist das „Praktische Lernen". Wir kommen daran nicht vorbei.

Hans Maier

Das Problem des richtigen Verhältnisses von Theorie und Praxis im Unterricht

Zu klären sind drei Fragenkomplexe. Erstens: Was wollen wir unter „Praktischem Lernen" verstehen und welchen Stellenwert soll diese Lernform in Schule und Ausbildung haben? Zweitens: Inwiefern soll die Wissenskumulation heute ein besonderes Problem sein? Und drittens: Was ist und wozu dient Anschaulichkeit im organisierten Lernprozess und weshalb wird hier nach neuen Entwicklungen verlangt?

Wissenskumulation als Problem?

Zunächst die Antwort auf die zweite Frage, weil sie kurz und verhältnismäßig einfach ist. Es geht hier um kein wirklich neues Problem. Das verfügbare Wissen war schon immer so unüberschaubar, dass Gesellschaften oder gar einzelne Menschen nur einen sehr geringen Anteil daran hatten. In unserer „Wissens"(?!)-Gesellschaft nimmt die Menge des auf der Erde irgendwo vorhandenen und zugänglichen Informations-Stoffes immer schneller zu, wobei freilich viel wesentliches Wissen auch wieder verloren zu gehen scheint, zu immer weniger Menschen findet. Man kann gespeicherte Daten heute leichter und rascher erreichen oder wird von ihnen erreicht. Das lässt die Frage nach einem sinnvollen Umgang mit Informationen (Auswahl, Deutung; Methoden zur Strukturierung und Einordnung des Wissens; Arbeitsteilung) immer dringlicher erscheinen, vor allem die Forderung nach einer Grundbildung, die zu einer solchen Auswahl befähigt. Aber schon Heraklit hat vor zweieinhalbtausend Jahren ein Problem in der „Vielwisserei" gesehen, das zu keinem tieferen Verstehen beitrage, und der Römer Plinius der Jüngere zitiert ein Sprichwort, dass man „viel, nicht vielerlei" (multum, non multa) lesen solle. Vielleicht würde Plinius heute auch von „Orientierungswissen" sprechen. Wenn er gewusst hätte, dass man einmal auf Flutwellen von Informationen aller Art „surfen" würde! Im Vergleich zu früheren Zeiten handelt es sich bei dieser Zunahme also nur um graduelle Unterschiede, und dasselbe wird auch für alle weiteren Entdeckungen gelten. Eine Milchstrasse besteht aus sehr vielen Sternen. Und viele neu entdeckte Milchstraßen bestehen auch aus sehr vielen Sternen.

„Praktisches Lernen“

Ausführlicher muss nun der Begriff des Praktischen Lernens erörtert werden. Was soll überhaupt gelernt werden? Von wem? Wozu? Und was heißt „praktisch“?

Die einen denken hier an eine spätere Tätigkeit im *Beruf*, vielleicht sogar in einem bestimmten Berufsfeld, verlangen z. B. Betriebspraktika für Gymnasiasten – und verwechseln die allgemeinbildenden Schulen mit einer Berufsschule, verwechseln Bildung mit Ausbildung.

Andere haben vor allem die Bewältigung des *Alltags* vor Augen, als ginge es nur um die Orientierung in der materiellen Lebenswelt.

Wieder andere assoziieren mit dem Praktischen Lernen eher die *Sozialisierung* der Kinder: Schule als Lebensraum, wo man den ganzen Tag zusammen verbringt, sich gegenseitig helfen und um möglichst jede Art von Integration bemüht sein soll, der Lehrer als Sozialpädagoge und Elternersatz, der auch für das Zubinden der Schuhbänder zuständig ist, und für alle psychosozialen Probleme: als wäre es heute nicht mehr die Aufgabe der Schule, jungen Menschen in individueller Förderung Kenntnisse und Fähigkeiten zu vermitteln, eine Vermittlung, die nur von dafür gründlich ausgebildeten Fachlehrern geleistet werden kann, während man für das gemeinsame Frühstück oder für die Sexual- oder Verkehrs- oder Medien- oder Umwelterziehung eben keine studierten Mathematiker oder Biologen braucht, sondern private Bezugspersonen – oder in (den immer zahlreicheren) Notfällen eben sozialpädagogisch und therapeutisch geschulte Spezialisten, notfalls auch in eigens dafür geschaffenen Einrichtungen. Dabei ist selbstverständlich, dass jeder Lehrer auch Pädagoge sein muss bzw. müsste. Es ergeben sich aber genug Gelegenheiten, die Kinder im Rahmen der unterrichtlichen Tätigkeit zu erziehen und zu leiten. Jede Sozialisierung, die dem Unterricht nützt, kommt auch dem einzelnen Kind für sein Leben zugute. Insofern *ist* der Unterricht schon Lebenspraxis und erfordert daher oft gar keine zusätzliche Praxis-Simulation.

Manche Politiker und andere Laien wiederum – aber auch Pädagogen – sehen Aufgabe und Verdienst des Praktischen Lernens darin, dass endlich *Schluss* gemacht werde *mit* der angeblich immer so lebensfernen und unmenschlichen *Verkopfung, mit elitärer Theorielastigkeit*, und sie rufen zu einer entsprechenden „Entrümpelung“ auf, an allen Schularten, sofern sie nicht ohnehin schon für eine Einheitschule sind. Am liebsten wäre ihnen, alle bekämen die Möglichkeit, ihr Abitur auch mit Automechaniker-Kursen zu bestreiten, oder mit Web-Ideen für eine Werbe-Branche, die sich gut vermarkten lassen: Die können oder wollen nicht sehen, dass die Gesellschaft Eliten nötig hat, und zwar wiederum unterschiedliche, auch Handwerks-Eliten; und dass Schüler unterschiedlich sind und einen Anspruch haben auf eine Förderung, die ihrer jeweiligen Begabung entspricht. Es gibt auch Schüler, denen eine rein kognitiv-theoretische Anstrengung Freude macht, ohne dass sie deshalb im praktischen oder im sozialen Bereich verkümmern müssten.

Und schließlich trifft man auch noch auf die Vorstellung, das Lernen müsse in jedem Fall praktisch insofern sein, als es irgendein *sichtbares Produkt* hervorzubringen habe. Auch dieses Denken tut sich schwer mit der Tatsache, dass zum menschlichen Wesen Abstraktion, Theoriebildung und Reflexion gehören, auch die Selbst-Reflexion, die für den bloß „tätigen" Menschen keinerlei Rolle spielt, auch nicht in den Bereichen von Naturwissenschaft und Technik, solange man nicht über das sachlich Machbare hinausdenkt. Musikhören, Betrachtung von geistigen Dingen, Meditation, Gebet – das wäre dann alles unwesentlich: Hier geht es ja nicht um ein Produzieren, sondern darum, dass man sich innerlich öffnet. Sollte es wirklich die Aufgabe der Schule sein, diese menschlichen Dimensionen aus dem Lernprozess auszuschließen? Außerdem arbeiten solche Vorstellung in bedenklicher Weise denen in die Hand, die den Menschen vor allem als Rädchen in einem gut funktionierenden Wirtschaftssystem in der schönen neuen globalen Arbeitswelt sehen wollen. Man preist mit pädagogischen (Schlag-)Worten das Ideal der Teamfähigkeit und hat gar nicht den Lern- und Entwicklungsfortschritt des einzelnen jungen Menschen im Auge, sondern das Produkt, das der Mega-Konzern auf den Markt werfen will.

In welcher Bedeutung kann uns der Begriff des Praktischen Lernens aber nun weiterbringen, sowohl in der Diskussion als auch im schulischen Lernprozess? Ich verstehe darunter im Folgenden, wie auch auf unserer Tagung vorgeschlagen, ein Lernen in Verbindung mit praktischem Tun, wobei Denken und Handeln, Theorie und Praxis, einander *im jeweils richtigen Verhältnis* ergänzen sollen. Das bedeutet, dass man bei der Forderung nach dem Praktischen Lernen sehr differenziert vorgehen muss: Das äußerlich sichtbare Tun kann das eine Mal sehr gefragt oder sogar die Hauptsache sein, ein anderes Mal geht es fast nur um Abstraktion, um eine innere Tätigkeit. Entscheidend sind der Lerngegenstand, die Persönlichkeit des Lernenden (Lerntyp), der Schultyp, das Lernfach und sogar der jeweilige Gegenstand innerhalb eines Lernfachs. Wer einem anderen das Fräsen oder das Schifahren beibringen will, wird nicht mit viel Theorie beginnen, sondern mit einer Vorführung, um den anderen dann etwas nachahmen und ausprobieren zu lassen. Wer Französisch als Fremdsprache unterrichtet, hat mehr mit Theorie zu tun, wird aber auch die vielen reizvollen Möglichkeiten nutzen, den Lernprozess durch verschiedene Tätigkeiten zu beleben und zu unterstützen. Aber wie steht es um das Praktische Lernen im Fach Latein? Sollen wir es ganz lassen, weil es sich nicht durch bloße Sprech- und Einschleifübungen erlernen lässt (wie übrigens auch keine moderne Fremdsprache) und weil man damit nicht einkaufen kann? Oder gewinnt es vielleicht gerade dadurch seinen besonderen Wert innerhalb des (gymnasialen) Lehrplans, dass es (zunächst) nichtpraktische Denkvorgänge ermöglichen und fördern kann (bzw. könnte!), Reflexionen über Sprache an sich, sprach- und kulturgeschichtliche Zusammenhänge erklärt? Und dann gibt es auch noch Fächer, die das eine Mal ein Lernen durch Tun nahelegen und das andere Mal scharfes Abstraktionsvermögen verlangen, zum Beispiel Mathematik oder Chemie. Soll man da nur den „praxistauglichen" Stoff behandeln?

Bei der Überlegung, ob und in welchem Ausmaß das Praktische Lernen angebracht ist, muss man schließlich auch nach dem jeweiligen Lerntyp fragen: Wie ist der Lernende begabt, wofür kann er sich interessieren? (Es gibt auch Kinder, die an sich zu abstraktem Denken fähig sind und sich trotzdem lieber überwiegend praktisch betätigen – und umgekehrt.) Wer akzeptiert, dass es sehr unterschiedliche Begabungen gibt, wird auch für ein mehrfach gegliedertes Schulwesen eintreten. Dass man einer Hauptschulklasse Texte von Goethe nur in sehr bescheidener Auswahl zumuten kann, versteht sich. Aber soll man den „Faust" deswegen allen Heranwachsenden vorenthalten? Das kann man übrigens auch dadurch tun, dass man die Gymnasien immer weiter zur Gesamtschule umfunktioniert, zur Hauptschule der Nation: Dann kann man dort nämlich kein klassisches Drama mehr behandeln, weil die meisten Schüler von vornherein überfordert sind. Im Fach Deutsch ist andererseits auch viel Praktisches Lernen möglich, Einüben von Fähigkeiten, die man unmittelbar für den Alltag braucht, vor allem anderen das Lesen (!) und das (leserliche und richtige) Schreiben, auch das Sprechen, das Argumentieren. Man kann z. B. Zeitungen lesen, Lebensläufe und Bewerbungsschreiben verfassen, viele Alltagsituationen erproben. Die Schüler können sich auch sehr aktiv und ganzheitlich mit (fast) allen Sinnen bei Theaterprojekten betätigen. In diesem Fach werden so viele ganz unterschiedliche Fähigkeiten gefördert, dass man es ohne weiteres in mehrere Unterrichtsfächer aufteilen könnte. Umso unsinniger erscheint die Forderung nach einer Aufhebung der Fächerprofile, nach Zusammenlegung von bestehenden Schulfächern zu einem großen Projektbrei, womit auch der 45-Minuten-Takt aufgegeben ist und von einem Fachlehrplan, von verbindlichem Grundwissen, das nach der inneren Systematik jedes Einzelfachs schrittweise aufgebaut sein muss, fast nichts mehr übrigbleibt. Wofür sollte das gut sein – außer zur Verschleierung der immer erschreckenderen Wissenslücken? Im Deutschunterricht gibt es aber auch Lernprozesse, in denen es nur auf (Nach-)Denken und Verstehen ankommt, vor allem am Gymnasium. Wenn man eine Hitlerrede analysiert, so sollte man sich zwar durchaus einmal einen Originalfilm ansehen, weil ja, gerade bei diesem Redner, Tonfall, Gestik, Mimik und die Reaktion des Publikums so wichtig sind, was freilich auch im Geschichtsunterricht geschehen wird. Aber wenn es dann um die eigentliche sprachliche Analyse geht, so muss man einen gedruckten Text untersuchen, abstrakte Wörter und ihre Bedeutung betrachten, und man wird umso mehr von dieser – in diesem Fall fürchterlichen – Bedeutung und Wirkung der Wörter verstehen, je genauer man sich einmal nur auf dieses sprachliche Abstraktum einlässt, ohne jede *Ablenkung* durch andere Sinne. Dasselbe gilt, natürlich unter ganz anderen Vorzeichen, für literarische Texte. Hier geht es zunächst um einen rein geistigen Vorgang, um ein Lernen, das man meist durch keinerlei äußere Handlung unterstützen kann. In solchen Fällen lässt sich sagen: Die Theorie *ist* die Praxis. Es gibt jedenfalls keine andere Praxis. Wie soll ich ein Gedicht mit allen Sinnen lesen? Es anfassen, schmecken, anwenden? Möglich ist doch nur, ein *inneres Bild* entstehen zu lassen, eine *Vorstellung* von einem Geruch oder einem Klang. Oft werden, wenn es um Einstellungen und Haltungen geht, auch „nur" Samen gelegt. Ob diese Saat überhaupt aufgeht, und wann, und in welcher sichtbaren oder unsichtbaren Form – als Lehrer können wir da nur demütig hoffen.

Was ist Anschaulichkeit?

Bei der Frage, inwiefern es notwendig sei, neue Niveaus der Anschaulichkeit zu entwickeln, wird bald klar, dass vieles unklar ist. Was ist Anschaulichkeit? Es geht nicht nur um „Schauen", sondern um Wahrnehmung von bestimmten wirklichen Dingen. Dem Referat eines Mathematikers entnehmen wir, dass es nach Kant eine äußere und eine innere Anschauung gebe. Also ist das Anschauliche wohl nicht identisch mit dem, was man mit den körperlichen Sinnen, womöglich noch mit allen, wahrnehmen kann. Aber auch eine innere Anschauung lässt sich offensichtlich irgendwie darstellen, nämlich als eine Vorstellung, als ein (nicht sprachlicher) Begriff von etwas. Einmal heißt es, was für den einen sehr anschaulich sei, sei für den anderen (noch immer oder bereits) sehr abstrakt. Von Schaubildern ist die Rede, von Gleichnissen, von Analogien und Syllogismen. Auch von Planspielen, vom Simulieren von Alltagssituationen. Welche Rolle spielt bei der Anschauung die Sprache, die sprachlich-begriffliche Erfassung? Wenn ein Zusammenhang durch ein

Gleichnis verdeutlicht werden soll, ist das nur eine Verbildlichung oder auch eine Abstraktion – die eine gewisse kulturelle Schulung bereits voraussetzt? Führt ein schematisches Schaubild von einer konkreten Versuchsanordnung von deren Wirklichkeit weg oder führt es gewissermaßen gerade durch die Abstraktion zu mehr Anschaulichkeit? Ist ein Film etwas Anschauliches oder etwas Abstraktes – im Verhältnis zur Wirklichkeit?

Bei all diesen noch wenig geklärten Fragen scheint aber für den Unterricht zumindest klar zu sein, dass es sehr unterschiedliche Zugänge zu einem Lerngegenstand gibt. Sinnvoll ist nun das, was den jeweiligen Gegenstand am besten vermittelt. Die Methode ist kein Selbstzweck. Sie dient dazu, dass der Lernende das jeweilige Lernziel erreicht, also etwas gewinnt, und über diesen Gewinn auch möglichst nachhaltig und sicher verfügt, sei es nun eine praktische Tätigkeit oder ein einfaches Faktenwissen oder die Fähigkeit, über etwas zu reflektieren, Zusammenhänge herzustellen, selbstständig weiterzulernen. Veranschaulichung, z. B. in Form von Bildern, kann zur Erreichung praktischer oder theoretischer Lernziele eine gute Hilfe sein – muss es aber nicht in jedem Fall sein. Wichtig ist zum Beispiel, dass da, wo es auf Faktenwissen ankommt, dieses Wissen am Ende auch nachweislich gewonnen ist, und zwar besser, als dies ohne Veranschaulichung der Fall gewesen wäre. Dasselbe gilt für Lernprozesse, deren Ziel das Verstehen von abstrakten Zusammenhängen ist. Wenn das Bild *an die Stelle des Begriffs* tritt, wenn man also auf die bewusstmachenden Begriffe verzichtet, so kann das ein Rückschritt sein – zurück auf ein vorbegriffliches Comic-Niveau. Das gilt natürlich auch für viele Bildkürzel der Computersprache. Der Umstand, dass eine Veranschaulichung oder eine praktische Tätigkeit mehr Spaß macht als theoretisches Lernen, ist allein noch kein Kriterium. Spiele und andere Arten von Zeitvertreib machen ja auch Spaß. Wenn man während einer Unterrichtsstunde über mittelalterliche Stadtgeschichte mit der Klasse durch eine gotische Altstadt spaziert, so kann das ein lustiger und auch „interessanter“ Zeitvertreib sein, von dem die Kinder begeistert erzählen. Aber das heißt noch nicht, dass von dieser Stunde viel „hängengeblieben“ sei. Wenn man Kindern stattdessen ein plastisches Modell dieses Stadtkerns bietet, verbunden mit Informationen, Erklärungen und Textarbeit, so werden sie in jeder Hinsicht mehr aus dieser Stunde mitnehmen, auch mehr „Durchblick“ und Überblick, denn ein plastisches Stadtmodell ist überschaubarer als eine reale Stadt. (Insofern wieder dieses begriffliche Problem: Das von der Wirklichkeit „abstrahierte“ Modell ist trotzdem anschaulicher als die reale Stadt.)

Natürlich können auch elektronische und virtuelle Darstellungen das Lernen unterstützen, gerade durch die Möglichkeit der Computersimulationen. Bemerkenswert ist aber, was der bekannte Computerwissenschaftler und -kritiker Prof. Joseph Weizenbaum vom MIT auf die Frage antwortet: „Sollen Computer an die Schulen?" „In Grundschulen", sagt er, „wären sie eine Katastrophe. Simulierte Experimente am Computer können nicht die Wirklichkeit und die Natur ersetzen." Und es genüge, wenn die Kinder als Vierzehnjährige mit dem Computer vertraut gemacht würden (Süddeutsche Zeitung vom 15.12.99).

Noch eine Bemerkung zu einer anderen Simulation von Wirklichkeit, in Form von Rollenspielen, z. B. in Geschichte. Mir erscheint es äußerst problematisch, wenn Didaktiker und Lehrer so tun, als wäre die Wahl eines deutschen Kaisers nichts anderes als eine Klassensprecherwahl. Selbst wenn die am Planspiel Beteiligten sich für ihre Rolle, in der sie historische Probleme beurteilen und weltgeschichtliche Entscheidungen fällen sollen, einiges Wissen über historische Details und Zusammenhänge aneignen: Wir wissen doch nicht einmal, was ein zeitgenössischer deutscher Politiker weiß und denkt. Wie sollen dann die Schüler wissen, welche Entscheidungskriterien es für einen Metternich oder für einen Zaren gegeben hat? Pestalozzi würde sich im Grab umdrehen angesichts solcher Vereinfachung und solcher Erziehung zur Selbstüberschätzung.

Ähnlich problematische Formen von Wirklichkeits-Simulation können einem im Bereich des sozialen Lernens begegnen: Da werden Kinder eines bayerischen Gymnasiums an einem Projekttag, der auf Probleme der sog. Dritten Welt aufmerksam machen will, mit Putzmaterialien auf die Straße geschickt. Sie sollen versuchen, ein paar Groschen zu verdienen, indem sie sich den Autofahrern als Scheibenputzer und den Fußgängern als Schuhputzer aufdrängen: damit sie wissen, wie es den Straßenkindern in Brasilien geht!

Fazit

Mein persönliches Fazit ist, dass anschauliches und praktisches Lernen *eine* von vielen Möglichkeiten des Zugangs zu einem Lernziel ist. Zur Zeit sehe ich keine Gefahr einer allzu großen „Verkopfung" unserer Unterrichtsarbeit, im Gegenteil: Der menschliche Kopf wird zu sehr verteufelt. Wenn wir für „Kopf" Begriffe wie Bewusstsein oder Bewusstheit einsetzen, so haben wir immerhin mit einer Gabe zu tun, durch die sich der Mensch vom Tier unterscheidet. An den heutigen Schulen, jedenfalls an den Gymnasien, gibt es nicht zu viel Theorie, sondern zu wenig. Es wird zu wenig reflektiert, unter anderem deswegen, weil es immer weniger Faktenwissen gibt, worüber man reflektieren könnte. Mit Faktenwissen ist verbindliches, konkretes und durch – wieder strengere – Noten zu messendes Wissen gemeint, das auch deswegen bleibt, weil es auswendig gelernt ist. Zu diesem bleibenden Wissen gehören Jahreszahlen, aber z. B. auch Gedichte. Beides ist wichtig für die geistige Orientierung, Jahrezahlen als grober äußerer Rahmen, ohne den man völlig hilflos ist. Die Vorstellung, man dürfe Schülern nur das zumuten, wozu sie schon – und gerade rechtzeitig – eine Fragehaltung aufgebaut hätten, ist unrealistisch. Wie oft verspüren Schüler das Bedürfnis, nach neu zu lernenden Vokabeln zu fragen? Außerdem kann man ja auch als Lehrer eine Fragehaltung dadurch aufbauen, dass man einen gewissen Druck ausübt, gerade zum Anschub. Und schließlich ist es eines der wichtigsten „praktischen", auf das Leben bezogenen Lernziele, dass man sich daran gewöhnt, sich auch mit den Dingen zu beschäftigen, zu denen man gerade keine Lust hat: zum Beispiel mit Arbeit. Solche allgemeinen Fähigkeiten werden heute mit dem (ziemlich peinlichen) Schlagwort der „Schlüsselqualifikationen" bezeichnet.

Zum Schluss ist noch die Idee vom entdeckenden Lernen unter die Lupe zu nehmen. Es ist etwas Schönes, wenn Schüler eigene Entdeckungen machen. Aber diese Situationen können nicht die Regel sein, sondern nur die Ausnahme. Man kann Entdeckungen als Lehrer selten programmieren und so einplanen, dass sie rechtzeitig kommen, man hat auch nicht die Zeit, weder im Unterricht noch im Leben, alles noch einmal von neuem herauszufinden, was andere schon gefunden, überliefert und oft auch didaktisch bereits gut aufbereitet haben. Das gilt für den technischen wie für den geistig–anthropologischen Bereich. Wer einen jungen Menschen wirklich auf das Leben vorbereiten will, realistisch und liebevoll, wird ihm auch vermitteln, dass wir alle darauf angewiesen sind, Traditionen und Fremderfahrungen zu übernehmen. Es wird für die Heranwachsenden immer noch genug Bereiche geben, wo sie ihre eigenen und oft schmerzlichen Erfahrungen machen können und müssen. Und wenn es wirklich Neues *in der Wissenschaft* zu entdecken gibt, dann werden es die wirklichen Entdecker auf *dieser* Grundlage am ehesten finden.

Ein letzter Gedanke: Auch das Lernen für den Augenblick, just in time, kann nicht ernsthaft ein Ideal sein. Wer von der Halbwertszeit des Wissens redet, von einem Wissen mit absehbarem Verfallsdatum, z. B. „alle fünf Jahre"(!), meint doch vor allem technische und wirtschaftliche Daten, die sich verändern und im Wettbewerb wichtig sind. Aber die allgemeinbildenden Schulen sind keine Konzerne, auch keine Berufsschulen, und sie haben sich ja gerade um *das* Wissen zu kümmern, das bleibt, das sich in jedem Fall lohnt. Wir dürfen unsere Schüler auch deswegen nicht nur für den Augenblick lernen lassen, weil sie als geistige Wesen eine Dimension von Vergangenheit haben. Und von Zukunft. Das heißt: Die möglichen geistigen Situationen, Herausforderungen und Chancen, die ihnen noch bevorstehen können, sind unvorstellbar zahlreich und vielfältig. Insofern ist Lernen immer ein Lernen auf Vorrat.

Thomas Gottfried

„Praktische Lernen“ als e i n e Dimension des schulischen Bildungs- und Erziehungsprozesses

1 „Praktisches Lernen“ – ein schillernder Begriff

In der aktuellen bildungspolitischen und pädagogischen Diskussion gibt es eine Inflation an Schlagworten: „Offener Unterricht“, „Innovative Unterrichtsformen“, „Fächerübergreifendes Arbeiten“, „Projektarbeit“, „Freiarbeit“, „Lernen durch Lehren“, „Der Lehrer als Moderator“, „Kommunikation“ und nicht zuletzt „Praktisches Lernen“. Mit diesen Begriffen verbindet sich eine Vorstellung von Schule und Unterricht, die in der Tradition der Reformpädagogik zu stehen scheint und nicht selten als Korrektiv gegen eine einseitig kognitive, methodisch durch den Frontalunterricht repräsentierte Pädagogik gesetzt wird:

> „Praktisches Lernen ist ein Korrektiv für die innere Tendenz des Schulwesens, sich selber zu genügen, die Bezugswissenschaften in ‚Fächern‘ abzubilden und den Zusammenhang des Lernens mit moralischer, politischer, ökologischer Orientierung in der Welt zu vergessen.“ (Andreas Flitner).

Mit dem summarischen Begriff „Praktisches Lernen“ bezeichnet man aber nicht nur eine Unterrichtsmethode oder ein Unterrichtsprinzip, sondern eine pädagogische Idee, die sich auf die Pädagogik Pestalozzis (Lernen mit Kopf, Herz und Hand) und Kerschensteiners (Arbeitsschule) beruft. Damit wird der Anspruch erhoben, schulischer Bildung und Erziehung eine neue Richtung zu geben. Anlass für diese Forderung bilden besonders die veränderten Lebens- und Lernbedingungen der Schülerinnen und Schüler von heute. Das Leben in einer pluralistischen und individualisierten Gesellschaft im Kontext der Wissensakkumulation und Globalisierung stellt das herkömmliche Verständnis von Bildung und Erziehung in Frage. In der Tat geht es darum, inwieweit und inwiefern sich die Schule auf die radikalen Veränderungen der gesellschaftlichen Lebensbedingungen und deren Auswirkungen auf Bildung und Erziehung einzustellen hat. In Umbruchssituationen neigt man dazu, eine Lösung in ganz bestimmten, gegebenenfalls einseitigen Ansätzen zu sehen; es besteht die Gefahr der Radikalisierung, der Übertreibung *eines* ganz bestimmten Lösungsansatzes. Daher gilt es, bei aller Aktualität nach dem Konstanten, Zeitübergreifenden zu fragen.

2 Die Grundaufgabe der Schule

Über die konkreten, zeitbedingten Anforderungen hinaus lassen sich Überlegungen anstellen, welche Grundaufgabe die Schule zu erfüllen hat. Nach meiner Überzeugung ist dies in Art. 131 Abs. 1 bis 3 der Bayerischen Verfassung zutreffend formuliert:

> „Die Schulen sollen nicht nur Wissen und Können vermitteln, sondern auch Herz und Charakter bilden. Oberste Bildungsziele sind Ehrfurcht vor Gott, Achtung vor religiöser Überzeugung und vor der Würde des Menschen, Selbstbeherrschung, Verantwortungsgefühl und Verantwortungsfreudigkeit, Hilfsbereitschaft und Aufgeschlossenheit für alles Wahre, Gute und Schöne und Verantwortungsbewußtsein für Natur und Umwelt. Die Schüler sind im Geiste der Demokratie, in der Liebe zur bayerischen Heimat und zum deutschen Volk und im Sinne der Völkerversöhnung zu erziehen."

Diesem Bildungs- und Erziehungsauftrag liegt ein bestimmtes Menschenbild zugrunde. Der Mensch ist erziehungsbedürftig, jede Erziehung ist Bildungshilfe und macht sich im Laufe der Zeit selbst überflüssig. Erziehung und Bildung sind Lebenshilfe, unterstützen den jungen Menschen bei der Welt-, Wert- und Sinnorientierung und zielen auf eine positiv-kritische Lebenseinstellung, auf Selbstverwirklichung in sozialer Verantwortung.

Bildung und Erziehung sind mehr als Ausbildung und Sozialisation, Unterricht ist mehr als Kommunikation und Moderation. Schulische Pädagogik zielt vor allem auf die umfassende Persönlichkeitsbildung junger Menschen. Ausgangspunkt der Frage, welchen Stellenwert dem „Praktischen Lernen" zukommt, ist die Überlegung, inwieweit dieser Ansatz der Erfüllung dieser Grundaufgaben der Schule dienlich ist. Dabei ist zunächst davon auszugehen, dass es Schule nur im Plural gibt. Das in Deutschland eingeführte gegliederte Schulwesen trägt der Einsicht Rechnung, dass es Begabungen unter den Menschen gibt. Schule hat – so weit möglich – die Begabung des Einzelnen optimal zu fördern, der junge Mensch hat ein Recht darauf. Noch vor der Sachgemäßheit ist daher die Kindgemäßheit das fundierende Unterrichtsprinzip. Ziele und Inhalte, besonders aber Methoden werden diesem Prinzip untergeordnet. Unbestritten ist, dass eine ganzheitliche Erziehung, die kognitive, affektive und psychomotorische Lernziele einschließt, das schulübergreifende Ideal darstellt. Je nach Schulart sind jedoch Schwerpunktsetzungen nötig, die sich in der Wahl der Lernziele, Lerninhalte und sach- sowie altersadäquaten Unterrichtsmethoden zeigen. „Praktisches Lernen“ ist auf dieser Grundlage zu betrachten und in seinen Vor- und Nachteilen abzuwägen

3 Praktisches Lernen im Kontext

Schulische Erziehung und Bildung finden stets im Kontext einer konkreten gesellschaftlich-geschichtlichen Situation statt. Erziehungsziele, Inhalte und Methoden des Lehrens und Lernens sind nie völlig unbeeinflusst von den Rahmenbedingungen der Schule zu sehen. Mit diesem klassischen Prinzip der Lebensnähe sind zwei Postulate verbunden:

- das Nützlichkeitspostulat: Inhalte und Methoden sind nur dann legitim, wenn sie zu einer unmittelbaren Nutzanwendung der gelernten Fähigkeiten und Fertigkeiten führen;
- das Aktualitätspostulat: Inhalte und Methoden werden aus je aktuellen Zeitbedürfnissen abgeleitet.

Zweifellos ist das Praktische Lernen eine wichtige Komponente des schulischen Bildungs- und Erziehungsauftrags. Es steht zunächst gleichberechtigt neben anderen klassischen Unterrichtsprinzipien wie „Selbsttätigkeit“, „Anschaulichkeit“, „Motivation“, „Elementarisierung“, „Erfolgssicherung“ u. ä. Mit dem Schulpädagogen und Didaktiker Hans Glöckel bin ich jedoch der Meinung, dass der Unterrichtsgrundsatz der „Schülergemäßheit“ das fundierende didaktische Prinzip ist. Für das Praktische Lernen bedeutet dies, dass es auf der Ebene der didaktischen Prinzipien wie der methodischen Aktionsformen im Kontext steht und nicht verabsolutiert werden darf. Darüber hinaus verbietet sich eine Verabsolutierung, wenn „Praktisches Lernen“ zur pädagogischen Grundidee erhoben wird. Dann nämlich würde „Theoretisches Lernen“ abgewertet oder ausgeblendet. Geht man jedoch von einer ganzheitlichen Erziehung als Ideal aus, so müssen beide Dimensionen des Lernens in schulartspezifischer Akzentuierung beachtet werden. Eine Schwerpunktverlagerung wird weder den Schülern noch den zeitbedingten Anforderungen gerecht. Würde das Praktische Lernen über seine Korrektivfunktion zu einem einseitig am Kognitiven und Theoretischen orientierten Bildungs- und Erziehungsprozess hinaus in den Vordergrund gestellt, so treibt man den Teufel mit dem Beelzebub aus. Eine Bevorzugung der einen oder anderen Dimension ist abhängig von der Schulart und ihren spezifischen zielorientierten, inhaltlichen und methodischen Anforderungen.

4 Praktisches Lernen am Gymnasium

Im Lehrplan für das bayerische Gymnasium werden Ziel und Anspruch dieser Schulart in folgenden Worten beschrieben:

> „Das Gymnasium vermittelt die vertiefte allgemeine Bildung, die für ein Hochschulstudium vorausgesetzt wird (...) Gymnasialbildung entfaltet die Fähigkeit zur Ordnung der Vorstellungswelt, zu Abstraktion und Theoriebildung. Sie entwickelt die musischen Fähigkeiten und leitet zu einem angemessenen Umgang mit den Emotionen an. Sie fördert in besonderem Maß Verantwortungsbereitschaft und Verantwortungsfähigkeit auf der Grundlage eines geschichtlich begründeten Verständnisses der abendländischen Kultur. Das Gymnasium ist deshalb eine Schule für Kinder und Jugendliche, die sich als in besonderem Maße geistig beweglich, lernbegierig und phantasievoll erweisen, die schnell, zielstrebig und differenziert lernen können, ein gutes Gedächtnis haben, sich gern selbständig, ausdauernd und von verschiedenen Seiten mit Denk- und Gestaltungsaufgaben beschäftigen und in allem die Bereitschaft erkennen lassen, die Anstrengungen auf sich zu nehmen, die der Bildungsweg des Gymnasiums ihnen abverlangt." (KWMBl I So-Nr. 3/ 1990, 132)

Praktisches Lernen am Gymnasium wird vor diesem Hintergrund eine eingeschränkte Bedeutung haben und gegenüber dem Theoretischen Lernen in den Hintergrund treten. Wenn es im Gymnasium vornehmlich darum ginge, nach der Anschaulichkeit und Anwendbarkeit des Gelernten zu fragen, würde diese Schulart den Schülerinnen und Schülern nicht mehr gerecht, für die sie ursprünglich gedacht ist. Zudem würde einem ohnehin herrschenden Trend zur weiteren Niveauabsenkung am Gymnasium Vorschub geleistet. Praktisches Lernen wird daher vornehmlich an Grund- und Hauptschule sowie mit Einschränkungen an der Realschule anzustreben sein.

Praktisches Lernen heißt über das Gymnasium hinaus, die Lebenspraxis als Ganzes in den Blick zu nehmen. Lehrer müssen wieder konsequenter erziehen, Mut zum Vorbild in orientierungsloser Zeit und pluralistischer Gesellschaft haben. Statt „pädagogische Kuschelecken" (Roman Herzog) einzurichten, geht es darum, Schüler zu führen, zu leiten und ihnen so zu helfen, ihren Lebensweg zunehmend selbstständiger zu gehen. Das schließt auch ein, Grenzen zu setzen und die Frustrationstoleranz der Schüler zu steigern.

Praktisches Lernen heißt weiter, die Schüler zur Leistung zu führen. Konkurrenz und Wettbewerb sind urmenschliche Bedürfnisse, nicht nur Funktionsprinzipien der Marktwirtschaft. Etwas zu fordern, sich anzustrengen und dann auch bewertet zu werden, dient nicht nur der Klarheit und Ehrlichkeit, sondern ist zugleich Vorbereitung auf eine Gesellschaft, die auf die individuelle Leistungsbereitschaft des Einzelnen angewiesen ist.

Praktisches Lernen schließt ein, dass auch der musische sowie philosophisch-religiöse Bereich ernstgenommen werden. Es gilt, den Schülern neben dem Faktenwissen auch Orientierungswissen zu vermitteln. Ein junger

Mensch, der auf den Datenautobahnen des Internets surft, ist heillos überfordert, wenn er keine Maßstäbe hat, von denen her er diese Wissensmengen strukturieren, einordnen und bewerten kann.

Praktisches Lernen ist somit eine wichtige, aber eben nur *eine* Dimension des schulischen Bildungs- und Erziehungsprozesses, die je nach Schulart eine unterschiedliche Ausprägung erfährt.

Autoren

Prof. Dr. Hans Joachim Bader,
Institut für Didaktik der Chemie, Universität Frankfurt,
Marie-Curie-Str. 11, 60439 Frankfurt

Prof. Dr. Hubert Buchinger,
Lehrstuhl für Grundschuldidaktik, Universität Passau,
Innstr. 25, 90432 Passau

Prof. Dr. Kurt Czerwenka,
Institut für Schul- und Hochschulforschung, Universität Lüneburg,
Scharnhorststr. 1, 21332 Lüneburg

Prof. Dr. Walther Leonhard Fischer, Komotauer Str. 43, 90766 Fürth

Prof. Dr. Hans-Werner Fischer-Elfert,
Ägyptologisches Institut, Universität Leipzig,
Schillerstr. 6, 04109 Leipzig

Prof. Dr. Johanna Forster,
Institut für Anthropologisch-Historische Bildungsforschung,
Universität Erlangen-Nürnberg,
Regensburger Str. 160, 90478 Nürnberg

Studienrat Thomas Gottfried, Kesselschmiedstr. 6, 85354 Freising

Hans Grillenberger,
Luitpold-Schule Ansbach,
Feuchtwanger Str. 22, 91522 Ansbach

Prof. Dr. Marcus Hasselhorn,
Lehrstuhl für Pädagogische Psychologie, Universität Göttingen,
Waldweg 26, 37073 Göttingen

Prof. Dr. Walter Klinger,
Lehrstuhl für Didaktik der Physik, Universität Erlangen-Nürnberg,
Regensburger Str. 160, 90478 Nürnberg

Gisela Krause, Mittelstr. 10, 84051 Essenbach

Priv. Doz. Dr. Uwe Krebs,
Institut für Anthropologisch-Historische Bildungsforschung,
Universität Erlangen-Nürnberg,
Regensburger Str. 160, 90478 Nürnberg

Schulamtsdirektor Heinz Kreiselmeyer,
Staatliches Schulamt Ansbach,
Windmühlberg 30, 91522 Ansbach

Prof. Dr. Max Liedtke, 90522 Röthenbach a. d. P., Kirchhoffstr. 22

Studienrat Hans Maier, Gaisbergstr. 8, 81675 München

Prof. Dr. Otto Schober, Am Friedrichsbrunnen 8, 96049 Bamberg

Dr. Paul Schrömbges, Kreuzstr. 82, 47877 Willich

Akad. Dir. Eckhard M. Spannraft,
Didaktik der Sozialkunde, Universität Erlangen-Nürnberg,
Regensburger Str. 160, 90478 Nürnberg

Prof. Dr. Gabriele Strobel-Eisele,
Pädagogische Hochschule Ludwigsburg,
Reuteallee 46, 71634 Ludwigsburg